国家社科基金
后期资助项目

中国粮食产业外资控制规避研究

Research on the Circumvention of
Foreign Capital Control in China's Grain Industry

马松林 著

科学出版社
北京

内 容 简 介

本书包括理论基础篇、历史演进篇、环节分析篇、区域研究篇和规避探讨篇。中国粮食产业经济要想健康发展，就必须考虑中国粮食产业发展的韧性、潜力、回旋余地与外资控制的关系。本书按照"创新、协调、绿色、开放、共享"的发展新理念，提出了中国粮食产业外资控制规避的政策建议。

本书可供政府粮食管理部门工作人员、高校和科研院所粮食经济研究人员、粮食行业管理工作者阅读。

图书在版编目（CIP）数据

中国粮食产业外资控制规避研究/马松林著. —北京：科学出版社，2020.5
ISBN 978-7-03-064315-5

Ⅰ. ①中… Ⅱ. ①马… Ⅲ. ①粮食行业-外资利用-研究-中国 Ⅳ. ①F326.11②F832

中国版本图书馆 CIP 数据核字（2020）第 008669 号

责任编辑：张 莉 刘巧巧 孙 宇/责任校对：贾伟娟
责任印制：师艳茹/封面设计：有道文化

科学出版社 出版
北京东黄城根北街 16 号
邮政编码：100717
http://www.sciencep.com
天津新科印刷有限公司 印刷
科学出版社发行 各地新华书店经销

*

2020 年 5 月第 一 版　　开本：720×1000　1/16
2020 年 5 月第一次印刷　　印张：22 1/4
字数：385 000
定价：118.00 元
（如有印装质量问题，我社负责调换）

国家社科基金后期资助项目
出版说明

  后期资助项目是国家社科基金设立的一类重要项目，旨在鼓励广大社科研究者潜心治学，支持基础研究多出优秀成果。它是经过严格评审，从接近完成的科研成果中遴选立项的。为扩大后期资助项目的影响，更好地推动学术发展，促进成果转化，全国哲学社会科学工作办公室按照"统一设计、统一标识、统一版式、形成系列"的总体要求，组织出版国家社科基金后期资助项目成果。

全国哲学社会科学工作办公室

序

粮食和粮食安全问题一直受到高度重视。《史记·郦生陆贾列传》中提出"王者以民人为天，而民人以食为天"，这充分反映了古人从国家战略高度认识粮食生产和消费的重要性。《文献通考·市籴考》中记载有"民有余则轻之，故人君敛之以轻；民不足则重之，故人君散之以重。凡轻重敛散之以时，即准平"等内容，概括了管仲的粮食贸易和粮食宏观调控思想。改革开放以来，中共中央以中央一号文件的形式发布关于农业、农村、农民问题的文件，彰显了"三农"问题的重要性。

马松林同志长期在粮食经济领域深入钻研、潜心研究，取得了丰硕的研究成果。他在《科技管理研究》《地域研究与开发》《经济与管理研究》等期刊上发表了《五大发展理念下我国农业科技进步贡献的区域比较研究》《中国进口大米的空间价格传递研究》《国有粮食企业购销的空间协同研究》等多篇被中文社会科学引文索引（CSSCI）收录的学术论文。他参与编写的著作包括《中国大米产业报告2013》《中国大米产业报告2015》《河南粮食产业发展研究》等。他主持完成的省级课题包括"粮食大省产粮优势转化为经济优势的体制机制创新研究""利用'互联网+'大力发展农业经济研究"等。

《中国粮食产业外资控制规避研究》一书是国家社科基金后期资助项目的研究成果。党的十九大报告提出"坚持总体国家安全观""推动形成全面开放新格局"。在中国农业对外开放和利用外资的过程中，如何规避中国粮食产业外资控制问题，是中国粮食产业利用外资过程中必须认真面对，未雨绸缪，妥善解决的问题。这一问题涉及国家粮食安全，也涉及产业安全和经济安全。

该书的研究意义在于，系统、深入地研究中国粮食产业外资控制规避问题，有利于在新常态背景下防范中国粮食产业或其关键领域被外资控制的风险，有利于在新时代提高粮食产业利用外资的质量和效益，有利于提高内资粮油企业的竞争力和市场活力，有利于扬长避短、充分利用外资大力发展粮食产业经济，有利于中国粮食产业安全和经济安全。

该书从选题、成稿到出版，凝聚了作者近八年的研究心血。该书主要有以下四个特色。

一是数据丰富。该书使用的数据涉及粮食种子、粮食生产、粮食收储、粮食进出口、粮食消费、粮食外商投资等诸多方面,这些数据沿着粮食价值链形成了完整的数据集,全面、系统地反映了中国粮食产业外资控制与规避的各个方面,为全书的政策分析奠定了坚实的数据基础。

二是视野广阔。该书研究视角不局限于外资在国内粮食领域的活动轨迹,而是从全球视角总结了世界主要粮食出口和进口国家的区域分布,有助于读者更加深刻地理解中国粮食进口格局的形成。

三是方法灵活。该书灵活运用了定性和定量研究方法。该书运用灰色系统理论中的灰色 Verhulst 模型、GM(1,1)模型、三维灰色关联方法等工具分析了中国粮食产业外资控制的演化趋势,并进行了综合评价。该书通过问卷调研数据,分析了中国粮食产业发展的韧性、潜力和回旋余地,运用因子分析法定量研究了中国粮食产业外资控制规避的影响因素。

四是观点务实。该书提出的观点和建议,紧贴中国粮食产业发展的实际,紧跟党的十九大报告提出的新要求,紧紧围绕习近平新时代中国特色社会主义思想,对解决中国粮食产业外资控制规避问题具有较高的借鉴价值。

新时代中国将进一步深化改革开放。在"一带一路"背景下,中国粮食产业在"引进来"和"走出去"过程中还会有诸多理论和实践问题需要解决。希望作者能够在粮食经济领域继续坚守,深耕细作,多出高质量研究成果。

王稼琼
2019 年 2 月 11 日

前　　言

改革开放四十多年来，外资在推动中国粮食产业发展的同时，对中国粮食产业的控制日益加强，这给中国粮食安全形势和国内粮油行业的发展带来诸多挑战。从这一现实问题出发，本书基于粮食安全和产业控制力理论，全面分析了外资在中国粮食细分行业的产业控制力现状，最终提出了具体建议，以巩固中国粮食安全，促进粮食产业健康发展。

本书使用的研究方法包括空间计量方法、灰色系统理论、问卷调查和案例分析等，尤其是整合了基于时间、指标、属性三维数据的经济学三维分析方法。运用各种类型的面板数据，分析了战略性粮食产业的产业控制力特征。

本书的主要研究成果包括以下几个方面。

粮食产业是保障国家安全的战略性基础产业，具有重要地位。国家粮食安全新战略是新时期中国粮食产业外资控制规避的基本指导方针，必须明确中国粮食产业外资控制规避的理论基础、评价体系、重大意义、主要依据等基本问题。

中国粮食产业外资控制规避，不是不利用外资，而是有效、安全地利用外资。不落入过度依赖外资的怪圈，不被外资卡住喉咙；将中国粮食产业利用外资调整在可掌控的水平，规避外资对中国粮食产业关键环节和重点地区的控制，把自己的饭碗端牢。

从历史演进看，中国粮食产业外资控制经历了初步形成、持续强化、加速发展和风险初现四个阶段。随着改革开放的深入，粮食产业外资控制力逐渐增强，在部分粮食产品上形成垄断形势，粮食安全风险初现。

从粮食产业的各环节看，外资在不同环节产业控制力方面存在差异。外资在大豆加工和流通环节控制力较强，在粮食研发和生产环节控制力较弱，在粮食收储等环节存在扩张趋势。

从各区域看，外资在不同区域产业控制力方面存在差异。外资在粮食主产区的生产控制力较弱，主产区利用外资水平较低；外资在粮食主销区的流通控制力较强，主销区利用外资规模较大。东部地区粮食产业外资控制力较强，中西部地区粮食产业外资控制力较弱。

中国粮食产业健康发展，必须考虑中国粮食产业发展的韧性、潜力、回旋余地与外资控制的关系。需要主动采取措施，及时发现和规避中国粮食产业被外资控制带来的一系列风险，充分发挥外资对中国粮食产业发展的积极作用，抑制其消极作用。

本书共分为五篇十八章，各部分内容安排如下。

理论基础篇：第一章至第三章。主要研究中国粮食产业外资控制规避的理论基础，旨在洞察中国粮食产业外资控制规避的理论支撑、评价体系、重要意义和规避依据。

历史演进篇：第四章至第七章。主要研究中国粮食产业外资控制的历史演进过程，旨在归纳中国粮食产业外资控制的形成过程和发生机理。

环节分析篇：第八章至第十一章。主要研究中国粮食产业外资控制的各个环节，旨在揭示中国粮食产业外资控制的具体路径和规避思路。

区域研究篇：第十二章至第十四章。主要研究中国粮食产业外资控制情势，旨在明晰中国粮食主产区、主销区和平衡区外资控制的实际水平和具体特征。

规避探讨篇：第十五章至第十八章。主要研究外资对中国粮食产业发展韧性、潜力和回旋余地的影响等，旨在提出中国粮食产业外资控制规避的政策建议。

马松林
2019年2月1日

目 录

序

前言

理论基础篇

第一章　中国粮食产业的战略性基础地位 …………………………… 3
　　第一节　粮食产品的概念及分类 …………………………………… 3
　　第二节　粮食产业的概念及分类 …………………………………… 10
　　第三节　粮食产业在国民经济中的战略性基础和重要地位 ……… 20

第二章　产业控制力理论与中国粮食产业外资控制评价研究 ……… 27
　　第一节　产业控制力理论概述和指标扩展 ………………………… 27
　　第二节　产业控制力与产业竞争力的关系 ………………………… 37
　　第三节　产业控制力的来源、影响因素和三维分析模型 ………… 46
　　第四节　中国粮食产业外资控制力评价研究 ……………………… 57

第三章　中国粮食产业外资控制规避的重大意义和主要依据 ……… 101
　　第一节　中国粮食产业外资控制规避的重大意义 ………………… 101
　　第二节　中国粮食产业外资控制规避的主要依据 ………………… 104
　　第三节　跨国粮商的全球价值链投资与规避依据 ………………… 113
　　第四节　全球粮食生产和贸易的区域控制特征与规避依据 ……… 119

历史演进篇

第四章　中国粮食产业外资控制的初步形成 ………………………… 131
　　第一节　三类产业控制力主体初步形成 …………………………… 131
　　第二节　战略性粮食产业控制力的初步形成 ……………………… 134
　　第三节　战略性粮食产品进口依存度较低 ………………………… 136

第五章　中国粮食产业外资控制的逐步强化 ·················· 139
第一节　外资产业控制力的逐步强化 ·················· 139
第二节　内资企业的调整 ·················· 142
第三节　战略性粮食产品进口波动较大 ·················· 144

第六章　中国粮食产业外资控制的加速发展 ·················· 147
第一节　内资产业竞争力的提升 ·················· 147
第二节　外资产业控制力的加速发展 ·················· 151
第三节　战略性粮食产品进口规模增速加快 ·················· 153

第七章　中国粮食产业外资控制的风险初现 ·················· 157
第一节　新常态背景下粮食产业外资控制保持平稳 ·················· 157
第二节　新常态背景下内资粮食产业竞争力的发展 ·················· 161
第三节　新常态背景下粮食进口规模持续增加 ·················· 164

环节分析篇

第八章　粮食研发环节与外资控制 ·················· 183
第一节　种子产业 ·················· 183
第二节　农林牧渔专用机械制造业 ·················· 186

第九章　粮食生产环节与外资控制 ·················· 193
第一节　粮食种植业 ·················· 193
第二节　畜牧业 ·················· 197

第十章　粮食加工环节与外资控制 ·················· 201
第一节　谷物磨制业 ·················· 201
第二节　食用植物油加工业 ·················· 202
第三节　液体乳及乳制品制造业 ·················· 204
第四节　屠宰及肉类加工业 ·················· 206

第十一章　粮食流通环节与外资控制 ·················· 209
第一节　粮食批发业 ·················· 209
第二节　粮食收储业 ·················· 212

区域研究篇

第十二章 粮食主产区外资控制情势分析 ················· 219
第一节 生产控制力集聚于粮食主产区 ················· 219
第二节 加工控制力集聚于粮食主产区 ················· 221
第三节 产粮大县吸引外资能力整体较弱 ··············· 226
第四节 主产区粮食进口增加 ··························· 229
第五节 主产区研发控制力优势明显 ··················· 230

第十三章 粮食主销区外资控制情势分析 ················· 235
第一节 主销区外资流通控制力较弱 ··················· 235
第二节 主销区粮食进口规模较大 ····················· 237
第三节 国际粮价对国内主销区粮价的影响日益增强 ····· 240

第十四章 粮食平衡区外资控制情势分析 ················· 249
第一节 平衡区外资研发控制力有一定影响 ············· 249
第二节 平衡区粮食进口较少 ··························· 251
第三节 平衡区马铃薯生产优势明显 ··················· 253

规避探讨篇

第十五章 增强中国粮食产业发展韧性与外资控制研究 ····· 259
第一节 中国粮食产业发展韧性的内涵界定与特点 ······· 259
第二节 外资控制对中国粮食产业发展韧性的影响 ······· 264
第三节 外资控制与中国粮食产业发展韧性专题调研 ····· 265
第四节 实地调研与在线调研结果比较分析 ············· 272

第十六章 挖掘中国粮食产业发展潜力与外资控制研究 ····· 279
第一节 中国粮食产业发展潜力的内涵界定与特点 ······· 279
第二节 外资控制对中国粮食产业发展潜力的影响 ······· 280
第三节 外资控制与中国粮食产业发展潜力专题调研 ····· 282

第十七章 拓展中国粮食产业回旋余地与外资控制研究 ····· 289
第一节 中国粮食产业回旋余地的内涵界定与特点 ······· 289
第二节 外资控制对中国粮食产业回旋余地的影响 ······· 292

  第三节 外资控制与中国粮食产业发展回旋余地专题调研 ………… 293
  第四节 贸易摩擦背景下中国大豆进口的回旋余地 ………………… 296

第十八章 新时代中国粮食产业外资控制的多维规避研究 ………… 303
  第一节 中国粮食产业外资控制规避的定量分析 …………………… 303
  第二节 中国粮食产业外资控制规避的政策建议 …………………… 314

参考文献 ……………………………………………………………………… 321

附录 …………………………………………………………………………… 331
  附录1 本研究专题调研问卷 ……………………………………… 331
  附录2 本研究专题调研问卷部分分析数据 ……………………… 335
  附录3 1992～2017年我国粮食进口数据 ………………………… 339

后记 …………………………………………………………………………… 341

理论基础篇

  在充分研读和吸收习近平新时代中国特色社会主义思想的基础上,本篇主要研究中国粮食产业外资控制规避的理论基础,旨在洞察中国粮食产业外资控制规避的重要意义、理论支撑和评价体系。

第一章 中国粮食产业的战略性基础地位

在梳理粮食产品和粮食产业分类的基础上，本章分析了战略性粮食产品、战略性粮食产业概念提出的必要性、识别标准、内涵和外延，分析了粮食产业和战略性粮食产业在国民经济中的地位。

第一节 粮食产品的概念及分类

本节在分析粮食产品分类的基础上讨论战略性粮食产品的内涵及外延。①

一、粮食产品的分类和属性

粮食种类较多。国家统计局《中国统计年鉴》统计的"粮食"包括稻谷、小麦、玉米、高粱、谷子及其他杂粮，以及薯类（包括甘薯和马铃薯，不包括芋头和木薯）和豆类。国家粮食局（2018年3月整合为国家粮食和物资储备局）《中国粮食发展报告》统计的"主粮"范围包括谷物（小麦、稻谷、玉米）、大豆。按照国家统计局《统计用产品分类目录》三级代码分类，"01农作物"中统计的"稻谷"有6个子品种，"小麦"有3个子品种，玉米有5个子品种，谷子有3个子品种，高粱有4个子品种，甘薯有3个子品种，马铃薯有2个子品种，等等。

粮食衍生产品主要是以原粮为原料的粮食加工品，包括：①原粮的直接加工品，体现在《统计用产品分类目录》"13 农副食品，动植物油脂制品"中，如面粉（也称小麦粉）、大米、玉米粉、食用植物油等；②以玉米、大豆等为饲料的畜牧业产品，体现在《统计用产品分类目录》"03 饲养动物及产品"中，如猪肉、牛肉、羊肉、鸡肉等肉制品；③以粮食为原料的粮食加工类食品，体现在"14 食品及加工盐"和"15 饮料、酒及酒精"中，如饼干、酒类、方便面等；④从原粮中深加工提取的化学制品，如淀粉、醇类等；⑤粮食种子。《统计用产品分类目录》中对不同粮食品种的种子均

---

① 马松林，王稼琼：《战略性粮食产品的界定及其流通控制力》，《中国流通经济》2012年第8期，第12~17页。

单独列为一类。

关于粮食产品的属性，认识上存在分歧，但综合目前的研究成果，一般认为粮食兼具一般商品和公共物品的属性。

邓大才认为粮食的非经济属性表现为粮食的公益性、社会稳定性、国家经济安全性质（战略性）和弱质性等方面。粮食具有"战略"性质，是国家经济安全的基础。基于粮食的非经济属性，邓大才认为粮食是"公益品"，需要政府进行适度干预。[①] 邢德江认为粮食的能源属性表现为，将粮油转化为新能源，在减少化石燃料需求、克服粮食市场有效需求不足等方面有进步作用；粮食的金融属性表现为，粮油价格与汇率、"热钱"流动等紧密联系。[②] 陈听雨认为国际资本投机、国际食品企业利用金融衍生品对冲风险等因素，影响粮价，导致粮食属性金融化。[③]

周立等总结的粮食的基本属性包括社会属性、经济属性和消费属性：粮食的社会属性包括生存必需品、战略品和国家公共物品；粮食的经济属性包括准自然品、私人物品、准公共物品；粮食的消费属性包括搜寻品、经验品和信任品属性。[④]

从以上文献可以看出，粮食的社会属性中的战略品属性，经济属性中的准公共物品属性，体现了粮食的战略性地位。概括地讲，粮食在国民经济中的战略意义表现为粮食关乎社会稳定、国家经济安全。随着时代的发展，粮食的能源属性、金融属性强化了粮食的战略地位。

上述文献主要讨论粮食的属性。以粮食为原料的粮食产品的属性也需要引起关注。粮食的属性对粮食产品如粮食加工产品（面粉、大米等）的属性也有影响。粮食的有与无、多与少，决定了粮食加工、流通环节相关产品的属性及其在国民经济中的作用。因此，本书认为，粮食的属性也会传递到粮食相关产品。这样，粮食产品的多元属性对政府制定调控政策也具有指导意义。

从国外研究看，范德尔（G. Fandel）和史坦门（M. Stammen）基于产品生命周期，构建了战略性供应链的扩展模型。[⑤]粮食产品种类较多，其在国

[①] 邓大才：《论政府在粮食经济中的基本定位》，《中国粮食经济》2003年第2期，第8~9页。

[②] 邢德江：《新形势下粮食的多元属性对我国粮食安全的影响》，《中国粮食经济》2009年第3期，第61页。

[③] 陈听雨：《国际资本涌入，粮食属性"金融化"》，《粮油市场报》，2010年9月1日。

[④] 周立，潘素梅，董小瑜：《从"谁来养活中国"到"怎样养活中国"——粮食属性、AB模式与发展主义时代的食物主权》，《中国农业大学学报（社会科学版）》2012年第2期，第20~33页。

[⑤] Fandel, G., Stammen, M., "A general model for extended strategic supply chain management with emphasis on product life cycles including development and recycling", *International Journal of Production Economics*, 2004, Vol. 89, pp. 293-308.

民经济中的战略作用不同,以及粮食产品的多元属性为识别战略性粮食产品提供了必要性和依据。

二、识别战略性粮食产品的必要性

自加入世界贸易组织（WTO）以来,我国粮食安全形势发生了深刻的变化。大豆进口规模已经超过国内产量；玉米进口快速上升,威胁国内玉米产业安全；食用植物油市场被外资占去大部分份额。[①]

从粮食及其衍生产品（以粮食为原料的产品）看,小麦、玉米、稻谷等原粮产品安全形势稳定；大豆及其加工品等安全形势严峻,产业安全已经受到威胁,国内食用油价格波动较大已经反映出这一点。粮食及其衍生产品在产业安全水平上存在较大差异,这是本书提出战略性粮食产品并讨论其产业安全的基础。

粮食及其衍生产品在产业安全水平上存在较大差异,为区分一般粮食产品与战略性粮食产品提供了必要性。

提出战略性粮食产品这一概念,其意义主要有以下两点。

第一,从实践意义看,有利于抓住粮食品种中的重点产品,提高全社会对粮食安全的重视程度。

消费者在不同时期、不同地域,对不同粮食产品的需求是多元化的。改革开放以来,随着我国居民生活水平的提高,原粮消费比重有所下降,肉、奶、蛋、油类食品需求上升,这拉动玉米、大豆需求急剧增加,带动了我国大豆、玉米、食用植物油等粮食产品的进口。

粮油企业在产品经营策略上应该有所区分。跨国粮商在粮食产品的选择上各有特色。政府在粮食产业政策的支持方面不能"一刀切",必须采取有差别的支持政策。对于战略性粮食产品,政府宜采取积极的产业支持政策,确保其产业安全,这样才能抓住粮食安全的核心环节。

从产品层面审视粮食安全,必须将一般粮食产品和战略性粮食产品区别开来,这样才能对粮食安全做出全面、正确的判断。

第二,从理论意义看,有利于从粮食产业链角度理清粮食产业与其他产业的关联和控制关系。

粮食产品门类众多,研究者不能简单地、笼统地讨论粮食安全问题。例如,我国玉米生产一直保持平稳,但国内玉米需求激增,导致 2011 年

[①] 马松林：《粮食流通产业外资控制研究》,《河南工业大学学报（社会科学版）》2015 年第 1 期,第 9~13 页。

玉米进口量大幅增加。2015年以后，随着玉米库存增加，玉米去库存成为重点任务，玉米进口量下降。可见，重点关注单个粮食产品的安全水平也是非常有必要的。

外资对我国粮食产业的控制，已经沿着粮食产业价值链各环节全面展开，这些已经细化到产品这一层面。产品是企业竞争的载体，控制粮食产品，尤其是战略性粮食产品，就等于抓住了粮食安全的关键。

三、识别战略性粮食产品的标准

战略性粮食产品的识别标准包括居民小康生活标准、粮食和其他产业的长期发展、国家宏观经济和社会的稳定等。

（一）关系到居民小康生活标准的实现

从量的要求上看，战略性粮食产品的需求量、消费量比较大且稳定，是满足居民生活的基本保障，如谷物、大豆等粮食产品具备这些特点。按照我国全面建设小康社会的标准，我国未来的恩格尔系数低于50%，人均日蛋白质摄入量达到75克。[①]这两个标准要求粮食产品价格相对稳定，质量有保证，能够满足正常的营养要求。

从质的提升上看，肉、蛋、奶等产品消费比例上升，是实现小康生活的重要特征。《中国居民膳食指南》提出我国居民膳食的基本指南，具体内容包括：谷类为主，粗细搭配；每天吃奶类、大豆或其制品；常吃适量的鱼、禽、蛋和瘦肉；饮酒应限量；等等。其中涉及粮食安全中的营养安全问题。[②]

战略性粮食产品产量、质量、价格的变化，直接影响到居民的正常生活和生活质量。

（二）关系到粮食和其他产业的长期发展

粮食产品范围广泛，涉及种子产业、农业种植业、饲料产业、畜牧业、食品产业、农副产品加工业、生物产业等诸多产业的发展。这就需要对粮食产业链进行细分，理清附加值高的粮食产品在粮食产业链上的位置，抓住粮食产业链的关键环节和重点产品。这也为区分战略性粮食产品和一般粮食产品提供了依据。

[①] 国家统计局小康研究课题组：《全国人民生活小康水平的基本标准》，http://www.china.com.cn/chinese/zhuanti/254476.htm，2002年12月30日。

[②] 中国营养学会：《中国居民膳食指南》，拉萨，西藏人民出版社，2010年，第4～60页。

(三) 关系到国家宏观经济和社会的稳定

粮食及相关产品价格的稳定关系到国家宏观经济的稳定,关系到农民增收、农业发展,也关系到居民消费价格指数(CPI)的波动。稳定粮食产量,关系到国家粮食安全,是我国农业发展的重要目标。粮食及相关产品的价格、产量、质量对国民经济和社会稳定有重要影响。

四、战略性粮食产品的内涵及外延

(一) 战略性粮食产品的内涵

目前已经使用的与"战略性粮食产品"相近的概念有"战略农产品"和"粮食产品"。侯云先等提出了战略农产品的概念,但未明确如何识别和选择战略农产品。[1] 周开洪等基于科技创新视角分析了江西省的战略农产品包括超级稻、生猪、柑橘等,并研究了其技术选择和展望。[2][3] 马述忠等以大豆为例分析了我国战略性农产品期货市场的价格发现功能及效率。[4] 艾米·李(A. H. I. Lee)等提到了战略品的概念。[5] 戴(G. S. Day)从战略视角审视产品的规划。[6] 桑切斯(R. Sanchez)提出了"战略产品创造"(strategic product creation)的概念。[7]

朱晶和陈建琼[8]、徐志刚等[9]、韩元钦[10]等的文献中的"粮食产品"主要指原粮。

---

[1] 侯云先,林文,栾玲,等:《WTO 下战略农产品适度保护博弈分析》,《农业系统科学与综合研究》2005 年第 3 期,第 161~164 页。

[2] 周开洪,邓仁根,余艳锋:《基于科技创新视角下江西战略农产品定位研究》,《乡镇经济》2009 年第 9 期,第 23~27 页。

[3] 周开洪,邓仁根,余艳锋:《江西战略农产品科技创新关键技术选择及前景展望》,《农业展望》2009 年第 10 期,第 39~42 页。

[4] 马述忠,汪金剑,邵宪宝:《我国战略性农产品期货市场价格发现功能及效率研究——以大豆为例》,《农业经济问题》2011 年第 10 期,第 20~28 页。

[5] Lee, A. H. I., Chen, H. H., Kang, H.-Y., "A model to analyze strategic products for photovoltaic silicon thin-film solar cell power industry", *Renewable and Sustainable Energy Reviews*, 2011, Vol. 15, pp. 1271-1283.

[6] Day, G. S., "A strategic perspective on product planning", *Journal of Contemporary Business*, 1975, No. 4, pp. 1-34.

[7] Sanchez, R., "Strategic product creation: managing new interactions of technology, markets, and organizations", *European Management Journal*, 1996, Vol. 14, No. 2, pp. 121-138.

[8] 朱晶,陈建琼:《税费改革对我国主要粮食产品竞争力的影响分析》,《中国农村经济》2005 年第 10 期,第 63~69 页。

[9] 徐志刚,傅龙波,钟甫宁:《中国主要粮食产品比较优势的差异及其变动》,《南京农业大学学报》2000 年第 4 期,第 113~116 页。

[10] 韩元钦:《粮食产品剪刀差的存在形式、成因和对策》,《农业经济问题》1993 年第 8 期,第 31~37 页。

尽管关于战略方面的文献较多,但关于"战略"一词的内涵的描述仍然不够统一。本书不深入探讨"战略"一词的内涵,但需要明确本书使用的"战略"一词指具有长期性、计划性、全局性等特征。

综合前文的分析,简单地讲,战略性粮食产品是指能够对居民生活、产业发展、国家经济和社会稳定产生重大影响的粮食产品。

粮食安全问题的研究可以从粮食供求、流通、区域差异、家庭等多个角度展开。"战略性粮食产品"这一概念是从产品视角考察粮食安全问题的。战略性粮食产品将消费者(居民)、生产者(农民、粮油加工企业)、管理者(行业协会、政府)等主体联系起来。研究战略性粮食产品及其相关产业的安全问题是研究粮食安全问题的新视角。牢牢掌握战略性粮食产品的产业控制力,就能够抓住粮食安全问题的主要矛盾或矛盾的主要方面。

(二)战略性粮食产品的外延

战略性粮食产品的内涵是相对稳定的,其外延则随时代和地域的不同而有所差异,具有动态性特征。从目前看,我国战略性粮食产品主要包括原粮(小麦、稻谷、玉米、大豆等)和重点粮食衍生产品(面粉、大米、食用植物油、猪肉、牛奶、奶粉等)。

这里简要比较一下古今中外战略性粮食产品外延上的异同点。

在中国古代,粮食是社会稳定和战争取胜的重要物质条件。由于古代加工技术水平较低,古代社会更关注原粮及其简单加工品的重要性。《孙子兵法·军争篇》中记载:"是故军无辎重则亡,无粮食则亡,无委积则亡。"这总结了粮食对军队取胜的重要性。"苏湖熟,天下足""湖广熟,天下足"反映了我国封建社会时期南方稻米在全国的重要地位。但从反面看,灾荒、粮荒也是引起社会动荡的原因之一。[1]

中国主食以米、面为主,兼有杂粮,素有"南人食米,北人食麦"的说法。中医典籍《黄帝内经·素问》中提出了"五谷为养、五果为助、五畜为益、五菜为充"的饮食观,反映了古人的饮食搭配特点。郝建国等分析认为该饮食组合不能满足人体的营养需求,低于中国营养学会1997年推荐的标准。[2]

"五谷"涉及的粮食品种范围从古至今有所变化。早期一般指"黍、稷

---

[1] 张家炎:《明清长江三角洲地区与两湖平原农村经济结构演变探异:从"苏湖熟,天下足"到"湖广熟,天下足"》,《中国农史》1996年第3期,第62~69页。
[2] 郝建国,刘凤芝,梁杰,等:《试论我国古代饮食观和现代平衡膳食宝塔》,《山东食品科技》2001年第12期,第1~3页。

（粟）、麦、豆（菽）、麻""黍、稷、麦、豆、稻""稻、稷、麦、豆、麻"，其中的差异主要是南北方种植品种不同；后来"五谷"泛指一般的粮食作物或作物。①

近代中国，民族资本和外来资本围绕面粉等产品展开了激烈的竞争。当时荣氏兄弟经营的面粉厂规模最大，他们的"兵船"牌面粉是上海面粉交易所的标准面粉，远销海外。②

张培刚、廖丹清全面总结研究了20世纪我国的粮食经济问题。根据当时调查的河北省清苑县的情况发现，消费较多的粮食产品依次是玉米、红薯、高粱、小麦、小米，豆类、大米消费较少。根据当时在全国的调研结果，我国居民以籼粳米、小麦、小米为主食，以玉米、高粱、甘薯、大豆等六项为一级辅食，其他米、豆、薯类为二级辅食。③

现代的战略性粮食产品。联合国粮食及农业组织（FAO）发布的《2011年世界粮食不安全状况》认为，高粮价加剧了全球粮食不安全状况，同时将刺激对农业的长期投资。联合国粮食及农业组织食品价格指数和农产品价格指数主要关注谷物、油脂、肉类、乳制品、食糖的价格走势。

拉吉·帕特尔（R. Patel）的《粮食战争：市场、权力和世界食物体系的隐形战争》分析了美国的农业补贴政策、美元贬值、四大跨国粮商等因素对国际粮食市场的影响，对玉米、牛肉、大豆等历史产品进行了重点分析。④中央电视台《中国财经报道》栏目组直接把美国的农业补贴政策比作美国的"粮食武器"。⑤布朗（L. R. Brown）在分析2011年的世界粮食危机基础上，指出粮食问题是北非、中东地区动乱的因素之一，粮食开始影响世界，正迅速成为世界政治的隐蔽的助推器。⑥

在中国居民消费支出结构中，食品支出由高到低依次是肉禽及其制品、粮食、水产品、奶及奶制品、蛋类。其中，对肉类、奶类、食用植物油、水产品等产品的消费量呈上升趋势，对粮食的消费量呈下降趋势，反映了我国居民饮食结构的升级。因此，仅仅关注原粮及其直接加工品的安全问题是不

---

① 辛国瑞：《五谷考略》，《语文新圃》2007年第12期，第25~26页。
② 春华：《旧中国面粉和纺织业的巨擘——记近代中国荣氏企业创始人荣宗敬、荣德生的创业之路》，《上海企业家》2005年第4期，第29~34页。
③ 张培刚，廖丹清：《二十世纪中国粮食经济》，武汉，华中科技大学出版社，2002年，第48~153页。
④ 〔英〕拉吉·帕特尔：《粮食战争：市场、权力和世界食物体系的隐形战争》，郭国玺，程剑峰译，北京，东方出版社，2008年，第4~35页。
⑤ 中央电视台《中国财经报道》栏目组：《粮食战争》，北京，机械工业出版社，2008年。
⑥ Brown, L. R., "The new geopolitics of food", *Foreign Policy*, 2011, No. 4, pp. 54-63.

够的,必须进一步关注与粮食相关的衍生产品。

根据美国统计年鉴的数据,美国居民消费的食品主要是谷物及其制品、面包等烘焙食品,其次是肉、禽、鱼、蛋、奶类,肉类中牛肉比重最大。

世界主要粮食出口国大多集中在美国、欧盟、加拿大等发达国家和地区,尤其是美国的粮食出口量和粮食价格对全球具有重要影响。

从以上分析可以看出,从古至今,粮食产品的战略地位一直都备受重视,其在政治、经济、文化中的作用不可小觑。

第二节 粮食产业的概念及分类

本节在分析粮食产业分类、战略性粮食产业识别必要性和标准的基础上,界定战略性粮食产业的内涵及外延。

一、粮食产业的分类和属性

"粮食产业"一词使用较为频繁。尹义坤界定的粮食产业是指,通过粮食实物投入与产出关系,按照生产、流通与消费的经济活动依次生产出替代品和互补品,并且各环节都是以粮食作为标的物,利用一定工艺技术进行粮食产品转化为特征的粮食企业集合[①]。本书所指的粮食产业是一个广义的概念,包括与粮食相关的所有产业。

国家统计局的《国民经济行业分类》(GB/T4754—2017)中,按照两位代码统计的粮食细分行业有18个,按照三位代码统计的粮食细分行业有42个。其中,食品制造业中有7个按三位代码细分的粮食产业,农副食品加工业中有5个按三位代码细分的粮食产业。具体见表1.1。

表1.1 《国民经济行业分类》中的部分粮食相关产业与代码

三次产业	行业划分	细分产业
A 第一产业	01 农业	011 谷物种植 012 豆类、油料和薯类种植
	03 畜牧业	031 牲畜饲养 032 家禽饲养
	05 农、林、牧、渔专业及辅助性活动	051 农业专业及辅助性活动 053 畜牧专业及辅助性活动

[①] 尹义坤:《中国粮食产业政策研究》,东北农业大学博士学位论文,2010年。

续表

三次产业	行业划分	细分产业
B 第二产业	13 农副食品加工业	131 谷物磨制 132 饲料加工 133 植物油加工 135 屠宰及肉类加工 139 其他农副食品加工
	14 食品制造业	141 焙烤食品制造 142 糖果、巧克力及蜜饯制造 143 方便食品制造 144 乳制品制造 145 罐头食品制造 146 调味品、发酵制品制造 149 其他食品制造 （1495 食品及饲料添加剂制造）
	15 酒、饮料和精制茶制造业	151 酒的制造
	26 化学原料和化学制品制造业	262 肥料制造 263 农药制造
	33 金属制品业	332 金属工具制造 （3323 农用及园林用金属工具制造）
	35 专用设备制造业	353 食品、饮料、烟草及饲料生产专用设备制造 357 农、林、牧、渔专用机械制造
	40 仪器仪表制造业	402 专用仪器仪表制造 （4024 农林牧渔专用仪器仪表制造）
C 第三产业	51 批发业	511 农、林、牧、渔产品批发 512 食品、饮料及烟草制品批发 517 机械设备、五金产品及电子产品批发 （5171 农业机械批发）
	52 零售业	521 综合零售 522 食品、饮料及烟草制品专门零售 529 货摊、无店铺及其他零售业
	59 装卸搬运和仓储业	595 谷物、棉花等农产品仓储
	62 餐饮业	621 正餐服务 622 快餐服务 629 其他餐饮业
	71 租赁业	711 机械设备经营租赁（7112 农业机械经营租赁）
	73 研究和试验发展	733 农业科学研究和试验发展
	75 科技推广和应用服务业	751 技术推广服务（7511 农林牧渔技术推广服务；7512 生物技术推广服务）

续表

三次产业	行业划分	细分产业
C 第三产业	76 水利管理业	761 防洪除涝设施管理 762 水资源管理 763 天然水收集与分配 764 水文服务
合计	18 个两位数粮食细分产业	42 个三位数粮食细分产业

表 1.1 主要列举的是与粮食直接相关的细分行业，与粮食间接相关的细分行业未列出。

根据 2007 年《中国投入产出表》135 个部门的统计口径，与粮食直接相关的产业涉及粮食的生产资料投入、生产、加工、流通等环节，具体如表 1.2 所示。

表 1.2 《中国投入产出表》（2007 年）中的部分粮食产业及代码

粮食产业链各环节	粮食产业
生产资料投入	005 农林牧渔服务业；040 肥料制造业；041 农药制造业；071 农林牧渔专用机械制造业
生产	001 农业；003 畜牧业
加工	011 谷物磨制业；012 饲料加工业；013 植物油加工业；015 屠宰及肉类加工业；017 其他食品加工业；018 方便食品制造业；019 液体乳及乳制品制造业；022 酒精及酒的制造业等
流通	103 仓储业；108 批发零售业；110 餐饮业

种子产业在产业分类中未单独列出。畜牧业（003）以大豆、玉米等粮食产品为饲料，故也列在粮食生产环节。批发零售业（108）中，批发业中的农畜产品批发，食品、饮料及烟草制品批发，零售业中的综合零售和食品、饮料及烟草制品专门零售，与粮食批发、零售具有密切关系。餐饮业（110）是粮食最终消费的重要产业。粮食流通还包括粮食的购销、进出口、运输等环节。此外，研究与试验发展业（117）等其他服务业与粮食产业也有密切关系，但此处不再赘述。

综合目前的研究，粮食产业的属性涉及基础产业属性和战略产业属性。

目前，一般认为农业、交通、能源、流通业等行业是基础产业（如洪涛[①]等）。粮食产业跨越第一、第二、第三产业。粮食生产、粮食流通环节属于基础产业，粮食加工环节属于制造业。

[①] 洪涛：《中国的流通产业——不容忽视的基础产业》，《市场营销导刊》2003 年第 4 期，第 16~18 页。

陆福兴在分析粮食具有准公共产品属性的基础上，认为粮食产业具有公共多功能性。例如，农业除具有经济功能外，还具有生态功能、社会功能（如满足就业、提供休闲空间等）和政治功能；经济竞争日益集中在粮食产业等具有战略性的产业上，粮食安全也是一些发达国家进行贸易战争的战略武器。[1]

冉净斐、文启湘认为，流通产业属于战略产业，其依据包括流通产业竞争力是组成国家竞争力的重要部分、流通产业关系国家安全等。[2]

Patroklos Georgiadis 等提出"战略性粮食供应链管理"的概念，并用仿真模型分析了粮食供应链的策略选择。[3] 粮食产业门类众多，其基础作用和战略地位不尽相同，这为识别战略性粮食产业提供了可能性和依据。

二、识别战略性粮食产业的必要性

粮食产业关系到宏观调控、居民生活，也关系到农业长远发展。但粮食细分产业较多，根据若干标准从这些产业中选择具有战略意义的产业进行重点支持，可以抓住粮食产业中的重点产业和关键环节。

"战略性粮食产业"这一概念的提出基于如下假定。

第一，粮食产业关系到国家粮食安全，但各细分产业在国家粮食安全中的地位和作用存在差异。国家发展和改革委员会、国家粮食局颁发的《粮食行业"十三五"发展规划纲要》（发改粮食〔2016〕2178号）提出，要通过增加粮食产品有效新供给、促进粮食产业结构调整、培育粮食产业经济增长点等途径发展粮食产业经济。《粮油加工业"十三五"发展规划》（国粮储〔2016〕278号）开展主食产业化提升行动，包括增加品牌粮油供给、强化质量安全保障、保障"放心粮油"供应等。

第二，粮食产业细分产业较多，政府不可能对所有粮食产业采取同等程度的支持政策。因此，对在政治、经济上具有战略地位的粮食产业予以重点支持是必要的。中国粮食生产、加工的空间布局存在显著差异。《粮油加工业"十三五"发展规划》指出，支持主产区发展粮食深加工转化，引导产销区产业合作，培育一批现代粮油食品加工产业集聚区。重点地区包括黑龙江哈尔滨、吉林长春、辽宁大连、山东济南、河南郑州、江苏张家港、浙江舟山、广东东莞麻涌、广西防城港等。

第三，在全球粮食价值链分工背景下，我国粮食产业的竞争力和受外资

---

[1] 陆福兴：《粮食准公共产品属性与国家农业政策》，《粮食科技与经济》2011年第4期，第11~13页。

[2] 冉净斐，文启湘：《流通战略产业论》，《商业经济与管理》2005年第6期，第10~19页。

[3] Georgiadis, P., Vlachos, D., Iakovou, E., "A system dynamics modeling framework for the strategic supply chain management of food chains", *Journal of Food Engineering*, 2005, Vol. 70, pp. 351-364.

冲击的程度是不同的。在WTO规则下，全面保护、扶持粮食产业是做不到的，但抓住粮食产业中的战略产业，就可以实现我国粮食安全的目标。

以粮食进口为例，大豆是中国粮食进口量最大的品种。根据美国农业部（USDA）的统计，2011~2012年度，我国大豆产量占全球产量的5.2%，大豆进口量占全球的60.10%；大豆油进口量占全球的16.40%，大豆油国内消费量占全球的28.10%。这反映出中国大豆及大豆油在全球大豆产业链中的地位。近几年，大豆油价格持续上涨与进口大豆和大豆油价格上涨有密切关系。

图1.1中的代码为《中国投入产出表》（2007年）中与粮食相关的行业代码。在近30个粮食细分产业中，各产业的进出口分配系数差别较大，具体分类如下。

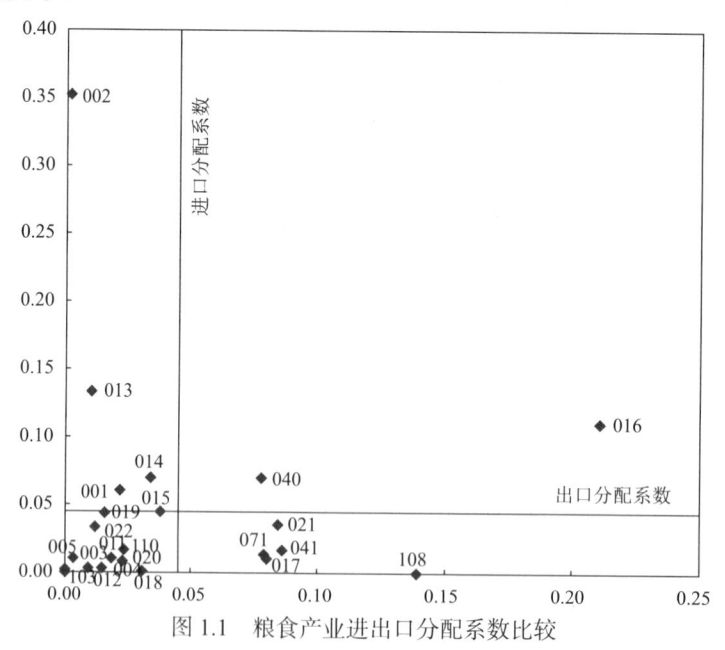

图1.1　粮食产业进出口分配系数比较

从出口分配系数看，水产品加工业（016）、批发零售业（108）、农药制造业（041）等出口分配系数比较大，农、林、牧、渔服务业（005），林业（002），畜牧业（003），仓储业（103）等出口分配系数最小。

从进口分配系数看，林业（002）、植物油加工业（013）、水产品加工业（016）等进口分配系数比较大，仓储业（103）、批发零售业（108）、方便食品制造业（018）等进口分配系数比较小。

上述粮食细分产业进出口分配系数的差异，为本书对粮食产业进行再分类，提出战略性粮食产业的概念提供了部分支持性证据。

图1.2给出了部分粮食加工行业和批发零售业外资资产控制率（外资资

产控制率为外资资产占行业总资产的比重）的分布情况。由图1.2可知，粮食加工和粮食批发零售行业外资控制水平差异显著。粮食加工行业包括谷物磨制业等细分行业；与粮食批发零售相关的行业包括食品、饮料及烟草制品专门零售，综合零售，农畜产品批发，食品、饮料、烟草及饲料生产专用设备制造等细分行业。在粮食加工环节，软饮料制造外资资产控制率最高，谷物磨制业外资资产控制率最低。在粮食批发零售环节，食品、饮料、烟草及饲料生产专用设备制造外资资产控制率比较高，农畜产品批发外资资产控制率最低。

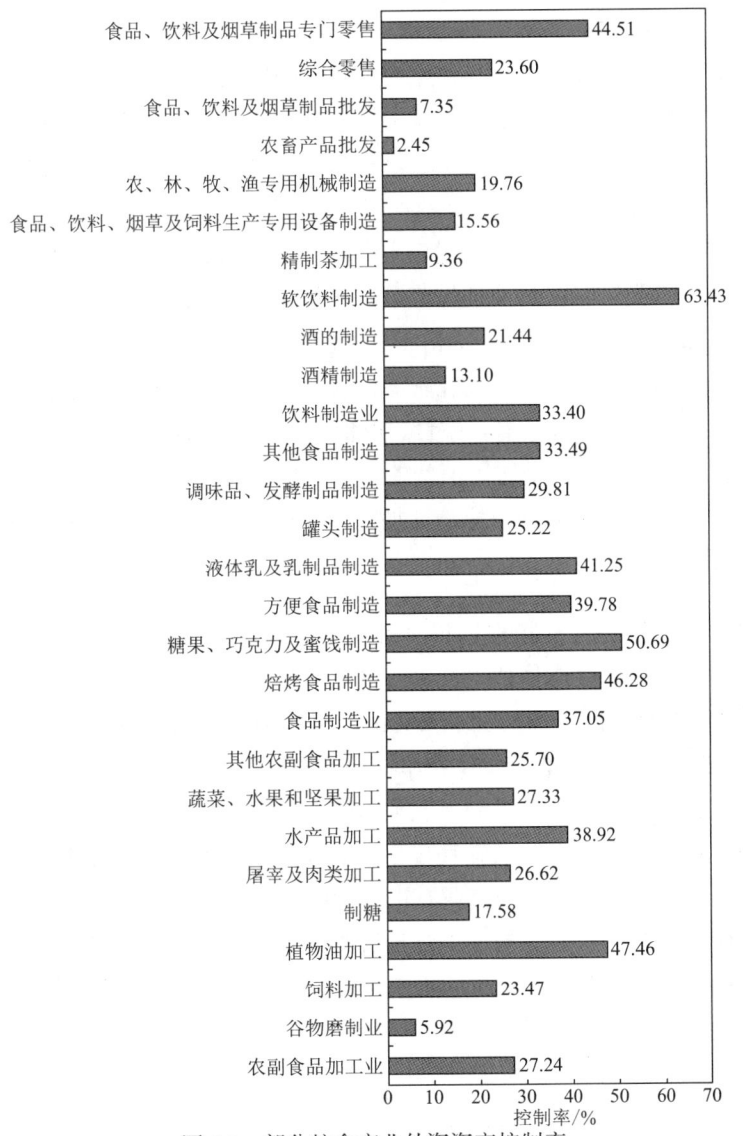

行业	控制率/%
食品、饮料及烟草制品专门零售	44.51
综合零售	23.60
食品、饮料及烟草制品批发	7.35
农畜产品批发	2.45
农、林、牧、渔专用机械制造	19.76
食品、饮料、烟草及饲料生产专用设备制造	15.56
精制茶加工	9.36
软饮料制造	63.43
酒的制造	21.44
酒精制造	13.10
饮料制造业	33.40
其他食品制造	33.49
调味品、发酵制品制造	29.81
罐头制造	25.22
液体乳及乳制品制造	41.25
方便食品制造	39.78
糖果、巧克力及蜜饯制造	50.69
焙烤食品制造	46.28
食品制造业	37.05
其他农副食品加工	25.70
蔬菜、水果和坚果加工	27.33
水产品加工	38.92
屠宰及肉类加工	26.62
制糖	17.58
植物油加工	47.46
饲料加工	23.47
谷物磨制业	5.92
农副食品加工业	27.24

图1.2　部分粮食产业外资资产控制率

资料来源：根据《中国基本单位统计年鉴》(2011年) 相关数据计算整理

三、识别战略性粮食产业的标准

本书设定的战略性粮食产业的选择标准包括宏观经济调控标准、农业长远发展标准、居民消费结构升级标准和产业关联效应标准四个标准。

（一）宏观经济调控标准

宏观经济调控标准指根据粮食产业的相关产品在宏观经济调控中的影响大小来识别战略性粮食产业。粮食及其相关产品价格对宏观经济有较大影响，在中国CPI中也占有重要地位。

目前，在国家统计局CPI体系中，食品的比重在30%左右，是八大类商品中权重最高的。李新祯估算食品中粮食的平均权重为3.05%左右，粮食价格每上涨1%会使CPI上涨0.336%。食品和粮食价格波动对中国CPI和宏观经济都会产生较大的影响，这是粮食产业基础地位和战略地位的重要体现。[①]

根据国家统计局公布的居民消费分类价格指数，按照与粮食的关系可以将食品分成三类：①粮食及其加工品，包括粮食（大米、面粉）、淀粉、干豆及豆制品、油脂，以及糕点、饼干、面包等；②以粮食为原料的畜牧产品，包括肉禽及其制品、液体乳及乳制品；③其他食品，包括水产品、菜、茶及饮料等。从以上食品分类看，粮食、粮食产品及以粮食为原料的畜牧产品在食品中占很大比重，也是居民消费的重要组成部分。这些产品所在的产业如农业、畜牧业、谷物磨制、植物油加工等在国民经济中也占据重要地位。

（二）农业长远发展标准

农业长远发展标准指根据粮食产业中的部分细分产业在农业长远发展中具有的战略重要性选择战略性粮食产业。

种子、农业机械设备制造等农业生产资料相关产业关系到农业的长远发展。《国务院关于加快推进现代农作物种业发展的意见》（国发〔2011〕8号）指出："我国是农业生产大国和用种大国，农作物种业是国家战略性、基础性核心产业，是促进农业长期稳定发展、保障国家粮食安全的根本。"种子产业的集中度高，对粮食种植业有根本性的影响。控制住了种子产业，就等于控制住了粮食种植业，粮价上涨反过来会增加农民对种子的需求。

农业机械设备制造、粮油加工机械制造等行业对农业、农业加工业发展和研发能力提高也具有重要影响。

---

① 李新祯：《我国粮食价格与CPI关系研究》，《经济理论与经济管理》2011年第1期，第27～32页。

(三)居民消费结构升级标准

居民消费结构升级标准指根据粮食产业相关产品在居民消费结构升级过程中的作用大小识别战略性粮食产业。

改革开放以来,随着经济增长和人均收入提高,中国居民消费结构呈现升级趋势。从表1.3可以看出,1990~2010年,中国城乡居民人均粮食消费量总体呈下降趋势,食用植物油和肉蛋、奶类产品消费量总体增长较快。这意味着畜牧业、肉类加工、乳制品制造、食用植物油加工等行业在国民经济中的地位将逐渐上升,并将进一步带动粮食种植业地位的上升。

表1.3　中国城乡居民家庭平均每人全年购买主要商品数量　　(单位:千克)

粮食产品	城乡	1990年	2000年	2010年	2016年
粮食	城镇	130.72	82.31	81.53	111.90
	农村	262.08	250.23	181.44	157.20
食用植物油	城镇	6.40	8.16	8.84	10.60
	农村	3.54	5.45	5.52	9.30
猪肉	城镇	18.46	16.73	20.73	20.40
	农村	10.54	13.28	14.40	18.70
蛋类	城镇	7.25	11.21	10.00	10.70
	农村	2.41	4.77	5.12	8.50
奶类	城镇	4.63	9.94	13.98	16.50
	农村	1.10	1.06	3.55	6.60

资料来源:根据相关年份《中国统计年鉴》整理

从表1.3可以看到,城乡居民消费水平差异较大。农村居民在食用植物油、猪肉、蛋类、奶类方面的消费量均低于城镇水平,在粮食消费数量方面高于城镇水平。随着今后经济增长和居民消费结构的升级,农村居民对食用植物油和猪肉、蛋类、奶类产品的消费量还会进一步上升。这也是推动中国大豆、食用植物油、肉类、奶类等产品进口规模不断扩大的需求因素,同时对中国粮食生产、加工、流通等领域也提出了更高的要求。

近些年来,食品质量安全事件频发,对中国粮食产业安全也形成了挑战。"三鹿奶粉""瘦肉精""地沟油"等事件,以及滥用食品添加剂等现象,影响到中国食品行业的公信力,一部分消费者更信赖进口和外资产品,一些内资企业面对外资企业竞争时处于更加不利的地位。食品产业的发展关系到民生问题,规范食品产业的发展,是实现居民小康生活目标的重要保障。

（四）产业关联效应标准

产业关联效应标准指根据粮食产业的产业关联效应大小识别战略性粮食产业。

根据 2007 年《中国投入产出表》135 个部门数据，将相关投入产出指标（具体计算过程省略）以各指标极大值为基数进行标准化后，绘制成图。横轴为《中国投入产出表》中的行业代码，纵轴为各产业关联系数标准化后的比值。关联效应大的有可能成为战略性粮食产业。如图 1.3 所示，在 6 个指标中，农业（001）的感应力系数最大。林业（002）的增加值系数、进口系数最大。方便食品制造业（018）的最终消费支出系数最大。农林牧渔专用机械制造业（071）的影响力系数最大。各产业系数的差异说明了识别战略性粮食产业的可能性和必要性。

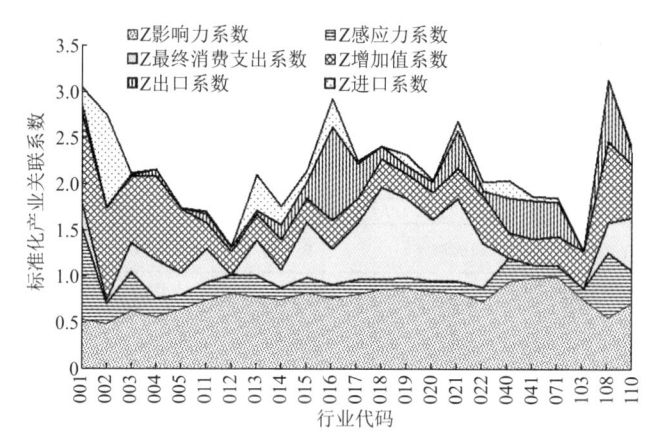

图 1.3 粮食产业关联效应比较

注：图中 Z 表示标准化

四、战略性粮食产业的内涵及外延

综合上述标准，战略性粮食产业是指在国家宏观调控、居民消费结构升级、农业长远发展、产业关联效应等方面起重要战略作用的粮食产业。具体包括：种子产业、农林牧渔专用机械制造业；农业、畜牧业；谷物磨制业、植物油加工业、屠宰及肉类加工业、液体乳及乳制品制造业；粮食收储业、粮食批发业（表 1.4）。

农副食品加工业中包含的与粮食加工相关的行业最多。农林牧渔专用机械制造业（357）中，重点细分产业是拖拉机制造（3571）、机械化农业及园艺机具制造（3572）、农林牧渔机械配件制造（3576）等。

屠宰及肉类加工业（135）包括牲畜屠宰（1351）、禽类屠宰（1352）和肉制品及副产品加工业（1353），这三个细分行业之间关系密切。当肉制品及副产品加工业数据不足时，将用屠宰及肉类加工业数据代替。

表1.4 战略性粮食产业分类

粮食产业链各环节	粮食产业
生产资料投入	种子产业、农林牧渔专用机械制造业
生产	农业、畜牧业
加工	谷物磨制业、植物油加工业、屠宰及肉类加工业、液体乳及乳制品制造业
流通	粮食收储业、粮食批发业

需要说明的是，方便食品制造业的最终消费支出合计分配系数最大，但该产业与谷物磨制业有重叠，故仅统计谷物磨制业。此外，在国内外产业分类中，种子产业未单列。本书为突出重点，将种子产业单列出来，作为战略性粮食产业的重要组成部分。因此，表1.5中种子产业没有产业代码。

表1.5 战略性粮食产业分类代码

粮食产业链各环节	产业分类			战略性粮食产业
	门类	产业大类	产业中类	产业小类
生产资料投入	A 农、林、牧、渔业（第一产业）；C 制造业（第二产业）	01 农业；35 专用设备制造业	357 农林牧渔专用机械制造	0511 种子种苗培育活动；3571 拖拉机制造等
生产	A 农、林、牧、渔业（第一产业）	01 农业；03 畜牧业	011 谷物种植；012 豆类、油料和薯类种植；031 牲畜饲养	0111 稻谷种植，0112 小麦种植，0113 玉米种植，0121 豆类种植；0311 牛的饲养，0313 猪的饲养
加工	C 制造业（第二产业）	13 农副食品加工业；14 食品制造业	131 谷物磨制；133 植物油加工；135 屠宰及肉类加工；144 乳制品制造	1310 谷物磨制业；1331 食用植物油加工业；1353 肉制品及副产品加工业；1441 液体乳制造；1442 乳粉制造；1449 其他乳制品制造
流通	G 交通运输、仓储和邮政业（第三产业）	59 仓储业	591 谷物、棉花等农产品仓储	5911 谷物仓储
	H 批发业（第三产业）	63 批发业	511 农、林、牧产品批发；512 食品、饮料及烟草制品批发	5111 谷物、豆及薯类批发；5112 种子批发；5121 米、面制品及食用油批发

战略性粮食产业与战略性新兴产业两个概念之间既有区别，又有联系。这两类产业的区别表现在三个方面：①二者在国民经济中的作用不同。战略性粮食产业的战略性体现在其在国家粮食安全和居民消费结构升级等方面的重要作用；战略性新兴产业的战略性体现在其前瞻性和将来在国民经济中的主导作用上。②二者所关注的产业领域不同。战略性粮食产业关注粮食产业链上的关键环节和战略产业，涉及第一、第二、第三产业，对人类生存和居民饮食影响较大；战略性新兴产业更关注高技术产业，重点在第二产业，对人类发展和科学技术进步影响较大。③二者在中国现代化进程中的地位不同。战略性粮食产业在农业现代化进程中起重要作用；战略性新兴产业在工业现代化进程中起重要作用。

这两类产业的联系表现在两个方面：①二者存在交叉。战略性新兴产业中，属于生物产业的生物育种等产业也是战略性粮食产业的子产业。②二者存在互补。战略性粮食产业和战略性新兴产业协调发展，有助于中国工业和农业、城镇和乡村协调发展，有助于全面实现四个现代化。

何传启认为，农业现代化已成为中国现代化的一块短板，中国农业发展表现为谷物单产高、劳动生产率低的特征。2008年中国第一次农业现代化（农业的市场化、工业化、机械化和化学化）指数为76，排世界第75位；第二次农业现代化（农业的知识化、信息化、生态化、多样化和国际化等）指数为35，排世界第62位；中国综合农业现代化指数为38，排世界第65位。[①]这些排名靠后的指标反映了中国推进农业现代化的紧迫性。通过大力发展战略性粮食产业，提高农业和相关产业的市场化、工业化和国际化等方面的水平，可以有效提高中国农业现代化水平。

第三节 粮食产业在国民经济中的战略性基础和重要地位

粮食细分产业众多，关系国计民生和粮食安全，在国民经济中处于战略性基础地位。战略性粮食产业是粮食众多细分产业中的关键产业，地位更为重要。

一、粮食产业在国民经济中的战略性基础地位

粮食产业在国民经济中的战略性基础地位体现在以下方面。

---

① 何传启：《中国现代化报告 2012——农业现代化研究》，北京，北京大学出版社，2012 年，第 185~187 页。

(一)粮食产业是国民经济的基础产业

粮食产业涵盖第一、第二、第三产业,与国民经济各产业之间存在密切的互动关系。第一、第二、第三产业的发展,可以带动粮食产业的健康发展;粮食产业的健康发展反过来会推动第一、第二、第三产业的积极发展。

粮食产业在国民经济中的基础性作用体现在:粮食产业的发展,可以为农业发展提供种子、化肥、农机等生产资料,可以为工业提供优质原料,可以为第三产业提供服务需求。此外,粮食产业关系国计民生,是保障居民饮食消费数量和质量的关键产业。粮食产业只有有效保障粮食供应数量和食品质量安全,才能保证第一、第二、第三产业劳动力的健康发展。

(二)粮食产业在粮食安全和国家安全体系中具有战略地位

粮食产业是保障国家粮食安全的主体产业。因此,粮食产业涉及的粮食生产、加工、流通等诸多环节的产业安全都是国家粮食安全的重要组成部分。

2015年7月1日第十二届全国人民代表大会常务委员会第十五次会议通过的《国家安全法》第二章第二十二条规定:"国家健全粮食安全保障体系,保护和提高粮食综合生产能力,完善粮食储备制度、流通体系和市场调控机制,健全粮食安全预警制度,保障粮食供给和质量安全。"

国家安全是习近平新时代中国特色社会主义思想的重要内容。党的十九大报告提出要"坚持总体国家安全观",国家粮食安全是总体国家安全观的重要组成内容。

保障粮食安全是实现国家安全目标的重要内容之一。粮食安全保障体系涉及粮食产业的多个方面。粮食产业的安全和发展,关系国家安全,在国民经济中具有极其重要的战略地位。

(三)粮食产业直接关系到中国全面建成小康社会目标的实现

党的十八大报告首次提出到2020年全面建成小康社会。党的十九大报告提出,"从现在到二〇二〇年,是全面建成小康社会决胜期"。

今后几年,为适应中国居民消费结构的升级要求,中国粮食产业的结构升级和发展方式必须及时转变。粮食产业的发展直接关系到中国全面建成小康社会目标的实现。粮食产品质量安全关乎居民食品安全,是居民消费结构升级的前提条件,必须高度重视。粮食产品质量问题不仅关系粮食企业的竞争力,也关系中国粮食产业的竞争力。因此,粮食产业安全和发展,关系到中国全面建成小康社会目标的实现,具有重要的战略意义。

二、战略性粮食产业在国民经济中的重要地位

战略性粮食产业关系国计民生,是保障粮食产业安全的关键产业,是促进居民饮食结构升级的支撑产业,是提升农业现代化水平的重要产业。

(一)保障粮食产业安全的关键产业

粮食细分产业较多,在保障粮食产业安全方面存在差异,发展水平也不尽相同。抓住粮食产业中的关键产业,予以重点关注和支持,可以保障中国粮食产业整体安全。

在开放背景下,中国粮食产业的发展受国内外两个市场的相互影响。外资对中国粮食产业的影响日益显现。目前,在粮食品种中,大豆在中国粮食进口中规模和比重最大,因而大豆产业受外资控制水平最高。2012年以来,玉米、猪肉等产品进口呈现快速增长态势。只有从战略高度把握大豆、玉米等粮食产品,以及粮食种植业、粮食加工业等关键产业在国民经济中的地位,才能深刻把握这些产业对保障中国粮食产业安全的重要作用。

国家粮食安全指标包括粮食生产、粮食供求、粮食流通等方面。表1.6中所列举的粮食产品,均为战略性粮食产品。战略性粮食产业涵盖了粮食产业链的生产、流通、加工等各个环节,并抓住了每个环节中的战略产业。

表1.6 2007年、2010年、2020年保障国家粮食安全主要指标

类别	指标	2007年	2010年	2020年	属性
生产水平	耕地面积(亿亩[①])	18.26	≥18.0	≥18.0	约束性
	其中:用于种粮的耕地面积	11.2	>11.0	>11.0	预期性
	粮食播种面积(亿亩)	15.86	15.8	15.8	约束性
	其中:谷物	12.88	12.7	12.6	预期性
	粮食单产水平(千克/亩)	316.2	325	350	预期性
	粮食综合生产能力(亿千克)	5016	≥5000	>5400	预期性
	油料播种面积(亿亩)	1.7	1.8	1.8	预期性
	牧草地保有量(亿亩)	39.3	39.2	39.2	预期性
	肉类总产量(万吨)	6800	7140	7800	预期性
	禽蛋产量(万吨)	2526	2590	2800	预期性
	牛奶总产量(万吨)	3509	4410	6700	预期性

---

① 1亩≈666.7平方米。

续表

类别	指标	2007年	2010年	2020年	属性
供需水平	国内粮食生产与消费比例（%）	98	≥95	≥95	预期性
	其中：谷物	106	100	100	预期性
物流水平	粮食物流"四散化"比重（%）	20	30	55	预期性
	粮食流通环节损耗率（%）	8	6	3	预期性

资料来源：《国家粮食安全中长期规划纲要（2008—2020年）》

基于市场竞争等因素考虑，外资同样高度重视这些战略性粮食产业，并进行积极投资。虽然外资在农业领域的投资比重较低，但农业领域的跨国公司涉足粮食产业链诸多环节，并拥有垄断优势。这些跨国企业进入中国后，给中国的粮油企业发展带来不同程度的冲击。在战略性粮食产业实行必要的外资进入和并购安全审查制度，对维护中国粮食产业安全、促进本土粮油企业发展具有重要意义。

（二）促进饮食结构升级的支撑产业

战略性粮食产业是促进中国居民饮食结构升级的支撑产业。为了实现在2020年全面建成小康社会的目标，我国在米、面等基本食品上要保证基本供应能力，在肉类、奶类等升级食品上要及时提高供应能力。

中国居民小康社会标准中的物质生活指标分城镇、农村、全国三类指标。城镇类指标中，物质生活指标总权数为37，营养指标（人均蛋白质摄入量）占物质生活指标总权数的13.5%；农村类指标中，物质生活指标总权数为25，营养指标占物质生活指标总权数的36%；全国类指标中，物质生活指标总权数为48，营养指标占物质生活指标总权数的12.5%。这反映了饮食在城乡居民小康生活中的不同地位。中国居民小康社会标准中的物质生活指标如表1.7所示。

表1.7 中国居民小康社会标准中的物质生活指标

物质生活指标	城镇	农村
收入	人均可支配收入2400元	人均纯收入1200元
人均蛋白质摄入量	75克	75克
恩格尔系数	50%	≤50%

资料来源：国家统计局小康研究课题组：《全国人民生活小康水平的基本标准》，http://www.china.com.cn/zhuanti2005/txt/2006-09/13/content_7157724.htm，2006年9月13日；国家统计局小康研究课题组：《全国农村小康生活水平的基本标准》，http://www.china.com.cn/zhuanti2005/txt/2006-09/13/content_7157699.htm，2006年9月13日

（三）提升农业现代化水平的重要产业

战略性粮食产业是提升中国农业现代化水平的重要产业。何传启在《中

国现代化报告 2012——农业现代化研究》中，研究了中国各地区现代化发展水平。中国（不包括港澳台地区）多数地区处于第一次现代化阶段的发展期和成熟期，仅北京、上海、天津现代化水平较高。13个粮食主产区中，江苏的现代化水平较高，四川的现代化水平偏低。

第一次农业现代化要求农业的机械化、商品化、专业化、提高生产效率，第二次农业现代化要求农业的信息化、生态化、国际竞争力、提高农业综合效益。战略性粮食产业在这些方面均可以发挥作用，提供支持。第一次、第二次和综合农业现代化评价指标体系由农业效率、农民生活水平、农业转型部分构成。

从表 1.8 可以看出，战略性粮食产业在农业效率、农民生活水平、农业转型三方面都可以发挥积极的重要作用，是提升中国农业现代化水平的重要产业。

表 1.8 农业现代化评价指标

评价指标	具体指标
农业效率	农业劳动生产率、农业综合生产率、谷物单产、农民人均供应人口
农民生活水平	农民素质、人均营养供应、农村清洁饮水普及率、农村卫生设施普及率
农业转型	农业劳动力比例、农业增加值比例、农业机械化、化肥使用密度

资料来源：何传启：《中国现代化报告 2012——农业现代化研究》，北京，北京大学出版社，2012 年，第 248 页

从图 1.4 可以看出，北京、上海、天津、浙江等非粮食主产区的综合农业现代化水平高于粮食主产区。13 个粮食主产区中，综合农业现代化水平较高的江苏、辽宁、山东等地区均属于沿海地区。内陆地区或中西部地区粮食主产区农业现代化水平偏低。这种情况与粮食主产区现代化水平在全国的位置基本一致。换言之，广大粮食主产区在中国粮食安全领域发挥了战略支撑作用，但这些地区从粮食中得到的收益却非常有限。

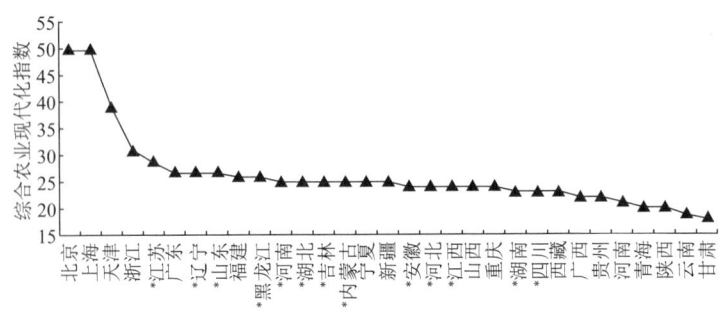

图 1.4 2008 年粮食主产区与非粮食主产区综合农业现代化指数比较

资料来源：何传启：《中国现代化报告 2012——农业现代化研究》，北京，北京大学出版社，2012 年，第 248 页。

注：标有*地区为中国粮食主产区，不包括港澳台地区

因此，大力发展战略性粮食产业，提升粮食主产区农业现代化水平，是实现中国四个现代化目标的重要保障，也是贯彻党的十九大报告提出的区域协调发展战略的重要保障。

战略性粮食产业关系到国家经济调控和粮食安全战略，关系到农业现代化发展水平，关系到中国居民饮食结构升级。未来，政府在战略性粮食产业的投资和政策支持上应进一步加大投入力度，对该产业的市场准入也要有严格的要求。同时，外资在战略性粮食产业中的投资也将逐渐增加。

随着中国市场化、国际化水平提升，中国战略性粮食产业的市场化水平和开放程度将大幅提高，市场竞争将更加激烈，行业集中度也将继续上升。《国务院办公厅关于加快推进农业供给侧结构性改革大力发展粮食产业经济的意见》（国办发〔2017〕78号）指出，通过全产业链发展、集聚发展、打造粮食循环经济等途径，创新粮食产业发展方式；通过增加绿色优质粮油产品供给、促进主食产业化等途径，加快粮食产业转型升级。

粮食产业安全与发展，既具有一般产业的市场竞争特征，又具有公共产品的属性。因此，粮食产业兼具竞争性和公益性的属性。从国内外市场竞争的角度看，外资进入对中国粮食产业的发展既有积极的促进作用，也有显著的制约作用。外资对中国粮食产业发展是机遇与挑战并存。

第二章 产业控制力理论与中国粮食产业外资控制评价研究

本章在总结国内外产业控制力理论成果的基础上,主要对产业控制力的概念和评价指标进行补充、扩展,并分析产业控制力与产业竞争力之间的定量和定性关系。本章提出的产业控制力三维分析模型为综合评价中国粮食产业外资控制水平奠定了理论基础,提供了分析框架。

第一节 产业控制力理论概述和指标扩展

目前对产业安全概念的界定,主要从产业控制力、产业竞争力、国民产业权益等角度展开。这三种视角各有所长。本书重点探讨产业控制力视角下的产业安全问题,并对产业控制力的内涵进行补充、扩展。

一、国内外研究综述

(一)国外相关研究

国外较少使用"产业控制力"这一术语,而较多地使用国际直接投资理论、国家竞争优势理论、发展经济学、贸易保护理论等理论(表2.1)。

表 2.1 国外产业安全及产业控制力的研究视角

研究角度	相关理论	代表人物
母国视角	国际直接投资理论(产业控制力)	海默等
	竞争战略、竞争优势、国家竞争优势理论(产业竞争力)	迈克尔·波特等
	贸易保护理论(战略性贸易政策理论)	克鲁格曼等
	公司内部化理论	巴克利等
东道国视角	产业保护理论(重商主义、幼稚产业保护理论等)	李斯特等
	产业规制理论	斯蒂格勒等
	发展经济学(中心-外围理论)	普拉维什等

国际直接投资理论和国家竞争优势理论均以发达资本主义国家为背景。

海默（Stephen Hymer）垄断优势理论的研究视角就是发达国家的资本如何在海外市场上获得垄断优势和控制权。[①]后继的学者对该理论进行了完善。该理论为跨国公司海外直接投资奠定了理论基础，也成为中国国内产业安全理论和产业控制力理论的重要理论基础。

迈克尔·波特关于产业竞争力和国家竞争力的理论成为产业安全理论和产业竞争力理论的重要理论来源。[②③]战略性贸易政策理论以发达国家为背景，为政府干预、保护提供了理论指导。科尔（Matthew T. Cole）分析了战略性贸易政策、外商直接投资（FDI）与横向企业的关系，并以中国数据为例进行了经验分析。[④]公司内部化理论从企业层面研究了企业为控制成本和市场，如何在内部化和外部市场之间进行选择。[⑤] 埃尔普曼（E. Helpman）和克鲁格曼（P. R. Krugman）分析了不完全竞争结构对国际贸易的影响，并深入研究了跨国公司内部的贸易模式。[⑥] 朗格（Ngo van Longa）等分析了成本异质性、产业集聚与战略性贸易政策的关系。[⑦]

斯蒂格勒（George Joseph Stigler）首次运用经济学范式分析了规制的产生。[⑧]产业规制理论虽然重点考查的是公共产业的规制问题，但其中的反垄断研究、规制俘获等理论对外资控制研究也具有启发意义。汉森（S. Henson）等分析了粮食安全的规制、粮食政策与粮食供应链等问题。[⑨⑩]汉森等对粮食安全规制问题进行了评述。[⑪]奇塔诺（Shigeto Kitano）分析了资本控制的福

[①] Hymer, S., "International operations of national firms: a study of direct foreign investment", *Journal of International Business Studies*, Vol. 9, No.2, pp. 103-104.

[②] Porter, M. E., *Competitive Advantage: Creating and Sustaining Superior Performance*, New York, Free Press, 1985.

[③] Porter, M. E., *Competitive Advantage of Nations*, New York, Free Press, 1998.

[④] Cole, M. T., "Strategic trade policy with foreign direct investment and heterogeneous firms", *Dissertation & Theses-Gradworks*, 2009.

[⑤] Buckley, P. J., Casson, M., *The Future of the Multinational Enterprise*, Houndmills, Palgrave Macmillan, 2002.

[⑥] Helpman, E., Krugman, P. R., *Market Structure and Foreign Trade*, Cambridge, The MIT Press, 1985, pp. 43-79.

[⑦] van Longa, N., Soubeyran, A., "Cost heterogeneity, industry concentration and strategic trade policies", *Journal of International Economics*, 1997, No. 43, pp. 207-220.

[⑧] Stigler, G. J., "The theory of economic regulation", *The Bell Journal of Economics and Management Science*, 1971, Vol. 2, No. 1, pp. 3-21.

[⑨] Henson, S., Heasman, M., "Food safety regulation and the firm: understanding the compliance process", *Food Policy*, 1998, Vol. 23, No. 1, pp. 9-23.

[⑩] Henson, S., Loader, R., Traill, B., "Contemporary food policy issues and the food supply chain", *European Review of Agricultural Economics*, 1995, Vol. 22, pp. 271-281.

[⑪] Henson, S., Caswell, J., "Food safety regulation: an overview of contemporary issues", *Food Policy*, 1999, Vol. 24, pp. 589-603.

利问题。①

产业保护理论从本国视角阐述了产业保护的依据和手段，对外资控制研究有重要的借鉴价值。李斯特（Friedrich List）提出的幼稚产业保护理论强调了民族工业独立的重要性，提出了产业保护的手段、期限等具体观点。② 克里希那（K. Krishna）等讨论具有"战略扭曲"的贸易政策优化问题，并以农产品运销为例进行了说明。③

发展经济学以发展中国家为研究背景，其研究成果也深入探讨了发展中国家的产业安全问题。普拉维什（Raúl Prebisch）提出的"中心-外围"理论从全球视角讨论了产业保护的必要性和措施，该理论提出的进口替代战略对提高产业竞争力也有启发意义。④

（二）国内相关研究

目前国内对产业控制力的研究集中在产业控制力的界定、指标设计、行业实证分析、实现机制、跨国公司及外资产业控制等方面，将相关研究视角整理为表 2.2。

表 2.2　国内产业安全及产业控制力的研究视角

主要研究角度	相关理论
产业控制力	国际直接投资理论（产业控制力）
产业竞争力	竞争战略、竞争优势、国家竞争优势理论（产业竞争力）
产业权益	国民产业安全理论

产业控制力的分析核心是研究外资对东道国产业的控制能力。王振中总结分析了海默的垄断优势理论和公司内部化理论，认为外国直接投资的关键点是企业控制。"控制"问题的存在显示了资本旗帜的民族色彩。⑤张平以北京吉普汽车有限公司为例，分析了跨国公司利用技术优势进行产业控制的情况。⑥王允贵指出，产业安全是本国资本对影响国计民生的国内重要经济部门

---

① Kitano, S., "Capital controls and welfare", *Journal of Macroeconomics*, 2011, Vol. 33, pp. 700-710.
② List, F., *The National System of Political Economy*, New York, General Books, 2012.
③ Krishna, K., Thursby, M., "Optimal policies with strategic distortions", *Journal of International Economics*, 1991, Vol. 31, pp. 291-308.
④ Prebisch, R., "The economic development of Latin America and its principal problems", *Economic Bulletin for Latin America*, 1962, Vol. 7, No. 1, pp. 1-22.
⑤ 王振中：《资本难道真的没有旗帜吗》，《改革》1994 年第 5 期，第 108～114，138 页。
⑥ 张平：《技术优势与跨国公司的产业控制——北京吉普案例的分析》，《经济研究》1995 年第 11 期，第 30～39 页。

掌握控制权。① 王允贵以电子及通信设备制造业为例，认为跨国公司产业控制的方式包括股权、技术、成本、品牌等方面的控制，并提出了产业压制的概念。② 张永璟分析了外商投资对中国企业和市场形成的"成长压制效应"，即外商利用其资本、技术等优势挤压国内企业市场的发展空间，使中国产业成长乏力。③ 于新东认为，创始权、调整权、发展权是衡量产业安全与否的标准。④ 林孝文认为，宏观调控政策滞后、市场结构无序、国有企业竞争策略滞后及学习能力低下等因素是造成中国主要市场被跨国公司控制的内因。⑤ 张碧琼认为，国际资本扩张带给一国经济安全的风险主要是宏观主权风险（对传统产业和高新技术产业的控制）和微观主权风险（对合资企业控制权的争夺、对引资国品牌的控制等）。⑥ 奇伦巴特、马军实证分析了内蒙古羊绒业的产业控制力的现状与对策。⑦ 景玉琴认为，外资产业控制对中国产业安全的威胁表现在压制本土研发能力、民族品牌受冲击、中国国民生产总值（GNP）滞后于国内生产总值发展等方面，并主张通过提升民族产业竞争力来维护产业安全。⑧ 赵元铭从大多数产业控制权、关键产业控制权、关键产业中重要环节控制权3个层次分析了后发国家产业控制力的实现情况。⑨ 王苏生等用外资市场控制率、外资股权控制率、外资技术控制率3项指标分析了中国装备制造业产业安全水平。⑩ 赵元铭、黄茜将产业控制力界定为本国资本对产业的国际控制能力，并从横向（不同产业）、纵向（同一产业的关键环节），以及宏观、中观和微观三个层次分析了产业控

---

① 王允贵：《产业安全问题与政策建议》，《开放导报》1997年第1期，第27～32页。
② 王允贵：《跨国公司的垄断优势及其对东道国的产业控制——跨国公司对我国电子及通信设备制造业的投资的控制》，《管理世界》1998年第2期，第114～134页。
③ 张永璟：《浅析外商直接投资的"成长压制效应"及对策》，《国际贸易问题》1997年第9期，第1～5页。
④ 于新东：《产业保护和产业安全的理论分析》，《上海经济研究》1999年第11期，第33～37页。
⑤ 林孝文：《跨国公司对华产业控制内因分析》，《国际经贸探索》2001年第4期，第65～68页。
⑥ 张碧琼：《国际资本扩张与经济安全》，《中国经贸导刊》2003年第6期，第30～31页。
⑦ 奇伦巴特，马军：《如何提升内蒙古羊绒业的产业控制力》，《内蒙古统计》2006年第5期，第21～23页。
⑧ 景玉琴：《产业安全的根本保障：提升民族资本产业控制力》，《福建论坛（人文社会科学版）》2006年第1期，第30～33页。
⑨ 赵元铭：《产业控制力的实现层次：基于后发国家产业安全边界的审视》，《世界经济与政治论坛》2008年第6期，第53～58页。
⑩ 王苏生，黄建宏，李晓丹：《我国装备制造业产业安全分析——以产业控制理论为基础》，《西南交通大学学报（社会科学版）》2008年第1期，第1～5页。

制力的实现路径。①

产业控制力的指标主要包括外资在资本、资产、市场、利润、品牌等方面的控制力。李海舰从 FDI 角度提出的监测国家经济安全的指标包括市场占有率、品牌拥有率、技术控制率、外资控股率。②何维达、何昌提出的产业控制力评价指标包括外资市场控制率、外资品牌拥有率、外资股权控制率、外资技术控制率、外资经营决策权控制率、某个重要企业受外资控制情况、受控制企业外资国别集中度 7 个指标。③史忠良提出的产业控制力评价指标主要包括外资市场控制率、外资品牌拥有率、外资股权控制率、外资技术控制率。④李孟刚提出的指标体系包括外资市场控制率、外资品牌控制率、外资股权控制率、外资技术控制率、外资经营决策控制率、某个重要企业受外资控制、受控制企业外资国别集中度 7 个指标。⑤王水平认为，产业控制是外资影响东道国产业安全的主要途径，并从外资市场控制力、外资股权控制力、外资来源国集中度、外资对主流业态的控制程度设计了零售业控制力的指标体系，进行了实证分析。⑥卜伟等利用外资市场控制率、外资股权控制率、外资技术控制率和主要企业受外资控制率 4 个指标，从产业控制力角度测算了中国装备制造业的产业安全水平。⑦

目前，产业安全及产业控制力评价方法主要包括指标加权方法和理论模型分析方法。①指标加权方法。多数产业安全实证方面的文献均采用此方法。瑞士洛桑国际管理发展学院（IMD）和世界经济论坛（WEF）在评估世界各国的国际竞争力时就采用该方法。指标权重的设置方法包括主观赋权法（专家调查法、层次分析法等）和客观赋权法（熵权法、变异系数法等）两大类。②理论模型分析方法。孙瑞华、刘广生综合产业控制力、产业竞争力、国民产业权益理论，给出了产业安全的定义，并构建了产业安全的理论模型，明确了一国产业安全的最优水平。⑧

---

① 赵元铭，黄茜：《产业控制力：考察产业安全的一个新视角》，《徐州工程学院学报（社会科学版）》2009 年第 3 期，第 24～28 页。
② 李海舰：《外资进入与国家经济安全》，《中国工业经济》1997 年第 8 期，第 62～66 页。
③ 何维达，何昌：《当前中国三大产业安全的初步估算》，《中国工业经济》2002 年 2 期，第 26～27 页。
④ 史忠良：《经济全球化与中国经济安全》，北京，经济管理出版社，2003 年，第 201～202 页。
⑤ 李孟刚：《产业安全理论研究》，北京，经济科学出版社，2006 年，第 227～229 页。
⑥ 王水平：《基于产业控制力视角的中国零售业安全评估》，《财贸研究》2010 年第 6 期，第 32～38 页。
⑦ 卜伟，谢敏华，蔡慧芬：《基于产业控制力分析的我国装备制造业产业安全问题研究》，《中央财经大学学报》2011 年第 3 期，第 62～66 页。
⑧ 孙瑞华，刘广生：《产业安全：概念评析、界定及模型解释》，《中国石油大学学报（社会科学版）》2006 年第 5 期，第 11～15 页。

目前对产业控制力的界定,主要是指外资或本国资本对本国产业的控制能力。王允贵[①]、于新东[②]等人均从这一角度界定产业安全。

李孟刚认为,产业控制力指外资对东道国产业的控制能力,以及对东道国产业控制能力的削弱能力和由此影响产业安全的程度。[③]

内资企业、外资企业对某一产业的产业控制力之和为1。除非特别说明,本书"战略性粮食产业控制力"指的是外资在战略性粮食产业中的产业控制力。

二、产业控制力内涵的扩展

上述关于产业控制力的内涵还可以进一步深入展开,具体包括产业控制力的实施主体、外部性特征、在时间和空间上的动态特征、层次性特征等方面。

(一)产业控制力的实施主体

产业控制力的实施主体是指产业控制力实际的载体。结合中国国情,基于东道国产业控制力实施主体的视角,可以将本国资本划分为国有资本和民营资本。这样,国有资本、民营资本、外商资本就成为产业控制力的实施主体。这三类市场主体的产业控制力既存在此消彼长的制约关系,又存在相互依赖的共生关系。

改革开放以前,国有资本是产业控制力的实施主体。改革开放以后,民营资本和外资也逐渐成为产业控制力的实施主体。

由表2.3可以看到,股份制企业成为我国企业经济活动的主要载体。从企业单位数量看,我国的私营企业数量多于外商及中国港澳台投资企业数量,外商及中国港澳台投资企业数量多于国有及国有控股企业数量;从资产总计看,国有及国有控股企业资本比重高于外商及中国港澳台投资企业,也高于我国的私营企业资本比重;从利润总额看,外商及中国港澳台投资企业、我国的私营企业、国有及国有控股企业差异较小;从亏损企业亏损总额看,国有及国有控股企业高于外商及中国港澳台投资企业、私营企业;从全部从业人员平均人数看,私营企业高于国有及国有控股企业、外商及中国港澳台投资企业。

---

① 王允贵:《产业安全问题与政策建议》,《开放导报》1997年第1期,第27~32页。
② 于新东:《产业保护和产业安全的理论分析》,《上海经济研究》1999年第11期,第33~37页。
③ 李孟刚:《产业安全理论研究》,北京,经济科学出版社,2006年,第193~194页。

表 2.3　2011 年不同经济类型规模以上企业主要指标比较　　（单位：%）

指标	集体企业	股份制企业	外商及中国港澳台投资企业	私营企业	国有及国有控股企业
企业单位数	1.29	43.12	12.62	39.33	3.64
资产总计	0.64	39.82	17.02	13.55	28.97
主营业务收入	1.06	40.01	18.27	21.58	19.08
主营业务成本	1.06	39.95	18.48	21.85	18.66
利润总额	1.13	40.48	17.96	21.26	19.17
亏损企业亏损总额	0.30	37.39	16.77	6.06	39.48
税金总额	0.74	39.04	11.97	15.27	32.98
全部从业人员平均人数	1.32	39.92	20.37	24.14	14.25

资料来源：根据《中国统计摘要》（2012 年）相关数据计算整理

（二）产业控制力的外部性特征

产业控制力的外部性是指东道国企业获得某产业的产业控制力，将会对本国某产业的产业安全产生正的外部性；外资控制东道国某产业，将会对东道国产业安全产生负的外部性。为了在本国市场竞争中获得竞争优势，东道国企业有时会主动与外资合作，而较少考虑东道国政府较为关注的产业安全问题。

孟山都在中国设有研发机构，其玉米产品在广西、山西等地区推广，成立了中种迪卡种子有限公司等多家公司，参股河北冀岱棉种技术有限公司等公司。山东登海种业股份有限公司、甘肃省敦煌种业集团股份有限公司是中国业绩表现较好的上市公司。杜邦旗下的先锋国际良种公司与山东登海种业股份有限公司、甘肃省敦煌种业集团股份有限公司分别建立了合资子公司。先锋国际良种公司是全球最大的玉米种业公司，推出的"先玉 335"在北京、天津、辽宁、吉林、宁夏、新疆、河北、山西、内蒙古、陕西等地区多有种植。加上"先玉 698""先玉 508"等玉米品种，几乎覆盖了中国东北、黄淮海、西南大部分地区。[①] 世界种业巨头——法国利马格兰集团与袁隆平农业高科技股份有限公司（简称隆平高科）合资组建种子公司，从事玉米、小麦等种子研发和销售，隆平高科占全部注册资本的 60%。[②] 这些内资种业公司与外资合作的案例说明，企业与外资合作时更关注竞争优势的提升。

本土企业提升本土产业控制力，不仅使自身获得竞争优势，也会对社会产生正的外部性，提高本国的产业安全水平。政府维护本国产业安全，也需

[①] 以上数据根据孟山都、先锋国际良种公司等公司官方网站资料整理而成。
[②] 华靖蕾：《隆平高科拟与法国利马格兰集团合资公司》，《第一财经日报》，2011 年 2 月 9 日。

要依赖本土产业资本竞争力、控制力的提升。若外资控制东道国产业，也会使自己获得竞争优势，但会削弱东道国产业安全水平，对东道国社会产生负的外部性。在产业控制力外部性存在的情况下，政府的干预是必要的。

中央政府与地方政府对产业安全的关注程度也是有差异的。一般而言，中央政府从国家经济安全层面考虑会比地方政府更关注产业安全问题，而地方政府出于政绩考虑，更倾向于运用优惠政策大规模吸引外资。

（三）产业控制力在时间和空间上的动态特征

产业控制力的形成，是通过一定时间内的积累、一定空间上的集聚形成的。没有哪个产业的控制力是在同一时间、在所有地区同时形成或失去的。因此，产业控制力具有在时间和空间上的动态特征。从这个意义上讲，产业控制力是本国资本或外国资本对本国产业在一定时期、一定地域上形成的控制能力。

目前对产业控制力的研究，对加入世界贸易组织以来时间维度下的外资控制水平分析较多，对外资产业控制力的空间集聚特征分析较少。总的来看，外资产业控制力在中国的空间分布，具有在北京、上海、浙江、广东等经济发达地区集聚的特征。因此，这些地区的产业安全形势更为严峻。关于产业控制力的空间集聚特征，本书将在第二章和区域研究篇进行深入的探讨。

（四）产业控制力的层次性特征

产业控制力可以划分为宏观、中观、微观三个层次。

宏观层次指外国资本或本国资本整体上对本国产业的控制能力。例如，可以从三次产业角度考察外资产业控制力的水平。目前对制造业外资产业控制力分析的文献较多，对农业和第三产业外资产业控制力分析的文献相对较少。

中观层次指对重点产业的控制能力。深入三次产业内部，讨论各类细分产业的外资控制力水平，如对食品工业、汽车工业等细分行业的分析。目前关于行业外资控制的探讨集中在两位数产业分类的层面上，如农业（01）、农副食品加工业（13）等。在三位数产业分类层面上，如谷物磨制（131）、农药制造（263）等细分产业外资控制的研究文献比较少。本书将在环节分析篇讨论三位数产业细分层面上的粮食产业外资控制问题。

微观层次指外资对本国重点企业和重点产品的控制能力，以及本国重点企业对本国产业和重要产品的控制能力。这个层面的分析涉及外资对东道国龙头企业的控制、品牌控制、产品的市场控制力等微观问题。本书后面将集中讨论三位数产业细分层面上外资的品牌、资本控制等问题。

三、产业控制力评价指标的扩展

由于产业控制力具有在时间上积累和空间上集聚的动态特征，因此考虑引入产业控制力的空间集聚评价指标。在产业经济学中，评价产业集中度的常用指标包括泰尔指数、区位熵、基尼系数、变异系数等。这些也可以用来评价产业控制力的空间集中度。此外，莫兰指数（Moran's I）是新地理经济学和空间经济学分析空间集聚程度的常用指标。本书重点讨论和运用莫兰指数分析产业控制力的空间集聚特征。

（一）产业控制力的莫兰指数

莫兰指数测度全局空间相关性。在该指数中，n 为研究对象地区总数，w_{ij} 是空间权重，本书使用邻近法设置，即两地区相邻，则权重系数为 1，否则为 0。

$$I = \frac{n\sum_{i=1}^{n}\sum_{j \neq i}^{n} w_{ij}(x_i - \bar{x})(x_j - \bar{x})}{S^2 \sum_{i=1}^{n}\sum_{j=1}^{n} w_{ij}} \qquad (2\text{-}1)$$

式中，x_i 和 x_j 是地区 i 和地区 j 的属性，在本书中为各地区的产业控制力指标。$\bar{x}$ 、S^2 分别是属性指标的均值和方差。

莫兰指数的取值范围为[-1, 1]。该值大于 0 时，表示正相关，接近 1 时，表现出高值与高值相邻、低值与低值相邻的集聚特征；该值小于 0 时，表示负相关，接近 –1 时，表现出高值与低值交错分布的集聚特征。

根据《中国统计年鉴》（2011 年）的相关数据，计算出各地区总外资资产控制率，绘制成图 2.1。计算公式为各地区外商总资产占国有及国有控制总资产、外商总资产、私营资本总资产之和的比重。

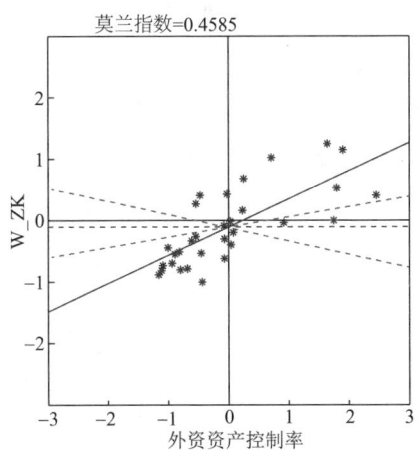

图 2.1　2010 年中国总外资资产控制率的莫兰指数散点图

各地区总外资资产控制率的莫兰指数的相关指标见表 2.4。

表 2.4　各地区总外资资产控制率的莫兰指数

莫兰指数	0.205018
指数期望	−0.033333
方差	0.005938
Z 值	3.093002
p 值	0.001981

从全局莫兰指数看，各地区总外资资产控制率呈现出正相关的特征。从图 2.1 看，落在第一象限（高-高）和第三象限（低-低）的地区较多，与表 2.4 的结果一致，表现出正相关的特点；落入第二、第四象限的地区较少。这反映了中国各地区吸引外资能力差距较大、两极分化的现实。

图 2.1 倾斜的 3 条虚线以随机信封的方式给出了莫兰指数的显著性可视化图形，反映了极端地区的外资资产控制率的差异程度。

（二）产业控制力的局部莫兰指数

安瑟兰（L. Anselin）等讨论了空间测度问题[①②]，提出了测度局部空间相关性的局部莫兰指数或区域性空间自相关指标（local indicator of spatial association，LISA）。[③]

$$I_i = \frac{(x_i - \bar{x})}{S^2} \sum_{j \neq i} w_{ij} (x_i - \bar{x}) \qquad (2\text{-}2)$$

$I_i > 0$，表示一个高值被高值包围（高-高），或一个低值被低值包围（低-低）；$I_i < 0$，表示一个高值被低值包围（高-低），或一个低值被高值包围（低-高）。

在关于外商直接投资的研究文献中，该指标多用于测度外商直接投资的空间分布。其实，该指标用来测度产业控制力的空间分布也是合适的，但是这一点常被忽视。

总外资资产控制率为中国固定资产投资中利用外资的比重，相关数据来自《中国统计年鉴》（2011 年）。从总外资资产控制率的局部莫兰指数可以

---

① Anselin, L., Griffith, D. A.,"Do spatial effects really matter in regression analysis?", *Papers of the Regional Science Association*, 1988, Vol. 65, pp. 11-34.

② Anselin, L., Rey, S., "Properties of tests for spatial dependence in linear regression models", *Geographical Analysis*, 1991, Vol. 23, pp. 112-131.

③ Anselin, L., "Local indicators of spatial association—LISA", *Geographical Analysis*, 1995, Vol. 27, pp. 93-115.

看出，中国东部、中部、西部地区总外资资产控制率空间分布的失衡特征非常明显。上海、浙江、福建等地的总外资总资产控制率表现为高值被高值包围（高-高）的局部空间集聚特征。甘肃、西藏、新疆、内蒙古等西部地区的总外资资产控制率表现为低值被低值包围（低-低）的局部空间集聚特征。海南省的总外资资产控制率表现为低值被高值包围（低-高）的空间集聚特征。

实际上，2010年，东部、中部、西部地区吸引外资的比重分别为85.0%、6.5%、8.5%。[①]1991年以来这种比例结构变化较小。江苏、广东、上海等地区吸引外资比重较高。

第二节 产业控制力与产业竞争力的关系

本节主要讨论产业控制力与产业竞争力的关系、产业控制力的三维分析模型等基本问题。研究产业控制力与产业竞争力的关系，最终落脚点是借助外资产业控制力，提高中国产业竞争力。

一、产业控制力与产业竞争力之间的比较

产业控制力与产业竞争力是评价产业安全和产业发展的重要依据。产业控制力与产业竞争力之间的区别和联系是怎样的？本书将对此进行简要的探讨。

李斯特幼稚产业保护理论认为保护是有条件的，有期限的。幼稚产业获得竞争力后就不再受到保护；幼稚产业保护持续较长时间后若仍不能获得竞争力，则不再保护。产业安全与产业保护总是联系在一起。保护，是政府保护；竞争，是市场竞争。李孟刚认为产业竞争力是产业安全的核心。[②]产业竞争力是通过市场竞争获得的。在开放条件下，产业竞争力就是国际产业竞争力。马克思主义的劳动价值论认为劳动生产率等因素是竞争力的来源。李嘉图的比较优势理论和赫克歇尔、俄林的要素禀赋理论认为技术差异、生产要素比例差异是竞争力的来源。迈克尔·波特认为生产要素、需求、企业战略等钻石模型六要素是国家、产业、企业竞争力的来源。邓宁将跨国公司活动引入钻石模型。[③]

[①] 商务部外国投资管理司，商务部投资促进事务局：《中国外商投资报告》（2011年），北京，经济管理出版社，2011年，第67～68页。

[②] 李孟刚：《中国产业安全报告（2010～2011）：产业外资控制研究》，北京，社会科学文献出版社，2011年。

[③] 李孟刚：《产业安全理论研究》，北京，经济科学出版社，2006年，第276～282页。

世界经济论坛发布的《全球竞争力报告》根据基础设施、制度、宏观经济环境、商品市场效率等12类指标评价国家的竞争力。

李孟刚[①]将产业安全的评价指标分成产业国内环境、产业国际竞争力、产业对外依存度、产业控制力四个方面。本书综合李孟刚[②]等的研究，将产业控制力与产业竞争力评价指标分类归纳对比，见表2.5。

表2.5 产业控制力与产业竞争力评价指标的对比

评价指标分类	产业控制力	产业竞争力
投入指标	外资股权控制率、外资技术控制率、外资经营决策权控制率、重要企业受外资控制状况、受控企业外资国别集中度	产业研发费用、产业集中度
产出指标	外资市场控制率、外资品牌控制率	产业国内市场占有率、产业国际市场占有率、显示性比较优势指数、产业利润率、产业国内竞争度等

资料来源：李孟刚：《产业安全理论研究》，北京，经济科学出版社，2006年，第276～282页

从表2.5可以看出，产业控制力的评价指标侧重于投入指标，产业竞争力的评价指标侧重于产出指标。从投入指标看，各国大力吸引外资是为了弥补本国资本不足。产业控制力侧重指外资对本国产业的影响，产业竞争力则侧重指本国产业的竞争力。

在开放背景下，国有资本、民营资本、外资在同一时空背景下竞争。这三类市场主体可以在产业竞争力、产业控制力的统一指标下，进行比较研究。产业控制力指标更倾向于从外资角度进行分析，产业竞争力更倾向于从东道国国内市场角度进行分析。本书讨论外资对中国粮食产业的影响和控制情况，故主要采用产业控制力指标进行分析。如无特别说明，本书中所指的产业控制力指外资对中国产业的控制水平。

二、产业控制力影响产业竞争力的定量分析

本部分通过模型定量分析产业控制力对产业竞争力的影响。外资产业控制力的发展过程是在东道国产业竞争力的制约下发展的过程。通过考察外资产业控制力的变动趋势，也可以看出东道国产业竞争力的影响。

赵世洪从国民产业权益角度，对产业安全做出了界定。他认为，国民产

---

① 李孟刚：《中国产业安全报告（2010～2011）：产业外资控制研究》，北京，社会科学文献出版社，2011年，第5～9页。

② 李孟刚：《产业安全理论研究》，北京，经济科学出版社，2006年，第276～282页。

业安全是对外开放中在让渡一部分国民产业权益的条件下实现国民产业权益总量的最大化。①这一概念反映了外资与内资在产业权益上的制约关系，二者表现为零和博弈。法尔博（G. Firebaugh）研究了外资和内资的经济增长效应。②

换言之，从总量和长期角度看，外资的产业控制力发展趋势表现出先逐渐上升，然后趋于稳定的特征。这是因为，外资产业控制力受内资企业竞争、市场规模、政府调控等因素影响不会无限制上升。这里以阻滞增长模型（Logistic 模型）进行分析。

（一）模型的假设

设 x 为外资的产业控制力，t 为外资持续进入中国的时间，当 $t=0$ 时，产业控制力 x_0 为常数。受全球经济形势和中国国民经济环境的制约，外资在中国的产业控制力最高，为 x_m。外资在中国的产业控制力 x 增长的动力来自自身的优势和中国外资引进政策。外资在中国的产业控制力 x 增长的阻力来自本土资本的竞争力，以及外资限制政策。r 为无阻滞作用时外资产业控制力的增长率，为常数。

若不将内资变量引入模型，则外资产业控制力的阻滞增长模型（Ⅰ）为

$$\frac{\mathrm{d}x}{\mathrm{d}t} = rx\left(1 - \frac{x}{x_m}\right) \qquad (2\text{-}3)$$

模型（Ⅰ）是生物数学家 Verhulst 于 19 世纪中期提出来的。该模型不仅能够大致反映人口、生物的变化规律，而且在社会经济领域也有广泛应用。③

刘思峰等提出了灰色 Verhulst 模型，用于预测非单调的摆动发展序列或有饱和型的 S 形序列数据。④ Liu 运用灰色 Verhulst 模型和 GM(1,1)模型预测了高楼下沉的过程。⑤ Wang 等分析了无偏灰色 Verhulst 模型的应用。⑥

灰色 Verhulst 模型为

---

① 赵世洪：《国民产业安全概念初探》，《经济改革与发展》1998 年第 3 期，第 15～18 页。
② Firebaugh, G., "Growth effects of foreign and domestic investment", *American Journal of Sociology*, 1992, Vol. 98, No. 1, pp. 105-130.
③ 姜启源，谢金星，叶俊：《数学模型》，北京，高等教育出版社，2011 年，第 165～166 页。
④ 刘思峰，党耀国，方志耕，等：《灰色系统理论及其应用》，北京，科学出版社，2010 年，第 173～179 页。
⑤ Liu, Y. C., "Anisochronous Grey Verhulst GM(1,1) model for certain high building subsidence course", *Site Investigation Science and Technology*, 2006, Vol. 17, No. 4, pp. 61-63.
⑥ Wang, Z.-X., Dang, Y.-G., Liu, S.-F., "Unbiased Grey Verhulst model and its application", *Systems Engineering-Theory & Practice*, 2009, Vol. 29, No. 10, pp. 138-144.

$$x^{(0)}(k)+az^{(1)}(k)=b(z^{(1)}(k))^2 \qquad (2\text{-}4)$$

灰色 Verhulst 模型白化方程的解为

$$x^{(1)}(t)=\frac{ax^{(1)}(0)}{bx^{(1)}(0)+(a-bx^{(1)}(0))\mathrm{e}^{ak}} \qquad (2\text{-}5)$$

灰色 Verhulst 模型的时间响应式为

$$\hat{x}^{(k+1)}=\frac{ax^{(1)}(0)}{bx^{(1)}(0)+(a-bx^{(1)}(0))\mathrm{e}^{ak}} \qquad (2\text{-}6)$$

将模型（Ⅰ）进行变换，可得阻滞增长模型的求解结果：

$$x(t)=\frac{x_m}{1+\left(\dfrac{x_m}{x_0}-1\right)\mathrm{e}^{-rt}} \qquad (2\text{-}7)$$

（二）模型的数值模拟

设初始参数 x_0=0.1，t= 0,1,2,…,100。t 表示时期。无阻滞作用时外资产业控制力的增长率 r=0.1，外资在中国的产业控制力最高为 x_m=0.7，则外资产业控制力的发展趋势可以由图 2.2 来表示。

从图 2.2 可以看到，外资产业控制力在没有干扰因素的情况下，呈现出先快速增长，然后逐渐趋向平稳的发展趋势。

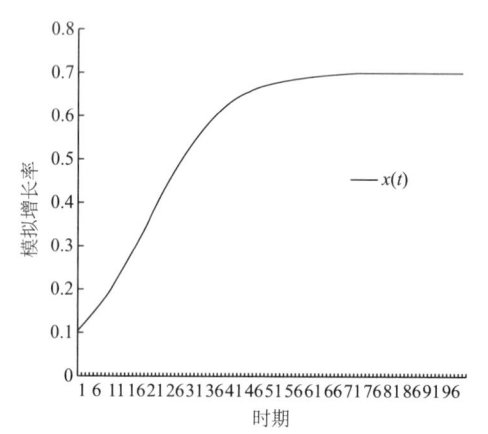

图 2.2　外资产业控制力的发展趋势模拟图

（三）模型实际数据拟合

为使讨论既具有一般性，又贴近实际，这里以中国规模以上工业为例，分析外资产业控制力的变化情况，并对其趋势进行预测。

这里选择的数据为 1990~2010 年的数据，指标为中国制造业外资市场控制率。计算方法为中国制造业外资主营业务收入占全行业主营业务收入的比重。所用数据来自历年《中国统计年鉴》。

运用灰色 Verhulst 模型进行模拟。k=1,2,…,21，分别代表 1990 年、1991 年……2010 年。

发展系数 a=-0.5156，灰色作用量 b=-1.7270，平均相对误差为 23.4863%，残差为 0.0298。灰色 Verhulst 模型的时间响应式是

$$\hat{x}(k+1) = \frac{0.0046}{0.0154 + 0.5002e^{0.5156k}} \qquad (2\text{-}8)$$

模型的两步预测值是 29.84%和 29.85%。五步预测值中，后四个数字均为 29.85%。

从图 2.3 可以看到，1993~2010 年，中国规模以上工业外资市场控制率呈现快速增长的特征，并高于阻滞增长模型的正常生长曲线的增速。2008~2010 年，外资市场控制率受全球金融危机的影响，逐渐下降，并低于正常的生长曲线的增速。

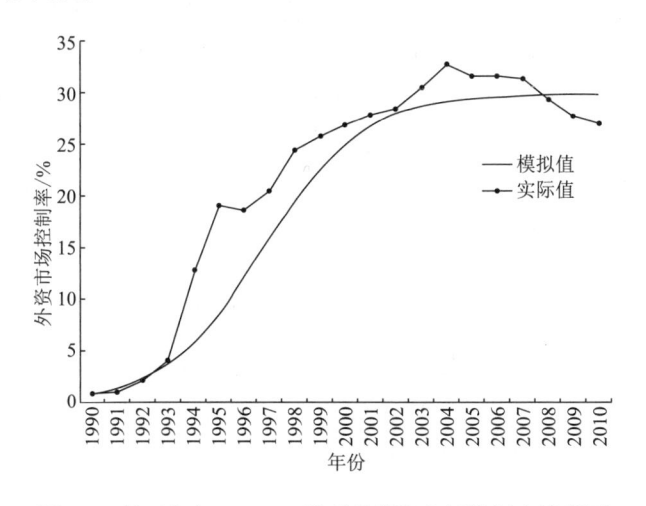

图 2.3 基于灰色 Verhulst 模型的外资市场控制率模拟图

（四）基本结论

上述分析说明，外资产业控制力的发展趋势基本上呈现 S 形特征。外资产业控制力在获得一段时间的快速增长后，将趋于稳定。但是受国内外经济

因素影响,具体发展过程带有一定的波动性特征。

模型分析和现实的情况均表明,金融危机及世界经济形势变化对外资在中国的产业控制力有一定的影响。

三、产业控制力影响产业竞争力的定性分析

本部分在前文定量分析的基础上,定性地总结产业控制力影响产业竞争力的阶段性变化特征,同时分析产业控制力对产业竞争力的双重影响。

(一)产业控制力影响产业竞争力的阶段性变化

产业控制力偏重测度产业安全水平,产业竞争力侧重测度产业发展水平。产业控制力影响产业竞争力的阶段性变化,反映了产业安全水平与产业竞争力之间的变化关系。

在改革开放和市场经济的背景下,产业安全与产业发展的关系不容忽视。产业安全与产业发展的关系,本质上是生存与发展、公平与效率的关系。固守产业安全,不考虑产业发展,以及忽略产业安全,只求产业发展的思想都是片面的。

目前,中国已经成为全球吸引外资最多的国家之一,并逐渐由追求数量向追求质量转变。近几年,中国吸引外商投资的政策有所调整,就体现了这一变化。但是,政策调整的力度还可以继续加大,为了维护中国经济安全,对涉及产业安全的投资活动应该加强审查。

图2.4描述了开放条件下产业发展与产业安全之间的关系呈现S形的变化。由图2.4可知,在开放条件下,产业发展与产业安全的关系是动态变化的,经历了四个发展阶段。

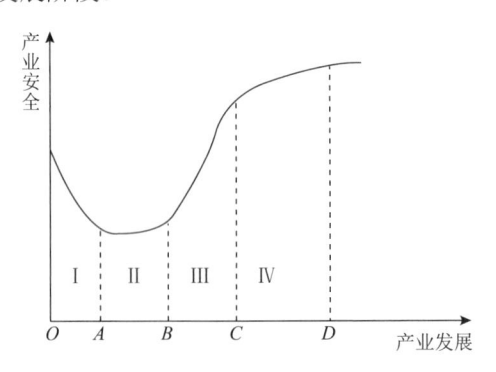

图2.4 开放条件下产业发展与产业安全的S形变化关系

(1)产业安全Ⅰ型。开放初期的产业安全水平下降、产业快速发展阶段,

在图 2.4 中为 OA 区间。这一阶段产业发展较为迫切，引进外资表现为重数量、轻质量。

（2）产业安全Ⅱ型。开放中期的产业安全水平稳定、产业发展稳定阶段，在图 2.4 中为 AB 区间。这一阶段产业安全水平趋于稳定，产业发展也趋于稳定。产业安全问题引起重视，国内产业竞争力逐渐上升。

（3）产业安全Ⅲ型。产业安全水平上升、产业发展水平缓慢上升阶段，在图 2.4 中为 BC 区间。这一阶段，随着本土企业崛起，本国产业竞争力增强，产业安全水平出现恢复性上升，并逐渐恢复到开放初期水平。

（4）产业安全Ⅳ型。产业安全保持稳定、产业稳定发展阶段，在图 2.4 中为 CD 阶段。这一阶段与第二阶段的本质区别在于，该阶段产业安全和产业发展都在高于开放初期的水平上实现稳定。

中国目前处于第一阶段和第二阶段的过渡时期。产业安全水平随着外资的大规模进入、内资竞争力有限而出现大幅下降。

产业安全与产业发展，二者是对立统一的辩证关系。产业安全涉及产业保护，产业发展涉及市场竞争。一方面，产业保护、市场竞争存在制约关系。过度保护会损害效率，过度竞争也会损害效率。产业保护过度，虽然可能提高了产业安全水平，但市场竞争受到压制，损失了效率。过度竞争，也会损害产业安全和市场效率。产业保护、市场竞争都存在一个"度"的问题。保护要适度，竞争也要适度。目前，对外资控制程度较高的行业，受关注的程度较高。对这些行业进行适当的调控是必要的。另一方面，产业保护、市场竞争存在相互促进关系。在适度的产业安全水平下，产业发展会步入正轨。产业发展态势良好，也会提高产业安全水平。

（二）产业控制力对产业竞争力的双重影响

外资不断提升其在东道国的产业控制力，其核心目的仍然是获取利润。对产业控制力产生的经济影响需要辩证地分析。对东道国产业竞争力而言，产业控制力的经济影响可以分成积极作用和消极作用两个方面。对中国而言，对外资产业控制力也需要有全面的认识，这是从宏观层面的分析。以前的研究文献关于外资对东道国经济的影响分析较多。探讨外资产业控制力的经济效应，是从产业层面研究外资的经济效应。

1. 外资产业控制力对产业竞争力的积极影响

世界各国积极引进外资，其目的是弥补本国国内资本不足，促进本国经济增长。世界各国吸引外资规模不断攀升，就反映了这一点。

目前关于 FDI 对东道国积极影响研究的文献较多。综合来看，东道国吸引外资，其积极影响包括增加投资资金来源、提升本土企业管理和技术水平、改善产品质量、改善经济结构等方面。但关于产业控制力的积极影响，讨论较少。外资产业控制力偏低，对经济影响有限，偏高会威胁东道国产业安全。外资产业控制力在一个合理的区间稳步提升，能否促进内资的发展？概括地讲，其积极作用在于：促进行业内的市场竞争，有助于增强企业活力；外资在产品、品牌、管理等方面的示范效应可以带动内资竞争力、控制力的提升。因此，在一定时期和一定区间内，外资产业控制力提升有其积极作用。

2. 外资产业控制力对产业竞争力的消极影响

马克思等认为，资本的本质是追求剩余价值，这在其对外输出的过程中，表现得非常充分。中心-外围理论也总结了一些发展中国家沦为发达国家经济附庸的教训。外资对拉丁美洲的控制表现在以下几点。①利润控制。1955 年，联合国在《在拉丁美洲的外国投资》中指出，付给外资的利润超过输入拉丁美洲资本的趋势变得更显著了。1946～1947 年，美国向拉丁美洲国家投资 54.15 亿元，获得的利润高达 147.75 亿元，这影响了本国的资本积累。②自然资源控制。外资在拉丁美洲主要投向工业、能源等部门，控制了钢铁、石油等资源。③经济结构控制。外资进入工业部门，改变了拉丁美洲国家的经济结构。外资向技术含量高的部门移动，私营资本集中在食品、服装、家具等传统产业和第三产业，国有资本集中在能源、通信、矿产等战略部门。外资影响日益增强引发了拉丁美洲国家对外资的限制，但收效欠佳。[①] 拉丁美洲国家利用外资的教训值得借鉴。

概括而言，外资产业控制力的消极作用在于：外资产业控制力偏高，会压制内资的发展，对本国产业安全产生消极影响；战略产业和战略资源容易被外资控制；本土企业竞争力逐渐丧失；等等。

四、产业竞争力对产业控制力的影响

产业控制力与产业竞争力之间是相互影响的。前文分析了东道国产业竞争力制约下产业控制力的变动趋势，本部分分析东道国产业竞争力变化对产业控制力的影响。

---

① 郝名玮，冯秀文，钱明德：《外国资本与拉丁美洲国家的发展》，北京，东方出版社，1998 年，第 29～30 页。

根据《中国工业统计年鉴》(2011年)相关数据,以农副食品加工业为例,计算国有控股工业企业、私营工业企业、外商投资和中国港澳台商投资企业三类企业中外商资本占实收资本的比重,作为外资资本控制力的计算指标,计算结果见图2.5。

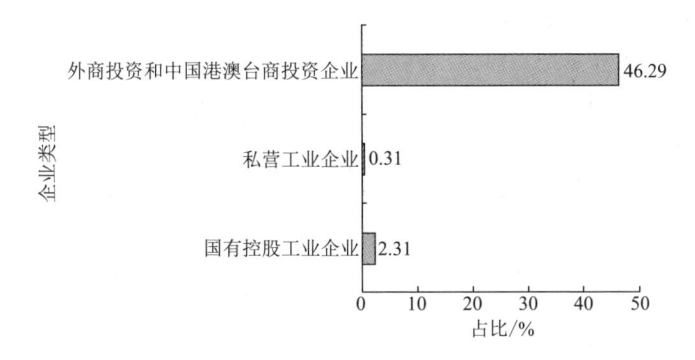

图2.5 2010年农副食品加工业不同企业外资资本控制力比较
资料来源:根据《中国工业统计年鉴》(2011年)相关数据整理计算

由图2.5可知,外商资本在外商投资和中国港澳台商投资企业中的资本控制力较高,在私营工业企业和国有控股工业企业中的资本控制力较低。国有控股工业企业、私营工业企业、外商投资和中国港澳台商投资企业三类企业中,各类资本交叉持股、相互投资的现象日益普遍。

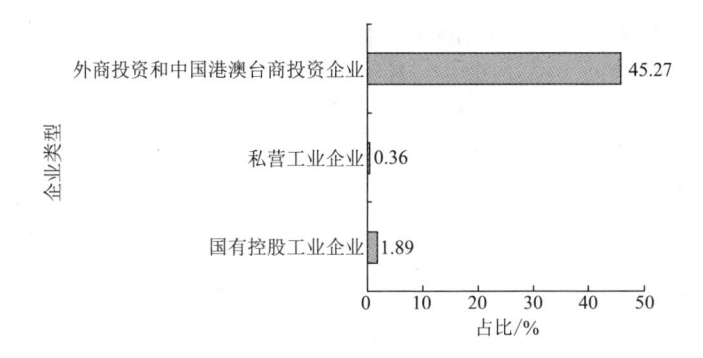

图2.6 2016年农副食品加工业不同企业外资资本控制力比较
资料来源:根据《中国工业统计年鉴》(2017年)相关数据整理计算

比较图2.5和图2.6可知,2016年与2010年相比,农副食品加工业中,外资在外商投资和中国港澳台商投资企业中的资本控制力较高,但比重有所下降。根据《中国工业统计年鉴》(2011年和2017年)数据,农副食品加工业外商资本在外商投资和中国港澳台商投资企业实收资本中占的比重,

2010 年为 434.66 亿元，2016 年为 573.98 亿元，外商资本总量保持增长态势。因此，农副食品加工业外资控制力主要体现在外商投资和中国港澳台商投资企业中。

上述分析说明，外资资本控制力下降，并不等于产业控制力一定下降。结合中国经济发展的现实，就企业规模层面而言，由于外资在技术、规模等方面的优势，外资企业虽然数量少，但单个企业竞争力强。私营企业虽然数量多、总资产规模和市场占有率高，但受企业规模小等因素限制，企业竞争力不足。因此，在企业和产业层面上，内外资的产业控制力和竞争力存在差异。只有在企业层面上提升竞争力，在产业层面上的竞争力才有坚实的组织基础。

本节从定性和定量角度对产业控制力与产业竞争力之间的关系进行了分析。产业控制力与产业竞争力之间存在双向的影响。由于基于三位数和四位数产业代码研究粮食产业外资控制力的文献还较少，本书将研究重心放在研究外资的产业控制力方面。但最终目的是通过全面分析外资的产业控制力水平，来提升中国产业竞争力水平，以推动中国粮食产业发展，维护粮食产业安全。

第三节 产业控制力的来源、影响因素和三维分析模型

本节分析产业控制力的来源、影响因素和三维分析模型。

一、产业控制力的来源和影响因素

本节根据邓宁（J. H. Dunning）的国际生产折中理论和中国国情，分析产业控制力的来源及影响因素。

本国资本或外国资本的产业控制力来自哪里？根据海默的垄断优势理论和邓宁的国际生产折中理论[1]，企业开展海外投资，主要凭借所有权优势（O）、区位优势（L）、内部化优势（I）。外资企业凭借这些优势与内资企业进行竞争，优势非常明显，内资企业无力对抗成为常态。从这个意义上讲，只有尽快将本土企业培育为一流的国际化企业，在全球范围内进行资源配置，本土企业才有实力与外资企业在同一平台上展开竞争；否则，要么被并购，要么被淘汰。

国际生产折中理论提出的 OLI 范式仍然是分析跨国公司对外直接投资

---

[1] Dunning, J. H., "Trade, location of economic activity and the MNE: a search for an eclectic approach", In Ohlin, B., Hesselnorn, P. O., Wijkman, P. M., *The International Allocation of Economic Activity*, London, Palgrave Macmillan, 1977, pp. 13-40.

的有效方法。本书基于 OLI 范式分析产业控制力的来源,具体见表 2.6。

表 2.6 基于 OLI 范式的产业控制力来源分析

理论要点	产业控制力的来源	产业控制力的形成	产业控制力的表现特征
所有权优势	资产性所有权优势:对有价值资产的拥有或独占	原材料优势、资产控制力	垄断原材料,拥有核心资产
	交易性所有权优势:技术、管理、品牌等	研发控制力、品牌控制力、市场控制力	研发效率高,拥有知名品牌,市场占有率高
区位优势	东道国的地理位置、要素价格、市场需求等	区域控制力	在经济发达地区集聚
内部化优势	企业克服市场外部不完全的能力	产品控制力、东道国优势企业控制	通过并购等方式控制东道国优势企业

从所有权优势看,外资产业控制力的主要来源是垄断优势。与内资企业相比,外资在资本、技术、管理、品牌等方面都有显著优势。中国国有企业、民营企业在管理、研发等方面还需要加强。

从区位优势看,外资产业控制力主要集中在中国东部沿海地区。中国市场潜力和市场规模巨大,是吸引外资的重要因素。中国东、中、西部地区发展存在较大差异,外资主要集聚于东部沿海地区。外资的产业控制力从空间上看也主要分布在北京、天津、上海、江苏、广东等经济发达地区。

从内部化优势看,外资产业控制力主要通过协调国内外市场、组建分公司等措施来规避国际、国内市场不完全产生的风险。中国仍处于市场经济的发展阶段,市场机制还不完善,区域市场分割现象仍然存在。这些因素要求企业必须学会克服市场不完全风险,学会在国际化背景下进行企业决策。

从产业控制力来源的分析中,已经可以看到产业控制力的影响因素。本书从投入产出角度对产业控制力的影响因素进行分析(表 2.7)。

表 2.7 基于投入产出角度的产业控制力影响因素分析

角度		产业控制力的影响因素
投入因素	高级要素	制度、研发、管理、品牌、广告等
	一般要素	劳动力、资本等
产出因素	市场规模	市场占有率、利润规模等
	市场结构	行业集中度、产品差异等

从投入因素看,产业控制力的影响因素包括高级要素和一般要素。影响

产业控制力的高级要素包括制度、研发、管理、品牌、广告等。比较内外资企业的差异，制度背景差异尤为突出。外资企业是在国外成熟的市场经济条件下通过竞争形成的。内资企业中，国有企业通过改制走向市场，民营企业快速发展，都是在改革开放之后，在时间上发展不够充分，无法与外资企业在同一平台上进行竞争。

从产出因素看，产业控制力的影响因素包括市场规模和市场结构。在市场规模方面，企业的市场占有率和利润规模一方面是企业产业控制力高低的反映，另一方面又促进了企业的发展，提升了产业控制力。在市场结构方面，外资进入低行业集中度的产业时，面临的进入壁垒和竞争阻力较小；外资进入高行业集中度的产业时，容易发生外资并购，同样也会提升外资的产业控制力。在产品差异带来的细分市场上，内外资的产业控制力差异较大。

二、经济学三维分析方法述评

三维分析方法一般指对具有三个维度的数据进行立体分析的方法。经济学三维分析方法主要是对时间维、属性维（空间维、行业维等）、指标维三维数据的分析方法。

（一）经济学三维分析方法应用统计

三维分析方法在理工类专业领域的研究中已经有广泛的应用，但在经济学领域，应用三维分析方法的文献比较有限。

在应用三维分析方法的经济研究文献中，多数文献仅仅列出了分析问题的三个维度，对这三个维度之间的关系缺乏定量分析。

在 CNKI 学术文献总库中，2018 年 9 月 9 日按主题词检索"三维分析"，得到论文 16280 篇。其中，建筑科学与工程有 1657 篇，水利水电工程有 1396 篇，计算机软件及计算机应用有 1174 篇，与农业经济等领域相关的文献比较少（表 2.8）。

表 2.8 CNKI 学术文献总库中"三维分析"文献分布

检索时间	检索手段	总文献量/篇	学科分布
2018 年 9 月 9 日	主题词检索	16280	建筑科学与工程（1657 篇）、水利水电工程（1396 篇）、计算机软件及计算机应用（1174 篇）等
	题目检索	15558	
	关键词（三维分析）	523	

(二)经济学三维分析的主要理论和工具

在主流经济学中,供求关系中的价格和产量构成了一个二维坐标平面,这是经济学模型分析的基本框架。在经济学其他理论分析中,横、纵坐标轴的变量即使发生变化,其二维分析的框架也保持恒定。

经济学三维分析的主要理论包括空间经济学、计量经济学、空间计量经济学等,相关数据分析的软件包括 Eviews、Matlab 等。

(1) 空间经济学。空间经济学的研究方法是数值模拟方法。该方法在三维或多维指标数据未知的情况下,通过设置关键参数,研究各指标之间的关系。这种方法对三维分析也有借鉴意义。

(2) 计量经济学。计量经济学中的面板数据模型综合考虑了截面数据和时序数据,初步讨论了三维数据的数量关系。伍德里奇(Jeffrey Wooldridge)介绍了横截面与面板数据的分析方法,可以用来处理基于时间维、行业维(或空间维等)、指标维的三维数据。①阿雷拉诺(M. Arellano)也专门讨论了面板数据的回归问题②。耐拉-赖克特(U. Nair-Reichert)等运用跨国面板数据分析了 FDI 与发展中国家经济增长之间的因果关系。③林京舒(Kyung So Im)等研究了面板数据的单位根检验问题。④

(3) 空间计量经济学。空间计量经济学重点研究空间因素对经济活动的影响,同时也考虑到指标和时序数据,因此对基于时间维、空间维、指标维的三维数据的分析有较多的研究成果,具体见表 2.9。

表 2.9 三维数据的类型

三维数据称谓	数据属性	说明
面板数据	时间序列+截面数据	未充分考虑空间因素的影响
空间面板数据	时间序列+空间数据	充分考虑了空间因素
时空数据/时空序列数据	时间序列+空间数据	充分考虑了空间因素

空间面板数据分析方法日益普及并受到人们重视。克利夫(A. D. Cliff)

---

① Wooldridge, J., *Econometric Analysis of cross Section and Panel Data*, Cambridge, The MIT Press, 2002.
② Arellano, M., *Panel Data Econometrics*, Oxford, Oxford University Press, 2003.
③ Nair-Reichert, U., Weinhold, D., "Causality tests for cross-country panels, new look at FDI and economic growth in developing countries", *Oxford Bulletin of Economics and Statistics*, 2001, Vol. 63, pp. 153-171.
④ Im, K. S., Pesaran, M. H., Shin, Y., "Testing for unit roots in heterogeneous panels", *Journal of Econometrics*, 2003, Vol. 115, No. 5, pp. 53-74.

和奥德（J. K. Ord）较早构建了空间自相关指标。[①]安瑟林（L. Anselin）提出了较为完整的空间计量方法和模型，极大地促进了空间面板数据分析方法的应用。[②] 沈体雁等介绍了国外空间过滤动态合成数据模型的原理和方法。对时空动态数据（三维数据）的建模进行了详细分析。[③]菲舍尔（M. M. Fischer）等出版了空间计量手册，形成了较为成熟的计量方法体系，促进了空间计量方法的普及。[④]

基于地理信息系统（GIS）的三维空间数据分析方法对经济学的研究有较大的启示。常见的三维空间数据分析软件包括 MapGIS、ArcGIS 等。其他工具软件如 Matlab、Mathematica、Stat 等对三维数据也有一定的处理能力，如李（R. X. Li）探讨了三维 GIS 的结构和应用问题。[⑤]计量经济学中，Eviews 等软件可以处理面板数据模型。

（三）三维分析方法在经济学的应用情况

三维分析方法在经济学的应用，可以归结为在经济学理论分析和实证分析两方面的应用。

在经济学理论分析方面，主要是构建三维理论分析模型。哈佛大学教授埃布尔（Derek F. Abell）在他的《定义商业：战略规划的起点》一书中提出了三维商业（three dimensional business）的概念，并将其作为战略规划的起点。三维商业以顾客为核心，包括被服务的顾客群（customer group，who）、被服务的顾客需要（customer function，what）、满足这些需求所需的技术（alternative technologies，how）三个维度。[⑥]李兴旺从产品差异、成本、价格三个维度构建了三维竞争战略模型，对波特的低成本、差异化和集中战略等竞争战略进行了拓展，提出了战略转换、"夹在中间"、"战略禁区"、倾销等行为模式。[⑦]陈宏军、江若尘提出了企业绩效的三维分析模式，分析了经

---

① Cliff, A. D., Ord, J. K., *Spatial Autocorrelation*, London, Pion Ltd, 1973.
② Anselin, L., *Spatial Econometrics: Methods and Models*, Dordrecht, Kluwer Academic Publishers, 1988.
③ 沈体雁，冯等田，孙铁山：《空间计量经济学》，北京，北京大学出版社，2011 年，第 25～82 页。
④ Fischer, M. M., Getis, A., *Handbook of Applied Spatial Analysis—Software Tools, Methods and Applications*, Berlin and Heidelberg, Springer, 2010, pp. 355-507.
⑤ Li, R. X., "Data structures and application issues in 3D geographic information systems", *Geomatic*, 1994, Vol. 48, No. 3, pp. 209-224.
⑥ Abell, D. F., *Defining the Business: The Starting Point of Strategic Planning*, Prentice-Hall, University of Michigan, 1980, pp. 53-169.
⑦ 李兴旺：《三维竞争战略模型》，《经济经纬》2001 年第 6 期，第 91～94 页。

营者的激励约束机制与企业效率关系，但未进行实证分析。① 王巧樑、王钦从需求、文化、能力三个维度构建了企业集成创新的三维分析框架，并以一个企业为例进行了案例分析。② 金芳从所有权、区位、交易机制三个维度构建了产品内分工的三维分析框架，但未进行实证分析。③ 总的来看，在经济学领域，三维理论分析模型的构建和应用还处于起步阶段。

克鲁格曼（P. R. Krugman）开创的新经济地理学，成功地将空间因素纳入经济学分析框架中，他提出了中心-外围模型，深刻地揭示了空间因素对贸易和分工的影响机理。④

在经济学实证分析方面，主要是运用面板数据分析方法研究经济学相关问题。运用行业面板数据分析不同行业不同时期的发展状况。李（J. Lee）分析了 25 个国家贸易、FDI 与生产率集聚之间的关系。⑤萧（Hsiao）等运用面板数据分析了东南亚国家 FDI、出口与 GDP 之间的关系。⑥

运用空间面板数据分析中国 FDI 相关问题的文献非常丰富，但大多基于省际面板数据进行分析。例如，李国平和陈晓玲运用省际空间面板数据分析了影响中国外商直接投资地区分布的因素。⑦

三、产业控制力三维分析模型的构建

产业控制力三维分析模型是从指标、时间、空间三个维度分析产业控制力的影响因素。设产业控制力三维分析模型的一般理论模型为

$$Y = F(X, t, d) \quad (2-9)$$

其中，Y 为外资的产业控制力，X 为影响产业控制力的诸多经济因素，t、d 分别代表影响产业控制力演化的时间和空间因素。

---

① 陈宏军，江若尘：《经营者的激励约束机制与企业效率关系的三维分析方法》，《数量经济技术经济研究》2003 年第 5 期，第 71～74 页。
② 王巧樑，王钦：《企业集成创新的三维分析框架及实证研究》，《南京社会科学》2009 年第 3 期，第 130～133 页。
③ 金芳：《产品内国际分工及其三维分析》，《世界经济研究》2006 年第 6 期，第 4～9 页。
④ Krugman, P. R., *Geography and Trade*, Cambridge, The MIT Press, 1991.
⑤ Lee, J., "Trade, FDI, and productivity convergence: a dynamic panel data approach in 25 countries", *Japan and the World Economy*, 2009, Vol. 21, No. 3, pp. 226-238.
⑥ Hsiao, F. S. T., Hsiao, M.-C. W., "FDI, exports,and GDP in East and Southeast Asia—panel data versus time-series causality analyses", *Journal of Asian Economics*, 2006, Vol. 17, No. 6, pp. 1082-1106.
⑦ 李国平，陈晓玲：《我国外商直接投资地区分布影响因素研究——基于空间面板数据模型》，《当代经济科学》2007 年第 3 期，第 43～48 页。

影响产业控制力的因素包括外资的资本投入、技术投入、管理效率、国内外经济形势等。

本书环节分析篇、历史演进篇和区域研究篇分别从产业控制力的构成（X）、时间（t）、空间（d）三个方面具体阐述了战略性粮食产业的控制力现状；本章运用三维分析方法对战略性粮食产业控制力进行了综合分析。

目前对三维数据的实证分析，有两种基本思路。第一种思路是空间面板数据的处理方法。运用 Matlab、GAUSS 等软件和空间计量工具，专门分析其时间效应、空间效应等。第二种思路是借助面板数据处理方法，将空间因素作为一个自变量纳入面板数据模型中。这样，可以按照一般计量模型的检验方法来分析空间因素的影响，不再受目前空间检验方法的局限。但上述两种思路需要较为丰富的面板数据的支持，若面板样本数据有限，则这些分析方法的效果会受到限制。

本书所分析的战略性粮食产业，多数为国家统计局产业分类中三位代码或四位代码的细分产业，面板数据有限，空间面板数据更是不易得到。本章根据样本数据有限的特点，将灰色系统理论与面板数据分析方法结合起来，构建灰色面板数据进行分析。

四、产业控制力三维分析模型的理论探讨

本部分主要从理论上讨论产业控制力三维分析模型三个维度的特点和相关关系。

（一）产业控制力演化的结构因素

从产业链视角可以将产业控制力分解为产业链各环节的控制力。产业链包括原材料采购、生产、加工、物流、批发零售等环节，各环节在产业链中的地位差异较大。行业集中度高的产业，外资进入较集中；行业集中度低的产业，外资进入也较少。

在第一产业方面，农业种植业因在地域上较为分散，外资投入相对较少。但种子、肥料行业集中度相对较高，外资进入比较集中。在第二产业方面，外资集中在资本密集、技术密集的行业。以 2010 年为例，通信设备、计算机及其他，交通运输设备制造业，电气机械及器材制造业，化学原料及化学制品制造业，通用设备制造业，农副食品加工业等行业外资的企业数量、工业总产值、资产总计、利润总额等指标都比较高。在第三产业方面，外资资产控制率较高的行业由高到低依次包括信息传输、计算机服务和软件业，房地产业，住宿和餐饮业，租赁和商务服务业等，具体结果见表 2.10。

表 2.10　2010 年中国第三产业外资资产控制率

行业	外资资产控制率/%
信息传输、计算机服务和软件业	24.41
房地产业	9.07
住宿和餐饮业	7.69
租赁和商务服务业	5.39
科学研究、技术服务和地质勘查业	4.87
批发和零售业	4.03
文化、体育和娱乐业	3.75
居民服务和其他服务业	1.90
金融业	1.49
交通运输、仓储和邮政业	1.25
卫生、社会保障和社会福利业	0.90
水利、环境和公共设施管理业	0.63
教育	0.35
公共管理和社会组织	0.14
第三产业合计	5.20

资料来源：根据《中国第三产业统计年鉴》（2011 年）整理计算

与表 2.10 行业数据相比，2016 年部分行业外资控制率有所降低。根据《中国第三产业统计年鉴》（2017 年）数据计算，到 2016 年，信息传输、计算机服务和软件业的外资资产控制率降低到 10.44%，第三产业外资资产控制率降低到 3.21%。

本书环节分析篇将分析粮食产业的外资产业控制力情况。粮食产业涉及粮食产业链上的各相关产业，包括第一产业中的农业、第二产业中的农副食品加工业和食品制造业、第三产业中的粮食批发零售等。粮食产业控制力分解为研发控制力、生产控制力、加工控制力、流通控制力四部分。

（二）产业控制力演化的历史因素

改革开放以来，中国吸引的外资持续增加。外商投资有一个流量和存量的变化过程，其影响也存在累积效应。

图 2.7 描述了外商投资的规模和外商投资占全社会固定资产投资的比重。从图中可以看出，在固定资产投资领域，外资整体上呈现波动增长的趋

势。受1997年和2008年金融危机影响，附近年份外资有较大波动。从外商投资占全社会固定资产投资的比重看，1981~1996年，该比重呈现波动上升趋势。1997年以后，该比重下降速度较快，主要是因为这一时期自筹资金和其他资金比重上升比较快。

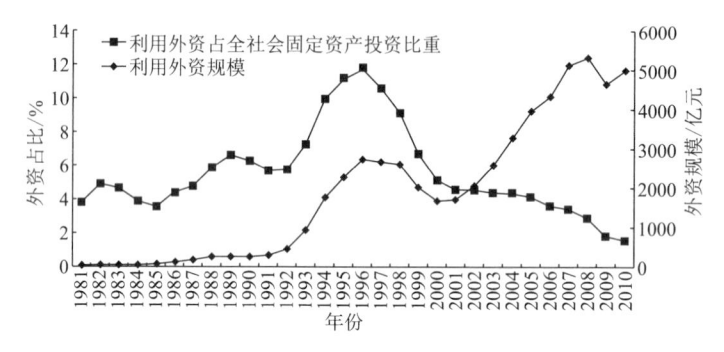

图 2.7　1981~2010 年外资资产控制率演化趋势

从图 2.8 中可以看出，2009~2017 年，外商投资企业和中国港澳台商投资企业的外资资产控制率相对比较稳定，平均占比为 2.6%；国有投资企业的外资资产控制率在波动中有所下降，平均占比为 25.9%；私营投资企业外资资产控制率在波动中有所上升，平均占比为 26.9%。

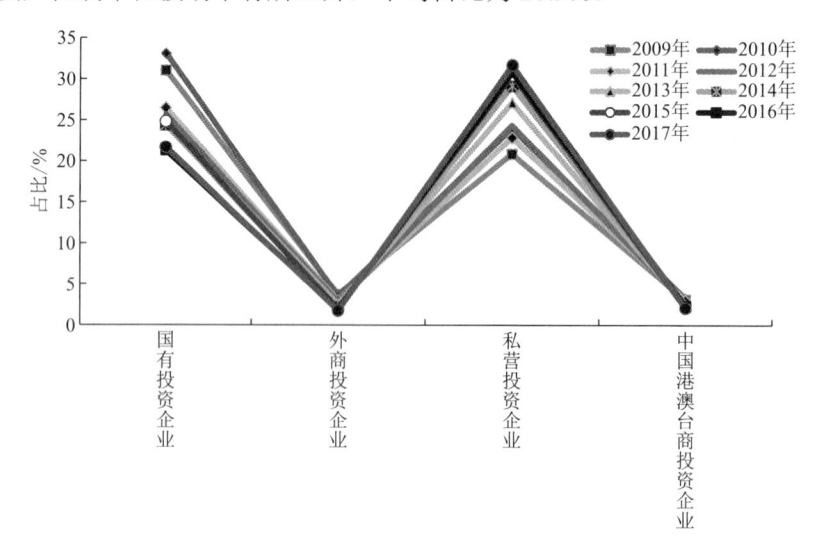

图 2.8　2009~2017 年不同企业外资资产控制率比较

资料来源：《中国统计年鉴》(2010~2018 年)

注：按照《中国统计年鉴》关于按登记注册类型分全社会固定资产投资的统计数据，计算国有投资企业、私营投资企业、中国港澳台商投资企业、外商投资企业 2009~2017 年占全社会固定资产投资的比重，以度量这几类企业的外资资产控制率

按照《中国统计年鉴》关于按登记注册类型分利润总额的统计数据，计算外商投资企业 2009~2017 年占工业企业利润的比重，以度量外商投资企业的利润控制率，具体结果绘制成图 2.9。

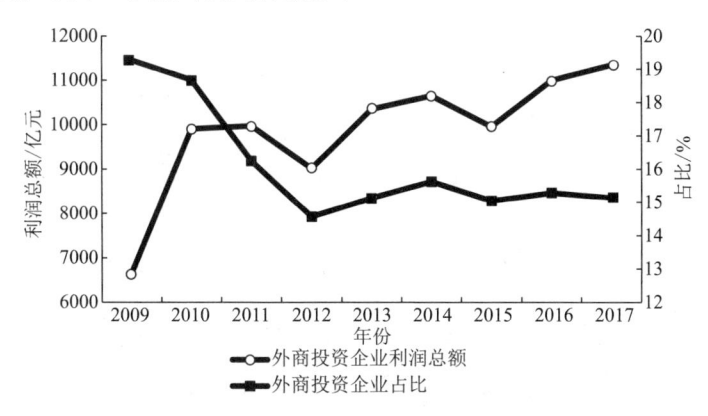

图 2.9　2009~2017 年外商投资企业利润控制率比较
资料来源：《中国统计年鉴》（2010~2018 年）

从图 2.9 中可以看出，2009~2017 年，外商投资企业利润总额整体呈现波动上升态势，外商投资企业利润控制率则呈现先下降后保持平稳的特点。这说明外商投资企业利润增长态势稳定。结合图 2.8 可知，外商投资企业在外资资产控制率基本稳定的情况下，利润总额呈现增长态势，反映出外商投资企业有较高的生产效率。

（三）产业控制力演化的空间因素

FDI 在中国的空间分布特征表现为外资在北京、上海、广东等经济发达地区的集中度较高。外资在粮食产业的投资存在类似的特征。目前，学者对产业控制力的研究，仍然侧重基于时间序列数据的分析，对产业控制力的空间分布讨论较少。李孟刚重点分析了制造业的外资控制问题，侧重从时间角度进行分析，未考虑产业控制力的空间分布问题。[1] 与 FDI 集中在中国经济发达地区的特征相一致，外资的产业控制力也在中国经济发达地区存在集聚特征。

从图 2.10 可以看出，与 2001 年相比，2010 年外资企业的资产、利润的地区分布特征变化不大。广东、江苏、上海、浙江四省市的外资企业资产、利润比重已经占到全国近 60%，集聚特征鲜明；宁夏、甘肃、新疆、西藏四

---

[1] 李孟刚：《中国产业安全报告（2010~2011）：产业外资控制研究》，北京，社会科学文献出版社，2011 年，第 3~18 页。

省区的外资企业资产、利润比重不到全国的 1%。这表明，外资企业资产、利润控制力的地区分化现象突出。

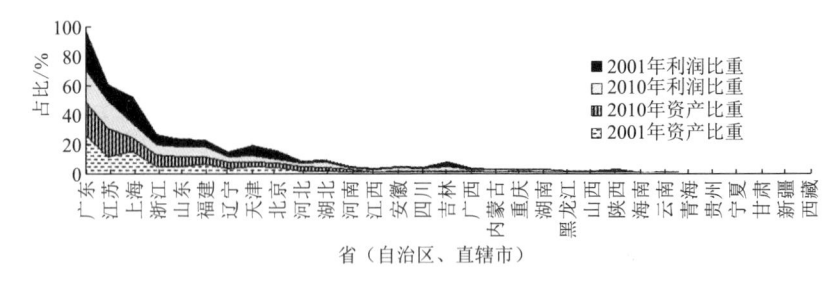

图 2.10　2001 年、2010 年各地区外资企业资产和利润比重

上述分析说明，外资产业控制力存在显著的地域集聚现象。外资对中国经济发达地区的偏好主要受市场规模、开放水平、区位优势等因素影响。

（四）产业控制力三个维度之间的制约关系

产业控制力的静态指标在时间、空间上逐渐动态演化，形成了产业控制力的三维图景。

从中国改革开放的过程看，1978 年以后逐步对外开放。1992 年，邓小平南方谈话后，中国对外开放的力度进一步加大。2001 年底，中国加入世界贸易组织，开创了中国对外开放的新局面。1997 年、2008 年的金融危机对中国进出口、吸引外资均产生了较大的影响。随着对外开放的深入，外资对中国产业的控制力也在逐步加强，形成了累积效应。

在空间上，中国对外开放沿着点（经济特区）、线（沿海开放城市、沿江和内陆开放城市、沿边开放城市）、面（沿海经济开放区）相结合的空间格局，逐步扩大开放范围。由于沿海城市开放时间长、临海位置优、经济条件良好等，外资在沿海城市的集聚特征非常显著。外资在沿海地区的产业控制力明显高于中、西部地区。

从中国的情况看，一个地区开放时间越长或开放度越高，距离沿海（或沿边）地区越近，该地区的外资产业控制力就越高；反之，一个地区开放时间越短或开放度越低，距离沿海（或沿边）地区越远，该地区的外资产业控制力就越低。

因为外资在中国第二产业的投资比重最高，所以这里着重分析外资在第二产业控制力的变化趋势。选择的指标为外资市场控制力，为各地区 2001~2011 年外资主营业务收入除以全国主营业务收入。相关数据来自历年《中国统计年鉴》。

从图 2.11 可以看出，2001～2009 年，各地区的外资市场控制率大小关系具有较强的稳定性。上海、广东、福建、海南、天津、江苏、浙江等沿海地区外资市场控制率最高。这些地区也是中国开放最早的地区。受 2007 年下半年开始的全球金融危机影响，这些地区 2008～2010 年的外资市场控制率呈现明显的下降趋势。西藏、四川、湖南、河南、云南、山西、宁夏、甘肃、贵州、新疆等中西部省区地理上不临海，时间上对外开放比较晚，开放水平低，其外资市场控制率也较低。

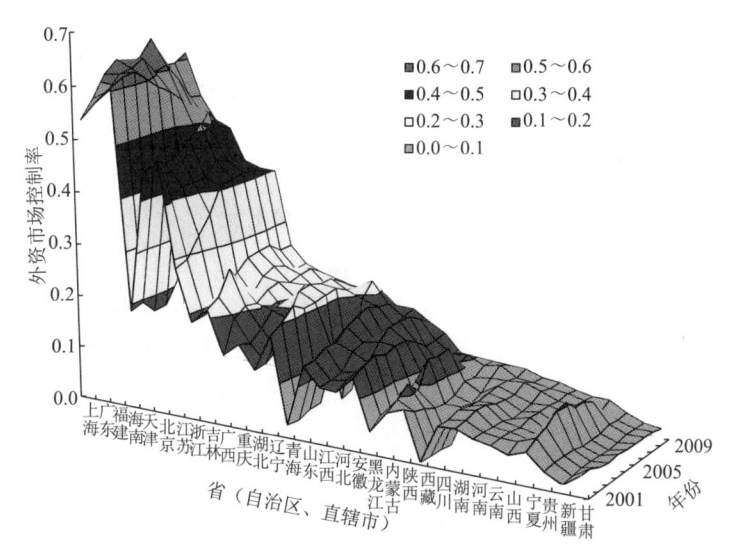

图 2.11　2001～2009 年外资市场控制力的时空演化趋势

上述分析说明，受时间、空间等初始条件的影响，开放格局一旦形成，开放水平便在时间、空间上保持一定的稳定性，外资产业控制力也表现为时空上的稳定性。从这个角度讲，内资企业提升产业控制力是一个渐进的过程。

第四节　中国粮食产业外资控制力评价研究

本节基于经济学三维分析方法和产业控制力三维分析模型，从时间、产业链和区域维度下对中国粮食产业外资控制进行综合评价。

一、时间维度下战略性粮食产业控制力分析

本部分基于灰色 Verhulst 模型分析了战略性粮食产业外资产业控制力的走势；运用联合国吸引外资业绩指数和潜力指数评价中国战略性粮食产业（重点是粮食加工业）利用外资的绩效。

（一）基于灰色 Verhulst 模型的战略性粮食产业控制力走势分析

前文分析了灰色 Verhulst 模型在产业控制力上的一般应用。本部分运用该模型分析战略性粮食产业控制力的走势。

战略性粮食产业涉及种子、畜牧业、谷物磨制、粮食收储等多个产业，产业控制力分为研发控制力、生产控制力、加工控制力、流通控制力等多个环节。考虑到数据的完整性和可获得性，这里重点分析战略性粮食产业控制力中的加工控制力和流通控制力。

本部分的分析表明，外资在战略性粮食产业的控制力呈现出快速增长的趋势，在灰色 Verhulst 模型描述的 S 形曲线中，处于快速上升阶段。

1. 加工控制力

在食用油加工业、谷物磨制业、液体乳加工业等粮食加工业中，食用油加工是中国外资控制程度最高的行业。根据历年《中国食品工业年鉴》整理出 1995～2009 年中国食用植物油产业外资市场控制率数据，2006 年、2007 年数据受年鉴统计口径变化影响缺失，用 GM(1,1)模型和 2001～2005 年数据的预测值补充完整，然后，用灰色 Verhulst 模型拟合，拟合情况见图 2.12。

灰色 Verhulst 模型拟合结果如下：

$$\hat{x}^{(1)}(k+1) = \frac{0.0321}{0.064 + 0.059 e^{-0.123k}}$$

模型参数 a=-0.1230，b=-0.2456。模型残差为 0.0195，平均相对误差为 7.5606%。

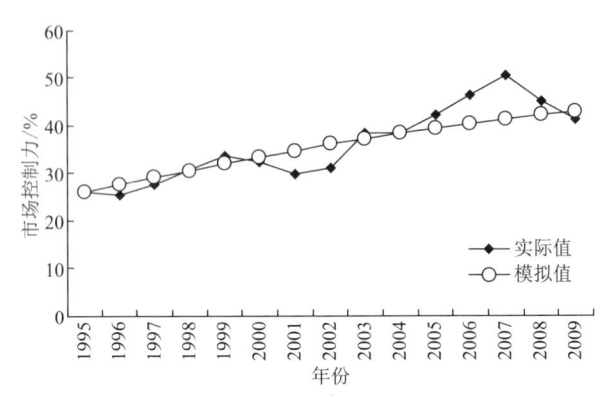

图 2.12　1995～2009 年粮食加工业外资市场控制力走势

1992 年中国进一步扩大对外开放规模以后，外资在粮食加工业中的投资比重进一步上升。图 2.12 显示，外资在食用油加工业的市场占有率呈现出快速增长的态势，处于快速上升阶段，这表明外资食用油加工业的投资活动已经趋于成熟和稳定。受全球金融危机影响，2008 年、2009 年外资市场控制率有所下降。此外，谷物磨制业和液体乳加工业外资市场控制力在波动中增长。这表明外资在谷物磨制业和液体乳加工业的投资还处于初步扩张阶段。

2. 流通控制力

流通包括收储、批发零售、进出口等环节。这里重点分析战略性粮食产品的进口控制力，粮食进口控制力用粮食进口依存度表示。本书计算 1980～2012 年中国粮食进口依存度（Y）。相关数据来自历年《中国农村经济年鉴》《中国统计年鉴》，2012 年数据来自海关统计数据。

设 $t=1,2,\cdots,33$，分别代表 1980～2012 年。直接运用灰色 Verhulst 模型进行拟合，效果较差。故以 Y 为因变量，t 为自变量，建立二次函数方程：$Y=c+at+bt^2$。a、b、c 为待估参数。运用 Eviews 6.0 软件回归得

$$Y = 0.059367 - 0.129312t + 0.004854t^2$$

$$(9.329359)(-7.295480)(10.02563)$$

$$R^2 = 0.870032$$

上述回归方程中括号内的数值为 t 统计值。经检验，$Ln(Y)$ 为一阶单整平稳序列，残差为平稳序列。

回归方程的拟合效果比较理想，具体见图 2.13。

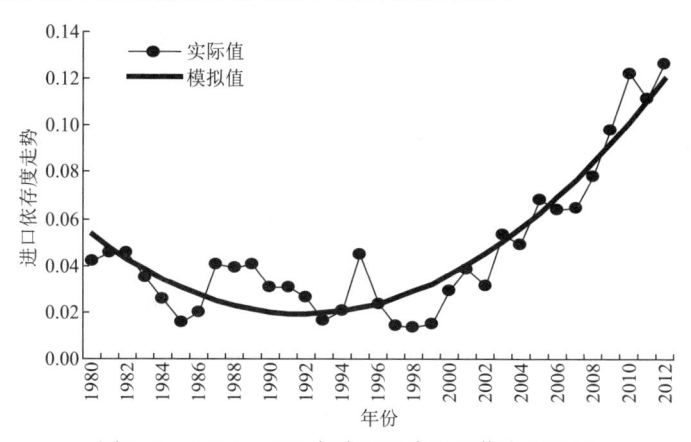

图 2.13 1980～2012 年中国粮食进口依存度走势

1980～2012 年，中国粮食进口依存度表现出近似二次曲线增长的趋势。这种趋势可以看作灰色 Verhulst 模型描述的 S 形走势的一部分。这种情况说明，中国粮食进口依存度还有继续上升的趋势，尚未达到 S 形走势的临界点。

但是，按照中国《国家粮食安全中长期规划纲要（2008—2020年）》，中国粮食自给率为95%以上。按照这一标准，中国粮食进口依存度在5%以下是安全的。但自2003年以后，中国粮食进口依存度已经超出了5%的水平。

分品种看，1980~1998年，小麦占中国粮食进口比重较大。1992年以前，中国大豆进口较少；1992年以后，大豆是中国粮食进口的主要品种。若按国际统计口径，大豆属于油料作物，不是粮食的范畴，则中国粮食自给率仍处于95%以上。但大豆是中国食用植物油的主要原料来源，在中国粮食消费中占有重要地位。

中国大豆进口在2003年以后大幅增加。中国大豆进口依存度根据历年《中国农村经济年鉴》《中国统计年鉴》相关数据计算整理，2012年数据来自海关统计数据，1992~2012年中国大豆进口依存度表现出持续增长的趋势。

设 $t=1,2,\cdots,21$，分别代表1992~2012年。以中国大豆进口依存度（DOU）为因变量，t 为自变量，建立二次函数方程：$\text{Ln}(Y) = c + at + bt^2$。$a$、$b$、$c$ 为待估参数。运用 Eviews 6.0 软件回归得

$$\text{DOU} = 0.115063 - 0.072858t + 0.012995t^2$$

$$(0.974085)(-2.945897)(11.90189)$$

$$R^2 = 0.987724$$

上述回归方程中括号内的数值为 t 统计值。经检验，DOU 为一阶单整平稳序列，残差为平稳序列。

回归方程的拟合效果比较理想，具体见图2.14。可见，1992~2012年中国大豆进口依存度处于快速上升时期，尚未达到S形走势中的最高临界点。

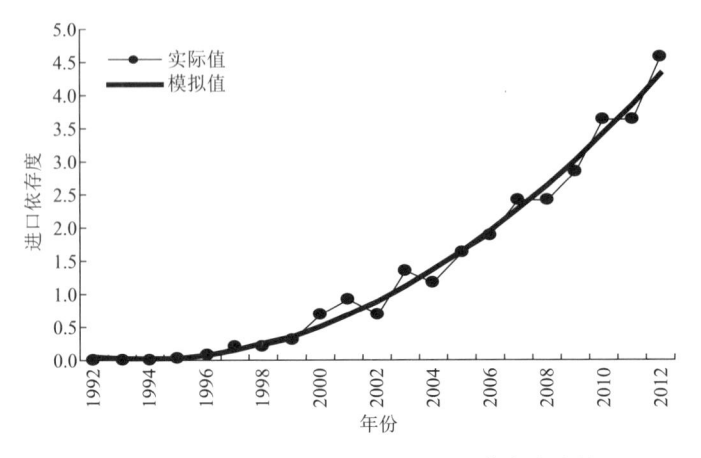

图2.14　1992~2012年中国大豆进口依存度走势

总的来看，中国粮食进口依存度处于 S 形曲线中的快速上升阶段。

总之，今后需要高度关注粮食进口规模激增引发的物价上涨、市场波动等问题。表 2.11 总结了外资战略性粮食产业控制力发展趋势。总体上，中国战略性粮食产业的产业安全水平属于产业安全 I 型，部分粮食产业向产业安全 II 型过渡。

表 2.11 外资战略性粮食产业控制力发展趋势及特征

行业	发展趋势及特征
农业、畜牧业	外资整体比重较低，但在种子等部分领域外资控制力较高
粮食加工业	食用油产业外资控制力偏高；谷物磨制业、液体乳加工业等部分产业外资控制力上升较快
粮食流通业	外资在粮食批发零售领域影响渐增，并开始积极进入粮食收储领域；大豆等部分战略性粮食产品进口规模较大，玉米等产品进口规模仍会上升

（二）基于 FDI 业绩指数的战略性粮食产业利用外资绩效评价

本部分运用联合国吸引外资业绩指数和潜力指数，评价中国战略性粮食产业利用外资的绩效。

1. 吸引外资绩效评价的方法

联合国贸易和发展会议 2001 年发布的《世界投资报告》首次使用吸引外资业绩指数考察世界各国 FDI 流入和流出的业绩指数，并用 GDP、就业和出口三个指标反映各国吸引外资的潜力。

联合国贸易和发展会议 2002 年发布的《世界投资报告》使用吸引外资业绩指数和吸引外资潜力指数来比较各国利用外资的绩效。吸引外资业绩指数为本国引入 FDI 占全球比重与本国 GDP 占全球 GDP 比重之比，若该指数大于 1，说明该国吸引 FDI 的比重高于预期值。吸引外资潜力指数根据一些相对稳定的结构因素来度量，具体包括人均 GDP、GDP 增速、出口依存度等 8 个指标。

2012 年发布的《世界投资报告》分析了各国吸引外资指数、外资流入潜力指数和外资流入贡献指数。该报告将外资流入潜力指数的评价指标分成市场吸引力、低成本劳动和技能可获得性、自然资源、基础设施 4 个方面。外资流入贡献指数主要测度外资对东道国 GDP（或增加值）、就业、工资、出口、研发支出、资本形成和税收等方面的影响。

巴尔塔吉（B. H. Baltagi）等研究了 FDI 的第三国效应。[1] 葛顺奇根据

---

[1] Baltagi, B. H., Egger, P., Pfaffermayr, M., "Estimating models of complex FDI: are there third-country effects?", *Journal of Econometrics*, 2007, Vol. 140, No. 1, pp. 260-281.

上述指数分析了中国利用外资的业绩与潜力。①

本书根据吸引外资业绩指数和吸引外资潜力指数,结合中国实际,将计算公式界定如下:

粮食产业吸引外资业绩指数=(各行业 FDI/全行业 FDI)/
(各行业工业总产值/全行业工业总产值)

各地区粮食产业吸引外资业绩指数=(各地区某行业 FDI/全行业 FDI)/
(该地区 GDP/全国 GDP)

各地区粮食产业吸引外资的潜力指数,借鉴联合国贸易和发展会议的潜力指标。相关指标包括粮食产量、农业 GDP、人均 GDP、人口规模、城镇人均工资等,具体见表2.12。

表 2.12　粮食产业吸引外资的潜力指标

一般标准	粮食产业标准	指标
市场吸引力	经济发展水平	农副食品加工业、食品制造业工业总产值;人均 GDP;人口规模;城乡人均消费支出;贸易依存度
低劳动成本和技能	人力资本	城镇人均工资;农副食品加工、食品制造业从业人数;每十万人口大专以上人数
自然资源	农业发展水平	粮食产量;农业 GDP
基础设施	基础设施	每百人电话数;人均电量消费;运输能力

城乡人均消费支出为中国各地区城镇和农村人均年消费支出,运输能力为各地区铁路、公路、内河航道总里程。各指标数据来自《中国统计年鉴》(2011年)。

上述指标减去本指标中的最小值,再除以本组指标中最大值与最小值之差;所有指标计算后取平均值,得到各地区的吸引外资潜力指数。各地区粮食产业利用外资贡献指数,主要指标包括外资对东道国 GDP(或增加值)、就业、出口、研发、资本和税收等方面的比重。

2. 战略性粮食产业吸引外资的潜力

由于战略性粮食产业的子产业较多,考虑到数据的可获得性和完整性,根据表2.12,计算农业和农副食品加工业、食品制造业吸引外资的潜力。农副食品加工业、食品制造业包括谷物磨制、食用植物油加工、液体乳及乳制品制造业等战略性粮食产业。所用数据来自《中国统计年鉴》(2011年)、《中

---

① 葛顺奇:《中国利用外资的业绩与潜力评析》,《世界经济》2003年第6期,第8~13页。

国工业统计年鉴》（2011年）和《中国农业统计资料》（2010年）。

所用数据经计算绘制成图2.15，反映了各地区粮食产业吸引外资潜力的差异。

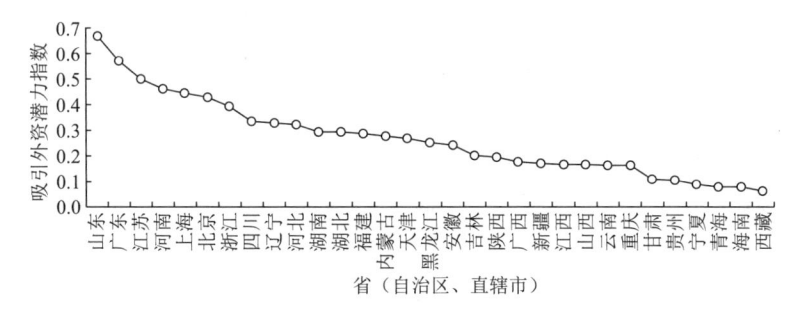

图2.15 2010年各地区粮食产业吸引外资潜力指数

从图2.15可以看到，粮食主产区和广东、上海、北京、浙江等经济发达地区的粮食产业吸引外资的潜力比较大，西部地区粮食产业仍然是吸引外资潜力较小的地区。本图只对各地区粮食产业吸引外资的潜力进行了排序，具体吸引外资的业绩还需进行进一步的评估。

3. 战略性粮食产业吸引外资的业绩

考虑到数据的可获得性和统计口径的一致性，这里重点分析农业和农副食品加工业吸引外资业绩指数。

中国农业、农副食品加工业利用FDI数据来自历年《中国外资统计》、《中国外商投资报告》和商务部网站；中国农业总产值数据来自历年《中国农业统计年鉴》，中国农副食品加工业工业总产值数据来自历年《中国统计年鉴》；全国FDI数据、GDP数据来自历年《中国统计年鉴》。具体计算结果见图2.16。

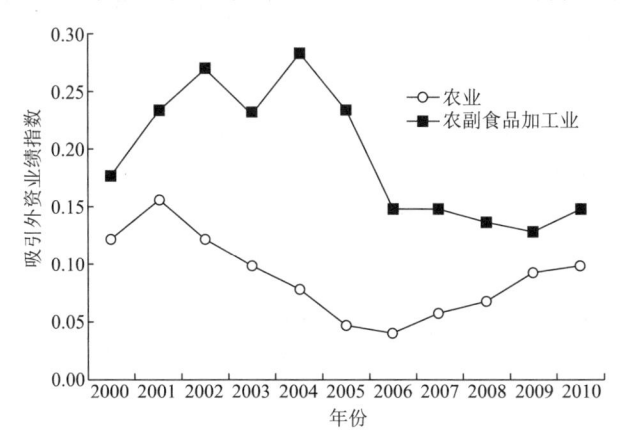

图2.16 农业和农副食品加工业吸引外资业绩指数

从图 2.16 可以看出，2001~2006 年，中国农业吸引外资业绩指数呈现逐年下降趋势；2006~2010 年，呈现恢复性增长趋势。比较 2000~2010 年中国农业实际吸引外资的规模可以知道，2006 年农业利用外资规模最低，仅为 2.4 亿美元，占全国实际利用外资的比重为 0.4%。2000~2010 年，农副食品加工业吸引外资业绩指数波动较大，2004 年以后呈现下降趋势。

根据《中国工业统计年鉴》（2011 年）、《中国统计年鉴》（2011 年）可以计算出各地区农业、农副食品加工业吸引外资业绩指数。

2010 年，农业利用外资 9.5 亿美元，前 15 位地区农业利用外资占全国的比重为 98%。2010 年，食品制造业利用外资 11.2 亿美元，前 15 位地区食品制造业利用外资累计占全国的比重为 97.5%。本书重点讨论农业和食品制造业前 15 位地区吸引外资业绩指数，具体见图 2.17。

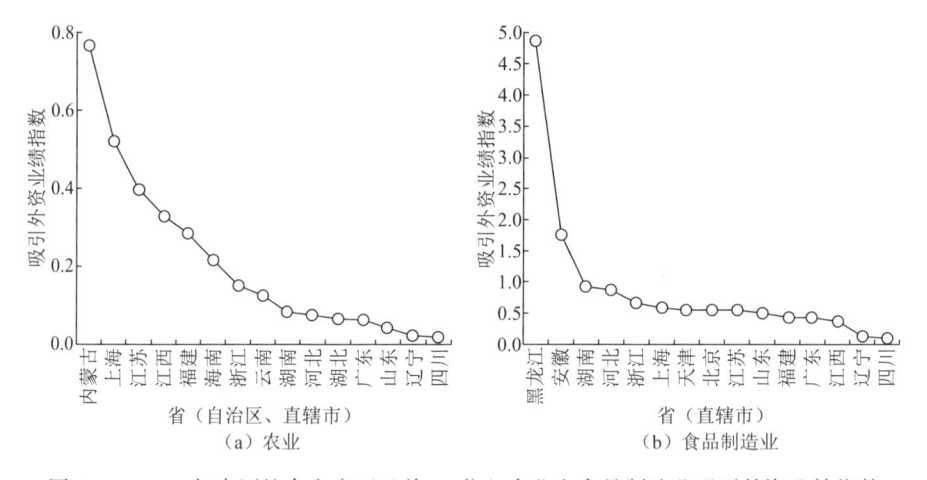

图 2.17 2010 年中国粮食主产区（前 15 位）农业和食品制造业吸引外资业绩指数

从图 2.17 可以看到，2010 年农业吸引外资业绩指数较高的是内蒙古、上海、江苏等地区。前 15 位地区多分布在沿海地区。但农业吸引外资业绩指数均小于 1，说明农业吸引外资的潜力还很大。2010 年食品制造业吸引外资业绩指数较高的是黑龙江、安徽、湖南、河北等地区。其中，仅黑龙江、安徽的食品制造业吸引外资业绩指数大于 1。

总的来看，粮食主产区农业和食品制造业吸引外资业绩指数存在分化现象。山东、江苏、河北、四川等地区吸引外资业绩指数较高。

将各地区农业和食品制造业吸引外资业绩指数取平均值，代表粮食产业吸引外资业绩指数。将各地区吸引外资潜力指数和业绩指数绘制成散点图，横轴、纵轴分别表示业绩指数、潜力指数的平均值，见图 2.18。

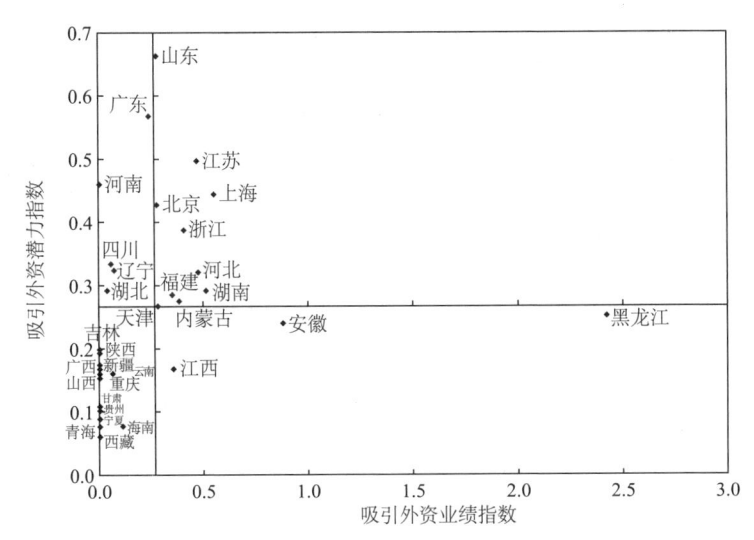

图 2.18 2010 年各地区粮食产业吸引外资业绩指数和潜力指数比较

将各地区吸引外资潜力指数和业绩指数进行对比,可以看到,上海、福建、江苏、北京等经济发达地区潜力发展得较好,而河南、吉林等其他粮食主产区农业和食品制造业吸引外资成效不够显著。

从图 2.18 可以看到,山东、上海、福建、江苏、北京、浙江等沿海经济发达地区吸引外资潜力指数高,吸引外资业绩指数也高,处在第一象限。河南、四川、辽宁、湖北等粮食主产区吸引外资潜力指数较高,但吸引外资业绩指数较低,处于第二象限。吉林、陕西、新疆、贵州等地区吸引外资潜力指数和吸引外资业绩指数均比较低,处于第三象限。黑龙江、安徽、江西等地区吸引外资业绩指数较高,但吸引外资潜力指数处于平均值以下,处于第四象限。河南、吉林等其他粮食主产区农业和食品制造业利用外资成效不够显著。

4. 粮食产业利用外资贡献指数

各地区粮食产业利用外资贡献指数主要指标包括外资 GDP 贡献、就业贡献、出口贡献、研发贡献、资本贡献和税收贡献等。

受统计数据限制,农业、畜牧业、粮食流通业的外资贡献尚无法准确计算,暂不讨论。本书重点讨论粮食加工环节利用外资贡献指数。

表 2.13 给出了基于两位数产业代码的外资贡献指数。从表 2.13 可以看出,外资在出口、研发、资本、税收等方面对粮食产业的贡献较大。

表 2.13　2010 年粮食产业利用外资的贡献指数　　（单位：%）

粮食产业	农副食品加工业	食品制造业
GDP 贡献	22.49	31.84
就业贡献	18.85	28.88
出口贡献	46.51	47.29
研发贡献	34.19	40.26
资本贡献	28.86	37.71
税收贡献	23.33	42.51

资料来源：研发贡献数据为 2008 年数据，来自《中国科技统计年鉴》（2009 年）；其他数据来自《中国统计年鉴》（2011 年）

表 2.14 给出了基于三位数产业代码的外资贡献指数。从表 2.14 可以看出，在税收贡献和增加值贡献方面，外资在食用植物油加工业的贡献较大；在出口贡献方面，外资在小麦加工业的贡献较大；在研发贡献和就业贡献方面，外资在玉米加工业的贡献较大。

表 2.14　2011 年粮油加工业外资贡献指数　　（单位：%）

行业	出口贡献	增加值贡献	研发贡献	就业贡献	税收贡献
稻谷加工业	0.0	1.8	—	2.0	5.9
小麦加工业	84.8	5.0	12.9	5.6	5.5
食用植物油加工业	47.3	43.9	2.3	18.3	63.5
玉米加工业	36.5	42.4	36.8	20.9	29.1

资料来源：根据《粮食加工业统计资料》（2012 年）计算整理

此外，2010 年，屠宰及肉类加工业、液体乳及乳制品制造业和粮食批发业外资就业贡献分别为 19.79%、28.86% 和 28.86%。[①]

（三）基于 VAR 模型的进口稻米冲击评价[②]

本部分运用 VAR 模型评价稻米进口对中国稻米市场的影响。

稻米是中国重要粮食之一，在中国粮食安全战略中占有重要地位。近些年来，随着中国稻米进口量快速增加，进口稻米价格对中国稻米市场价格的影响日益明显。从 2012 年起，中国稻米进口量激增。2012 年、2013 年，中国稻米

[①] 资料来源：《中国基本单位统计年鉴》（2011 年）。粮食批发业就业贡献为外资食品、饮料及烟草制品批发业从业人数比重。

[②] 马松林：《进口大米价格冲击研究——基于 VAR 模型的分析》，《技术经济与管理》2015 年第 2 期，第 8~11 页。

进口量分别为236万吨、224万吨,均为2011年稻米进口量的3.7倍以上。从稻米进口年均单价看,2013年稻米进口平均单价低于2012年。以越南等国为主的低价进口稻米,对中国稻米批发和加工市场造成一定程度的负面影响,加剧了"稻强米弱"的市场格局,进一步挤压了国内稻米加工企业的利润空间。

2013年中央经济工作会议提出了"以我为主、立足国内、确保产能、适度进口、科技支撑"的新国家粮食安全观。稻米的适度进口,在考虑诸多因素的同时,不能忽略进口稻米价格对国内市场的冲击。在进口国外廉价稻米的同时,维护国内稻米市场稳定是中国粮食宏观调控需要解决的重要问题。

1. VAR模型设置及数据来源

1)理论模型

本书主要考察进口稻米价格对国内稻米市场价格的冲击效应,故假设国内稻米市场价格波动主要受国内稻米市场上一期价格、进口稻米价格和汇率等因素影响。

向量自回归(VAR)模型由西姆斯(C. A. Sims)[①]引入经济系统动态分析中,后被广泛应用于解释不同冲击对经济活动的影响。本书建立的VAR(p)模型为

$$y_t = A_1 y_1 + \cdots + A_p y_{t-p} + B_1 x_t + \cdots + B_r x_{t-r} + \varepsilon_t \quad (2-10)$$

其中,y_t是m维内生变量向量,代表中国的稻米价格;x_t是d维外生变量向量,包含进口大米价格、汇率等外生变量。p、r代表滞后阶数,t是样本数。$A_1, A_2, \cdots, A_p$和$B_1, B_2, \cdots, B_r$为待估计的参数矩阵。ε_t是随机扰动项,同期之间可以相关,但不能存在自相关,也不能与模型右边的变量相关。模型滞后阶数p根据似然比(likelihood ratio,LR)检验、信息准则、最终预测误差(FPE)等指标确定。

2)数据来源

本书越南大米价格(VIE)类型为越南大米5%破碎率FOB价,单位为美元/吨,数据来自商务部。越南大米价格按当日汇率折算为人民币(元/吨)。

广州大米价格(GZLM)数据为广州标准一级晚籼米车站价,数据来自中华粮网数据中心。

人民币兑美元汇率(RMU)为日平均汇率,单位为人民币/1美元,数据根据中国人民银行和中国货币网整理。美元兑越南盾日汇率为日均汇率,

---

[①] Sims, C. A., "Macroeconomics and reality", *Econometrica*, 1980, Vol. 48, pp. 1-48.

数据根据中国人民银行和中国货币网整理。人民币兑越南盾汇率（RV）用人民币兑美元汇率（RMU）和美元兑越南盾日汇率折算得到。

所有数据均为日度数据，时间从 2013 年 3 月 5 日到 2014 年 3 月 5 日，这样选择主要考虑到稻谷的种植一般在 3 月，正好选择一个种植年度，完整考察越南大米价格对中国的影响。由于中国公布的稻谷和大米价格需要排除节假日和周日，故所有日度数据均与中国稻米价格交易日期保持一致。

3）模型设置

通过计算湖南长沙、湖南常德、广东广州、江西南昌等地区的中晚籼稻价格与泰国、越南、巴基斯坦、美国美湾大米出口价格的相关系数发现，广东广州的中晚籼稻和晚籼米价格与国外价格的相关系数最高。这说明国外大米价格对广州的影响最强。

由图 2.19 可知，广东是中国大米进口量较大的地区，故选择广州作为代表地区，分析国外大米价格对中国大米价格的影响。

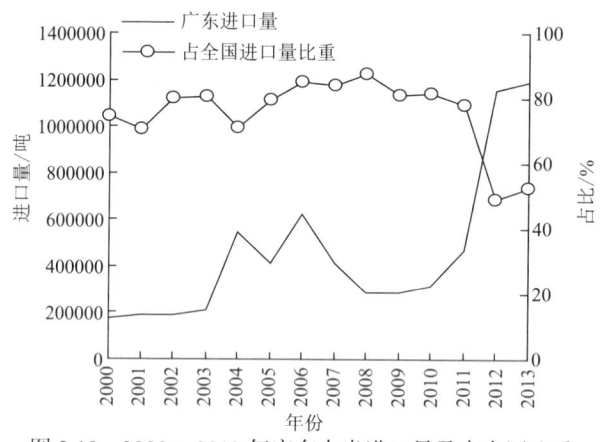

图 2.19　2000~2013 年广东大米进口量及占全国比重
资料来源：根据历年《中国农村统计年鉴》和海关统计数据整理

越南进口大米占中国大米进口量的比重比较大。根据商务部统计数据，2013 年，中国从越南进口大米数量占全国大米进口总量的 65.2%，从越南进口大米金额占全国大米进口金额的 56.9%。2014 年 1~3 月，中国从越南进口大米数量占全国总进口量的 33.6%，从越南进口大米金额占全国大米进口总金额的 30.0%。

从地域上看，越南距离广州非常近，运输成本较低，故选择越南出口大米价格对广州大米的影响，作为本书分析的重点。

2. 实证分析

运用 Eviews 8.0 软件进行 VAR 模型的实证分析。

（1）平稳性检验。VAR 模型要求各变量序列是平稳序列，平稳性检验结果见表 2.15。由表 2.15 可知，各变量均为一阶单整序列。

表 2.15　各变量的单位根（ADF）检验

变量	检验形式(c, t, n)	ADF 统计量	1%临界值	5%临界值	10%临界值	滞后阶数(p)	结论
GZLM	c	−1.79563	−3.45963	−2.87432	−2.57366	14	不平稳
VIE	c	−1.82286	−3.45963	−2.87432	−2.57366	14	不平稳
D（GZLM）	c	−15.0138	−3.45976	−2.87438	−2.57369	14	平稳
D（VIE）	c	−13.9399	−3.45976	−2.87438	−2.57369	14	平稳

注：c、t、n 分别表示常数项、趋势项、没有常数项和趋势项；滞后阶数 p 的选择标准是以 AIC 和 SC 值最小为准则；D 表示变量序列的一阶差分。

（2）因果关系检验。由表 2.16 可以看到，GZLM 与 VIE 存在双向格兰杰因果关系（Granger causality）。需要说明的是，经检验，RV 是 GZLM 的格兰杰原因，不存在双向因果关系，故 RV 变量未进入 VAR 模型。这表明，广州大米价格与越南进口大米价格之间存在互动影响关系。

表 2.16　格兰杰因果关系检验

原假设	F 值	p 值	检验结果
VIE 不是 GZLM 的原因	2.84044	0.0606	拒绝原假设
GZLM 不是 VIE 的原因	6.26211	0.0023	拒绝原假设
RV 不是 GZLM 的原因	3.30930	0.0384	拒绝原假设
GZLM 不是 RV 的原因	0.01722	0.9829	接受原假设

（3）滞后阶数选择。表 2.17 中 LR 统计量及 FPE、AIC、SC、HQ 值均表明，模型最优滞后阶数 p 为 2 阶。经检验，模型的所有特征根都在单位圆以内。这表明拟建立的 VAR 模型具有稳定性。

表 2.17　VAR 模型滞后阶数选择

Lag	LogL	LR	FPE	AIC	SC	HQ
0	−2150.959	NA	1185856	19.66173	19.69268	19.67423
1	−1318.781	1641.558	615.6664	12.09846	12.19131*	12.13596*
2	−1313.520	10.28163*	608.6250*	12.08694*	12.24169	12.14944
3	−1311.197	4.497323	618.0355	12.10226	12.31891	12.18976
4	−1310.484	1.366615	636.9027	12.13228	12.41083	12.24478
5	−1308.772	3.252574	650.3989	12.15317	12.49363	12.29067

*表示最优滞后阶数。

（4）Johansen 协整检验。运用 Johansen 协整检验分析变量序列之间是否存在长期稳定关系。首先检验形式选择第 6 个选项，对 5 个假设均进行检验。检验结果表明，选择无趋势项、无截距项的迹检验存在一个特征根。

从迹检验的具体结果看，特征根为 0.055787。

迹统计值为 13.46777，0.05 的显著性水平下临界值为 12.32090，p 值为 0.0320，拒绝原假设。

迹检验表明在 0.05 的显著性水平下有一个协整关系。最大特征根检验表明在 0.05 的显著性水平下没有协整关系，因此可以认为模型有且仅有一个协整关系。Johansen 协整检验给出的协整系数表明，GZLM 的标准化系数为 1 时，VIE 的标准化系数为–9.8469（标准误为 0.15036）。可见，广州大米价格和越南进口大米价格之间存在协整关系，适合建立 VAR 模型。

（5）脉冲响应分析。本书重点分析进口大米价格对国内大米价格的冲击，故进一步运用脉冲响应函数方法进行具体分析。脉冲响应的分解选择系统默认的桥立斯基自由度调整（Cholesky-dof adjusted）方法，借此分析越南进口大米价格波动对广州大米价格的冲击。

设定脉冲响应函数的追踪期是 10 期。图中虚线表示脉冲响应图像加减两倍标准差的置信区间。图 2.20 表明，GZLM 对自身冲击的响应在长期内呈现下降趋势。图 2.21 表明，GZLM 对 VIE 的响应在长期内持续上升。另外，脉冲响应分析表明，VIE 受 GZLM 的影响较小，且表现出反向相关的趋势。

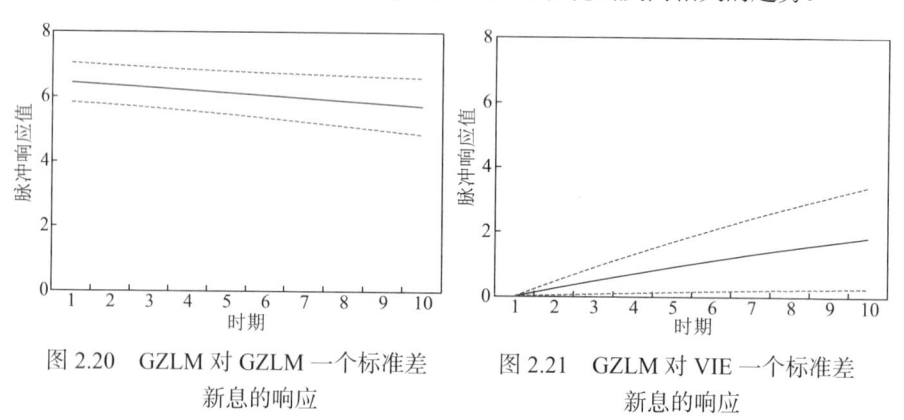

图 2.20　GZLM 对 GZLM 一个标准差新息的响应

图 2.21　GZLM 对 VIE 一个标准差新息的响应

这说明，中国大米市场价格受越南进口大米价格影响越来越大，持续时间较长，而越南大米价格受中国大米市场价格影响较小。当中国国内大米价格较高时，越南大米价格冲击的影响更加明显。

（6）方差分解。方差分解通过计算每一个冲击对内生变量变动的贡献度，来评价不同冲击对模型内生变量的相对重要性。在前文建立的 VAR 模型基础上，通过方差分解分析越南大米价格对中国大米价格的冲击程度。方差分解的结果见表 2.18。

表 2.18　广州大米价格的方差分解

时期	标准差	GZLM/%	VIE/%
1	6.438062	100.0000	0.000000
2	9.055236	99.92849	0.071513
3	11.03389	99.76753	0.232474
4	12.68012	99.52362	0.476377
5	14.11350	99.20329	0.796710
6	15.39577	98.81298	1.187023
7	16.56381	98.35901	1.640992
8	17.64173	97.84753	2.152465
9	18.64627	97.28449	2.715509
10	19.58960	96.67556	3.324435

GZLM 的方差分解表明，GZLM 价格波动受自身价格影响较大，在前 10 期内贡献度达到 96% 以上；VIE 虽然对 GZLM 价格波动的贡献度较低，但贡献度上升非常快，具有不可逆转的特点。这表明越南进口大米对中国大米价格的影响越来越显著，需要引起重视。

结合实际数据看，中国广州大米价格在 2013 年 7 月进入下跌区间，之后的价格没有再回升到 2013 年 3 月的水平；越南出口大米价格在 2013 年 3 月进入下跌区间，在 7 月和 10 月基本处于价格的低谷，11 月以后回升到 2013 年 3 月的水平。国内大米价格始终高于越南出口大米价格，导致中国月度大米进口量持续增加。7 月国内大米价格下降虽然受到季节因素影响，但较低的进口大米价格冲击了国内大米市场，导致 2013 年 7 月以后国内大米市场价格持续走低，没能在 11 月以后出现恢复性增长。

从时间上看进口大米对国内大米价格的影响，2013 年后半年大于 2013 年前半年。这与方差分解的结果一致。

3. 研究结论

本书运用 VAR 模型，以广州大米价格为例，利用 2013 年 3 月 5 日至 2014 年 3 月 5 日的日度数据，分析了越南进口大米价格对中国大米价格的冲击效应。研究结论是，中国大米价格和越南进口大米价格之间存在双向格兰杰因果关系，但中国受越南进口大米价格影响更大；脉冲响应函数和方差分解均表明，越南进口大米价格对中国大米价格的影响虽然整体较小，但呈现快速上升的趋势。

从 2012 年开始，中国出现大米进口量激增的局面，进口大米的冲击效应初步显现。从长期看，随着中国大米进口需求的增加，越南进口大米对中国大米市场的冲击会更加明显。

考虑到大米在中国粮食安全战略中的重要性，需要在确保国内大米市场稳定发展的基础上，适度进口大米。因此，本书提出以下三点建议。

首先，在国内大米生产方面，通过各种措施降低大米种植成本，缩减国内外大米价格差，提高国内大米价格竞争力。这是削弱进口大米对国内市场冲击的长期措施，也是最根本的措施。

其次，根据国内大米价格波动情况，灵活进口越南大米。在国内大米价格处于高位时适度增加大米进口量，在国内大米价格处于低位时适当减少进口量。这样可以有效保障国内大米市场的稳定性。而不是反过来，在国外大米价格较低时大规模进口。这样做虽然短期内降低了进口大米企业的成本，但对国内大米市场产生了负面影响，影响国内大米生产和加工行业的长期发展。

最后，通过各种措施杜绝大米走私。国内外大米价格差的存在，导致大米走私活动不断。大米走私扰乱国内大米市场，大米质量不可控制，给中国大米市场带来的冲击无法估量，需要加大打击力度。

需要指出的是，本书重点关注了进口大米价格和国内大米价格之间的互动影响关系，对其内在的价格传导机制尚未进行深入探讨。这是本书研究的不足之处，今后需要加强研究。从数据时长看，本书仅选择了一个年度的数据，分析结果有一定的局限性，增加数据的时间长度进一步分析也是笔者今后努力的方向。

二、产业链维度下战略性粮食产业控制力分析

内外贸一体化是近些年中国国际贸易研究的重要领域。古典的比较优势理论和新古典贸易理论中的要素禀赋理论的核心观点是，一国应出口具有比较优势的产品。这隐含了一个基本观点，即外贸以内贸为基础，内外贸是一体相连的。新国际贸易理论中林德（S. B. Linder）提出的重叠需求理论认为，不同国家收入相近的需求具有相似性，也是出口的重要市场。这也隐含一个观点，即外贸是国内需求在具有相近收入水平国家市场的延伸，内外贸同样具有一体化的特征。新新贸易理论中的企业异质理论认为，外贸企业比内贸企业更有生产效率优势。

在经济全球化背景下，企业面临的市场、要素、竞争对手等因素都具有国际化特征。企业的国际化经营是市场经济发展的客观要求。嘉吉、邦吉、ADM 等跨国粮商均为具有高度国际化特征的企业。中国企业具有国际化经营特征和水准的企业比例还比较低，在食品产业或战略性粮食产业，具有国际化经营视野的粮油企业还为数不多。积极推动企业进行内外贸一体化经

营，有助于把中国粮油企业打造成具有国际竞争力的大型跨国企业，更加灵活地协调国际、国内两个市场，提高内资企业的产业控制力。古德温（B. K. Goodwin）运用协整检验分析了小麦市场的价格波动情况。①

本部分主要分析国内粮价波动引发的粮食产品替代现象、国际粮食市场对中国粮食市场的影响和粮食企业内外贸一体化的发展状况。

（一）内外贸一体化视角下的战略性粮食产业控制力分析

1. 粮价波动产生的粮食产品替代

玉米价格大幅上涨，超过小麦，引发饲料企业用小麦替代玉米做饲料，出现"人畜争粮"的局面。

泰国正大集团的饲料加工规模在河南是比较大的。该单位一位管理人员介绍：从目前价格来看，小麦每吨价格要比东北玉米每吨低 300~450 元，比本土玉米每吨低 100~150 元，所以，用小麦做饲料是划算的。②

当小麦玉米价格比小于 1 时，小麦价格低于玉米价格，小麦对玉米的替代空间增大。当小麦玉米价格比大于 1 时，小麦价格高于玉米价格，小麦对玉米的替代空间几乎消失。图 2.22 反映了 1998 年 1 月至 2019 年 9 月小麦、玉米价格比的变动情况。

2009~2017 年，中国小麦产量基本稳定。根据布瑞克农产品数据库的数据计算，2009~2017 年，中国饲料用小麦消费量占小麦产量的比重在 4%~15% 波动。从图 2.22 可以看出，2011 年小麦与玉米之间的价格差较大，玉米价格偏高，小麦作为饲料的需求上升。

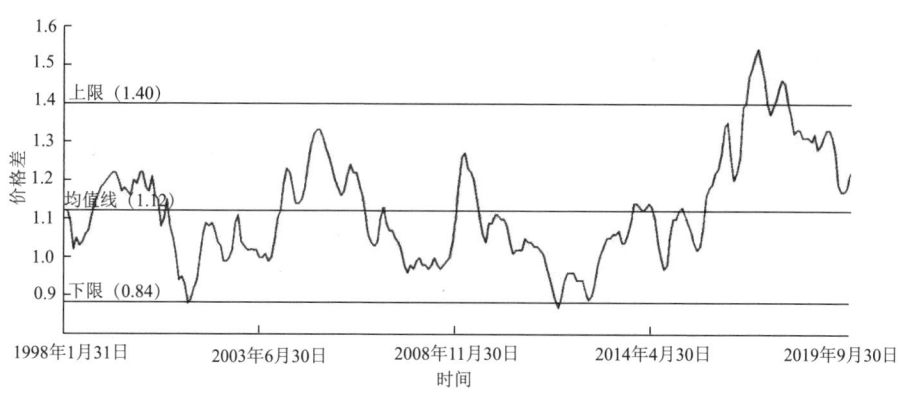

图 2.22　小麦与玉米价格比变动情况

注：数据来自中华粮网数据中心

---

① Goodwin, B. K., "Multivariate cointegration tests and the law of one price in international wheat markets", *Review of Agricultural Economics*, 1992, Vol. 14, pp. 117-124.

② 李传金：《河南小麦收储现多元格局　饲料养殖企业大举入市》，《大河报》，2012 年 6 月 14 日。

与上述价格相对，布瑞克农产品数据库的数据显示，2009年小麦饲料用消费量为500万吨左右，2017年为480万吨。2009~2017年，只有2012年、2014年小麦饲料用消费量出现了激增，超过1200万吨；2015年、2017年小麦饲料用消费量低于500万吨。由于玉米价格持续高于大豆，当时东北地区农民减少大豆种植面积、改种玉米的现象较突出。

小麦、玉米在饲料消费方面的替代受两者价格波动影响较大。2014年以来，随着国内玉米库存快速增加，玉米去库存任务日益迫切，玉米价格有所下降。中国开始调整农业种植结构，减少玉米进口。2009~2017年，中国饲料用玉米消费呈现稳定上升趋势。

2. 国际粮价对国内粮价的影响

国际粮价对国内粮价的影响，主要通过粮食期货、粮食进口等途径体现出来。对于大豆这样进口依存度较高的产品，国际大豆价格涨跌对中国大豆价格、大豆进口均有显著影响。中国大豆进口的实践表明，国际大豆价格下跌时，大豆进口量会大幅增加；国际大豆价格上涨时，受大豆消费需求刚性增长、国内大豆产量不足等因素影响，大豆进口量仍持续增加。

近些年，中国大豆进口量、价格均大幅提升，给中国粮食上涨和通货膨胀带来负面影响。小麦、玉米等目前进口依存度较低的产品，国内价格受国际价格影响相对较小。

下面简要分析部分战略性粮食产品国内外的价格差异。根据中华粮网数据中心的统计，2009年8月到2012年7月，郑州中等小麦成交价持续低于美国小麦到岸完税价。由图2.23（a）可知，国内小麦价格与国外价格的差相对较小。中国小麦较国际市场还有一定的价格优势。

2010年6月到2012年7月，泰国大米FOB价基本上低于南昌标一晚籼米成交价。由图2.23（b）可知，国内大米价格优势越来越弱。泰国等东南亚国家大米在全球大米出口市场上占有重要地位，其在大米质量、价格方面的优势对中国大米进口有重要影响。

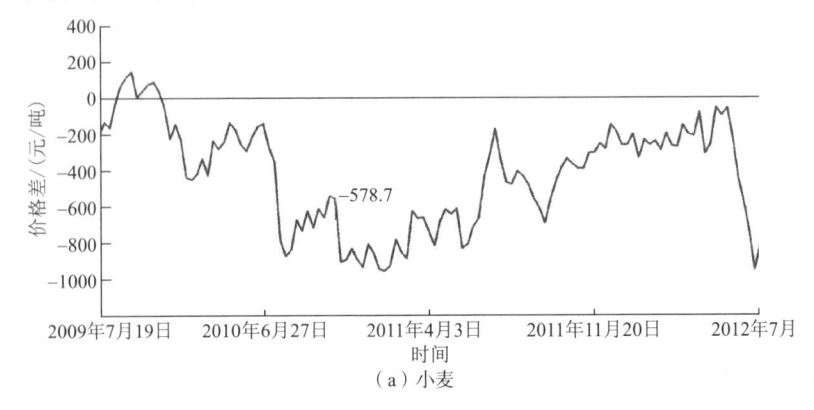

（a）小麦

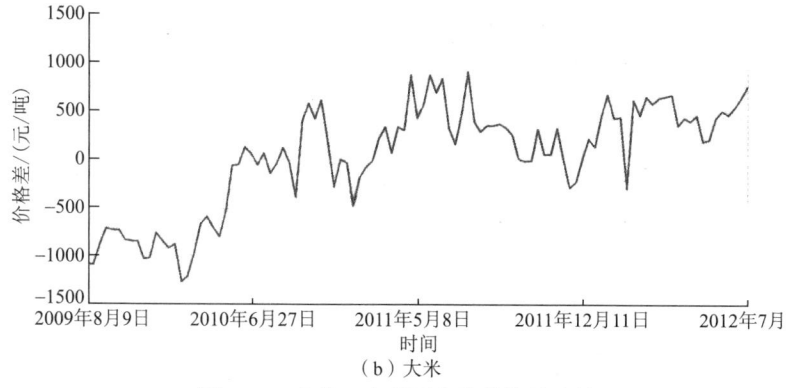

图 2.23 小麦、大米国内外价格差比较

资料来源：中华粮网数据中心，2012 年 8 月 9 日

玉米、大豆国内外价格差周期性波动较大。根据中华粮网数据中心的监测数据统计，2009～2010 年，深圳一等玉米成交价与美玉米到岸完税价相比仍有价格优势；美大豆到岸完税价在 2010 年后低于天津三级大豆成交价。

总之，随着中国与国际市场联系越来越密切，中国粮食市场受国际市场的影响还会越来越大。在充分利用国际、国内两个粮食市场的基础上，在提高粮食进口效益的同时，兼顾粮食安全，是一个需要解决的问题。

3. 粮油企业内外贸一体化的发展态势

郭冬乐[①]分析了中国内外贸一体化的实践、目标与政策建议。他主张发展综合商社，提高企业跨国经营能力。谭祖谊[②]在总结已有文献的基础上分析了内外贸一体化的概念框架，认为内外贸一体化是以企业为主体的市场自发演进过程，其市场运行机制在于企业要受内外条件的约束，一体化要基于产业链的延伸。

粮油企业只有实现内外贸一体化，才能协调国际、国内两个市场，实现资源优化配置。

表 2.19 列举的中国进出口 500 强企业中的粮油类企业，多数为行业内的龙头企业。中粮集团有限公司的进出口规模遥遥领先于其他企业。益海嘉里集团旗下有两家企业入围 2010 年我国进出口 500 强企业。这些行业领先企业的进出口特征说明，内资企业应该学会协调国际、国内两个市场，拓展竞争空间。

---

① 郭冬乐：《中国内外贸一体化的实践、目标与政策建议（下）——对流通组织形式的考察》，《财贸经济》2004 年第 6 期，第 53～57 页。
② 谭祖谊：《内外贸一体化的内涵、经济效应及其路径选择》，《北方经贸》2011 年第 8 期，第 7～13 页。

表 2.19 2010 年中国进出口 500 强企业中的粮油类企业

企业（名次）	进出口额/万美元
中粮集团有限公司（21）	589653
中国农业生产资料集团公司（206）	98440
益海（连云港）粮油工业有限公司（247）	85026
中储粮东方经贸有限公司（320）	67594
三河汇福粮油集团饲料蛋白有限公司（432）	50901
九三集团天津大豆科技有限公司（440）	50474
山东渤海油脂工业有限公司（459）	47938
嘉里粮油（天津）有限公司（471）	46540
金光食品（宁波）有限公司（476）	45764

资料来源：商务部：《中国进出口企业 500 强排名》，《国际商务财会》2010 年第 10 期，第 86~91 页

（二）基于 S-C-P 范式的战略性粮食产业控制力分析

本部分主要在结构-行为-绩效（S-C-P）范式下分析战略性粮食产业内外资产业控制力差异的成因。

S-C-P 范式是产业经济学重要的分析方法。结构、行为、绩效对产业控制力的影响及分析框架见图 2.24：结构、行为、绩效从不同角度描述了产业控制力的来源和影响因素：结构（S）部分主要分析战略性粮食产业的行业集中度对产业控制力的影响；行为（C）部分主要分析价格、品牌、研发、并购等内容对产业控制力的影响；绩效（P）部分主要分析战略性粮食产业的市场绩效（市场占有率）对产业控制力的影响。

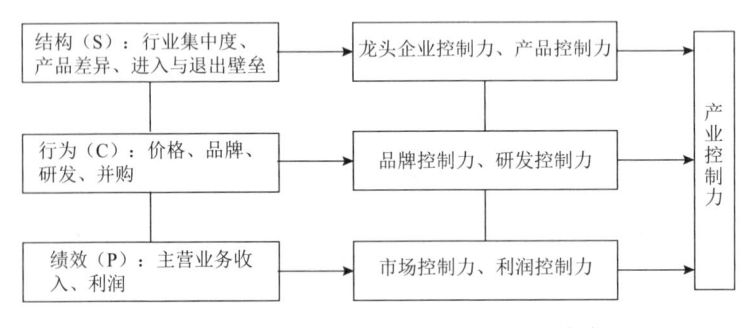

图 2.24 S-C-P 范式下产业控制力的分析框架

基于 S-C-P 范式，对战略性粮食产业控制力的分析，具体从下面三个方面展开。

1. 结构（S）对战略性粮食产业控制力的影响

市场结构反映了优势企业在市场中的地位，反映了该行业的竞争程度。影响市场结构的因素包括行业集中度、产品差异、进入与退出壁垒等。

战略性粮食产业细分行业较多，不同细分行业的市场结构差异较大。

根据中国农资网报道，2011 年中国种业 50 强前四位企业为中国种子集团有限公司、山西屯玉种业科技股份有限公司、湖南亚华种业股份有限公司、隆平高科。

2010 年中国种子销售额 298 亿元。[①]根据前文数据可以计算出 2010 年中国前四位种子企业的行业集中度（CR4）为 10.47%。

在农林牧渔专用机械制造业中，重点分析拖拉机制造行业的行业集中度。2010 年，从大中型拖拉机市场占有率看，中国一拖集团有限公司仍然位居行业第一，占有率为 21.47%，同比增长 1.02 个百分点；福田雷沃国际重工股份有限公司位于行业第二，占有率为 21.42%；常州东风农机集团有限公司位居行业第三，占有率为 13.45%，同比提高 1.16 个百分点。前三位企业行业占有率为 56.34%。[②]

农业、畜牧业的行业集中度反映了农业、畜牧业的组织化程度或产业化水平。在中国，农垦集团、以家庭为单位的农户是农业生产活动的基本单位，若以这两类主体为单位计算行业集中度，则中国农业的行业集中度非常低。这是因为中国农业人口庞大，粮食种植和农业从业人口在地域上较为分散，缺乏规模经济。与 2007 年全球主要农业出口大国相比，中国平均每个农业经济活动人口面积仅为 0.2 公顷，而加拿大为 130.4 公顷，美国为 62.5 公顷，阿根廷为 22.6 公顷，巴西为 5.1 公顷。2010 年，农垦系统粮食作物面积 455.76 万公顷，粮食作物总产量 2953.29 万吨，在岗职工人数 295.50 万人，人均纯收入 8232 元。[③]

从农业中的企业单位数看，2010 年农业中从事谷物及其他作物的种植的企业有 17356 家，畜牧业中从事牲畜饲养、猪的饲养的企业分别为 21291 家、23604 家。[④]限额以上企业统计中很难看到这类企业。

---

① 水清木华研究中心：《2010 中国生物育种行业研究报告》。
② 根据梁秀兰，刘杰：《机械工业拖拉机行业统计学会》，2011 年 1 月 27 日相关数据整理。
③ 资料来源：《中国农业统计资料》（2010 年）。
④ 资料来源：《中国基本单位统计年鉴》（2011 年）。

谷物磨制业。2011年大米加工前四强是中国储备粮管理总公司、湖北国宝桥米有限公司、益海嘉里投资有限公司、福娃集团有限公司。2011年大米加工行业集中度为3.88%。[①]2011年面粉加工前四强是河北五得利面粉集团有限公司、中粮集团有限公司、益海嘉里投资有限公司、今麦郎食品有限公司。2011年，全国面粉产量为8547万吨，这四家企业2011年面粉行业集中度为8.62%。[②]

屠宰及肉类加工业。根据2011年中国屠宰及肉类加工行业百强数据，2010年，按销售收入排名前四位的企业是雨润控股集团有限公司、河南省漯河市双汇实业集团有限责任公司、临沂新程金锣肉制品有限公司、诸城外贸有限责任公司。[③]2010年，中国该行业营业收入为7181.71亿元，该行业前四位企业的行业集中度是22.19%。

液体乳及乳制品制造业。2009年该行业前四位企业是内蒙古伊利实业集团股份有限公司、内蒙古蒙牛乳业（集团）股份有限公司、光明乳业股份有限公司、蒙牛乳业（沈阳）有限责任公司。[④]2010年，这四家企业营业收入分别为2966498万元、3026541万元、957211.103万元、100000万元，占全行业收入（1726亿元）的40.85%。[⑤]

食用植物油加工业。2011年产量位居前四位的企业分别是益海嘉里投资有限公司、中粮集团有限公司、九三粮油工业集团有限公司和嘉吉投资（中国）公司，这四家企业2011年食用植物油加工业行业集中度为37.89%。

国有粮食收储企业是粮食收储的主要力量。2010年，中粮集团有限公司、中国中纺集团公司、中国华粮物流集团公司等具备收粮资格。中国储备粮管理集团有限公司2010年收购粮食3486.66万吨，2009年为9876万吨。截至2010年底，中国具有粮食收购资格的经营主体约8.75万家，收购粮食6022亿斤[⑥]。其中，国有及国有控股粮食企业1.75万家，收购粮食2686亿斤，占44.6%；非国有粮食企业7万家，收购3336亿斤，

---

① 根据《粮食加工业统计资料》（2012年）相关数据计算整理。
② 根据《粮食加工业统计资料》（2012年）相关数据计算整理。
③ 艾凯咨询：《屠宰及肉类加工行业百强企业市场经营状况分析报告（2010年）》。
④ 艾凯咨询：《液体乳及乳制品制造行业百强企业市场经营状况分析报告（2010年）》。
⑤ 根据这些企业的2010年年报及《中国基本单位统计年鉴》（2011年）数据计算，蒙牛乳业（沈阳）有限责任公司数据为2009年销售额。
⑥ 1斤=0.5千克。

占 55.4%。①中国储备粮管理集团有限公司一家 2010 年的行业集中度就达 11.60%。

根据 2011 年中国服务业企业 500 强报告，2010 年，粮油食品及农林、土畜、果蔬、水产品等内外商贸批发、零售业按销售收入排名前四位的是中粮集团有限公司、吉林粮食集团有限公司、北京粮食集团有限责任公司、重庆粮食集团有限责任公司。根据《中国贸易外经统计年鉴》（2011 年），2010 年粮油、食品类批发零售额为 124765080 万元，2010 年该行业前四位企业的行业集中度为 16.69%。

综合上述分析得到 2010 年（部分指标是 2011 年）战略性粮食产业行业集中度与外资资产控制率的对照表，具体见表 2.20。

表 2.20　战略性粮食产业行业集中度与外资资产控制率对照表

产业链	行业	行业集中度/%	说明	外资资产控制率/%
粮食生产	种子产业	10.47	CR4	—
	农林牧渔专用机械制造业	56.34	CR4	19.76
	农业	—	—	2.03
	畜牧业	—	—	1.64
粮食加工	谷物磨制业	3.88*（大米）；8.62*（小麦粉）	CR4	5.92
	食用植物油加工业	37.89*	CR4	47.46
	屠宰及肉类加工业	22.19	CR4	26.62
	液体乳及乳制品制造业	40.85	CR4	41.25
粮食流通	粮食收储业	11.60	CR1	0.83
	粮食批发业	16.69	CR4	3.56

注：*为 2011 年数值，其他为 2010 年数值；外资资产控制率数据主要来自《中国固定资产投资年鉴》（2011 年）

计算表 2.20 中的行业集中度（农业、畜牧业除外）与外资资产控制率的灰色绝对关联度为 0.9380，与外资市场控制率的灰色绝对关联度为 0.9003。

2. 行业（C）对战略性粮食产业控制力的影响

行为包括价格行为和非价格行为（品牌、并购、研发等）。

---

① 根据《中国物流年鉴》（2011 年）整理而成。

粮食产品价格波动受各种因素的影响，同时也对宏观经济产生影响。具有市场垄断势力的粮食加工企业的价格行为，对产业控制力也产生一定影响。例如，中国大豆和食用植物油进口依赖程度较高，国内食用植物油生产外资份额也较大。以益海嘉里为代表的企业不断提高食用植物油价格，增加了收益，也对宏观经济产生了较大影响。

与重工业等其他行业相比，食品行业并购活动并不太显著。从2010年中国并购市场入境并购交易排名前十的案例来看，食品饮料行业并购交易有3起，占24%；2010年中国并购市场境内并购交易的1713起案例中，农林牧渔行业有32起，食品饮料行业有33起。[①]从2011年被并购行业分布看，农林牧渔行业有24起，占2.1%；食品饮料行业有38起，占3.3%。[②]

但是，食品行业特别是战略性粮食产业的并购活动，对产业控制力的影响是显著存在的。根据《中国风险投资年鉴》（2011年）对2006年高盛集团有限公司、鼎晖投资基金管理公司并购河南双汇投资发展股份有限公司案的绩效检验看，河南双汇投资发展股份有限公司在并购后第一年综合得分最高，此后三年得分急剧下降。河南双汇投资发展股份有限公司签署协议时制定的战略规划中，仅"提升公司治理结构和管理水平"改善了大约50%，"优化和完善双汇产业链"基本实施；其他内容如"从国外引进先进技术""吸引人才""把双汇打造成中国的百年老店和国际知名品牌"等均未见实施。受高盛集团有限公司、鼎晖投资基金管理公司频繁调整股权结构影响，河南双汇投资发展股份有限公司的无形资产呈现快速下降趋势。这次并购活动基本上成为资本套利的典范。总的来看，外资并购河南双汇投资发展股份有限公司的活动削弱了双汇集团的产业控制力。

品牌知名度高的企业，其产业控制力也高。2007年中国名牌产品中，大米品牌有27个，包括金健、国宝、五常、福娃等；面粉品牌有29个，包括南山、五得利、半球、古船、金苑等；低温肉制品品牌有8个，包括双汇、雨润、龙大、金锣等；鲜冻分割肉品牌有18个，包括双汇、雨润、众品、皓月等；种子品牌有11个，包括隆平高科、丰乐、辽星等。

表2.21行业领先的企业品牌中，多数为中国名牌。还有相当一部分企业在行业内品牌知名度较高，但尚未发展到行业排名前几的位置。上述企业在本行业都具有较高的产业控制力和竞争力，较高的品牌知名度对应较高的产业控制力。

---

① ChinaVenture 投中集团：《中国并购市场统计分析报告（2010年）》《中国并购市场统计分析报告（2011年）》。
② 徐卫卿：《清科研究中心：2011年度中国并购市场研究报告》，2012年。

表 2.21 战略性粮食产业行业领先企业及其品牌

产业链	行业	市场占有率较高的企业（品牌）
粮食生产	种子产业	先锋国际良种公司（先玉 337）、袁隆平农业高科技股份有限公司（隆平高科）、合肥丰乐种业股份有限公司（丰乐）
	农林牧渔专用机械制造业	中国一拖集团有限公司（东方红拖拉机）、山东时风（集团）有限责任公司（时风）
	农业	黑龙江北大荒农垦集团总公司（北大荒）
	畜牧业	山东新希望六和集团有限公司（六和饲料）、广东温氏食品集团股份有限公司（温氏）、河南大用实业有限公司（大用）
粮食加工	谷物磨制业	中粮集团有限公司（五湖大米、香雪面粉）、山东五得利面粉集团有限公司（五得利面粉）、北京古船食品有限公司（古船面粉）
	植物油加工业	中粮集团有限公司（福临门）、益海嘉里［金龙鱼、香满园（食用油、大米、面粉）、口福、胡姬花等］、九三粮油工业集团有限公司（九三）
	屠宰及肉类加工业	河南双汇投资发展股份有限公司（双汇）、山东临沂金锣肉制品有限公司（金锣）、诸城外贸有限责任公司（尽美）
	液体乳及乳制品制造业	中粮集团有限公司（蒙牛）、其他（伊利、光明）
粮食流通	粮食收储业	中国储备粮管理集团有限公司
	粮食批发业	中粮集团有限公司（我买网）、吉林粮食集团有限公司（新吉粮）、北京粮食集团有限责任公司（古船、绿宝等）

注：根据 2011 年粮油百强企业、第二届畜牧业百强企业名单前几位企业选择相应品牌

英国著名品牌研究与管理公司 Interbrand 自 2006 年起发布中国品牌价值排行榜，蒙牛每次都名列其中，雨润、双汇在 2010 年、2011 年名列其中，见表 2.22。

表 2.22 中国品牌价值排行榜中战略性粮食产品（食品类）品牌价值

品牌	2007 年 排名	品牌价值/亿元	2010 年 排名	品牌价值/亿元	2011 年 排名	品牌价值/亿元	与 2010 年相比增幅/%
蒙牛	22	17	28	39.5	38	28.98	−27
雨润	—	—	35	32.9	37	29.67	−10
双汇	—	—	38	28.5	49	16.95	−41

资料来源：根据历年 Interbrand 和福布斯发布的中国品牌价值排行榜相关数据整理

受"瘦肉精"事件影响，2011 年，食品行业的品牌价值整体下滑。雨润、蒙牛、双汇的品牌价值都呈现负增长，品牌价值分别比 2010 年减少了 10%、27%、41%。

3. 行业绩效（P）对战略性粮食产业控制力的影响

产业控制力的多数指标均为市场绩效指标，如外资市场控制率、外资利润控制率等。企业绩效的改善对产业控制力的维持具有重要意义。

图 2.25 描述了战略性粮食产业外资资产控制率与外资市场控制率之间的关系。从图中可以看到,外资资产控制率与外资市场控制率走势基本一致,二者的灰色绝对关联度为 0.9854,灰色综合关联度为 0.9693。这反映出外商资产投入与外资市场控制率之间存在密切关系。

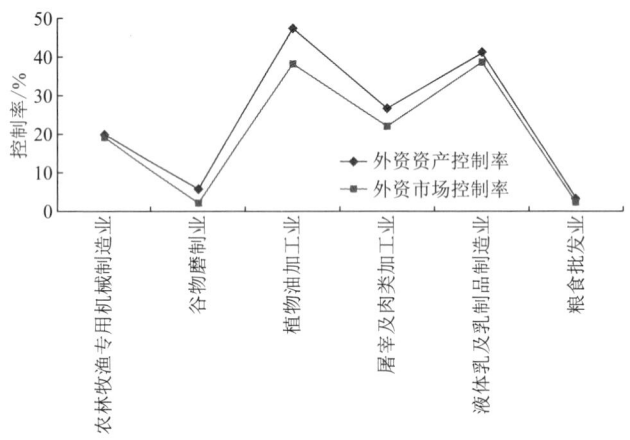

图 2.25 2010 年战略性粮食产业外资资产控制率与外资市场控制率之间的关系
资料来源:根据《中国固定资产投资统计年鉴》(2011 年)、《中国基本单位统计年鉴》(2011 年)、《中国第三产业统计年鉴》(2011 年)等相关数据整理计算

就单个产业而言,外资资产控制率与外资市场控制率之间存在单向的因果关系。对植物油加工业和谷物磨制业 1995～2005 年的外资资本控制率和外资市场控制率进行格兰杰因果关系检验。首先经过单位根检验,两列数据均为一阶单整序列。格兰杰因果关系检验的具体结果见表 2.23。

表 2.23 外资资产控制率和外资市场控制率的格兰杰因果关系检验

原假设	观察量	F 值	p 值
GUZIBEN 不是 GUWSICH 的格兰杰原因	10	0.28204	0.6118
GUWSICH 不是 GUZIBEN 的格兰杰原因		16.2696	0.0050
YZIBEN 不是 YSICH 的格兰杰原因	10	2.32065	0.1715
YSICH 不是 YZIBEN 的格兰杰原因		4.73857	0.0659

注:滞后 1 期

表 2.23 中,GUZIBEN、GUWSICH 分别代表谷物磨制业的外资资本控制率和外资市场控制率,YZIBEN、YSICH 分别代表植物油加工业的外资资本控制率和外资市场控制率。从 p 值可以看到,在 1% 水平下,谷物磨制业外资市场控制率是外资资本控制率的格兰杰原因;在 10% 的水平下,植物油加工业外资市场控制率是外资资本控制率的格兰杰原因。这说明,外资市场

控制率为外资资本控制率的提高创造了条件,也就是说,市场绩效改进有助于提高产业控制力。

三、区域维度下战略性粮食产业控制力分析

中国对外开放经历了从沿海到内地、从东部到中西部的渐进过程。外资产业控制力也体现为在东部集聚、向中西部逐渐延伸的发展过程。战略性粮食产业控制力在空间演化上,也表现为由沿海地区集聚向内陆地区尤其是粮食产地和粮食消费市场扩散的过程。

(一)由集聚到扩散的趋势

从外资的空间发展过程看,战略性粮食产业控制力表现为由沿海地区集聚向内陆地区尤其是粮食产地和粮食消费市场扩散的过程。外资在农业领域的投资,主要集中在东南沿海地区。

受统计数据限制,暂无法得到谷物磨制业、植物油加工业等粮食细分产业各地区外资投资数据。由于农副食品加工业涵盖了谷物磨制业、植物油加工业、屠宰及肉类加工业等三类战略性粮食产业,故这里分析各地区农副食品加工业外资产业控制力状况。根据历年《中国工业经济年鉴》得到2001~2011年中国31个省(自治区、直辖市)农副食品加工业外资资本控制率,绘制成图2.26。

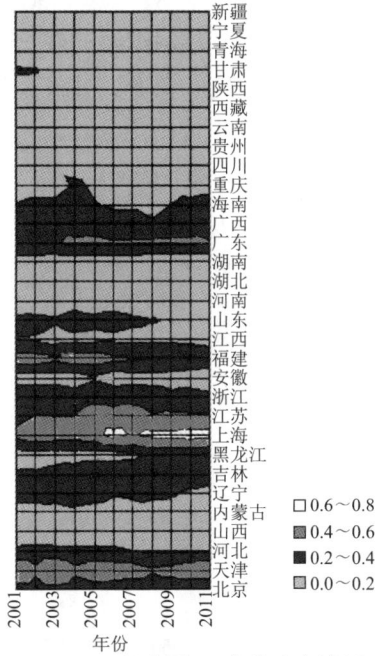

图2.26　2001~2011年中国31个省(自治区、直辖市)农副食品加工业外资资本控制率走势

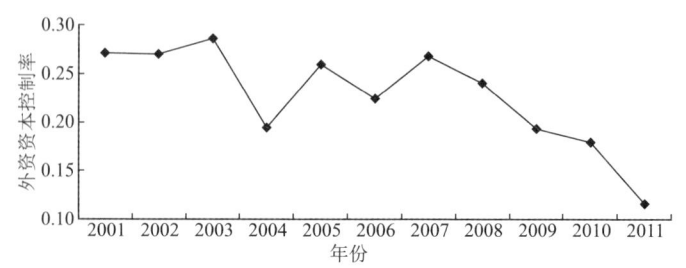

图 2.26 反映了各地区 2001~2011 年农副食品加工业外资资本控制率空间集聚和扩散的过程。根据各地区农副食品加工业外资资本控制率水平，可以将各地区分为以下四类。

第一类为热点地区，包括上海、天津、江苏、福建、广东等东部沿海地区，这些地区的农副食品加工业外资资本控制率较高。2001~2011 年的外资资本控制率平均水平均在 40%以上，其中上海、天津的外资资本控制率平均水平在 50%以上；2001~2011 年，这些地区的外资资本控制率多数呈现上升趋势，集聚特征得到强化。

第二类为次热点地区，包括吉林、浙江、北京、广西、辽宁、山东、海南、河北等地区，这些地区的外资资本控制率平均水平在 20%~30%。2001~2011 年，这些地区的外资资本控制率呈现波动较大。吉林等地区外资资本控制率呈现先升后降的波浪式增长特征。广西等地区基本保持稳定。

第三类为一般地区，包括江西、黑龙江、重庆、四川、安徽、河南、湖北等地区，这些地区的农副食品加工业外资资本控制率平均水平均在 10%~16%。2001~2011 年，黑龙江、重庆等地区外资资本控制率快速上升，体现了集聚趋势；安徽、四川、湖北等地区外资资本控制率呈现先升后降的趋势。

第四类为冷点地区，包括内蒙古、甘肃、陕西、云南、新疆、湖南、贵州、山西、宁夏、青海、西藏等地区，以西部地区居多。这些地区的农副食品加工业外资资本控制率平均水平均在 10%以下。2001~2011 年，云南、贵州、新疆等地区呈上升趋势；甘肃、湖南、山西等地区外资资本控制率呈下降趋势；陕西、宁夏等地区基本保持稳定。青海、西藏的农副食品加工业外资投资处于非常低的水平。

图 2.27 计算了中国 2001~2011 年农副食品加工业外资资本控制率的莫兰指数，说明 2001~2011 年农副食品加工业外资产业控制力整体呈现出由集聚到扩散的空间演化过程。但在东部沿海地区集聚趋势仍在加强，东北和中部地区农副食品加工业的外资控制水平整体呈现集聚倾向，西部地区仍然处于较低的外资控制水平。

图 2.27 2001~2011 年农副食品加工业外资资本控制率莫兰指数走势

（二）由热点向近邻扩散的趋势

从外资的空间分布特征角度看，战略性粮食产业控制力表现为由外商投资热点区域向近邻区域扩散的发展趋势。

这里以大豆进口为重点进行分析。沿海地区是大豆进口的主要地区，近些年有向内陆扩散的趋势。外资在大豆进口方面拥有资源优势，对中国大豆进口的控制，使外资在大豆加工、大豆油销售等方面也获得了较大的优势。

以各地区大豆进口量（IM）为因变量，以各地区大豆（和油籽）产量（G）、各地区大豆油需求（P）、各地区大豆压榨外资控制水平（GQ）、各地区食用植物油加工能力（S）为自变量，建立回归模型。

其中，各地区进口的食用植物油按 19% 的折算率折算成大豆，计入各地区大豆进口量，数据来自《中国农村经济年鉴》（2011 年）；各地区食用植物油加工能力用各地区食用植物油产量表示，数据来自中国产业竞争情报网；各地区大豆压榨外资控制水平用农副食品加工业外资股权控制率表示，数据来自《中国工业经济年鉴》（2011 年）；大豆油需求用各地区人口规模代表；国内油籽产量由于存在对大豆的替代作用也会影响大豆进口量，故也计入大豆产量；其他数据来自《中国统计年鉴》（2011 年）。所有指标以该地区占全国的比重进行无量纲化处理。

各变量经检验均为平稳序列。首先基于最小二乘法建立的回归模型如下：

$$\begin{aligned}\text{IM} =& -2.107258 - 0.7527248G + 0.8178061P + 1.16014S \\ & + 0.07887592GQ \end{aligned} \quad (2\text{-}11)$$

(1.273239) (0.2354688) (0.407964) (0.2289189) (0.04084533)

（ * ）（ * * * ）（ * ）（ * * * ）

$R^2 = 0.770714$，$F = 21.8489$，Log likelihood= −77.1821，AIC=164.364，SC=171.534。回归诊断中，多重共线性条件数=6.48813 < 30，非正态检验 Jarque-Bera=46.1442[*]；异方差诊断中，White 检验值=27.45132[**]；空间依赖性诊断中，Moran I（error）= −1.3885794，Lagrange Multiplier（lag）= 2.1759411，Robust LM（lag）=0.1916299，Lagrange Multiplier（error）= 3.0130737[***]。

空间依赖性检验说明数据存在空间自相关特征，建立空间计量模型。检验结果显示空间误差模型（spatial errors model，SEM）的拟合效果较好。空间权重矩阵采用邻近原则设置，即两地区相邻则空间权重系数设为 1，否则为 0。具体回归结果如下：

$$IM = -1.851794 - 0.6684356G + 0.5651511P + 1.202618S \\ + 0.09228715GQ - 0.6174647Wu \quad (2-12)$$

(0.8660408)(0.1728092)(0.3027625)(0.2010454)(0.02928171)(0.2688663)

（＊＊）（＊）（＊＊＊）（＊）（＊）（＊＊）

$R^2 = 0.813583$，$F = 21.8489$，Log likelihood= −75.099167，AIC=160.198，SC=167.368271。

诊断检验结果：异方差诊断，Breusch-Pagan 检验值=24.44583*；空间依赖诊断，似然比检验值=4.165839**。括号内数字为标准误，*、**、***分别表示通过 1%、5%、10%水平下的显著性检验。

与模型（2-11）相比，模型（2-12）引入空间变量后，方程的 R^2 值、Log likelihood 值均增加，AIC、SC 值均下降，模型诊断检验均通过。这说明引入空间误差自相关效应后，对解释中国大豆进口的空间差异作用显著。此外，模型表明，外资在各地区产业控制力的差异也是影响大豆进口的重要因素，外资对大豆加工环节的控制也带动了对大豆原料进口的控制。

四、基于产业控制力三维模型的中国粮食产业外资控制评价

本部分基于指标维度、时间维度、空间维度，对战略性粮食产业控制力进行三维分析，并得出本书的基本结论。基于三维灰色分析方法，对战略性粮食产业控制力中的产品控制力、区域控制力、产业控制力进行了排序；基于三维主成分分析方法，分析了战略性粮食产业控制力的影响因素；基于三维 GIS 方法，绘制了中国战略性粮食产业控制力的分布地图；基于灰色面板数据模型，对战略性粮食产业控制力的经济效应进行了分析。

（一）基于三维灰色分析的战略性粮食产业控制力综合评价[①]

本书采用王正新、党耀国、沈春光提出的三维灰色关联模型对产业控制力进行动态多指标评价。[②]三维灰色关联模型基于时间维、指标维、决策维构建了三维决策系统。三维灰色关联模型的基本思路是，首先对由基本数据构成的决策系数矩阵进行规范化处理，将各指标统一于极大极性，在此基础上构建每个时间段的理想方案和负理想方案。然后，计算各时间段的决策方案与理想方案、负理想方案的灰色关联度，对各时间段加权后计算出三维灰

[①] 马松林，王稼琼：《战略性粮食产品的界定及其流通控制力》，《中国流通经济》2012 年第 8 期，第 12～17 页。

[②] 王正新，党耀国，沈春光：《三维灰色关联模型及其应用》，《统计与决策》2011 年第 15 期，第 174～176 页。

色关联度,然后按照各决策方案与理想方案灰色关联度之和的比重排序,求出各方案的评价排序。具体思路见图 2.28。

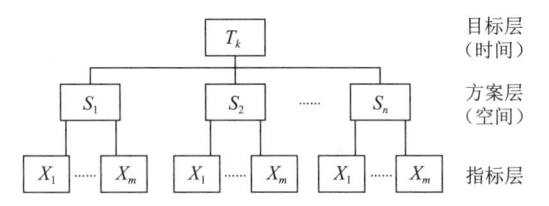

图 2.28 三维灰色关联模型中时间、空间、指标数据之间的结构关系①

图中,T_k 为时间序列样本,$k=1,2,\cdots,t$。S_j 为决策方案,$j=1,2,\cdots,n$。X_i 为因素指标,$i=1,2,\cdots,m$。

三维灰色关联模型计算步骤如下:

(1)数据处理。包括:设置 $T_k(k=1,2,\cdots,t)$ 的时间权重 λ_k;指标 $X_j(j=1,2,\cdots,n)$ 的权重 w_{kj};将各指标数据统一于极大极性,即各指标变换后越大越好。

(2)设置不同时段的理想方案 S_{0+}^k 和负理想方案 S_{0-}^k。

(3)计算三维灰色关联度 γ_i^+,γ_i^-。本书在计算时做如下改进:计算各时期方案值与理想方案、负理想方案的灰色接近关联度,经过比较这一指标对比效果较好,计算量较王正新、党耀国、沈春光提供的计算量小,但最后结果完全一致。

(4)按照 d_i 值排序。$d_i = \gamma_i^+ / (\gamma_i^+ + \gamma_i^-)$。$d_i$ 越大,方案 S_i 越好。

1. 产品控制力排序

1)粮食的产业控制力排序

战略性粮食产品种类较多,粮食产品的统计口径相对一致。这里重点探讨原粮(小麦、玉米、大米、大豆)的流通控制力。为保持数据完整,数据的时间范围为 2001~2009 年。

战略性粮食产品流通控制力的指标包括:粮食收购率,为国有粮食企业粮食收购量与粮食产量之比;粮食销售率,为国有粮食企业粮食销售量与粮食产量之比;粮食批发零售环节,粮食批发零售外资控制率为外资资本占批发零售业资本的比重;粮食进口依存度,为粮食进口量与粮食产量之比(表 2.24)。所用数据来自历年《中国粮食发展报告》《中国农村经济统计年鉴》《中国物流年鉴》等。

---

① 王正新,党耀国,沈春光:《三维灰色关联模型及其应用》,《统计与决策》2011 年第 15 期,第 174~176 页。

表 2.24 粮食产品流通控制力的指标设计

流通环节	指标
购销	粮食收购率、粮食销售率
储存	外资储存控制率
运输	外资运输控制率
批发零售	粮食批发零售外资控制率
进出口	粮食进口依存度

外资储存控制率、外资运输控制率为外资在储存、运输领域的资本比重，由于数据限制，储存、运输环节指标暂未进入评价体系。在粮食批发零售环节，由于各粮食产品未单独统计，这里仅对粮食批发零售环节外资控制情况做概括说明。根据《中国固定资产投资统计年鉴》（2011 年）城镇吸收外资相关数据，外资在谷物、豆及薯类批发中的资产控制率不到 1.5%，在粮油零售和肉、禽、蛋及水产品零售中的比重不到 1%。

本书重点考察小麦、玉米、大米、大豆在粮食收购、粮食销售、粮食进口 3 个环节的流通控制力，形成了由 4 个产品（决策维）、3 个指标（指标维）、9 年（时间维）数据构成的 $4 \times 3 \times 9$ 维立体数据。

从图 2.29 可以看出，中国自加入世界贸易组织后，小麦的流通控制力相对平稳，其他品种波动较大。将时间权重设为 1/9，对各粮食品种 9 年的控制力加权求和排序后，可以得到各粮食品种的流通控制力排序：玉米（1.2997）>小麦（1.1983）>大米（0.9836）>大豆（0.9555）。

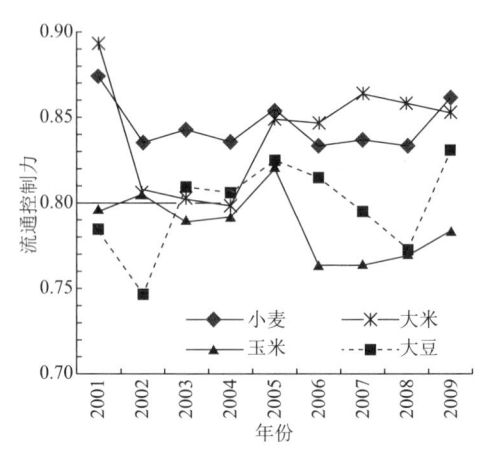

图 2.29　2001～2009 年粮食流通控制力的三维灰色关联评价

2001～2009 年，玉米流通控制力高于小麦，主要是因为这一时期玉米进口量较少，2005 年以后才有少量进口。但从动态看，中国自加入世界贸易组织后玉米的流通控制力波动较大。

2）猪肉和牛奶的外资控制力排序

这里重点分析猪肉中鲜冻猪肉的进口和奶类制品中乳及奶类制品的进口情况。

中国 31 个省（自治区、直辖市）2008～2010 年鲜冻猪肉、乳及奶类制品的进口量数据来自《中国农业年鉴》（2009～2011 年）。这样，就形成了基于时间（3 年）、空间[31 个省（自治区、直辖市）]、产品（2 个产品）的三维立体数据。运用三维灰色关联模型，对各地区鲜冻猪肉、乳及奶类制品的进口规模进行排序。具体结果见图 2.30。从图 2.30 可以看到，乳及奶类制品进口规模有扩大态势，鲜冻猪肉进口规模稍有减小。

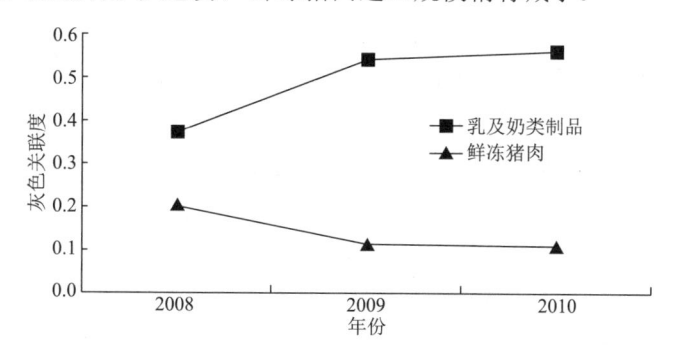

图 2.30　鲜冻猪肉和乳及奶类制品进口灰色关联度

2. 区域控制力排序

区域控制力指各地区对战略性粮食产业的控制能力。本部分主要考察各地区外资产业控制力的大小关系，具体指标见表 2.25。

表 2.25　区域控制力评价指标

产业	指标	指标属性
农业、畜牧业	各地区产量占全国比重	正向指标
谷物磨制业、植物油加工业、液体乳及乳制品制造业	各地区加工产量占全国比重	正向指标
各行业	各地区进口依存度	逆向指标
各行业	各地区外资控制力	逆向指标

各地区生产区位熵指各地区农业、畜牧业产量占全国的比重与基准年份（2001 年）农业、畜牧业产量占全国的比重之比。这里分别用粮食产量、牛奶产量表示农业、畜牧业产量。

各地区加工区位熵为各地区粮食加工产量占全国的比重与基准年份（2001 年）各地区粮食加工产量占全国的比重之比。这里用面粉产量、大米产量、食用植物油产量表示。

各地区进口区位熵为各地区粮食进口依存度与全国粮食进口依存度的比值与基准年份（2001 年）各地区粮食进口依存度与全国粮食进口依存度的比值之比。

各地区外资控制力区位熵为各地区外资资本控制率与全国本行业外资资本控制率的比值与基准年份（2001 年）各地区粮食进口依存度与全国粮食进口依存度的比值。

各地区进口区位熵、各地区外资控制力区位熵为基于外资产业控制力视角的指标。

为了便于比较，将上述指标转化为正向指标，统一于内资视角下的产业控制力。具体做法是，各指标数据除以各指标最大值。

上述各指标数据年份为 2006～2010 年，正好为"十一五"时期的 5 年。数据来源与前文一致。这样，本部分样本数据就形成了基于时间（5 年）、空间[31 个省（自治区、直辖市）]、指标（2 个）的三维立体数据。所有数据均进行无量纲化处理。

1）农业、畜牧业区域控制力排序

运用三维灰色关联模型分析，可以分别得到战略性粮食产业各细分行业的区域控制力排序，加权综合后可以得到各地区战略性粮食产业的综合排序。

从图 2.31 可以看到，"十一五"时期，中国 31 个省（自治区、直辖市）的农业区域控制力仍然集中于 13 个粮食主产区，河南省的农业区域控制力水平最高。"十一五"时期，畜牧业区域控制力集中于内蒙古、河北、河南等地区，内蒙古的畜牧业区域控制力最高。

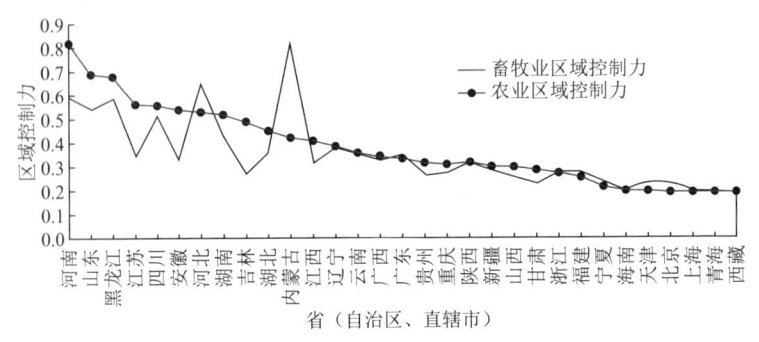

图 2.31 "十一五"时期中国 31 个省（自治区、直辖市）农业、畜牧业区域控制力比较

根据 2008～2010 年各地区鲜冻猪肉、乳及奶类制品进口量进行三维灰

色关联排序，得到图 2.32。可以看出，广东、上海、天津、北京、浙江等经济发达地区畜牧业产品进口依存度较高。

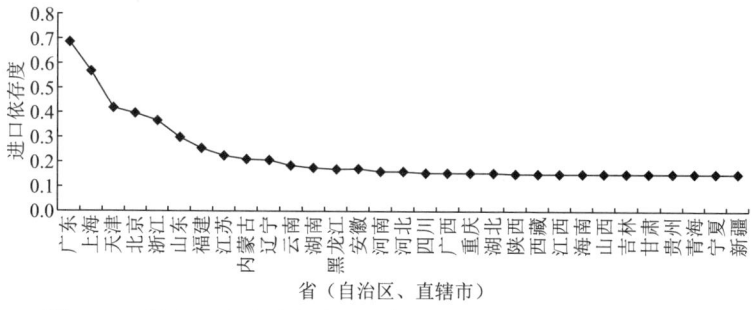

图 2.32 中国 31 个省（自治区、直辖市）畜牧业进口依存度比较

2）粮食加工业区域控制力排序

受统计数据限制，目前尚未见到谷物磨制业、植物油加工业、液体乳及乳制品业等细分行业外资分地区的数据。农副食品加工业指直接以农、林、牧、渔业产品为原料进行的谷物磨制、饲料加工、植物油和制糖加工、屠宰及肉类加工、水产品加工，以及蔬菜、水果和坚果等食品的加工活动。

因此，本书以农副食品加工业数据为基础，综合分析上述产业的外资区域控制力水平。所用数据为 2006~2010 年数据，来自历年《中国工业经济年鉴》。这些数据形成了基于时间、空间、指标的三维立体数据。

从图 2.33 可以看出，上海、天津、广东等沿海地区的粮食加工业外资控制率较高。从 13 个粮食主产区看，江苏、辽宁、山东、黑龙江、河北等地区外资控制率较高。

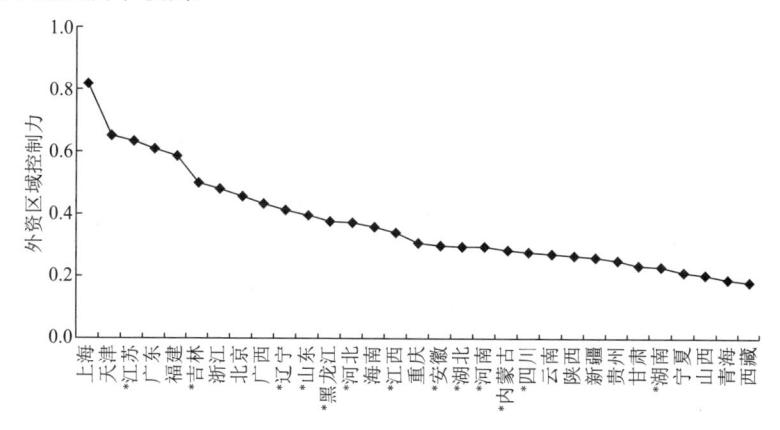

图 2.33 "十一五"时期中国 31 个省（自治区、直辖市）粮食加工业外资区域控制力比较

注：标有*地区为中国粮食主产区

3) 粮食流通产业区域控制力排序

粮食流通业包括粮食购销、批发、进出口等环节。考虑到数据的可获得性和完整性，本书设计的粮食流通产业外资区域控制力评价指标见表 2.26。

表 2.26 粮食流通产业外资区域控制力评价指标

流通环节	指标	指标属性
购销	各地区粮食收购能力	逆向指标
批发	各地区粮食批发外资控制率	正向指标
进出口	各地区粮食进口依存度	正向指标

各地区粮食收购能力为各地区国有粮食企业粮食收购规模，数据来自《中国粮食年鉴》（2009~2011 年）和《中国粮食经济》（2005~2011 年）；各地区粮食批发外资控制率，用各地区批发企业外资资产控制率代替，数据来自《中国贸易外经统计年鉴》（2009~2011 年）；各地区粮食进口依存度为各地区粮食进口量与产量之比，数据来自《中国农业年鉴》（2009~2011 年）。

各地区粮食收购能力各指标去除其极小值，转化为正向指标。

各指标数据无量纲化处理、统一于极大极性后，进行三维灰色关联分析。数据时间为 2008~2010 年，所得数据为基于时间（3 年）、空间[31 个省（自治区、直辖市）]、指标（3 个）的三维立体数据。

从图 2.34 可以看出，上海、北京、天津、广东等经济发达地区粮食流通产业外资区域控制力较高，其他地区外资区域控制力差异不大。

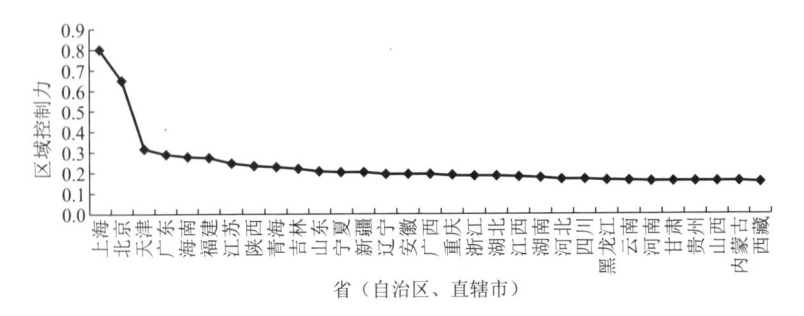

图 2.34 2008~2010 年中国 31 个省（自治区、直辖市）粮食流通产业外资区域控制力比较

4) 产业控制力的综合排序

战略性粮食产业跨越第一、第二、第三产业，统计口径差异较大。种子产业没有系统的统计数据，暂不参与排序。其他战略性粮食产业数据来自《中国固定资产年鉴》（2009~2011 年），具体条目为"国民经济行业小类国有

控股、内资、外资城镇投资统计",所用指标为外资资产控制率。这样,产业控制力排序用到的数据为基于时间（3年）、指标（1个）、产业（10个）的三维数据。

运用三维灰色关联模型,计算出各行业的三维灰色关联系数后,绘制成图2.35。

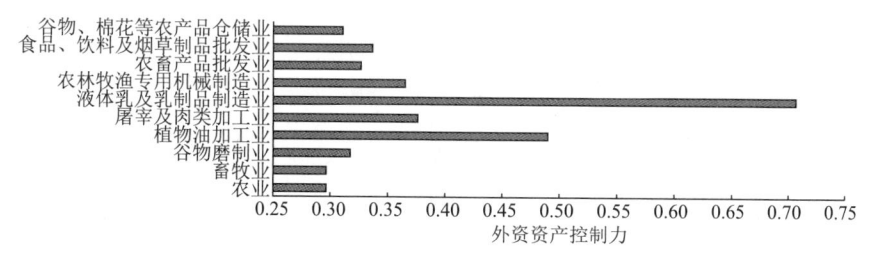

图2.35 战略性粮食产业外资资产控制力排序

从图2.35可以看出,粮食加工环节外资资产控制力较高,尤其是液体乳及乳制品制造、植物油加工等产业,外资资产控制力较高。农业、畜牧业外资资产控制力最低。

（二）基于三维主成分分析的战略性粮食产业控制力影响因素

本部分运用三维主成分分析方法（时序全局主成分分析）探讨战略性粮食产业控制力的影响因素。

传统的主成分分析方法仅能够处理截面数据或平面多维数据。任若恩、王惠文将传统的主成分分析方法与时间序列分析结合起来,发展了基于时序立体数据的时序全局主成分分析方法。①

时序立体数据以时间排序,在二维平面上表达多维数据,本质上是基于时间、指标、方案（可以是空间或其他变量）的三维立体数据。时序立体数据需要进行标准化处理,各指标要统一于极大极性。

本书分析战略性粮食产业控制力的影响因素,所用数据为2006～2010年5年31个省（自治区、直辖市）的相关数据。选择指标包括各地区人口、收入、粮食产量、外资控制水平。

从产业链角度看,外资企业的产业控制力与粮食生产、加工、流通等各环节存在密切关系。

表2.27中,外资生产控制力主要从农业生产条件、地区消费水平、经

---

① 任若恩、王惠文:《多元统计数据分析——理论、方法、实例》,北京,国防工业出版社,1997年,第164～184页。

济发展水平等角度选择影响指标。外资加工控制力主要从加工粮食供应、消费水平等角度选择影响指标。外资流通控制力主要从粮食消费、经济发展水平等角度选择影响指标。

表 2.27 战略性粮食产业外资控制力影响因素指标选择

因素	产业控制力		
	外资生产控制力	外资加工控制力	外资流通控制力
行业因素	各地区粮食产量、各地区农业生产条件、各地区农业 FDI 水平	各地区粮食产量、各地区粮食进口量、各地区粮食加工业 FDI 水平	各地区粮食进口量、各地区批发企业外资资产比重、各地区零售企业外资资产比重、各地区粮食批发零售进口规模
市场规模	各地区市场规模、各地区消费水平	各地区市场规模、各地区消费水平	各地区市场规模、各地区消费水平
经济环境	各地区经济开放程度、各地区经济发展水平	各地区经济开放程度、各地区经济发展水平	各地区经济开放程度、各地区经济发展水平

注：市场规模用各地区年末总人口数表示，开放程度用各地区进出口依存度表示，经济发展水平用各地区人均 GDP 表示，各地区消费水平用社会商品零售额占 GDP 比重表示。外资在生产、加工、流通环节的产业控制力相互影响，故指标选择上有部分重叠

1. 粮食生产控制力影响因素

本部分主要分析外资在各地区农业领域产业控制力的影响因素。2000～2010 年，江苏、广东、山东、福建、辽宁、上海、江西、浙江、湖南、海南、河北、湖北、四川、云南、内蒙古 15 个地区农业累计实际利用外资金额占全国的 93.9%。[①]选择各地区 2006～2010 年数据，主要是因为 2004 年外资统计口径发生变化，2004 年以后数据具有可比性；2006～2010 年是中国"十一五"时期，年鉴数据相对完整。具体指标包括各地区粮食产量、农业生产条件（用各地区农业有效灌溉面积表示）、各地区农业 FDI 水平等。

运用 SPSS 软件对农业行业因素、市场规模、经济环境各指标 2006～2010 年时空数据进行三维主成分分析，各指标标准化后进行分析。KMO 检验值为 0.743，巴特利特球形检验值为 2360.094。这说明所用数据适合进行主成分分析。

由表 2.28 可知，大于 1 的特征根有 3 个，累计方差贡献率达到 80% 以上，这说明这三个主成分对原数据的解释效果比较好。由表 2.29 可知，主成分 1 中载荷系数较大的包括各地区 FDI、进出口、GDP 等，说明吸引外资规模、经济开放度等因素的重要性，该主成分可以命名为 FDI 及经济环境因

---

① 资料来源：《中国外商投资报告》（2011 年）。

子。主成分 2 载荷系数较大的指标包括粮食产量、有效灌溉面积等，这说明农业生产条件的重要性，该主成分可以命名为农业生产条件因子。主成分 3 中载荷系数较大的指标包括消费水平等，这说明外资对消费市场的依赖，该主成分可以命名为消费水平因子。

表 2.28　外资生产控制力影响因素三维主成分分析的特征根及方差贡献率

主成分	特征根	方差贡献率/%	累计方差贡献率/%
1	5.28	48.00	48.00
2	2.95	26.80	74.80
3	1.06	9.60	84.40

表 2.29　外资生产控制力影响因素旋转后的主成分载荷矩阵

标准化指标	主成分 1	主成分 2	主成分 3
Z 值（FDI）	0.9501	0.0299	0.1228
Z 值（进出口）	0.9360	0.0375	0.1116
Z 值（GDP）	0.8440	0.4837	−0.0881
Z 值（零售）	0.8364	0.4579	−0.1157
Z 值（外贸依存度）	0.7893	−0.2515	0.4812
Z 值（人均 GDP）	0.7364	−0.3282	0.1255
Z 值（农业 FDI）	0.6080	0.3219	−0.0453
Z 值（粮食产量）	−0.0107	0.9278	−0.1041
Z 值（有效灌溉面积）	−0.0694	0.9022	0.0623
Z 值（人口）	0.3888	0.8558	−0.0677
Z 值（消费水平）	0.0842	−0.0131	0.9750

主成分 1 解释了 48%的数据，这说明各地区 FDI 规模是影响外资在农业领域投资和产业控制力的重要因素。主成分 2 和 3 说明，农业生产条件和消费水平也是影响外资在农业领域产业控制力分布的因素。

以三个主成分各自方差贡献率占累计方差贡献率的比重为权重，可以计算出各地区不同时期主成分综合得分及排名，具体见图 2.36。

由图 2.36 可以看出，2006~2010 年，各地区农业领域外资生产控制力的影响因素相对顺序保持稳定。江苏、广东、山东、上海、浙江、河南、北京等地区是外资农业生产控制力较高的地区。这些地区在经济开放度、吸引外资规模、农业生产条件、消费能力等方面各有优势，影响了外资在农业领域产业控制力的分布。

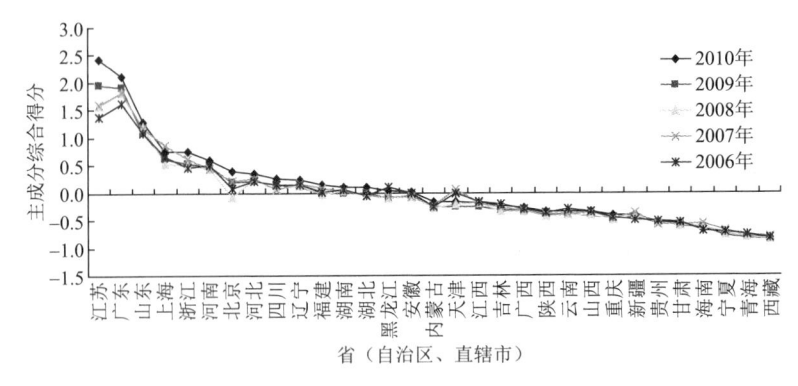

图 2.36　中国 31 个省（自治区、直辖市）外资粮食生产控制力影响因素主成分比较

2. 粮食加工控制力影响因素

本部分主要分析外资在各地区粮食加工领域产业控制力的影响因素。由于影响外资粮食加工能力的行业因素涉及原料供应、距离消费市场等，故所选择的指标包括各地区粮食产量、各地区粮食进口量、各地区粮食加工业 FDI 水平。其中，各地区粮食加工业 FDI 水平用各地区农副食品加工业外资资本占实收资本的比重表示，相关数据来自历年《中国工业经济年鉴》。市场规模、经济环境指标及数据来源同前文。

运用 SPSS 软件对标准化后的相关数据进行处理，得到的 KMO 检验值为 0.748，巴特利特球形检验值为 2253.709。这说明所用数据适合进行主成分分析。

由表 2.30 可知，大于 1 的特征根有 3 个，累计方差贡献率达到 80% 以上。

表 2.30　外资粮食加工控制力影响因素三维主成分分析的特征根及方差贡献率

主成分	特征根	方差贡献率/%	累计方差贡献率/%
1	5.38	48.87	48.87
2	2.52	22.88	71.75
3	1.06	9.68	81.43

由表 2.31 可知，主成分 1 中载荷系数较大的指标包括各地区外贸依存度、FDI、进出口等，说明经济开放度等因素的重要性，该主成分可以命名为经济开放度因子。主成分 2 载荷系数较大的指标包括人口、粮食产量等，这说明市场规模的重要性，该主成分可以命名为市场因子。主成分 3 中载荷系数较大的指标包括粮食进口等，这说明外资对粮食进口便利性的重视，该主成分可以命名为粮食进口因子。

表 2.31 外资粮食加工控制力影响因素旋转后的主成分载荷矩阵

指标	主成分 1	主成分 2	主成分 3
Z 值（外贸依存度）	0.9253	−0.0678	0.2511
Z 值（FDI）	0.8955	0.2956	0.0299
Z 值（进出口）	0.8724	0.3268	−0.0061
Z 值（人均 GDP）	0.8422	−0.1133	−0.0497
Z 值（资本比重）	0.8317	0.0194	0.2980
Z 值（人口）	0.1124	0.9543	0.0089
Z 值（粮食产量）	−0.2501	0.8551	−0.0110
Z 值（GDP）	0.6248	0.7510	−0.0885
Z 值（零售）	0.6159	0.7415	−0.1062
Z 值（粮食进口）	−0.0655	0.0703	0.7938
Z 值（消费水平）	0.2993	−0.1570	0.6295

在三个主成分中，主成分 1 经济开放度因子对外资粮食加工控制力有较大的影响，其中也包括各地区 FDI 等因素。总的来看，经济开放度、市场规模、粮食进口等因素是影响外资粮食加工控制力的主要因素。

以三个主成分各自方差贡献率占累计方差贡献率的比重为权重，计算出各地区不同时期主成分综合得分及排名，具体见图 2.37。

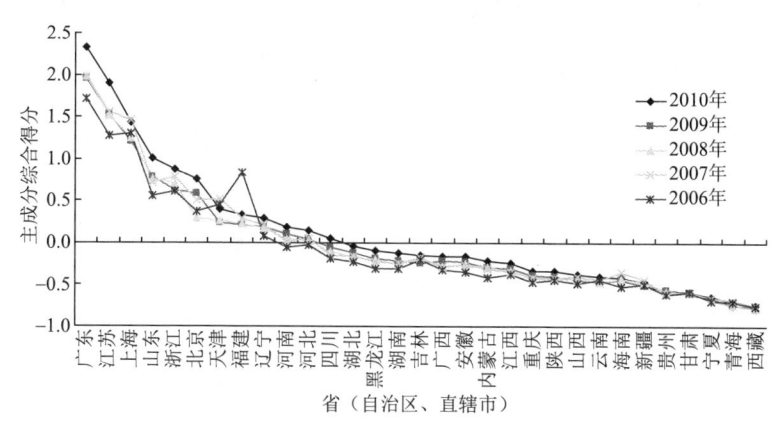

图 2.37 中国 31 个省（自治区、直辖市）外资粮食加工控制力影响因素主成分比较

由图 2.37 可知，2006~2010 年各地区外资加工控制力的影响因素具有一定的稳定性，主成分综合得分排名也有一定的稳定性。广东、江苏、上海、山东等开放度较高的沿海地区，外资产业控制力分布更为集中。

3. 粮食流通控制力影响因素

本部分主要分析外资在各地区粮食流通领域产业控制力的影响因素。行业因素指标包括各地区粮食进口量、各地区批发企业外资资产比重、各地区零售企业外资资产比重、各地区粮食批发零售进口规模。其中，各地区批发、零售企业外资资产比重为限额以上外商企业资产占总资产的比重，相关数据来自历年《中国贸易外经统计年鉴》。市场规模、经济环境指标及数据来源同前文。

运用 SPSS 软件对标准化后的相关数据进行处理，得到的 KMO 检验值为 0.712，巴特利特球形检验值为 2207.322。这说明所用数据适合进行主成分分析。

由表 2.32 可知，大于 1 的特征根有 3 个，累计方差贡献率达到 70%以上。

表 2.32　外资粮食流通控制力影响因素三维主成分分析的特征根及方差贡献率

主成分	特征根	方差贡献率/%	累计方差贡献率/%
1	5.08	42.31	42.31
2	2.73	22.77	65.08
3	1.10	9.14	74.22

由表 2.33 可知，主成分 1 中载荷系数较大的指标包括各地区外贸依存度、人均 GDP 等，说明经济开放度等因素的重要性，该主成分可以命名为经济开放度因子。主成分 2 载荷系数较大的指标包括人口、GDP 等，这说明市场规模的重要性，该主成分可以命名为市场因子。主成分 3 中载荷系数较大的指标包括消费水平、粮食进口等，这说明外资对消费能力的重视，该主成分可以命名为消费能力因子。

表 2.33　外资粮食流通控制力影响因素旋转后的主成分载荷矩阵

指标	主成分 1	主成分 2	主成分 3
Z 值（外贸依存度）	0.8799	0.0986	0.3580
Z 值（人均 GDP）	0.8698	0.0175	−0.0186
Z 值（FDI）	0.8115	0.4532	0.1272
Z 值（各地区批发企业外资资产控制率）	0.8100	−0.2570	−0.0575
Z 值（进出口）	0.7836	0.4880	0.1239
Z 值（各地区零售企业外资资产控制率）	0.2906	0.0193	−0.0104
Z 值（人口）	−0.0540	0.9570	0.0183

续表

指标	主成分1	主成分2	主成分3
Z值（GDP）	0.4858	0.8537	−0.0173
Z值（零售）	0.4878	0.8401	−0.0377
Z值（粮食产量）	−0.3647	0.7755	−0.1045
Z值（消费水平）	0.2248	−0.0854	0.7273
Z值（粮食进口）	−0.1007	0.0175	0.7123

以三个主成分各自方差贡献率占累计方差贡献率的比重为权重，计算出各地区不同时期主成分综合得分及排名，具体见图2.38。由图2.38可知，2006~2010年各地区外资粮食流通控制力的影响因素与前面加工环节同样具有一定的稳定性，主成分综合得分排名也有一定的稳定性。广东、江苏、上海、北京、山东等开放度较高的地区，外资粮食流通产业控制力更高。

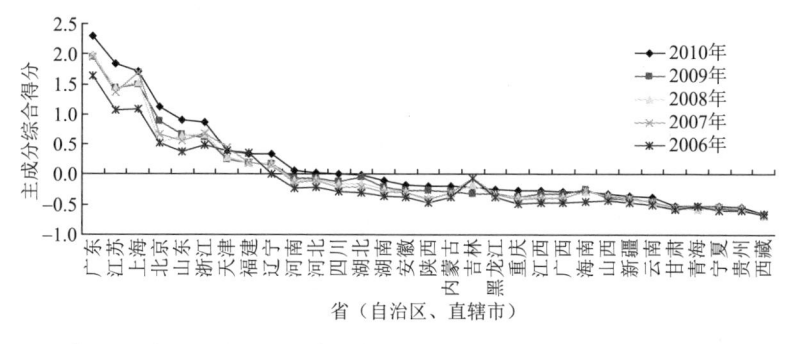

图2.38 中国31个省（自治区、直辖市）外资粮食流通控制力影响因素主成分排序

第三章　中国粮食产业外资控制规避的重大意义和主要依据

本章主要研究中国粮食产业外资控制规避在维护粮食安全、国家安全等方面的重大意义,以及外资促进中国粮食产业发展的局限性、国际农业投资准则等规避依据。

第一节　中国粮食产业外资控制规避的重大意义

本节主要从粮食安全、国家安全和产业发展的角度分析中国粮食产业外资控制规避的重大意义。

一、保障粮食安全

粮食产业是保障国家粮食安全的战略性基础产业,具有极端重要性。

目前,与其他产业相比,粮食产业利用外资的整体规模较小,有较大的发展空间。但另一方面,中国粮食产业外资分布不均,存在区域集聚和产品集中的现象,大豆等产品安全形势严峻。

2013年底召开的中央经济工作会议提出"以我为主、立足国内、确保产能、适度进口、科技支撑"的粮食安全新战略。

2014年的中央一号文件,不仅明确提出要"抓紧构建新形势下的国家粮食安全战略",而且特别强调"把饭碗牢牢端在自己手上,是治国理政必须长期坚持的基本方针""任何时候都不能放松国内粮食生产,严守耕地保护红线,划定永久基本农田,不断提升农业综合生产能力,确保谷物基本自给、口粮绝对安全""加大力度落实'米袋子'省长负责制,进一步明确中央和地方的粮食安全责任与分工,主销区也要确立粮食面积底线、保证一定的口粮自给率"等。

2015年的中央一号文件,再次强调要"进一步完善和落实粮食省长负责制""强化对粮食主产省和主产县的政策倾斜,保障产粮大县重农抓粮得实惠、有发展""粮食主销区要切实承担起自身的粮食生产责任"。2015年1月,国务院印发《关于建立健全粮食安全省长责任制的若干意见》(国发

〔2014〕69 号），从粮食生产、流通、消费等各环节，进一步明确了各省级人民政府在维护国家粮食安全方面的事权与责任，对建立健全粮食安全省长责任制做出全面部署。

2017 年，党的十九大报告再次强调要"确保国家粮食安全，把中国人的饭碗牢牢端在自己手中"[1]。国家粮食安全新战略是新时期中国粮食产业外资控制规避的基本指导方针，必须严格遵守，确保粮食安全和口粮绝对安全。

2018 年中央一号文件强调"夯实农业生产能力基础。深入实施藏粮于地、藏粮于技战略，严守耕地红线，确保国家粮食安全，把中国人的饭碗牢牢端在自己手中"[2]。粮食生产是粮食安全的重要基础。粮食产业发展，对于提高粮食产能、保障粮食安全具有重要意义。

二、维护国家安全

从国际经验看，粮食安全是国家安全和权力的组成部分。

巴西的《国家粮食与营养安全法》（2006 年）将家庭补助计划、强化家庭农业政策以法律形式稳定下来。玻利维亚政府制定《国家发展计划》（2007 年），将粮食安全确定为国家主权的基础，并将粮食安全和粮食主权纳入《宪法》。印度尼西亚《粮食法》（2012 年）宣布粮食权为一项人权，从而为粮食安全提供了坚实的监管框架。坚定的民主原则与利益相关方有效参与各级粮食安全与营养政策的制定与实施，有助于保证制定出能更好地满足弱势群体需求的更公平的政策[3]。投资于农业是减贫的根本，世界银行最关注提高农业生产率和抗冲击能力，特别是小土地所有者[4]。

食物权（粮食权，right to food）是基本人权。食物权是指消费者有权根据自己的文化传统经常、长期和无限制地直接获得或以金融手段购买适当质量和足够数量的食物，确保能够在身体和精神方面单独和集体地过上符合需要和免于恐惧的有尊严的生活。

---

[1] 习近平：《决胜全面建成小康社会　夺取新时代中国特色社会主义伟大胜利——在中国共产党第十九次全国代表大会上的报告》，http://www.gov.cn/zhuanti/2017-10/27/content_5234876.htm，2017 年 10 月 27 日。

[2] 新华社：《中共中央　国务院关于实施乡村振兴战略的意见》，http://www.gov.cn/zhengce/2018-02/04/content_5263807.htm，2018 年 2 月 4 日。

[3] 联合国粮食及农业组织，国际农业发展基金和世界粮食计划署：《世界粮食不安全状况——强化粮食安全与营养所需的有利环境》，2014 年，罗马，粮农组织。

[4] World Bank. *World Bank Annual Report 2014*. Washington, D. C. : World Bank.

粮食权力（food power）与粮食政治关联[①]。在具备粮食稀缺、集中供应、分散需求和行动独立条件下才能有效地利用[②]。

2015年7月1日起实施的《中华人民共和国国家安全法》将保障粮食安全作为中国维护国家安全的主要任务之一，粮食安全正式以立法形式成为国家安全的组成部分。

《中华人民共和国国家安全法》第十九条规定："国家维护国家基本经济制度和社会主义市场经济秩序，健全预防和化解经济安全风险的制度机制，保障关系国民经济命脉的重要行业和关键领域、重点产业、重大基础设施和重大建设项目以及其他重大经济利益安全。"粮食产业是保障关系国民经济命脉的重要行业。

党的十九大报告提出"坚持总体国家安全观"。粮食安全是国家安全的重要组成部分，要从国家安全高度看待中国粮食产业外资控制规避问题。粮食产业外资控制是一个渐进的历史过程，外资一旦形成对粮食产业的绝对控制，在短期内将很难逆转，如中国大豆进口规模在短期内很难降下来。小麦、玉米、稻谷等口粮不能重蹈覆辙。

三、促进中国粮食产业健康发展

改革开放以来，外资对中国粮食产业的发展起到了积极的推动作用，对内资粮油企业起到了积极的带动作用。

中国粮食产业外资控制规避，不是不利用外资，而是有效、安全地利用外资。中国粮食产业不落入过度依赖外资的怪圈，不被外资卡住喉咙；将中国粮食产业利用外资调整在可掌控的水平，规避外资对中国粮食产业关键环节和重点地区的控制。

垄断与竞争是市场结构的两种形态。保护正当竞争、反对垄断是中国粮食产业外资控制规避的基本思想。在《中华人民共和国反垄断法》中，"垄断"行为包括三种：经营者达成垄断协议；经营者滥用市场支配地位；具有或者可能具有排除、限制竞争效果的经营者集中。这三种垄断行为是《中华人民共和国反垄断法》调整的对象。

在自立基础上利用外资符合中国改革开放的基本原则，也是中国粮食产业健康发展的基本原则。

[①] Danaher, K., "US food power in the 1990s", *Race & Class*, 1989, Vol. 30, No. 3, pp. 31-46; Paarlberg, R., *Food Politics: What Everyone Needs to Know*. Oxford: Oxford University Press, 2010.

[②] Wallensteen, P., "Scarce goods as political weapons: the case of food". *Journal of Peace Research*, 1976, Vol. 13, No. 4, p. 281.

第二节　中国粮食产业外资控制规避的主要依据

本节主要研究中国粮食产业外资控制规避的主要依据，包括外资促进中国粮食产业发展的局限性等。

一、外资与粮食安全研究述评

自 20 世纪 70 年代联合国粮食及农业组织提出"粮食安全"的概念以来，粮食安全的内涵随着时代的发展在不断地演化。粮食安全研究的焦点，既有量的要求，又有质的要求；既强调一国的粮食安全，又注重各国的协调发展；既注重短期的粮食安全，又关注长期的发展问题；既关注产业层面的问题，又关注家庭层面的粮食安全问题。如 P. Pinstrup-Andersen 总结分析了粮食安全的定义和测度指标。[1]美国对家庭粮食安全进行系统的测算。[2]L. Haddad 等分析了粮食营养安全指标的设定问题。[3]J. M. Antle 认为百分之百做到粮食供应充足是不可能的。他通过模型模拟展示了政府在粮食安全中的作用。[4] D. G. Maxwell 测度了粮食不安全水平，提出相应的指标和应对策略。[5] M. Dilley 等分析了粮食安全的脆弱性特征。[6] R. M. Saleth 等分析了多元化干预政策对粮食安全的影响。[7] S. Chaudhuri 等分析了农业领域 FDI 与发展中经济体的福利、失业之间的关系。[8]

英国经济学人智库发布的《全球粮食安全指数 2017》表明，中国的粮食安全指数得分为 63.7，在全球 113 个国家中排名第 45 位。全球粮食安全

---

[1] Pinstrup-Andersen, P., "Food security: definition and measurement", *Food Security*, 2009, Vol. 1, pp. 5-7.

[2] Coleman-Jensen, A., Nord, M., Andrews, M. et al, "Household food security in the United States in 2010", *USDA-ERS Economic Research Report*, 2012, No.125.

[3] Haddad, L., Kennedy, E., Sullivan, J., "Choice of indicators for food security and nutrition monitoring", *Food Policy*, 1994, Vol. 19, No. 3, pp. 329-343.

[4] Antle, J. M., *Choice and Efficiency in Food Safety Policy*, Washington, D. C., The AEI Press, 1995, pp. 30-46.

[5] Maxwell, D. G., "Measuring food insecurity: the frequency and severity of 'coping strategies'", *Food Policy*, 1996, Vol. 21, No. 3, pp. 291-303.

[6] Dilley, M., Boudreau, T. E., "Coming to terms with vulnerability: a critique of the food security definition", *Food Policy*, 2001, Vol. 26, pp. 229-247.

[7] Saleth, R. M., Dinar, A., "The impact of multiple policy interventions on food security", *Journal of Policy Modeling*, 2009, Vol. 31, pp. 923-938.

[8] Chaudhuri, S., Banerjee, D., "FDI in agricultural land, welfare and unemployment in a developing economy", *Research in Economics*, 2010, Vol. 64, pp. 229-239.

指数（global food security index，GFSI）考虑了 113 个国家的可负担性、可用性和质量安全等核心内容。该指数由 28 个指标构成，满分为 100 分。[①] 朱晶（Jing Zhu）在 WTO 背景下讨论了公共投资与中国长期的粮食安全问题。[②] 李孟刚基于国际和国内资源视角，提出了互利合作、多元发展、协同保障的新粮食安全观和综合食物安全观。[③] 洪涛从国家、粮食品种、保障体系、空间等方面将粮食安全划分为不同层次。[④] 王金萍分析了跨国资本威胁中国粮食安全的成因和建议。[⑤] 陈明星基于粮食供应链视角，分析了外资进入粮食产业产生的效应和风险。[⑥]

国内关于粮食安全的研究，由过去的侧重关注粮食生产环节，逐步扩大到对粮食流通、加工、质量安全等环节的关注。

从粮食及其衍生的加工产品看，小麦、玉米等原粮产品安全形势稳定；大豆及其加工品等产品粮食安全形势严峻，产业安全已经受到威胁，国内食用油价格波动较大已经反映出这一点。

本书的研究主题是，在全面分析粮食细分产业的基础上，分析战略性粮食产业的外资产业控制力水平，并提出调控战略性粮食产业外资产业控制力的具体建议，以维护中国粮食产业安全。基于这一研究主题，本书的研究视角可以用图 3.1 表示，将粮食安全和产业控制力理论结合起来，分析战略性粮食产业控制力问题。

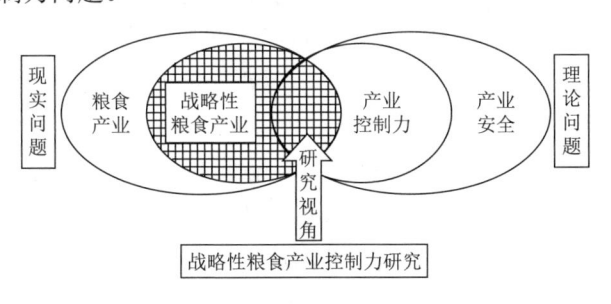

图 3.1　本书的研究视角

[①] The Economist Intelligence Unit, Globe Food Security Risk Index 2017, http://foodsecurityindex.eiu.com/, 2015-06-15.

[②] Zhu, J., "Public investment and China's long-term food security under WTO", *Food Policy*, 2004, Vol. 29,pp. 99-111.

[③] 李孟刚：《树立新粮食安全观　维护我国粮食安全》，《中国国情国力》2009 年第 11 期，第 6～10 页。

[④] 洪涛：《确立新的粮食安全观念》，《粮食科技与经济》2010 年第 1 期，第 8～9 页。

[⑤] 王金萍：《跨国资本进入背景下中国粮食安全问题研究》，辽宁大学博士学位论文，2011 年。

[⑥] 陈明星：《基于粮食供应链的外资进入与中国粮食产业安全研究》，《中国流通经济》2011 年第 8 期，第 57～62 页。

具体来讲，与前人的研究成果相比，本书的研究视角如下。

在产业层次上，基于国家统计局产业分类标准三位数和四位数代码，研究粮食细分产业中重点粮食细分产业的产业安全问题。关于粮食产业外资控制的研究，目前研究主要停留在两位数产业分类的层面，如农业（01）、农副食品加工业（13）等。谷物种植（011）、谷物磨制（131）等粮食细分产业众多，其战略地位不尽相同，需要突出研究重点。

在研究内容上，将粮食安全理论与产业控制力理论结合起来，分析战略性粮食产业内外资的产业控制力水平，弥补以往对粮食产业外资控制研究的不足。

在研究方法上，整合了经济学三维分析方法。运用经济学三维分析方法，全面分析了战略性粮食产业外资产业控制力在粮食产业链各环节、时间、空间上的变化；运用灰色面板数据分析了战略性粮食产业控制力的溢出效应和挤出效应。

本书使用到的基本概念包括"外资""产业控制力"等，具体说明如下。

外资。国家统计局《中国统计年鉴》统计的广义的外资包括对外借款、外商直接投资和外商其他投资。商务部《中国外商投资报告》和《中国外资统计》中统计的狭义的外资指外商直接投资。本书所用的"外资"概念指外商直接投资。《中华人民共和国外商投资法》已由第十三届全国人民代表大会第二次会议于2019年3月15日通过。该法所称外商投资，是指"外国的自然人、企业或者其他组织直接或者间接在中国境内进行的投资活动"。本书使用的"外资"概念与该定义一致。相关数据来自国家统计局《中国统计年鉴》《中国基本单位统计年鉴》等资料。

外商直接投资与对外直接投资（overseas direct investment，ODI）。根据《中国统计年鉴》的解释，FDI是指外国投资者在中国境内通过设立外商投资企业、合伙企业、与中方投资者共同进行石油资源的合作勘探开发，以及设立外国公司分支机构等方式进行投资。

内资。根据国家统计局《中国统计年鉴》的统计口径，内资按照登记注册类型分类，包括国有、集体、股份合作、联营、有限责任公司、股份有限公司、私营、个体和其他。内资企业（资本）又可以分为国有企业（资本）和民营企业（资本）。

粮食。根据国家统计局《中国统计年鉴》的统计口径，粮食包括谷物（稻谷、小麦、玉米）、薯类和豆类等。国家粮食局《中国粮食发展报告》统计的粮食包括谷物（稻谷、小麦、玉米）和大豆。本书主要采用国家粮食局的统计口径。

粮食产业及产业分类代码。本书的粮食产业指与粮食相关的所有产业。

与粮食相关的产业分类代码，按照国家统计局《国民经济行业分类》执行。国家统计局两位数产业代码分类中的产业，如农副食品加工业（13）、食品制造业（14）；三位数产业代码分类中的产业，如农副食品加工业的谷物磨制业（131）、植物油加工业（133）；四位数产业代码中的产业，如食用植物油加工业（1331）等。本书以后提到这些产业时，括号内注明的代码表示国家统计局《国民经济行业分类》中的产业分类代码。

战略性粮食产业和战略性粮食产品。这两个概念在本书第二章有专门的解释和论证。战略性粮食产业是指在国家宏观调控、居民消费结构升级、农业长远发展、产业关联效应等方面起重要战略作用的粮食产业，具体包括：种子产业、农林牧渔专用机械制造业；农业种植业、畜牧业；谷物磨制业、植物油加工业等。战略性粮食产品是指能够对居民生活、产业发展、国家经济和社会稳定产生重大影响的粮食产品，包括原粮（小麦、稻谷、玉米、大豆等）、重点粮食衍生产品（面粉、大米、食用植物油、猪肉、牛奶、奶粉等）。

产业控制力与产业安全。借鉴李孟刚[①]的定义，产业控制力一般指外资对东道国产业的控制能力。产业安全的内涵可以从产业竞争力、产业控制力、国民权益等角度界定。借鉴李孟刚的定义，产业安全指特定行为体自主产业的生存和发展不受威胁的状态。本书主要从产业控制力角度分析外资影响下的产业安全问题。

粮食安全与粮食产业安全。狭义的粮食安全定义以联合国粮食及农业组织的定义最为权威，后来该定义经过了多次的修订。联合国粮食及农业组织的粮食安全定义，最本质的特征包括交易安全（买得起、买得到）、消费安全（安全、有营养）、可持续（任何时候）等方面。在开放条件下，粮食安全问题与粮食产业安全问题在实践和理论研究上均存在交叉。例如，外资对农业种植业、种子产业、谷物磨制业等粮食相关产业的控制，可能会出现粮食产品价格持续上涨、质量不安全、供给不稳定等问题，从而威胁到一国的粮食安全和粮食产业安全。借鉴产业安全的定义，本书认为粮食产业安全一般指本国粮食产业的生存和发展不受外资控制和威胁的状态。

经济学三维分析方法。经济学三维分析方法是对基于时间维、指标维、属性维（如行业维、空间维等属性）三维数据的分析方法的总称，主要是行业面板、空间面板数据的分析方法。

灰色系统理论。灰色系统理论最早由邓聚龙教授提出。后来经过国内外

---

① 李孟刚：《产业安全理论研究》，北京，经济科学出版社，2006年。

学者的努力，该理论逐渐成为分析小样本数据的有力工具。

二、粮食产业利用外资与外资控制之间的辩证关系

利用外资与外资控制之间的关系，本质是经济发展与经济安全之间的关系。利用外资，既要有利于经济发展，又要兼顾确保经济安全。

粮食产业利用外资，既要坚持有利于粮食产业发展的原则，又要坚持有利于粮食产业安全和国家粮食安全的原则。但是，在粮食产业利用外资的过程中，外资利用与外资控制几乎是同步发生的。因此，必须长期注意把握外资利用与外资控制的辩证关系。

（一）发展优先，兼顾安全

自改革开放以来，发展始终是中国社会的主题。1978年12月，党的十一届三中全会提出工作重心转移到社会主义现代化建设上来，提出改革开放的基本方针，指出"在自力更生的基础上积极发展同世界各国平等互利的经济合作，努力采用世界先进技术和先进设备"[①]。2014年10月，党的十八届四中全会再次申明"更好统筹国内国际两个大局，更好维护和运用我国发展的重要战略机遇期"的重要性，再次强调实现"两个一百年"奋斗目标、实现中华民族伟大复兴的中国梦的重要性[②]。

《国务院办公厅关于建立外国投资者并购境内企业安全审查制度的通知》（国办发〔2011〕6号）对外资并购安全审查的范围、内容、工作程序等情况进行了详细规定。这表明中国对利用外资过程中出现的经济安全问题也采取了相应的对策。

2015年3月29日，习近平同志出席博鳌亚洲论坛2015年年会的中外企业家代表座谈时，提出了外资政策"三个不会变"，即"中国利用外资的政策不会变""对外商投资企业合法权益的保障不会变""为各国企业在华投资兴业提供更好服务的方向不会变"[③]。

2017年，党的十九大报告指出，"坚持引进来和走出去并重"。这说明，即使在新常态背景下，中国对待外资仍坚持积极的政策，坚持以发展为中心。

总之，在利用外资方面，在粮食产业利用外资方面，要坚持积极利用外

[①] 新华社：《中国共产党第十一届中央委员会第三次全体会议公报》，http://www.gov.cn/test/2009-10/13/content_1437683.htm，2009年10月3日。

[②] 新华社：《第十八届中央委员会第四次全体会议公报（全文）》，http://news.sina.com.cn/c/2014-10-23/192331035576.shtml，2014年10月23日。

[③] 欧阳宇：《习近平同中外企业家座谈：中国将越来越开放 利用外资政策不变》，http://www.chinanews.com/gn/2015/03-29/7167640.shtml，2015年3月29日。

资的基本政策，坚持发展优先、兼顾产业安全的基本原则。

（二）敏感领域，积极引导

《外商投资产业指导目录》在区分敏感领域、引导外商投资方向等方面起到了积极作用。《外商投资产业指导目录（2017年修订）》积极贯彻负面清单管理模式，坚持内外资一致原则，这有利于中国进一步扩大开放，引进外资。[①]

《外商投资项目核准和备案管理办法》（国家发展和改革委员会令第12号）自2014年6月17日起施行。根据新的管理办法，外商投资项目由全面核准改变为有限核准和普遍备案相结合的管理方式，在准入管理上对外商投资探索试行国民待遇，外商投资项目管理内容和程序进一步简化，突出企业主体地位。[②]

（三）违规控制，依法纠正

在WTO规则下，必须在内外资公平竞争的基础上，依法处理外资控制和管制问题。《中华人民共和国反垄断法》指出，反垄断法的目的是"预防和制止垄断行为，保护市场公平竞争，提高经济运行效率，维护消费者利益和社会公共利益，促进社会主义市场经济健康发展"。

外资并购审查，更多的是考虑是否存在垄断等法律问题。2009年3月，商务部否决可口可乐并购汇源。商务部发言人指出，汇源是不是民族品牌，并非商务部在对可口可乐收购汇源交易进行反垄断审查时需要考虑的因素。可口可乐收购汇源将对市场竞争产生不利影响，因此商务部依法做出禁止此项收购的决定。商务部严格依法独立办案，既没有受与竞争法无关因素的干扰，也没有受所谓民族情绪的影响，完全是依照《中华人民共和国反垄断法》做出的客观裁决。[③]

三、粮食产业外资控制规避的主要依据

从贡献和局限两个方面客观认识外资对中国粮食产业发展的影响。外资利用、外资控制是经济发展过程中并存的现象，外资规避是外资利用发展到一定程度和阶段发生的现象。

[①] 资料来源：商务部等：《外商投资产业指导目录（2017年修订）》。

[②] 中央政府门户网站：《〈外商投资项目核准和备案管理办法〉发布实施》，http://www.gov.cn/xinwen/2014-05/22/content_2685237.htm，2014年5月22日。

[③] 朱立毅，雷敏：《商务部：禁止可口可乐收购汇源无关民族品牌问题》，http://www.gov.cn/jrzg/2009-03/24/content_1267731.htm，2009年3月24日。

(一)充分肯定外资对促进中国粮食产业发展的贡献

外资对农业的积极作用是一国引进外资的基本动因。利用国外贷款和外商投资是中国利用外资的主要形式。在农业领域,跨国粮商是涉农外商的典型代表,其拥有先进的管理经验、全球渠道和技术等优势。跨国粮商进入中国农业和粮食领域,对中国农业经济起到了积极的推动作用,促进了中国粮食产业的发展。

外资对中国粮食产业发展的贡献主要表现在以下四个方面。

第一,弥补粮食产业资金不足。弥补发展资金不足是中国利用外资的重要原因。受地域、气候等因素影响,农业利用外资存在诸多困难,但改革开放40多年来中国农业领域利用外资成效显著。2002~2012年,农林牧渔业实际利用外资139.9亿美元,食品制造业、农副食品加工业利用外资也有一定规模[1]。2017年,中国农业利用外资7.9亿美元。[2]利用外资在一定程度上弥补了中国农业领域发展资金不足的问题。

第二,带动粮食行业技术进步。外资企业先进的技术和管理经验也带动了粮食行业技术进步,提升了中国粮油企业的研发能力和管理水平。例如,2012年度中国粮油学会科学技术奖获奖单位中,也有外资企业的身影。丰益(上海)生物技术研发中心有限公司和上海交通大学合作的"油脂中3-氯丙醇酯及缩水甘油酯的控制工艺与安全性评价"获得2012年度中国粮油学会科学技术奖一等奖,布勒(常州)机械有限公司的"节能、清洁型乳猪料生产线"获得二等奖[3]。这些反映出外资企业在中国粮食行业技术进步方面起到了积极作用,具有技术溢出效应。

第三,带动内资粮油企业发展。改革开放以来,内资粮油企业在外资粮油企业的带动下从无到有、从弱到强逐步发展起来,产业竞争力逐步提升。中国内资企业在企业理念、公司治理结构等方面借鉴外资企业管理经验,提升了企业管理绩效。例如,在2016年度粮油加工企业五十强、十强中,内资企业数量增加,排名比较靠前,在玉米油、稻米油、挂面等产品上内资企业优势明显。[4]在内外资粮油企业竞争过程中,内资企业的竞争力得到了显著提升。

---

[1] 资料来源:《中国外商投资报告》(2013年)。

[2] 商务部外资司:《2017年1-12月全国吸收外商直接投资快讯》,http://www.mofcom.gov.cn/article/tongjiziliao/v/201801/20180102705063.shtml,2018年1月29日。

[3] 资料来源:《关于表彰2012年度中国粮油学会科学技术奖获奖项目的决定》(中粮油学发〔2013〕1号)。

[4] 中国粮食行业协会,中国粮油学会,中国粮食经济学会:《关于公示2013年度粮油加工企业"50强"、"10强"名单的公告》,http://www.ahlshy.org.cn/display.asp?id=57013,2017年11月8日。

第四，促进粮油产品消费升级。在外资粮油的带动下，中国粮油产品消费逐渐升级。根据益海嘉里的官网资料，1990 年，金龙鱼小包装食用油品牌启动。随着中国城乡居民消费结构升级，食用植物油消费市场日益扩大，小包装食用油消费量随之快速攀升，之后，内资粮油品牌纷纷跟进，最终形成了当今以金龙鱼为主导，福临门、鲁花等品牌积极参与竞争的市场格局。

此外，外资在促进就业、增加税收等方面也发挥了积极作用。

（二）充分认识到跨国粮商促进中国粮食产业发展的局限性

尽管外资对中国粮食产业发展做出了积极的贡献，但受资本逐利性的制约，不可避免地存在一定的局限性。粮食领域的外资企业多数属于跨国粮商，有着深厚的国际背景。

第一，跨国粮商投资策略加剧区域发展失衡。改革开放以来，外商投资主要集中在东部地区，中西部地区较少。截至 2012 年底，东部地区外商投资金额占总数的 85.9%，中部地区为 8.0%，西部地区为 6.1%。东部地区中，江苏、广东、上海等地吸引外资较多。

分行业看，农业领域外商投资规模较小，制造业领域外商投资规模较大。自加入世界贸易组织以来，中国农业吸引外资规模占全国的比重一直保持在不足 2%的水平。江苏、辽宁、山东是农业领域吸引外资规模较大的地区。食品制造、饮料制造、农副食品加工等涉农产业吸引外资规模占制造业的比重为 1%～4%。[①]

外商在粮食相关产业投资中存在地域集中、行业集中的特点。这种投资特点在促进中国粮食产业发展的同时，也加剧了地区发展和行业发展的失衡。

党的十九大报告提出实施区域协调发展战略。对外资在粮食领域的区域布局需要进行适当引导，以缩小区域发展的差距。

第二，跨国粮商垄断优势抑制内资企业发展。例如，2016 年度粮油加工企业五十强、十强中，内资企业虽然数量占优，但企业规模和市场份额较小，外资企业成长速度较快。益海嘉里的大米加工、食用植物油、花生油、米糠油、玉米油、芝麻油、葵花籽油等众多产品均排名靠前，在粮油加工领域的垄断优势保持稳定增长的态势。

跨国粮商对内资企业发展产生了双重作用。内资企业发展一方面在竞争中得到了提升，另一方面又遇到品牌塑造等发展瓶颈。内资粮油企业规模小、布局分散的特点长期无法改变。

[①] 资料来源：《中国外商投资报告》（2013 年）。

第三，跨国粮商影响粮食进口规模。跨国粮商立足全球粮食贸易，也深刻影响中国大豆进口格局。自加入世界贸易组织以来，随着大豆进口规模的上升，中国大豆和植物油进口依存度快速上升，大豆产量和种植面积持续下降。在国内旺盛的食用植物油消费需求刺激下，大豆进口规模将持续加大。

2011年以来，受国内外价格差异等因素影响，中国稻米进口规模迅速上升。粮食进口依存度上升，在跨国粮商把持全球粮食贸易的背景下无异于粮食进口也受制于外资控制。在国家新粮食安全战略下，确保口粮绝对安全，意味着口粮只能是"适度进口"，不能过于依赖国际市场。

第四，跨国粮商社会责任亟须加强。《农业和粮食系统负责任投资原则》等国际准则发布后，联合国负责任投资原则组织（United Nations Principles for Responsible Investment，UN PRI）等国际组织积极推进跨国企业落实负责任投资原则。这客观上要求跨国粮商在追求利润的同时，要积极遵守责任投资原则，履行企业社会责任。

目前，生物燃料消耗粮食、投机活动对国际粮食市场造成较大负面影响。虽然多数跨国企业均积极参与社会治理，履行社会责任，但这方面仍需加强管理。

2014年，中国企业评价协会和清华大学社会科学学院发布《中国企业社会责任评价准则》，适用对象为中国境内注册、依法开展经营活动的企业，包括在华外资企业和中国本土企业。该评价准则包含法律道德、质量安全、科技创新、诚实守信、责任管理等10个一级评价指标，以及遵守法律法规、可持续发展、公益慈善等63个二级和三级评价指标。2015年"中国企业社会责任500强"相关数据显示，外资企业、国有企业、私营企业三类企业在承担社会责任方面差距不大。[①]《中国企业社会责任评价准则》为中国企业履行社会责任提供了行动指南。

在中国，通过具体措施约束跨国粮商履行国际、国内投资责任和社会责任，是需要长期进行的工作。

（三）高度重视粮食安全在国家安全中的战略地位

2015年7月1日第十二届全国人民代表大会常务委员会第十五次会议通过的《中华人民共和国国家安全法》第二章第二十二条规定："国家健全粮食安全保障体系，保护和提高粮食综合生产能力，完善粮食储备

---

① 中国企业评价协会，清华大学社会科学学院：《2015中国企业社会责任500强》，http://finance.sina.com.cn/focus/2015_zgqyshzr500q/，2015年3月27日。

制度、流通体系和市场调控机制,健全粮食安全预警制度,保障粮食供给和质量安全。"

粮食安全成为维护国家安全的任务之一。确保粮食安全,健全粮食安全保障体系,就必须建立粮食产业外资控制规避机制。

第三节 跨国粮商的全球价值链投资与规避依据

改革开放特别是加入世界贸易组织以来,外资对中国粮食领域的影响和控制日益加强。这给中国粮食安全形势、国内粮油企业和行业的发展带来诸多挑战。

加入世界贸易组织以来,外资对中国粮食产业的控制日益受到关注。外商直接投资在农林牧渔业的比重与制造业、房地产业相比虽然不高,但影响较大。2017年,农林牧渔业实际利用外资72亿美元。[1]在开放条件下,外资在带动中国粮食产业发展的同时,也给中国粮食产业安全带来了严峻的挑战。

跨国粮商的全球价值链对中国粮食产业有深刻影响。跨国粮商的全球价值链投资需要遵守国际投资的准则,这也为中国粮食产业外资控制规避提供了重要依据。

一、跨国粮商全球价值链研究的国际背景

从国际因素看,生物燃料技术、转基因技术、跨国公司投资农业等因素影响了全球粮食贸易格局,对中国粮食产业安全形成了挑战。

生物燃料技术虽然对化石能源起到了替代作用,但增加了粮食需求,对全球粮食安全产生了影响。

转基因技术对粮食产量和质量产生了影响。转基因大豆产量高、出油率高,对中国国产大豆形成了替代。这是近些年中国大豆进口激增、国内大豆产量下降的重要原因。转基因大豆食用是否安全尚存争议。[2][3]转基因作物对发展中国家的粮食安全也有影响。[4]

---

[1] 资料来源:《2017年国民经济和社会发展统计公报》。

[2] Bingham, N., "Slowing things down: lessons from the GM controversy", *Geoforum*, 2008, Vol. 39, No. 1, pp. 111-122.

[3] Uzogara, S. G., "The impact of genetic modification of human foods in the 21st century: a review", *Biotechnology Advances*, 2000, Vol. 18, pp. 179-206.

[4] Azadi, H., Ho, P., "Genetically modified and organic crops in developing countries: a review of options for food security", *Biotechnology Advances*, 2010, Vol. 28, pp. 160-168.

联合国《世界投资报告：跨国公司与农业》（2009年）指出，土地、水资源、粮食需求快速增长等因素推动跨国公司在印度、中国等国家从事农业投资。全球使用生物燃料的各项举措，促进了对发展中国家的甘蔗、谷物（如玉米）、油籽（如大豆）以及非粮食作物（如麻风树）的投资。[1]《世界投资报告》（2011年）认为，包括订单农业在内的非股权投资（non-equity modes，NEMs）是对外直接投资发展的新趋势，2010年完成了2万亿元销售额，多数在发展中国家。[2]

近些年中国粮食进口规模逐渐扩大。从目前看，尽管小麦、玉米进口规模与国内产量相比较小，但增速较快，需要引起重视。当中国粮食进口需求上升时，可能会引起国际粮食市场波动，增加粮食进口成本。全球粮食贸易规模有限，中国需要调控粮食进口规模。

二、跨国粮商全球价值链研究的国内背景

从国内因素看，中国粮食产业外资控制水平逐渐提高，内资粮油企业的竞争力受到遏制。跨国粮商凭借其全球资源优势和技术优势，在一定程度上形成了对中国粮食产业链的控制。

在种子环节，先锋国际良种公司等国际种业巨头在国内建立研发机构，与山东登海种业股份有限公司、甘肃省敦煌种业集团股份有限公司等国内优质种业公司组建合资公司，扩大市场份额。金龙鱼食物油在中国食用油市场占据垄断地位。在零售终端占据优势的沃尔玛百货有限公司、家乐福等外资零售巨头对中国居民粮食消费也产生显著影响。泰国正大集团在中国饲料行业占据垄断地位，艾格菲国际集团在饲料加工、养猪等行业大幅扩张。外资在肉制品龙头企业——河南双汇投资发展股份有限公司也占有较高的股权比重。

在食品消费领域，食品质量安全事件频发，使内资粮油食品企业陷入不利境地，客观上提高了外资企业的竞争力，增强了外资在食品产业的控制力。例如食品添加剂事件，2011年"瘦肉精"事件严重削弱了双汇集团的品牌价值和市场形象。据新华网调查，添加"瘦肉精"喂养的生猪出栏价格比普通猪每千克贵0.4元左右。若以每头猪出栏时重100千克左右计算，一头猪

---

[1] United Nations Conference on Trade and Development, *World Investment Report 2009: Transnational Corporations, Agricultural Production and Development*, Switzerland, 2009, pp. 96-128.

[2] United Nations Conference on Trade and Development, *World Investment Report 2011: Non-Equity Modes of International Production and Development*, Switzerland, 2011, pp. 124-127.

能多卖 40 元左右；一个小养殖户养 100 头左右，能多卖 4000 元左右。利益驱动使实际上农业部早在 2002 年就明确禁止在养殖业使用"瘦肉精"的指令形同虚设。①又如奶粉质量问题，2008 年三鹿奶粉事件波及众多奶制品商，制约了中国奶制品出口，导致奶制品进口激增。

类似的涉及食品安全和粮食生产的案例还有很多。这些现象从经济学角度看，不只是单个企业的问题，而且是产业层面的问题。对食品行业进行严格监管，建立市场准入、退出机制势在必行。否则，消费者无法建立对内资粮油企业的信任，巩固粮食安全和食品产业安全就缺乏市场基础。

在国际粮食市场对国内粮食市场的影响日益显著的情况下，在全球粮食产业链对中国粮食产业链影响日益深入的背景下，如何协调粮食产业外资引进与外资控制的关系，如何协调粮食产业安全与粮食产业发展的关系，如何协调粮食产业内外资企业发展的关系，是值得高度关注的问题。

三、跨国粮商粮食价值链的区域控制

ADM（Archer Daniels Midland）、邦吉（Bunge）、嘉吉（Cargill）、路易达孚（Louis Dreyfus）是世界知名的跨国粮商。

这里以 ADM 为重点进行分析。ADM 的主营业务集中在食物和能源两大领域。1994 年，ADM 进入中国市场，与中粮集团有限公司合资成立东海粮油工业（张家港）有限公司。目前，东海粮油工业（张家港）有限公司拥有福临门（食用油、面粉、大米等）、四海（饲料）等品牌。

根据 ADM 2012 年年报，ADM 的大豆、玉米、大豆粉销售收入占其总收入的 20%、10%、11%。该年报披露的 ADM 遇到的风险因素包括竞争对手、能源价格波动、经济低迷、行业内部的具体风险、商业风险等。

ADM 也是新加坡丰益国际集团的参股股东，并为其供应农产品原料。益海嘉里集团是新加坡丰益国际集团的子公司，拥有金龙鱼（食用油、大米、面粉）、口福（食用油及豆奶粉）、胡姬花（花生油及调和油）等品牌。

从表 3.1 中可以看到，ADM 执行了全产业链战略，重点控制运输、加工、市场销售等环节。在价值链的不同环节，其战略有所不同，并将其核心业务模式逐渐推向全球。ADM 研发实力较为雄厚，在美国、法国、德国、荷兰等均有研发机构。

---

① 陈芳, 刘敏, 李鹏：《"瘦肉精"缘何十年难禁绝》, https://www.chinacourt.org/article/detail/2011/03/id/445193.shtml, 2011 年 3 月 24 日。

表 3.1 ADM 的价值链和战略性增长区域

环节	产品	核心战略	战略
原材料（生产）	油籽、玉米、小麦、可可等		
收储		扩大收储量，增加作物种类	
运输			扩大核心业务模式的市场规模和全球网络
加工		扩大加工规模和网络分布	
转化			
配送		扩大产量，增加产品种类	
市场销售			
附加值产品	食品、饲料、燃料、工业用料等		

资料来源：根据 ADM 官方网站资料整理

ADM 的加工工厂主要分布在农业原料产地和消费市场附近。

从表 3.2 可以看到，ADM 油籽加工工厂主要分布在美国和欧盟地区。在粮食产业链的不同环节，ADM 拥有的品牌数量也有差异。

表 3.2 ADM 油籽加工工厂分布　　　　　　　　（单位：家）

地区	压碎	精炼、包装、生物柴油和其他
北美洲	27	30
美国	23	27
加拿大	3	3
墨西哥	1	—
南美洲	7	16
巴西	5	12
欧盟	10	25
德国	4	12
波兰	2	5
英国	1	3
合计	44	71

资料来源：ADM2012 年年报

从地区看，2012 年，在加工环节，ADM 的盈利中，美国以外的利润占到 42%。2011～2012 年，ADM 油籽加工的净销售收入由 2990800 万美元增加到 3471500 万美元。其中，在亚洲的收入由 26200 万美元增加到 57800 万美元。

ADM 在中国的市场份额较高,而邦吉、嘉吉、路易达孚在中国的市场份额相对较低。但这四大跨国粮商在研发、人才、风险管理与政府合作等方面均有自己不同的战略。

总的来看,ADM 通过研发、品牌、风险管理等手段,通过控制粮食产业链的收储、加工、销售等战略环节来保持其全球产业控制力和竞争力。

四、外商投资农业的国际准则

负责任投资准则(principles for responsible investment,PRI)最初在 2005 年提出,将环境、社会和公司治理问题融入投资实践中。联合国负责任投资原则组织 2015 年的年度报告给出了 2015~2018 年的战略计划。截至 2015 年,签署联合国负责任投资原则的机构超过 1380 家。后来,负责任投资准则逐渐应用于农业投资领域。

2011 年 6 月,联合国粮食及农业组织、国际农业发展基金会(IFAD)、联合国贸易和发展会议(UNCATD)、世界银行等国际组织联合发布高水平发展工作组报告《推进负责任农业投资选择》(*Options for Promoting Responsible Investment in Agriculture*)。该报告提出了 6 项行动计划。

2014 年 4 月,世界银行发布报告《大规模农业投资中负责任投资准则的实践》(*The Practice of Responsible Investment Principles in Larger-scale Agricultural Investments*)。

图 3.2 中,纵轴和横轴分别代表认为是积极作用和消极作用的利益相关

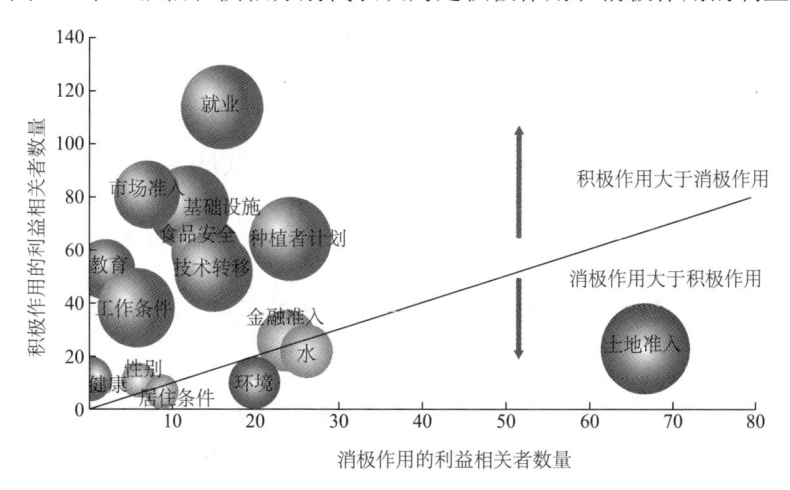

图 3.2 投资积极和消极影响的利益相关者视角分类

资料来源:UNCTAD-World Bank Survey of Responsible Agricultural Investment Database

者数量。从利益相关者视角看，投资的积极作用和消极作用可以被分为两类。从图 3.2 可以看到，投资积极作用大于消极作用的领域包括就业、教育、基础设施、食品安全、技术转移等，投资积极作用小于消极作用的领域包括居住条件、环境、水等方面。可见，在很大程度上，国际投资对粮食安全起到了积极作用，但对环境起到了消极作用。

世界银行报告《大规模农业投资中负责任投资准则的实践》从投资的初始阶段、金融和投资绩效、投资的社会经济影响、土地权和准入、环境影响等方面讨论了农业负责任投资准则的实践。

1. 外商投资农业的准则

2014 年 10 月，联合国粮食及农业组织粮食安全委员会（CFS）发布了《农业和粮食系统负责任投资原则》，其目的是改变对农业和粮食系统的投资思路，实现粮食安全，确保惠及最弱势群体。

《农业和粮食系统负责任投资原则》提出的十项农业负责任投资（RIA）准则是：①促进粮食安全和加强粮食营养；②促进可持续、包容性经济发展，根除贫困；③促进性别平等和女性赋权；④青年人参与和赋权；⑤尊重土地、渔业和森林权属以及水资源的获得；⑥保护和可持续管理自然资源，增强抵御能力，减少灾害风险；⑦尊重文化遗产和传统知识，支持多样性与创新；⑧推动建立安全健康的农业和粮食系统；⑨纳入包容、透明的治理架构、流程和申诉机制；⑩评估和应对影响，推动问责。[1]

该原则适用于农业投资，实施对象是参与农业和粮食系统投资、受其影响及从中获益的所有利益相关方。

2015 年 1 月，联合国粮食及农业组织和经济合作与发展组织联合发布了《FAO-OECD 负责任农业供应链指引》（*FAO-OECD Guidance for Responsible Agricultural Supply Chains*）草案。在给出的风险转移措施和经验教训专题中，该草案专门提到在国家粮食安全和营养背景下粮食充足性的逐步实现问题，外资企业对此可以有所贡献。

2. 外商投资企业在农业负责任投资准则中的义务

《农业和粮食系统负责任投资原则》规定了政府、区域组织、企业、农民、社会组织、消费者等利益相关方在农业和粮食系统投资的基本义务。其中，企业的基本义务是：①控制风险，尽力增加对粮食安全和营养的积极作

---

[1] The Committee on World Food Security. Responsible Investment in Agriculture and Food Systems. http://www.fao.org/cfs/cfs-home/resaginv/en/，2016 年 10 月 20 日。

用，减少负面作用；②遵守国家法律法规和相应的国际法，避免侵犯人权；③参加新的协议前要和相关利益方协商，确保行动公平、透明，努力支持供应链可追溯；④遵守《国家粮食安全范围内土地、渔业及森林权属负责任治理自愿准则》（VGGT）相关规定，采用包容性商业模式；⑤制造商、零售商、批发商、供应商、卖场要告知教育消费者产品和服务的可持续性，尊重国家安全和消费者保护条款；⑥食品销售企业要促进平衡、安全、营养、多样、文化可接受食品的消费。

从以上分析可以看到，农业负责任投资准则赋予外商在农业和粮食领域的投资活动更多的责任和义务，为东道主国家管理外资、协同经济社会发展提供了思路和行动指南。农业负责任投资准则为东道主国家规避外资威胁本国粮食安全活动提供了部分依据。

第四节 全球粮食生产和贸易的区域控制特征与规避依据

全球粮食和粮食加工产品在生产和贸易环节均具有较高的区域集中度，客观存在少数国家在粮食生产、粮食出口等方面拥有垄断优势的政治经济风险，客观存在少数国家粮食进口来源过于集中带来的政治经济风险。因此，全球粮食生产和贸易的区域控制特征是中国粮食产业外资控制规避的重要依据。

一、全球粮食产品生产的区域控制

本部分重点分析大豆、大豆油、小麦、玉米、稻谷等粮食产品的区域分布。由于不同年份略有变动，本部分计算全球前四位国家粮食产品产量集中度时，取全球粮食产品产量最大的四个国家产量之和占全球粮食产量比重计算。

（一）大豆和大豆油

从全世界大豆的产销情况看，近些年来，大豆生产大国包括美国、阿根廷、巴西、中国等。

从图 3.3 可以看到，美国、阿根廷、巴西的大豆产量整体呈现上升的态势。中国大豆产量处于长期徘徊不前的状态，甚至有些年份出现了下降。

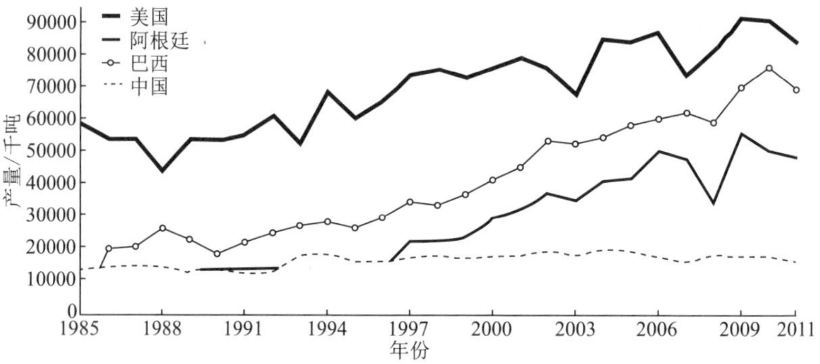

图 3.3　1985～2011 年全球主要国家大豆产量走势

资料来源：布瑞克农产品数据库

2007～2008 年度，美国、阿根廷、巴西这三个国家大豆产量占全球大豆产量的 58.49%，2011～2012 年度，这一比重下降到 53.87%。

根据 FAOSTAT 和布瑞克农产品数据库数据计算这四个国家的大豆和大豆油产量集中度，得到表 3.3。

表 3.3　大豆和大豆油产量全球前四位国家的相关集中度　（单位：%）

产品	2000 年	2001 年	2002 年	2003 年	2004 年	2005 年
大豆	88.87	89.77	90.43	88.60	89.31	88.27
大豆油	73.16	73.07	74.08	73.78	76.04	77.33
产品	2006 年	2007 年	2008 年	2009 年	2010 年	2017 年
大豆	88.10	86.91	87.52	87.33	86.74	92.52
大豆油	78.26	77.88	77.71	78.87	79.90	77.54

资料来源：根据 FAOSTAT 和布瑞克农产品数据库数据整理计算

2000～2017 年，全球前四位国家大豆和大豆油的产量集中度相对稳定，平均为 88.70% 和 76.47% 左右。中国大豆产量占全球平均比重为 7.58%，该比重呈现逐年下降趋势；中国大豆油产量占全球平均比重为 17.37%，呈现逐年上升趋势。到 2017 年，大豆产量更为集中。

从图 3.4 可以看到，2000～2010 年，大豆加工大国的相对次序基本保持稳定。中国大豆加工能力有比较明显的上升，这与中国大豆油需求快速上升有密切关系。但大豆产量占全球的比重持续下降。到 2017 年，中国大豆产量仅占全球的 4.31%。

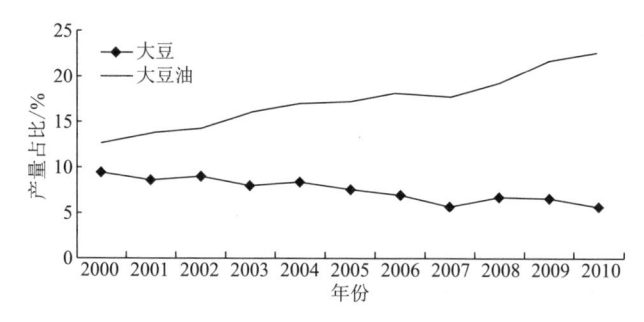

图 3.4 2000~2010 年中国大豆和大豆油产量占全球的比重

资料来源：根据 FAOSTAT 数据整理计算

（二）小麦、玉米和稻谷

中国、印度、俄罗斯、美国是世界小麦生产大国，美国、中国、巴西、墨西哥是世界玉米生产大国，中国、印度、印度尼西亚、孟加拉是世界稻谷生产大国。根据 FAOSTAT 和布瑞克农产品数据库数据计算这四个国家小麦、玉米、稻谷占全球产量的比重，得到小麦、玉米和稻谷产量全球前四位国家的相关集中度，计算结果见表 3.4。

表 3.4 小麦、玉米和稻谷产量全球前四位国家的相关集中度 （单位：%）

产品	2000 年	2001 年	2002 年	2003 年	2004 年	2005 年
小麦	46.29	44.68	44.78	44.66	42.39	43.23
玉米	68.77	67.86	66.87	68.39	67.87	66.72
稻谷	67.87	67.68	65.31	65.68	65.06	65.21
产品	2006 年	2007 年	2008 年	2009 年	2010 年	2017 年
小麦	45.11	47.39	47.25	46.28	45.71	49.43
玉米	68.44	70.84	67.24	69.23	67.87	67.42
稻谷	65.13	65.78	65.17	64.62	64.52	63.63

资料来源：根据 FAOSTAT 和布瑞克农产品数据库数据整理计算。

从表 3.4 可以看出，小麦、玉米和稻谷产量全球前四位国家的相关集中度都相对稳定，2000~2017 年平均集中度分别为 45.60%、68.13% 和 65.47%。中国小麦产量占全球的比重平均稳定在 16.45% 左右，玉米产量占全球的比重稳定在 19.45% 左右，稻谷产量占全球的比重平均稳定在 29.24% 左右。此外，越南、泰国、缅甸等东南亚国家也是全球稻谷的重要产地。2017 年，小麦、玉米、稻谷产量集中度基本稳定。

世界小麦产地主要集中在亚洲的中国、印度，欧洲的俄罗斯、乌克兰、法国等国，美洲的美国、加拿大，大洋洲的澳大利亚等国。玉米产地主要集中在亚洲的中国、印度等国，欧洲的法国、俄罗斯、乌克兰等国，美洲的阿根廷、美国、加拿大等国。

（三）肉类和奶类

中国、德国、西班牙、美国是世界猪肉生产大国。美国、印度、中国、俄罗斯是世界牛奶生产大国。根据 FAOSTAT 数据计算这四个国家猪肉、牛奶占全球产量的比重，得到猪肉和牛奶产量全球前四位国家的相关集中度，计算结果见表3.5。

表 3.5　猪肉和牛奶产量全球前四位国家的相关集中度　　（单位：%）

产品	2001年	2002年	2003年	2004年	2005年
猪肉	63.04	62.61	62.53	63.18	64.15
牛奶	30.68	31.01	31.49	32.15	32.85
产品	2006年	2007年	2008年	2009年	2010年
猪肉	64.36	62.34	63.97	64.73	64.75
牛奶	33.41	34.31	34.49	34.37	34.31

资料来源：根据 FAOSTAT 数据整理计算。

从表3.5可以看出，猪肉和牛奶的产量全球前4位国家的相关集中度都相对稳定，从2000年到2010年平均集中度分别为63.57%和32.91%。中国猪肉产量占全球的比重平均稳定在45.94%左右，牛奶产量占全球的比重平均稳定在4.51%左右。

根据美国农业部数据，2016年，中国、美国、欧盟、俄罗斯、印度牛奶产量占全球牛奶产量的76%左右；2017年，欧盟、中国、美国猪肉产量占全球猪肉产量的80%左右。此外，若以奶类计算，全球奶类生产大国除了印度、中国、美国、俄罗斯以外，还包括巴基斯坦、巴西、德国、新西兰等。若以肉类计算，全球肉类生产大国，除了中国、德国、西班牙、美国以外，还包括巴西、墨西哥、法国等。

（四）种子

中国是全球第二大种业市场。根据国际种业联盟（ISF）统计，2011年，中国的大田作物种子市场规模为9.03亿美元，占全球市场规模的21.2%，仅次于美国的28.2%。

从图3.5可以看到，种子市场规模较大的美国、中国、法国、巴西等国，也是世界农业大国。图3.5中的13个国家国内种子市场规模占到全球市场规模的 83.36%，前四位国家占到 63.94%，这充分说明种子市场高度集中。

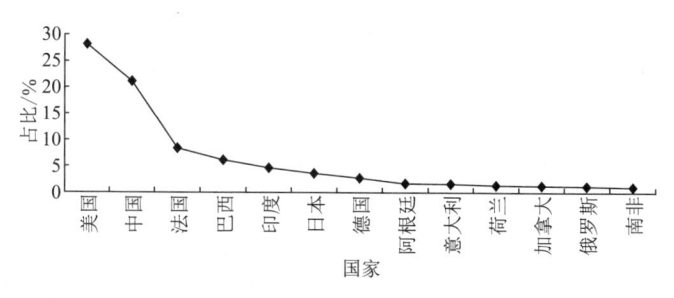

图 3.5　2011 年主要国家国内种子市场规模占全球比重
资料来源：国际种业联盟

二、全球粮食产品贸易的区域控制

本部分主要分析大豆和大豆油、谷物及制品、猪肉和牛奶、种子等战略性粮食产品全球进出口的区域分布特征。

（一）大豆和大豆油

大豆出口大国包括巴西、美国、阿根廷、巴拉圭、加拿大等，大豆进口大国/地区包括中国、欧盟、日本等。2009 年，世界大豆进口前四位的国家/地区包括中国、欧盟、日本、墨西哥，其进口规模占全球进口的比重为 80.80%；世界大豆出口前四位的国家包括美国、巴西、阿根廷、加拿大，其出口规模占全球出口的比重为 92.76%。

2000～2009 年，中国大豆进出口量占全球的比重分别为 39.33%、0.52%，具体见图 3.6。

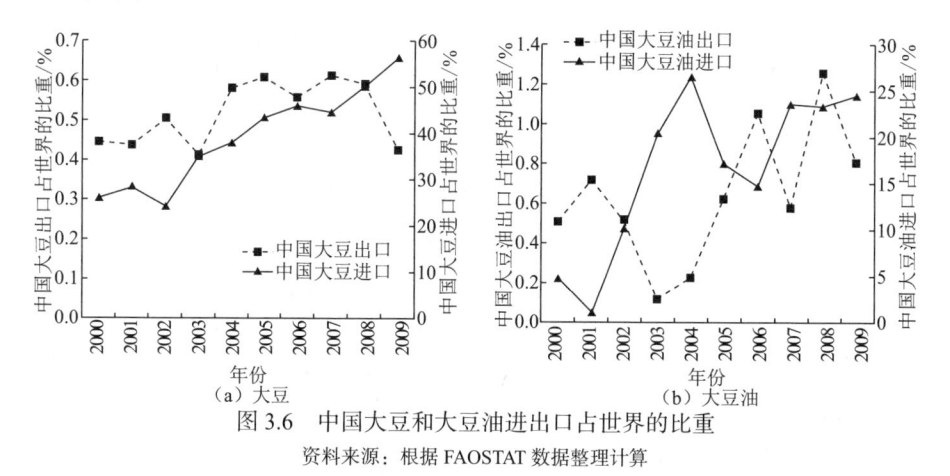

图 3.6　中国大豆和大豆油进出口占世界的比重
资料来源：根据 FAOSTAT 数据整理计算

大豆油出口大国/地区包括阿根廷、巴西、美国、欧盟等，大豆油进口大国/地区包括中国、印度、欧盟、埃及、伊朗、墨西哥等。大豆油国内消费大国/地区包括中国、美国、欧盟、巴西、印度、阿根廷等。从价格角度看，美国芝加哥期货交易所大豆期货价格对全球大豆价格走势有决定作用。中国国产大豆的生产成本与进口大豆相比几乎没有优势。

2009年，全球大豆油出口前四位国家/地区包括阿根廷、巴西、美国、欧盟，其出口量占全球出口的比重为78.75%；全球大豆油进口前四位国家/地区包括中国、印度、欧盟、墨西哥，其进口量占全球进口的比重为45.28%。

2000~2009年，中国大豆油进出口占全球的比重平均为16.66%、0.64%。根据布瑞克农产品数据库的数据计算，2017年，中国大豆和大豆油进口分别占全球进口的比重为62.3%、4.6%。

（二）谷物及制品

2009年世界小麦进口国家/地区中前四位的是欧盟、意大利、西班牙、阿尔及利亚。根据FAOSTAT数据整理计算2000~2009年前四位国家/地区小麦和面粉进口占全球小麦进口的比重，得到图3.7~图3.9。2009年前四位国家/地区小麦和面粉进口占全球小麦、面粉进口的比重相对较为稳定，平均分别为21.40%、18.59%。

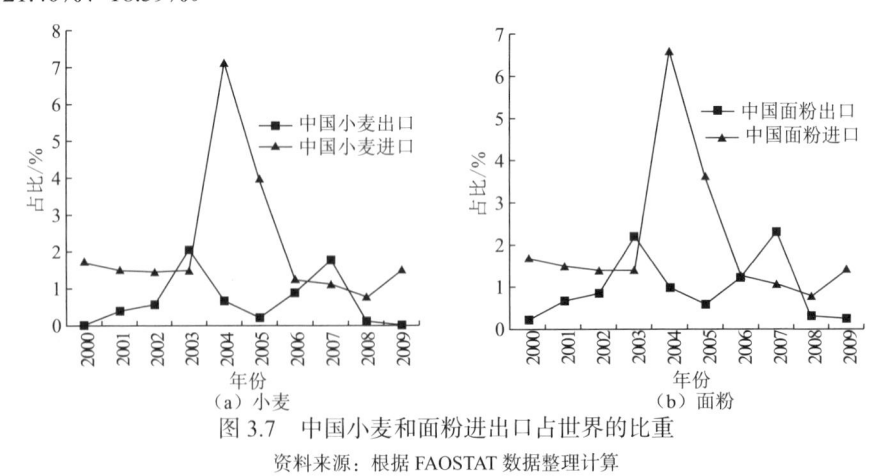

图3.7 中国小麦和面粉进出口占世界的比重

资料来源：根据FAOSTAT数据整理计算

2000~2009年，中国小麦进出口量占全球的比重平均分别为2.20%、0.66%，中国面粉进出口量占全球的比重分别为2.05%、0.93%。从图3.7可以看到，中国小麦和面粉进出口波动较大，近些年呈现下降趋势。

2009年，世界稻谷出口前四位国家是美国、阿根廷、巴拉圭、俄罗斯，占世界出口比重为71.01%；世界稻谷进口前四位国家是墨西哥、洪都拉斯、哥斯达黎加、尼加拉瓜，占世界进口比重为 57.26%。2009 年，世界大米出口前四位国家是泰国、越南、巴基斯坦、印度，占世界出口比重为 70.67%；世界大米进口前四位国家是菲律宾、沙特阿拉伯、马来西亚、科特迪瓦，占世界进口比重为 26.98%。

2000～2009 年，中国稻谷进出口占世界的比重平均分别为 0.14%、0.84%，呈现整体上升趋势。中国大米进出口占世界的比重平均分别为 2.21%、6.30%，呈现整体下降趋势（图 3.8）。根据布瑞克农产品数据库的数据计算，2017 年，中国稻谷和大米进口占全球进口量的 11.5%。

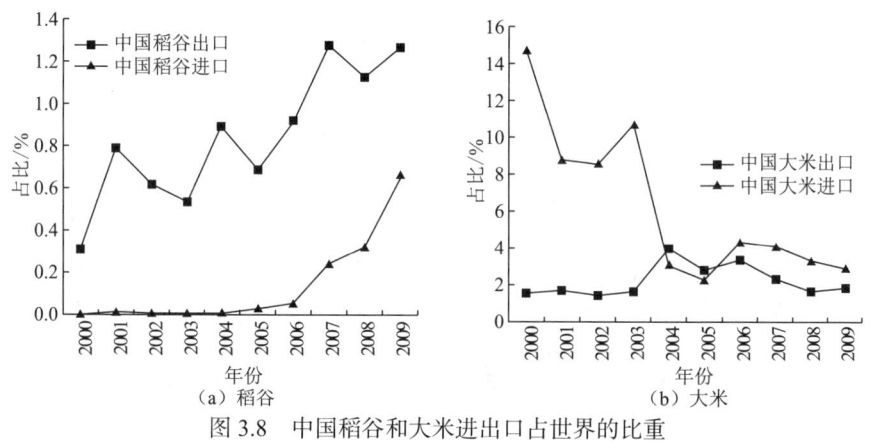

图 3.8 中国稻谷和大米进出口占世界的比重

资料来源：根据 FAOSTAT 数据整理计算

2009 年，世界玉米进口国家/地区前四位是日本、韩国、墨西哥、欧盟，占世界进口比重为 39.22%；世界玉米出口国前四位是美国、阿根廷、巴西、乌克兰。2000～2009 年，中国玉米进出口占世界的比重平均为 5.40%、7.17%。从图 3.9 可以看到，中国玉米出口整体呈现快速下降趋势，玉米进口保持平

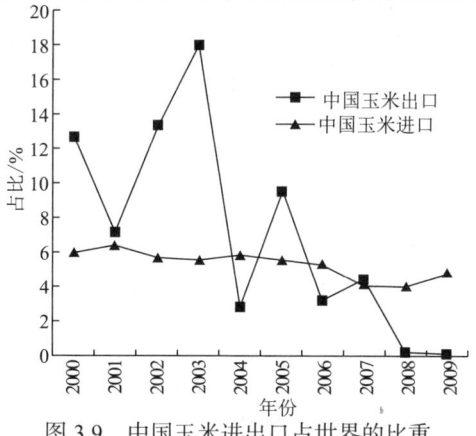

图 3.9 中国玉米进出口占世界的比重

资料来源：根据 FAOSTAT 数据整理计算

稳状态。根据布瑞克农产品数据库的数据计算，2017年，中国玉米进口占全球玉米进口量的2%左右。

（三）猪肉和牛奶

2009年，世界猪肉进口前四位国家是德国、俄罗斯、墨西哥、美国，其进口额占全球进口总额的42.51%；世界猪肉出口前四位的国家/地区是欧盟、美国、丹麦、德国，其出口额占全球出口总额的71.37%。2000~2009年，中国猪肉进出口占全球的比重分别为0.61%、0.32%；猪肉出口出现下降趋势，进口波动较大（图3.10）。

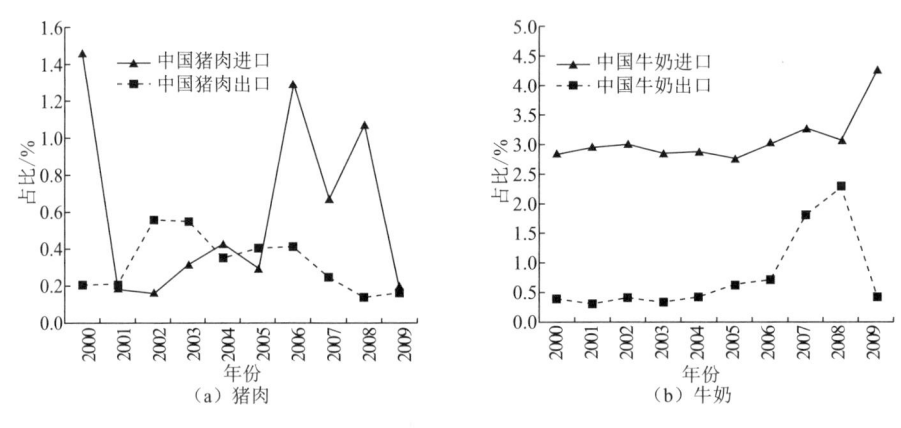

图3.10　中国猪肉和牛奶进出口占世界的比重
资料来源：根据FAOSTAT数据整理计算

2009年，世界牛奶进口前四位国家/地区是意大利、德国、欧盟、荷兰，其进口额占全球总额的26.38%；世界牛奶出口额前四位国家/地区是欧盟、德国、新西兰、法国，其出口额占全球总额的52.28%。

2000~2009年，中国牛奶进出口额占全球的比重分别为3.12%、0.78%；进口比重逐年上升。中国牛奶主要进口自美国、加拿大、澳大利亚、阿根廷、巴西等国家，牛奶主要进口自新西兰等国家。

（四）种子

法国、德国、美国、荷兰是世界重要的大田作物种子进口国家，同时也是世界重要的大田作物种子出口国家。2010年，这些国家大田作物种子进出口额合计占全球的比重分别为34.38%、46.19%。

2010年，根据国际种业联盟估算，中国的大田作物种子进口规模为9100万美元，占全球市场规模的1.19%，排第14位；中国大田作物种子出口规模6600万美元，占全球市场规模的1.29%，排第18位。

从图 3.11 可以看到，中国在全球种子市场的进出口额比重都较低，种子出口竞争力还有很大的提升空间。

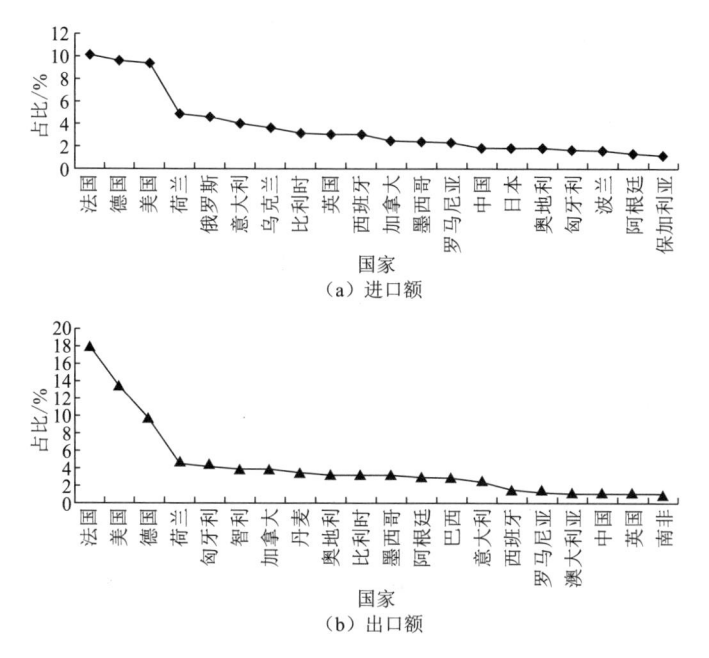

图 3.11　2010 年世界主要国家大田作物种子进出口额占全世界的比重
资料来源：国际种业联盟

历史演进篇

本篇主要研究中国粮食产业外资控制的历史演进过程,旨在归纳中国粮食产业外资控制的形成过程和发生机理。可以将改革开放以来中国粮食产业外资控制的发展分为产业控制力的初步形成(1978~1991年)、逐步强化(1992~2001年)、加速发展(2002~2011年)和风险初现(2012年至今)四个阶段。

第四章　中国粮食产业外资控制的初步形成

1978~1991年，中国处于改革开放的初期。这一时期，中国大力引进外资。外资开始进入粮食产业，外资在中国粮食产业的控制力开始形成。

第一节　三类产业控制力主体初步形成

1978年，十一届三中全会是中国改革开放的起点。在改革方面，主要是推进市场化进程，将国有企业进行市场化改造，允许和鼓励私营经济发展。1979年颁布《中华人民共和国中外合资经营企业法》，开始大力引进外资。

1978~1983年，中国提出"计划经济为主，市场调节为辅"的过渡性政策。1984~1991年，进一步提出"有计划的商品经济"。在中国市场化过程中，国有企业和私营经济的活力被逐渐释放出来。外贸体制改革领域，开始实施政企分开，外贸经营权逐渐下放。

从三次产业角度来看，第二产业是中国最早对外开放的产业。农业、第三产业的开放程度滞后于第二产业，农业作为幼稚产业的特点决定了其在对外开放过程中受保护的程度较高。

在各项改革政策的推动下，国有资本、私营资本、外资资本逐渐成为中国市场化进程中的竞争主体。这三类企业也逐渐成为承载中国产业控制力和竞争力的主体。

将1991年、1980年的工业总产值用当年工业总产值指数进行平减后，计算出1991年工业总产值占1980年的比重，见表4.1。从表4.1可以看出，与1980年相比，到1991年，城镇个体的工业总产值增长最快，其次是其他经济类型（包括私营经济和外资经济），二者均高于全民所有制和集体所有制。这说明，改革开放初期，中国非公有制经济的活力得到了极大的释放。这为以后中国国有资本、民营资本承载各产业的产业竞争力，外资资本承载各产业的产业控制力奠定了经济基础。

表 4.1　1980年、1985年、1991年国有和城镇个体工业总产值增长情况

项目	全民所有制 /亿元	集体所有制 /亿元	城镇个体 /亿元	其他 /亿元	工业总产值 指数
1980年	3915.6	1213.36	0.81	24.49	1972.3

续表

项目	全民所有制/亿元	集体所有制/亿元	城镇个体/亿元	其他/亿元	工业总产值指数
1985 年	6302.12	3117.19	179.75	117.41	3480.9
1991 年	14954.58	10084.75	1069.1	1599.58	7400.0
1991年占1980年的比重/%	3.82	8.31	1319.88	65.32	3.75

资料来源：《中国统计年鉴》（1992 年）

农民是中国粮食生产环节的核心主体，农村经济体制改革对提高农民种粮积极性起到了决定性作用。十一届三中全会后，家庭联产承包责任制逐渐建立，打破了传统的人民公社体制，农村土地所有权与承包权逐渐分离，农民种粮积极性得到极大提高。

农村经济体制改革后，农业机械领域也开始改革。例如，中国一拖集团有限公司面向市场，增加产品种类，形成了完整的拖拉机产品系列，并拥有自主知识产权。

从企业层面看，这一时期，诸多内外资粮油企业创立。1988 年，深圳南海油脂工业（赤湾）有限公司成立。1990 年，益海嘉里在中国启动了金龙鱼小包装食用油品牌。1987 年，双城雀巢有限公司成立。

1949 年 9 月，中粮集团有限公司前身——华北对外贸易公司在天津成立。华北对外贸易公司分设华北粮食、华北油脂、华北蛋品、华北猪鬃、华北皮毛、华北土产等专业公司。1979 年，中粮集团有限公司以进口成品饮料在国内销售的形式，使可口可乐重返中国（不包括台湾地区）市场。1988 年，中国外贸体制改革，各地粮油食品分公司同总公司脱钩。中粮集团有限公司开始由管理型公司向经营型公司转型，由单一的外贸代理公司向实业化企业转型。

1988 年，南海油脂工业（赤湾）有限公司成立，这是益海嘉里在中国投资的第一家油脂企业。[①]

后来的实践表明，这些早期成立的粮油企业在市场竞争中获得了先发优势。这一时期成立的粮油企业在管理经验、市场开拓等方面取得了显著的优势，是中国改革开放后农产品加工市场的开拓者。

从市场角度看，中国居民粮油消费还处于数量供给不足的阶段，粮油消费需求开始上升，因此内外资粮油企业发展迅速。1985 年，中国城镇居民

---

① 本部分内容根据各企业官方网站资料整理。

平均每人全年购买的主要商品中，粮食为 134.76 千克，食用植物油为 5.76 千克；到 1990 年，中国城镇居民平均每人全年购买的主要商品中，粮食下降到 130.72 千克，食用植物油上升到 7.11 千克[①]。这说明中国城镇居民粮油消费结构正在逐步改善，粮食消费下降，食用植物油消费上升，粮油消费水平上升。

由于处在改革开放的初期，外资粮油企业的管理和技术优势非常明显，粮油企业"干中学"的特征比较突出。这里以黑龙江九三粮油工业集团有限公司为例进行简单说明。1983 年，由香港和昌产务有限公司出资，采用以豆粕补偿贸易的形式引进国外先进设备建设成九三油脂厂，1987 年开始生产作业。后来，该厂逐渐发展成为九三粮油工业集团有限公司，主要从事油脂加工业务。[②]

1978～1991 年，中国私营经济和外资经济的比重还比较低，国有经济比重较高。私营经济和外资经济经营比较灵活，因此在这一时期获得较快发展。全民所有制企业受体制影响经营缺乏活力，这种特点在粮油行业同样存在。

这一时期，中国逐步探索从高度集中的计划经济体制向市场化方向进行改革，国有粮油企业改革也在探索中。全国国有粮油企业数量众多，富余人员众多。根据当时有计划商品经济的要求，粮食价格和流通"双轨制"逐步建立。1978～1985 年，中国社会商品粮数量从 6174 万吨增加到 11564 万吨，计划外议购和多渠道收购数量增长迅速。[③]这说明在粮食产业经济领域，中国社会主义商品经济正逐步确立。

当时国有粮食企业大致分为两类：一类是国有粮食购销企业，主要承担政策性粮食收购和存储；另一类是国有粮食经营类企业，以粮食加工业务为主。从计划与市场的关系看，国有粮食购销企业承担的政策性职能更多一些，国有粮食经营类企业承担的市场职能更多一些。这种差异为后来国有粮食企业分类改革奠定了基础。

1978～1991 年，中国粮油消费市场逐渐兴起，给粮油企业带来巨大的发展机遇。这一时期中国粮食产量逐年增加，但粮食进口仍保持一定规模。从粮食进口品种看，这一历史时期，中国小麦进口规模比较大，多数年份保持在 1000 万吨以上；国内大豆产量有所增加，多数年份能够保持 1000 万吨左右，大豆进口数量少，基本可以忽略不计；玉米、大米进口数量较少，可以忽略不计。

---

① 资料来源：《中国统计年鉴》（1999 年）。
② 根据九三粮油工业集团有限公司官方网站资料整理。
③ 刘允潜：《谈粮食价格与流通的"双轨制"》，《农业经济问题》1987 年第 6 期，第 21～24 页。

第二节 战略性粮食产业控制力的初步形成

1978～1991 年,外资在中国国民经济中的比重还比较低,影响有限,但外资在粮食产业的控制力正在形成。改革开放后,随着中国居民食品消费需求的释放和提高,内外资粮油企业纷纷进入粮油加工、销售等领域。

由表 4.2 和表 4.3 可以看到,中国食用植物油、猪肉消费总量和人均消费量均快速增长;虽然粮食总消费量上升,但人均消费量下降。这说明中国居民粮油消费水平保持上升趋势。城镇和农村粮油消费存在一定差距。

表 4.2 战略性粮食产品的消费量　　　　　（单位:万吨）

年份	粮食	食用植物油	猪肉	奶粉
1980	5497.0	126.0	704.5	9
1985	9011.6	349.1	916.4	—
1991	9242.6	467.2	1316.8	11.28

资料来源:根据历年《中国农村统计年鉴》《中国统计年鉴》相关数据整理。

表 4.3 战略性粮食产品人均消费量　　　　（单位:千克）

区域	产品	1981 年	1985 年	1990 年	1991 年
城镇	粮食	145.44	134.76	130.72	127.9
城镇	食用植物油	4.8	5.76	6.4	6.9
城镇	猪肉	16.92	16.68	18.46	18.9
农村	粮食(原粮)	257	257	262	256
农村	食用植物油	2.49(食油)	2.6	3.54	3.85
农村	猪肉	7.74(肉类)	10.32	10.54	11.19

资料来源:根据历年《中国农村统计年鉴》《中国统计年鉴》相关数据整理。

社会商业领域,1991 年底,全民所有制机构有 45.5 万个,从业人员达到 663.7 万人;集体所有制机构有 136.4 万个,从业人员达到 816.3 万人;中外合营机构有 0.03 万个,从业人员达到 1.2 万人;个体经营机构有 781.7 万个,从业人员达到 139.8 万人。这说明中国不同经济类型的商业经济发展已经初具规模。

合营包括不同经济类型的合营。从表 4.4 可以看到,到 1991 年,合营和个体经济的商品零售额虽然增长迅速,但在全社会商品零售额中的比重还比较低。农民对非农业居民零售额的快速增长,反映了农村农产品流通的快速增长。分行业看，饮食业的零售额由 1980 年的 80.0 亿元增加到 1991 年的 492.0 亿元。

表 4.4　1980 年、1985 年、1991 年不同经济成分社会商品零售总额比较（单位：亿元）

年份	全民所有制	集体所有制	合营	个体	农民对非农业居民零售
1980	1100.7	954.9	0.4	15.0	69.0
1985	1740.0	1600.3	12.7	661.0	291.0
1991	3783.7	2826.2	51.5	1844.4	909.8

资料来源：《中国统计年鉴》（1992 年）

1981～1991 年是中国利用外资的起步阶段。从图 4.1 可以看到，外资利用存在较大的波动，全社会固定资产投资中利用外资的比重平均为 5.0%，处于较低的位置。

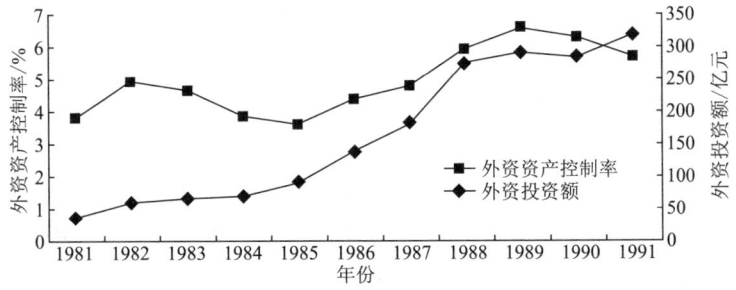

图 4.1　1981～1991 年外资在中国固定资产投资中的比重
资料来源：《新中国六十年统计资料汇编》

从表 4.5 可以看出，1985 年，外商在食品行业的投资规模还非常有限，对粮食加工业、乳品加工业等战略性粮食产业的投资仍处于起步阶段。1985 年，中国食品行业利用国外贷款建设 4 个食品工业项目，其中 2 个为乳品加工项目，在黑龙江、上海建设。

表 4.5　1985 年食品行业外商投资情况

行业	项目个数/个	协议外商投资金额/万美元	比重/%
粮食加工业	3	724.23	19.18
屠宰及肉类加工业	3	170.86	4.52
乳品加工业	2	93.70	2.48
其他食品制造业	16	993.65	26.31
无酒精饮料制造业	12	799.37	21.17
调味品制造业	2	433.40	11.48

资料来源：根据《中国食品工业年鉴》（1986 年）整理计算

外商率先在粮食加工业、屠宰及肉类加工业等行业投资，在这些细分行业中获得了先发优势。例如，益海嘉里在中国粮油市场上率先发力，优势明显。1990年，第一瓶金龙鱼小包装油在南海油脂工业（赤湾）有限公司正式投产。金龙鱼小包装油的推出，引领了中国从散装油到小包装油的消费。小包装食用油的消费理念开始出现，并逐渐引导粮油行业生产和居民消费习惯。1991年，第一瓶小包装食用油金龙鱼调和油下线。1991年，益海嘉里的子公司——新加坡丰益国际集团在新加坡成立。[①]

从益海嘉里的发展可以看出，品牌塑造和依托行业领先技术进行消费理念引导是粮油企业取得市场份额的有效手段。内资粮油企业在这两个方面均存在短板。在中国居民粮油消费市场逐渐扩大的背景下，积极塑造粮油消费品牌，抓住粮油消费需求的关键点，是粮油企业占领市场、提升行业竞争力的关键。中粮"香雪"品牌创立于1985年，该品牌主要用于面粉、面条等产品上。多年来，该品牌在市场上有一定知名度和影响力，但仍需进一步提升品牌竞争力。

这一时期，部分民营粮油企业开始创立。例如，五得利面粉集团有限公司始建于1989年，主要业务为面粉加工。

从内外资企业经营模式比较看，内资粮油企业受计划经济体制影响，企业经营活力正在释放；外资粮油企业具有丰富的市场运作经验，在竞争中优势明显。

第三节　战略性粮食产品进口依存度较低

从改革开放到1991年，中国粮食进口数量较少，粮食进口依存度较低。从图4.2可以看到，1980~1991年，中国粮食进口依存度波动较大。

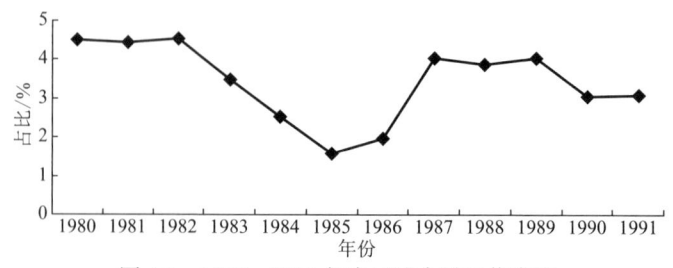

图4.2　1980~1991年中国粮食进口依存度
资料来源：根据《中国粮食发展报告》（2011年）整理计算

1983~1985年，粮食进口依存度和进口量均呈现下降趋势。这一时期

---

① 本部分内容根据金龙鱼、益海嘉里企业官方网站资料整理。

的粮食进口规模处于相对较低的阶段。

从品种看,谷物特别是小麦的进口量占主导地位,但小麦进口量波动较大。1987～1991年,中国年均小麦进口量在1100万吨左右,占世界小麦总进口量的10%～13%。这个比重在当时是比较高的。

1980～1991年是历史上中国大豆出口规模较大、进口较少的时期。这一时期中国大豆种植面积保持在较高水平,有力地保障了大豆产量。1991年,中国大豆种植面积为10562万亩,与1978年的10716万亩相比,种植面积基本稳定。这一时期中国大豆进口数量有限,对国内大豆生产影响较小。

这一时期,中国食用植物油进口规模较低,1990年进口食用植物油最多,达到112.3万吨。

1980～1991年,中国活猪出口年均保持在300万头左右。活猪和猪肉制品出口保持在历史上规模较高的位置。

1978年,中国奶类产量971千吨,其中牛奶883千吨。到1991年,奶类产量为5243千吨,牛奶为4646千吨。[①]

总的来看,这一阶段中国粮食进口规模较低,主要影响因素是中国经济开放程度不高,受收入等因素影响,国内粮油需求尚未完全释放出来,粮食进口统一管理等。

这一时期,解决温饱问题仍然是国内粮食生产的主要任务。1991年国内粮食产量为43529万吨,与1978年相比,粮食产量增加47%。从粮食品种看,稻谷、玉米、小麦、大豆等作物产量均大幅增加。国内粮食生产基本满足了居民粮食消费需求,粮食进口起到了调剂余缺的作用。

---

① 资料来源:相关年份《中国奶业年鉴》《中国统计年鉴》。

第五章　中国粮食产业外资控制的逐步强化

本章从外资产业控制力增强等方面分析其具体表现，从邓小平南方谈话、粮油消费需求释放等方面分析其成因，从外资投资规模等方面分析其影响。1992~2001年，内资产业竞争力和外资产业控制力基本上都处于成长时期，中国粮食产业外资控制逐步强化。

第一节　外资产业控制力的逐步强化

1992年1月，邓小平视察武昌、深圳、上海等地，发表重要讲话，讲话中强调市场和计划都是资源配置的手段。

1992年10月，党的十四大召开，提出建立社会主义市场经济体制的改革目标，中国社会主义市场经济得到快速发展。十四大报告提出要面向市场转换国有企业经营机制，增强活力，发挥国有企业的主导作用；在所有制结构上，个体经济、私营经济、外资经济是公有制经济的补充。

这一阶段，吸引外资的规模和进出口规模继续扩大。为适应世界贸易组织的要求，中国开始整理各项外贸相关法规。涉外经济体制改革逐渐深化。1997年，《外商投资产业指导目录》出台，引导外资在技术创新、产业结构升级等方面发挥作用。《中华人民共和国外资企业法》等一批法律得到修订，积极改善外资企业的经营环境。

1992~2001年是中国进一步扩大开放、争取加入世界贸易组织的关键时期。在这一阶段，一大批内外资粮油企业建立，成为该行业的龙头企业。

在粮油领域，1992年，益海嘉里在深圳建立面粉厂，进入面粉业务领域。1993年，福临门食用油在天津生产。1994年益海嘉里在深圳建立油籽压榨厂，进入油籽压榨业务领域。从1996年起，金龙鱼连续十三年蝉联中国小包装油销量冠军。

在乳制品领域，1997年，光明乳业股份有限公司创建（表5.1）。

表 5.1　1949～2004 年战略性粮食产业部分内外资企业及成立年份、总公司所在地

产业链	行业	内外资企业名称（成立年份）	总公司所在地
粮食生产	种子产业	登海种业（1985）	莱州
		大北农（1994）	北京
		敦煌种业（1998）	酒泉
		隆平高科（1999）	长沙
	农林牧渔专用机械制造业	中国一拖（1959）	洛阳
		金健米业（1998）	常德
	农业	约翰·迪尔天拖（2000）	天津
		北大荒米业（2001）	哈尔滨
		中农发集团（2004）	北京
	畜牧业	广东温氏集团（1983）	云浮
		新希望六和集团（1995）	青岛
		雏鹰农牧（2003）	郑州
粮食加工	谷物磨制业	金苑面业（1992）	郑州
		北大荒（2001）	哈尔滨
	植物油加工业	福临门食用油（1993）	天津
		鲁花（1993）	青岛
		嘉里粮油（1994）	上海
		金海粮油（2000）	秦皇岛
	屠宰及肉类加工业	雨润（1993）	南京
		双汇实业（1994）	漯河
		金锣（1996）	临沂
	液体乳及乳制品制造业	伊利（1993）	呼和浩特
		美赞臣（1993）	广州
		光明乳业（1997）	上海
		三元食品（1997）	北京
		蒙牛（1999）	呼和浩特
粮食流通	粮食收储业、粮食批发业	中粮（1949）、中储粮（2000）	北京
		郑州粮食批发市场有限公司（1990）	郑州

资料来源：根据历年《中国市场年鉴》和相关企业官方网站资料整理

从表 5.2 可以看到，食品加工和制造业是外资投资的重点。中国港澳台投资规模低于外商投资规模。

表 5.2　1996 年外商和中国港澳台投资在粮食相关行业的固定资产投资规模（单位：万元）

行业	中国港澳台投资规模	中国港澳台固定资产规模	外商投资规模	外商形成固定资产规模
农业	1030	652	17697	10652
畜牧业	18401	16411	12387	7191
食品加工业	124672	77320	249422	264954
食品制造业	99925	72917	307376	202822
食品、饮料、烟草和家庭用品批发商业	26724	15153	40866	7773

资料来源：《中国固定资产投资统计年鉴》（1997 年）

从农业、轻工业、重工业比例看，1996 年，外资的投资比重分别为 0.46%、34.30%、65.24%。

1992～2001 年全社会固定资产投资中利用外资的平均比重为 8.2%，高于 1981～1991 年的 5.0%。从图 5.1 可以看到，1992～1996 年，外资固定资产投资显著上升。1996 年达到峰值 11.8%。1997 年以后受东南亚金融危机影响，外资固定资产投资比重缓慢下降，外资固定资产投资的绝对规模也在下降。

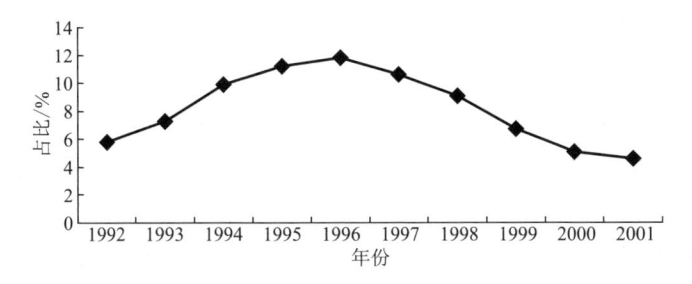

图 5.1　1992～2001 年全社会固定资产投资中利用外资比重

资料来源：《中国统计年鉴》（2003 年）

从表 5.3 可以看出，2001 年，外资在食品制造业的控制力明显高于食品加工业。

1992～2001 年是外资企业布局中国粮油领域的重要阶段。这一时期，中国持续深化改革、扩大开放，为外资粮油企业提供了良好的发展环境。这一时期，也是中国居民粮油消费市场迅猛增长的时期，外资粮油产品适合这一需求，得到了快速的发展。

表 5.3　2001 年粮食加工行业外资产业控制力

行业	总资产控制率/%	资本控制率/%	销售收入控制率/%	利润控制率/%
食品加工业	23.42	24.52	24.60	20.45
食品制造业	38.50	47.65	41.83	50.59

资料来源：《中国工业经济年鉴》（2002 年）

第二节　内资企业的调整

1992~2001 年是中国企业不断改制、迈向现代企业制度的转折时期，这为中国企业与国际市场接轨提供了制度和组织基础。

2001 年，中国加入世界贸易组织。内资企业在市场中展开竞争，经济活力大幅提升。各项经济法规为适应市场化要求，也做了相应修改。内资企业产业竞争力增强，在市场竞争、组织结构等方面的不足得到有效弥补。

中粮集团有限公司作为国有粮油企业的典型，这一时期的变化反映了当时国有企业改革的情况。1993 年，中粮集团有限公司收购中粮国际集团化肥有限公司、鹏利国际集团有限公司两家香港上市公司。1994 年以来中粮集团有限公司连续入选《财富》全球企业 500 强。1998 年中粮集团有限公司改制为国有独资企业，更名为中国粮油食品进出口（集团）有限公司。1999 年底，其被列为中央直接管理的国有重要骨干企业之一。

成立于 2000 年的中国储备粮管理集团有限公司，是对中央储备粮实行垂直管理、深化粮食流通体制改革、完善中央储备粮经营管理体制的重大举措，其社会责任包括维护粮食安全、支持三农发展、促进粮食流通等。[①]

从图 5.2 可以看出，1995~2001 年，谷物磨制业的外资资本控制率整体呈现上升趋势，但外资资产控制率和外资市场控制率增长缓慢。液体乳加工业的外资市场控制率呈现先上升后下降的趋势。这说明，内资企业的市场势力在逐渐增长，反映了内资企业产业竞争力在逐渐提升。

1997 年的东南亚金融危机，给粮食产业也带来了冲击。外资企业比内资企业受到更为严峻的冲击。这也给内资企业调整提供了机会。

1992~2001 年，民营企业在市场化进程中也得到快速发展。民营粮油

---

① 根据中国粮油食品进出口（集团）有限公司、中国储备粮管理集团有限公司官方网站资料整理。

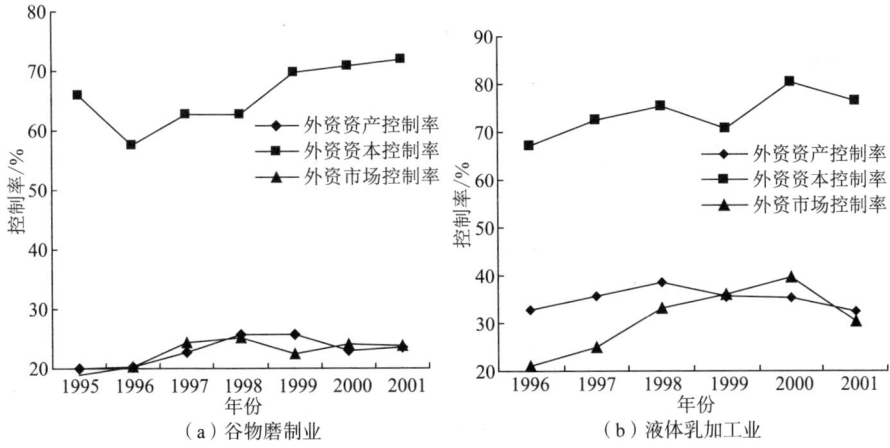

图 5.2　1995~2001 年谷物磨制业和液体乳加工业外资控制率走势
资料来源：根据历年《中国食品工业年鉴》相关数据计算整理

企业发展迅速。从图 5.3 可以看出，1992~2001 年，民营企业注册资金增速明显快于集体企业和国有企业，民营企业的组织形式由独资企业、合伙企业为主，逐渐转化为有限责任公司形式。根据历年《工商管理行政管理统计汇编》，1992~2001 年，民营企业的户数由 139633 户增加到 2028548 户；国有企业受改制因素影响数量有所下降，由 1547190 户下降到 1317822 户；集

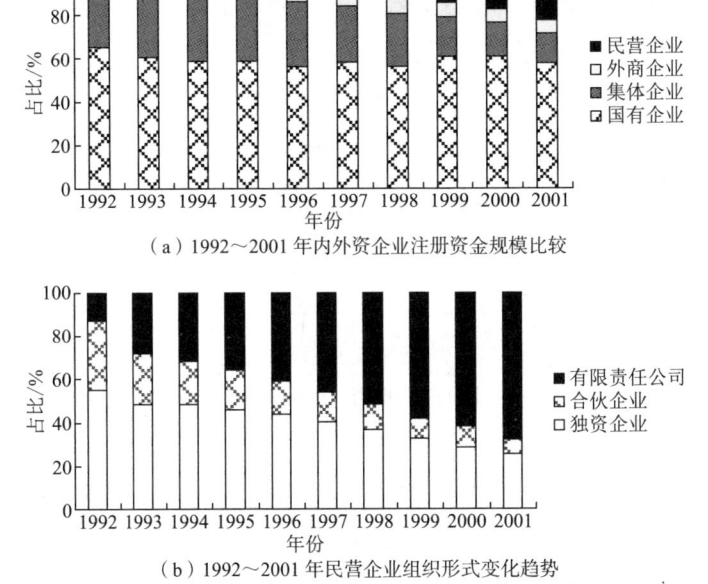

图 5.3　1992~2001 年内外资企业注册资金规模和民营企业组织形式发展态势
资料来源：根据历年《工商管理行政管理统计汇编》相关数据计算整理

体企业由 4159417 户下降到 2208516 户；外商投资企业由 84371 户增加到 2022306 户。民营企业和外资企业在中国市场化进程中发展迅速。

就企业案例来看，1994 年成立的临沂新程金锣肉制品集团有限公司，以肉制品加工为主，2011 年入选中国企业 500 强，2012 年又成为中国民营企业 500 强。类似的民营企业还包括雨润控股集团有限公司、新希望六和集团有限公司、西王集团有限公司等。

总的来看，1992~2001 年，通过改革和发展，国有企业和私营企业都逐步迈向现代企业制度，为以后产业控制力和竞争力的提升奠定了基础。

对于内资粮油企业的调整和发展，市场化、规范化仍然是其主要发展方向。内资粮油企业要调查居民粮油需求变化，坚持市场消费导向，通过规范化管理建立现代企业制度，实现企业持续运营。

第三节　战略性粮食产品进口波动较大

1992~2001 年，中国居民生活水平不断提高，国内粮油消费需求进一步释放，小麦、大豆等战略性粮食产品进口持续增加。

从图 5.4 可以看到，1992~2001 年，中国粮食总进口量波动较大，粮食进口规模不大。1993 年是粮食进口的低谷，仅为 16.3 万吨，1995 年、2001 年是顶峰，1995 年达到 2082.5 万吨。从 1999 年开始，中国粮食进口规模开始持续上升。

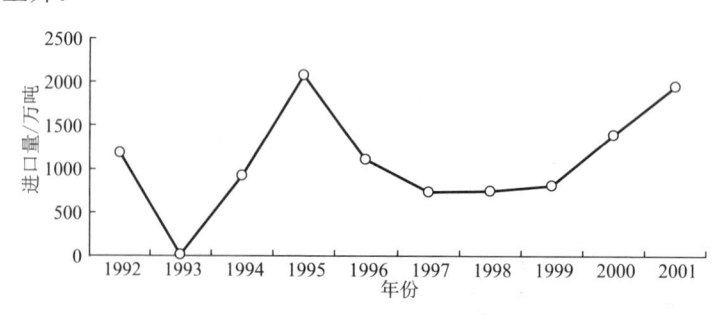

图 5.4　1992~2001 年中国粮食进口走势
资料来源：根据历年《中国粮食发展报告》整理

1994 年以前，中国大豆进口波动较大，进口规模不大。从 1994 年开始，中国大豆进口数量开始稳定攀升。1997 年，中国大豆进口量为 287.6 万吨，到 2001 年达到 1393.9 万吨，保持了持续、稳定增长的趋势。

从图 5.5 可以看到，1994~2001 年，中国大豆进口量成倍增长，这与中国对外开放水平提高有一定关系。但这一时期，大豆进口量急剧增加，对国内大豆生产还没产生直接影响，中国大豆种植面积和大豆产量依然保持稳定增长。例如，大豆种植面积从1994年的1273.6万公顷增加到2001年的1326.8万公顷，增长了4.2%。①

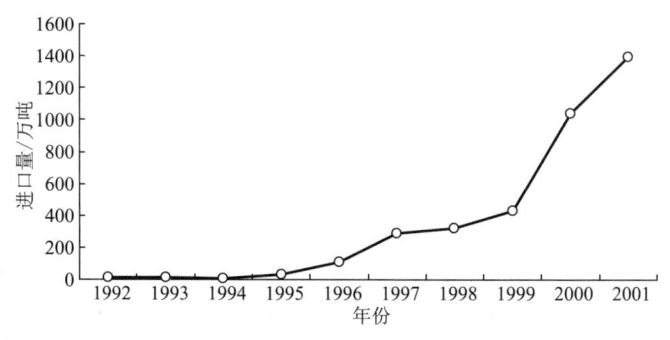

图 5.5　1992～2001年中国大豆进口走势

资料来源：FAOSTAT

1992～2001年，中国小麦进口波动较大。根据《中国粮食发展报告》的统计数据，1992年、1995年中国小麦进口达到1000万吨以上，其他年份进口量反差较大。

1992～2001年，与大豆、小麦相比，中国大米和玉米进口量非常少，几乎可以忽略不计。

1990年中国乳制品人均消费量4.54千克，到2001年上升到8.79千克。城镇居民为主要的奶类消费者。20世纪90年代后期，中国关税不断下降，乳制品进口量逐渐增加。1994～1996年中国年均进口乳制品7.8万吨左右，1997～1999年均进口超过10万吨，具体见表5.4。

表 5.4　1997～2001年中国乳制品产量和进口量

年份	产量/万吨	进口量/吨	进口量占国内产量比重/%	出口量/吨
1997	39.10	27908.92	7	7843.34
1998	42.00	31052.65	7	8407.74
1999	50.00	56616.23	11	10007.54
2000	54.25	72768.96	13	10161.14
2001	55.32	58506.21	11	5042.79

资料来源：《中国奶业年鉴》（2002年）

从表5.4可以看到，1997～2001年，中国乳制品进口量占国内产量比重

---

① 资料来源：《中国统计年鉴》（2002年）。

平均保持在10%左右，出口量比较小。

1992~2001年，中国活猪出口量逐渐下降，由1992年的290万头下降到2001年的196万头。根据联合国粮食及农业组织的统计数据，1992~2001年，中国猪肉进口断断续续，1998年猪肉进口量较大，其他年份进口量较少。

总之，1992~2001年，中国对外开放水平逐渐提高，粮食进口总量有所增加，但波动较大，大豆进口规模稳定上升，猪肉、奶粉等产品进口量较小。

这一时期是中国居民粮油消费需求日益释放的阶段，国内粮油市场发展较快。这是外资进入粮油领域的重要因素，也是国内粮油企业发展的重要动力。紧扣市场粮油消费需求的特点，是内外资粮油企业发展的基本立足点。这一时期发展较快的企业，都抓住了市场需求，适应了国内粮食消费的特点。

这一时期，与外资企业相比，内资粮油企业发展不足的最根本原因是企业市场化程度较低、企业管理经营机制不完善。这导致内资粮油企业发展缺乏活力，不能及时适应市场需求。内资粮油企业的市场开拓、适应能力需要在竞争中逐渐形成，企业管理体制也需要逐步完善。这一时期，民营粮油企业的市场活力也到了极大释放。中国粮油市场形成了国有、民营和外资三类企业激烈竞争的良好局面。

第六章　中国粮食产业外资控制的加速发展

中国加入世界贸易组织以来，外资在食用植物油等产业的控制力进一步加强。本章分析了内资粮油企业的快速发展，分析了外资在小麦、大米等消费市场上加速扩张的具体表现和成因。

第一节　内资产业竞争力的提升

一、农业产业化龙头企业培育

2002～2011年，中国积极培育农业产业化国家重点龙头企业，帮助龙头企业渡过金融危机。

2003年，农业部、财政部等八部委联合公布了第一批农业产业化国家重点龙头企业名单（151家），包括北京市丰台区新发地农副产品批发市场、黑龙江省九三油脂（集团）有限责任公司、南京雨润肉食品有限公司、河南省漯河市双汇实业集团有限责任公司等。

2009年，894家国家重点龙头企业资产总额1.19万亿元、销售收入1.43万亿元、利润总额583.6亿元，同比分别增长20.6%、11.6%、9.7%；带动农户4668.4万户，同比增长7.6%。2009年，国家重点龙头企业共投入科研经费159.9亿元，平均每家企业1789万元；85.9%的国家重点龙头企业建立了研发中心，科研成果获得省级以上科技奖励的企业占58.3%，国家重点龙头企业的农产品加工增值比由2008年的1∶2.43提高到2009年的1∶2.59。龙头企业积极调整产品结构，开发新产品，在扩大国内市场的同时，大力稳定外需市场，努力开拓国际新兴市场。2009年，国家重点龙头企业出口创汇额110.7亿美元，占全国农产品出口总额的28%，出口市场由欧美、东南亚等传统市场扩张到中东、中亚、非洲、南美洲等地区。[①]

按照《农业产业化国家重点龙头企业认定和运行监测管理办法》（2018年）规定，国家重点龙头企业是指"以农产品生产、加工或流通为主业，通

---

① 农业农村部，发展改革委，财政部，等：《关于印发〈农业产业化国家重点龙头企业认定和运行监测管理办法〉的通知》，http://www.gov.cn/gongbao/content/2018/content_5338242.htm，2018年5月10日。

过合同、合作、股份合作等利益联结方式直接与农户紧密联系，使农产品生产、加工、销售有机结合、相互促进，在规模和经营指标上达到规定标准并经全国农业产业化联席会议认定的农业企业"。内外资企业均可申请。

表 6.1 的条件涉及企业的组织形式、产品、规模、效益、负债与信用、带动能力等多方面。国家重点龙头企业的认定和扶持，对中国粮油企业的发展、壮大起到了积极的促进作用。

表 6.1　农业产业化国家重点龙头企业申请条件

条件	具体要求
1. 企业组织形式	以农产品生产、加工或流通为主业，具有独立法人资格的企业
2. 企业经营的产品	企业中农产品生产、加工、流通的销售收入（交易额）占总销售收入（总交易额）70%以上
3. 生产、加工、流通企业规模	地区　　　　东部　　　　中部　　　　西部 总资产规模　　>1.5 亿元　　>1 亿元　　>0.5 亿元 固定资产规模　>0.5 亿元　　>0.3 亿元　　>0.2 亿元 年销售收入　　>2 亿元　　>1.3 亿元　　>0.6 亿元
4. 农产品专业批发市场年交易规模	东部地区 15 亿元以上，中部地区 10 亿元以上，西部地区 8 亿元以上
5. 企业效益	企业的总资产报酬率应高于现行一年期银行贷款基准利率；产销率达 93%以上
6. 企业负债与信用	企业资产负债率一般应低于 60%；有银行贷款的企业，近 2 年内不得有不良信用记录
7. 企业带动能力	带动农户的数量：东部地区 4000 户以上，中部地区 3500 户以上，西部地区 1500 户以上
8. 企业产品竞争力	在同行业中企业的产品质量、产品科技含量、新产品开发能力处于领先水平，企业有注册商标和品牌。产品符合国家产业政策、环保政策和绿色发展要求，并获得相关质量管理标准体系认证，近 2 年内没有发生产品质量安全事件
9. 省级重点龙头企业	申报企业原则上是农业产业化省级重点龙头企业

资料来源：根据《农业产业化国家重点龙头企业认定和运行监测管理办法》(2018 年) 整理

二、境外农业投资逆势增长

为加快"走出去"的发展战略实施，国家发展和改革委员会、商务部、外交部等部门 2006 年联合下发了《关于印发〈境外投资产业指导政策〉的通知》，并给出了鼓励类和禁止类境外投资产业指导目录。

与战略性粮食产业相关的鼓励投资的产业如下。

（1）农、林、牧、渔业。包括油料的种植；畜牧业和养殖业，特别是优良种畜种禽、水产苗种繁育。

(2) 制造业。包括农业机械组装生产；钾肥、氮肥、磷肥及复合肥制造等。

禁止境外投资产业目录中，禁止与农业、农产品加工相关的主要是中国特有的珍贵优良品种的养殖、种植，以及禁止与茶、中药相关的传统工艺等的生产、加工。

由图6.1可知，2002～2011年，中国非金融类对外投资在全球金融危机背景下仍然逆势增长，保持了持续递增的良好局面。与2002年相比，2011年中国非金融类对外投资增长了20多倍。

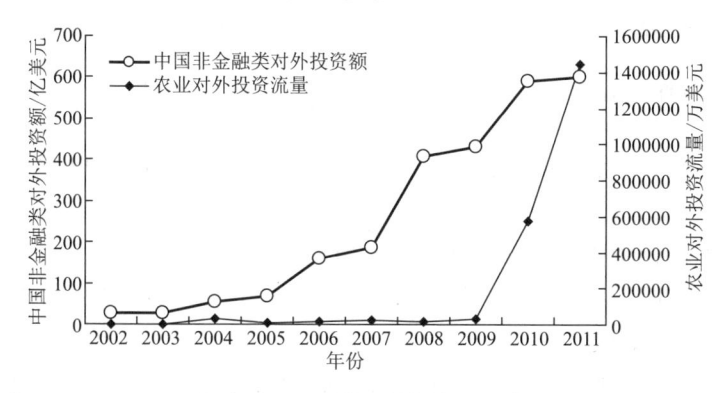

图6.1 2002～2011年中国非金融类对外投资额和农业对外投资流量走势
资料来源：根据商务部对外投资公报和国家统计局历年统计公报数据整理

据商务部统计，2011年中国境内投资者共对全球132个国家和地区的3391家境外企业进行了非金融类对外直接投资，累计实现直接投资600.7亿美元，同比增长1.8%。其中股本投资和其他投资456.7亿美元，占76%；利润再投资144亿美元，占24%。浙江、广东、江苏、山东等地区境外投资企业数量较多。

自加入世界贸易组织以来，中国境外非金融类投资增速加快，内资企业"走出去"的步伐加快。从境外投资的行业分布看，到2010年，租赁和商务服务业、金融业、采矿业、批发和零售业的投资存量比重较高，在12%以上；制造业比重为5.61%。农、林、牧、渔业比重仅为0.82%。在制造业的细分行业中，食品类产业不是投资的重点。农、林、牧、渔业投资从2004年到2010年增长了近2倍。第三产业境外投资比重整体较高，第一产业境外投资比重较低。

浙江、辽宁、山东、广东、上海、江苏等地区是中国境外投资的主要地区。从投资的流向看，2010年，中国境外投资流量最大的地区是中国香港，占当年流量的56%,其次包括英属维尔京群岛、开曼群岛、卢森堡、澳大利亚、瑞典、美国等。从大洲看,亚洲是中国境外投资的重点地区,2010 年占65.3%,其次是拉丁美洲,占15.3%。

从企业层面看,境外投资企业以国有企业为主体。民营企业主要来自浙江、福建等地区。2010 年,从行业分布看,境外投资企业主要分布在制造业、批发零售业、租赁和商务服务业,农林牧渔业的企业数量仅占4.8%。在2010 年末,中国非金融类对外直接投资的企业中,中国粮油食品进出口(集团)有限公司排第6 位,境外资产总额排第16 位,销售收入排第10 位。[①]

三、存在的问题

内资企业发展存在的问题包括产能利用率不足、研发经费投入低、企业规模小、产品加工深度不够等。

2009 年,中国大米加工业、面粉加工业、油料处理、油脂精炼行业产能利用率分别为44.4%、67.1%、51.2%和71%,均比2008 年有所下降。粮食加工业迫切需要提高产能利用率,进一步整合形成规模效应。

2009 年,全国粮油加工业企业研发经费投入占产品销售收入的比重仅为0.2%,研发能力有待提高。具体情况见表6.2。

表6.2 2009 年全国粮油加工业企业研发经费投入强度比较

粮食加工细分产业	研发经费投入/亿元	产品销售收入/亿元	研发经费投入强度/%
大米加工业	2.9	1909.2	0.15
面粉加工业	1.9	1558.1	0.12
食用植物油加工业	5.4	3622	0.15
玉米加工业	8.4	1437.6	0.58
粮食食品加工业	0.9	651.5	0.14
饲料加工业	2	1649.5	0.12
粮食机械设备制造业	0.9	85.3	1.06

资料来源:根据《粮食加工业统计资料》(2010 年)数据整理

从表6.2 可以看到,内资粮油企业的研发投入强度普遍偏低。企业规模小、市场竞争激烈、利润偏低等因素制约了内资粮油企业研发能力的提升。在粮食加工业中,民营企业数量最多,但整体规模较小,行业集中度低。

---

① 本部分数据来自商务部《2010 年度中国对外直接投资统计公报》。

例如，2009年，全国大米加工企业为7687家，民营企业有2491家，占大米加工企业总数的32.4%。用粮食加工业工业总产值除以企业数量，得到粮食加工业行业平均规模，用国有、外资、民营企业平均规模除以行业平均规模，得到图6.2。国有、外资、民营企业平均规模除以行业平均规模，值大于1，表明企业规模大于行业平均规模。

由图6.2可见，外资企业数量少、产值高，企业平均规模高于行业平均水平。民营、国有企业的企业规模在行业平均水平附近。提高行业集中度是内资企业发展的选择之一。

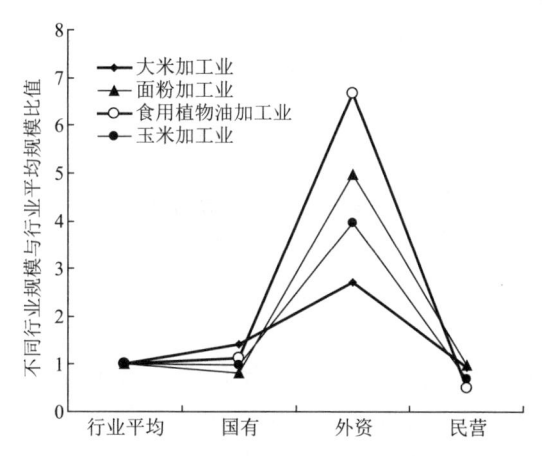

图6.2 2009年粮食加工业内外资企业平均规模比较
资料来源：根据《粮食加工业统计资料》(2010年)计算整理

第二节 外资产业控制力的加速发展

中国自加入世界贸易组织以后，外资产业控制力在波动中平稳增长。受始于2007年下半年的全球金融危机的影响，外资在中国的产业控制力出现下降和调整。

一、外商投资规模的走势

加入世界贸易组织以来，受全球经济形势影响，一方面，中国吸引外资的规模继续加大，但比重下降；另一方面，外资在固定资产投资中的比重下降。

图6.3显示了2002~2011年外资在固定资产投资中比重持续下降的趋势。2008年以后受全球金融危机影响，这一下降趋势更加突出。外资整体走势决定了外资在粮食产业的投资也将趋于下降。

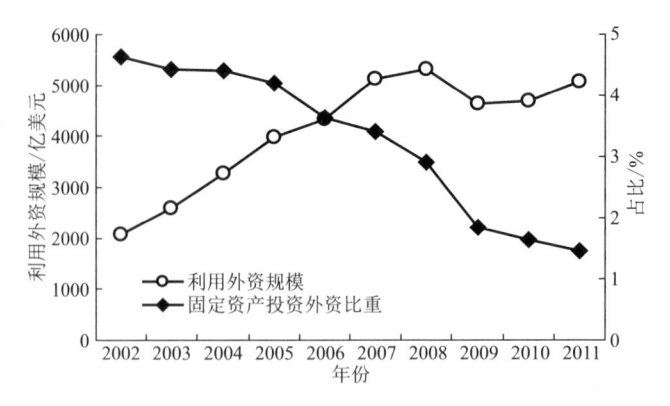

图 6.3 2002～2011年吸引外资和全社会固定资产投资中利用外资比重
资料来源：根据《中国统计年鉴》(2012年)和国家统计局相关数据整理计算

二、受全球金融危机影响外资产业控制力下降

中国吸引外资规模与全球经济形势有密切的关系。全球经济萧条时，中国吸引外资的规模下降较为明显。这种现象在东南亚金融危机和源自美国的全球金融危机中均体现得十分充分。中国吸引外资的规模和速度有所下降，也反映了这一特点。

从表6.3可以看到，2009年前后的全球金融危机对外资粮食企业在中国的经营影响有限。农副食品加工业中企业数量有所下降，同时亏损企业数量也有所下降，其他指标基本未受金融危机影响。食品制造业的出口交货值、利润总额未受金融危机影响，均有所上升，亏损企业数量逐步减少。

表6.3 2008～2010年外资在部分粮食产业的经营状况

行业	年份	工业销售产值/亿元	出口交货值/亿元	利润总额/亿元	企业数量/个	亏损企业数量/个
农副食品加工业	2008	6308.32	817.4	290.89	2621	560
	2009	6724.86	866.94	350.02	2600	457
	2010	7723.63	922.03	506.4	2453	373
食品制造业	2008	2735.14	320.97	204.07	1601	418
	2009	3106.03	288.47	283.61	1601	347
	2010	3508.58	352.05	360.75	1558	330

资料来源：根据历年《中国工业经济统计年鉴》数据整理

粮食产业外资的产业控制力相对稳定，表现出在波动中增长的特征。外资企业在小麦加工、油料加工等方面的生产能力继续上升，在玉米加工等方面的生产能力有所下降。2011年，外商及中国港澳台投资企业小麦加工能力为 775 万吨，比 2010 年增长 11.7%；油料加工能力为 4158 万吨，比 2010 年增长 10.9%；玉米加工能力则下降 1.8%。就企业而言，益海嘉里产品销售收入率先超过千亿元，领先中国粮油食品进出口（集团）有限公司 500 多亿元。其他外资粮商如嘉吉投资（中国）有限公司、邦吉（上海）管理有限公司、路易达孚（霸州）饲料蛋白有限公司业务增幅较小，难以与益海嘉里抗衡。

但从销售利润率看，随着民营企业实力的提升，外资企业与民营企业的销售利润率差距正在缩小。从 2010 年到 2011 年，外资企业销售利润率领先优势已经由 1 个百分点减少到 0.1 个百分点。[1]

从表 6.4 可以看到，民营企业虽然整体上销售收入控制率、利润控制率较高，但就企业平均水平而言则没有规模优势。2011 年外资企业的产业控制力与内资企业相比，仍然优势明显。

表 6.4 2011 年粮食加工行业内外资产业控制力

指标	国有及国有控股企业	外商及中国港澳台投资企业	民营企业
企业数量/个	1447	610	16081
产品销售收入/亿元	1554.3	4739.8	12927.9
利润/亿元	19	132.6	343
资产/亿元	1336.9	3056.1	7108.6
销售收入控制率/%	8.1	24.7	67.3
利润控制率/%	3.8	26.8	69.3
资产控制率/%	11.6	26.6	61.8

资料来源：根据《粮食加工业统计资料》（2012 年）和相关数据计算整理

目前，除了巩固在油脂行业的竞争优势外，外资在小麦、大米、饲料等粮食细分行业的扩展态势仍在继续，需要引起重视。

第三节 战略性粮食产品进口规模增速加快

自加入世界贸易组织以来，中国部分战略性粮食产品的进口规模虽然与国内产量相比较小，但进口规模增速加快，这对国内粮食产品价格产生了不利影响。

---

[1] 根据《粮食加工业统计资料》（2012 年）和相关数据计算整理。

一、粮食进口量继续增加

2002年，中国粮食进口1417万吨，到2009年达到5223万吨。据海关统计，2011年中国进口粮食（包括谷物及谷物粉、豆类、淀粉块茎及薯类）6390.3万吨，比上年减少4.6%；价值336.6亿美元，比上年增长19.8%。2011年，中国出口粮食287.5万吨，比上年增加4.5%；价值21.8亿美元，比上年增长18.2%。2011年中国粮食净进口量为6102.8万吨，比上年减少4.9%。外资企业占粮食进口的一半左右。

从图6.4可以看到，中国粮食进口量与粮食产量整体都保持了增长态势。

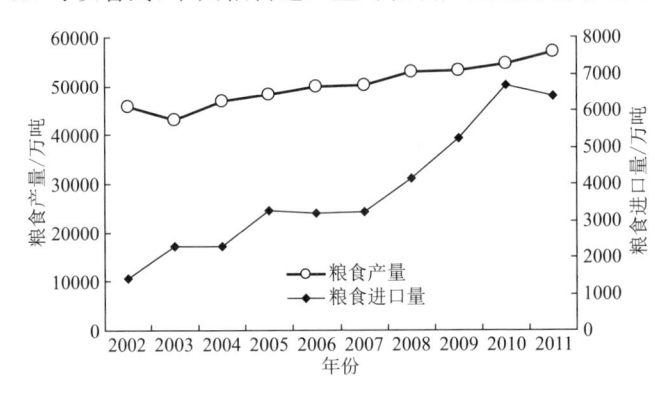

图6.4 2002～2011年粮食产量和进口量走势比较
资料来源：《中国粮食发展报告》（2012年）

大豆是中国进口规模最大的品种。2002～2011年，大豆进口量持续攀升，国内大豆产量逐年下降，大豆进口量超过国内大豆产量。至2011年，大豆进口量占粮食进口量的80%左右。

大豆进口量大与国内旺盛的大豆油消费需求密切相关，进口大豆成本低是中国大豆进口规模持续攀升的重要原因。

二、国内粮食价格受国际粮价波动影响日益明显

自加入世界贸易组织以后，中国对外开放水平逐步提高，国内粮食市场受国际粮食市场的影响越来越明显。

在粮食领域，由于大豆进口量较大，国内大豆和大豆油价格受国际大豆价格波动影响较大。当国际大豆价格上涨时，国内大豆油价格随即上涨；当国际大豆价格下跌时，国内大豆进口量继续上升。国产大豆成本偏高，受进口大豆冲击较大。

在期货市场上，中国大豆期货与美国大豆期货价格走势逐渐趋向一致。

从图 6.5 可以看到，2002~2011 年，中国大连大豆期货与美国大豆期货价格走势逐渐趋向一致。国际大豆价格通过期货途径对国内大豆价格也产生了深远的影响。

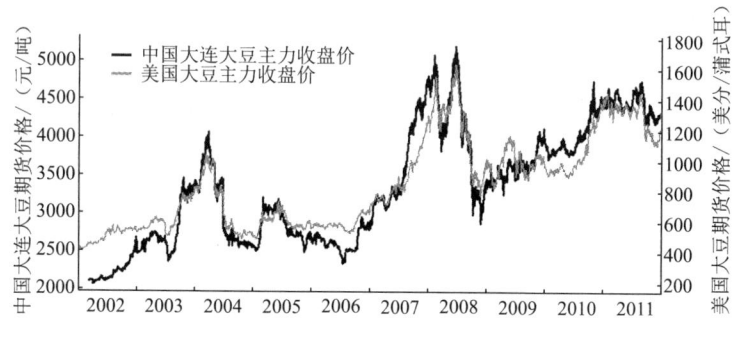

图 6.5 2002~2011 年中国大连和美国大豆期货走势比较
资料来源：布瑞克农产品数据库

总的来看，2002~2011 年，中国对外开放程度大幅提高，极大地提升了中国外贸进出口规模，粮食产业开放程度进一步提升，粮食进口规模继续扩大。

第七章　中国粮食产业外资控制的风险初现

中国粮食产业外资控制的风险初现大致出现在 2012 年,具体表现为粮食产业外资控制在部分环节和产品上形成初步垄断、粮食产品进口继续增加等。

第一节　新常态背景下粮食产业外资控制保持平稳

一、新常态的内涵及影响

"新常态"(new normal)这一用语最早由美国投资人比尔·格罗斯(Bill Gross)于 2009 年 5 月提出,用以描述 2008～2009 年后危机时期的金融状态和美国经济的复苏特征。

2010 年以来,世界经济处于复苏之中,新常态特征凸显。由表 7.1 可见,GDP、贸易、固定资本形成总值、就业、FDI 指标在全球经济摆脱 2009 年低谷后开始缓慢复苏。

表 7.1　2008～2016 年世界经济主要指标增速　　（单位：%）

经济变量	2008 年	2009 年	2010 年	2011 年	2012 年	2013 年	2014 年	2015 年	2016 年
GDP	1.5	−2.0	4.1	2.9	2.4	2.5	2.6	2.8	3.1
贸易	3.0	−10.6	12.6	6.8	2.8	3.5	3.4	3.7	4.7
固定资本形成总值	3.0	−3.5	5.7	5.5	3.9	3.2	2.9	3.0	4.7
就业	1.2	1.1	1.2	1.4	1.4	1.4	1.3	1.3	1.2
FDI	−20.4	−20.4	11.9	17.7	−10.3	4.6	−16.3	11.4	8.4

资料来源：联合国贸易和发展会议 2015 年《世界投资报告》
注：2015 年、2016 年为预测值

由图 7.1 可知,受全球金融危机影响,中国 2008～2009 年季度 GDP 波动较大。2010 年起,季度 GDP 进入递减增长区间。2012 年起,中国季度和年度 GDP 同比增速在 7% 的水平上保持基本稳定状态,中国经济新常态特征形成。

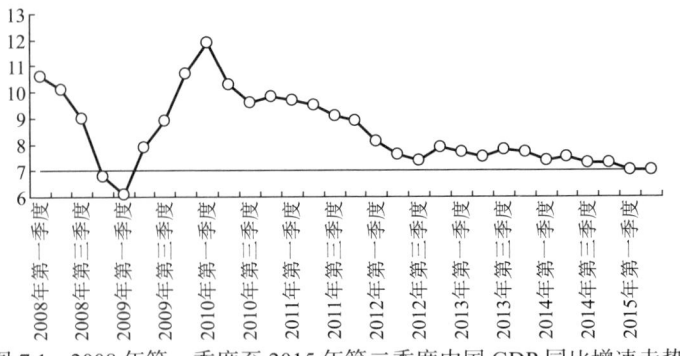

图 7.1 2008 年第一季度至 2015 年第二季度中国 GDP 同比增速走势

资料来源：国家统计局

习近平总书记 2014 年 5 月在河南考察时，以及 2014 年 11 月在亚洲太平洋经济合作组织（APEC）会议等不同场合系统阐述了中国经济新常态问题。2014 年 12 月中央经济工作会议概括了中国经济新常态的九大特征，具体见表 7.2。

表 7.2 中国经济新常态的九大特征

特征	改革开放初期	经济新常态	发展趋势和对策
消费需求	消费具有明显的模仿型排浪式特征	个性化、多样化消费渐成主流，保证产品质量安全、通过创新供给激活需求的重要性显著上升	采取正确的消费政策，释放消费潜力，使消费继续在推动经济发展中发挥基础作用
投资需求	经历了 30 多年高强度大规模开发建设后，传统产业相对饱和	基础设施互联互通和一些新技术、新产品、新业态、新商业模式的投资机会大量涌现，对创新投融资方式提出了新要求	必须善于把握投资方向，消除投资障碍，使投资继续对经济发展发挥关键作用
出口和国际收支	国际金融危机发生前国际市场空间扩张很快，出口成为拉动中国经济快速发展的重要动能	现在全球总需求不振，中国低成本比较优势也发生了转化，同时中国出口竞争优势依然存在，高水平"引进来"、大规模"走出去"正在同步发生	必须加紧培育新的比较优势，使出口继续对经济发展发挥支撑作用
生产能力和产业组织方式	供给不足	传统产业供给能力大幅超出需求	产业结构必须优化升级，企业兼并重组、生产相对集中不可避免，新兴产业、服务业、小微企业作用更加凸显，生产小型化、智能化、专业化将成为产业组织新特征
生产要素相对优势	劳动力成本低是最大优势，引进技术和管理就能迅速变成生产力	现在人口老龄化日趋发展，农业富余劳动力减少，要素的规模驱动力减弱，经济增长将更多依靠人力资本质量和技术进步	必须让创新成为驱动发展新引擎

续表

特征	改革开放初期	经济新常态	发展趋势和对策
市场竞争特点	数量扩张和价格竞争	逐步转向质量型、差异化为主的竞争	统一全国市场、提高资源配置效率是经济发展的内生性要求，必须深化改革开放，加快形成统一透明、有序规范的市场环境
资源环境约束	能源资源和生态环境空间相对较大	环境承载能力已经达到或接近上限	必须顺应人民群众对良好生态环境的期待，推动形成绿色低碳循环发展新方式
经济风险积累和化解	经济增速较高	经济增速下调，各类隐性风险逐步显性化，风险总体可控	化解以高杠杆和泡沫化为主要特征的各类风险将持续一段时间，必须标本兼治、对症下药，建立健全化解各类风险的体制机制
资源配置模式和宏观调控方式	全面刺激政策效果明显	全面刺激政策的边际效果明显递减，既要全面化解产能过剩，也要通过发挥市场机制作用探索未来产业发展方向	必须全面把握总供求关系新变化，科学进行宏观调控

资料来源：根据 2014 年 12 月中央经济工作会议公报整理

2014 年，中国吸引外资规模居世界第一位。尽管外资规模持续上升，但外资在中国固定资产投资中的比重呈现继续下降的特点。这反映了改革开放以来内资逐渐崛起。

由图 7.2 可知，1996 年以后，外资在固定资产投资中的比重呈现下降趋势，2008 年以后下降趋势更加明显。

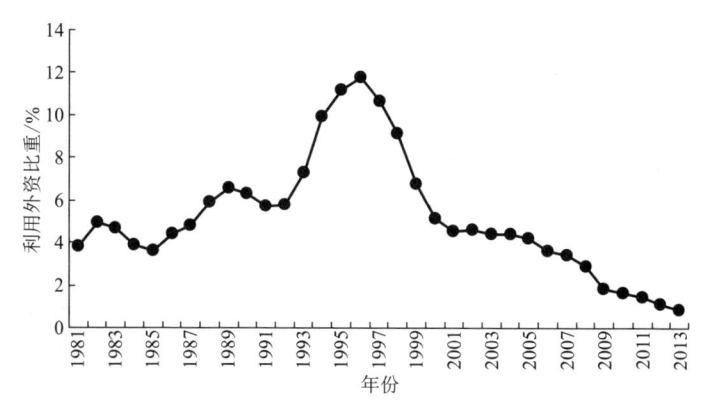

图 7.2　1981～2013 年全社会固定资产投资中利用外资比重
资料来源：根据《中国统计年鉴》（2014 年）相关数据整理计算

二、新常态背景下粮食产业外资控制的平稳特点

（一）农业投资不足，空间巨大

目前，全球 FDI 流入农业领域的比重不足 5%。FDI 在农业生产领域投资较少，主要集中在加工和配送领域。尽管在引进外资过程中存在一些和立法、粮食安全、土地准入、水资源等相关的问题，但多数发展中国家仍在积极吸引外资流向农业部门。随着收入增长和人口增长，食物需求不断增加。农业生产若要满足日益增长的需求，必须不断增加投资。东道主国家与外资必须寻求双赢，而不是产生新的殖民主义[①]。

新常态背景下，中国经济增速趋于平缓，但中国粮食产业对外资仍然有巨大的需求。中国农业领域和粮食产业吸引外资不足的局面尚未彻底改变，因此，粮食产业积极利用外资应该是中国坚持的基本方针。

（二）外资在粮食产业发展平稳

2012 年，粮食加工领域外商及中国港澳台投资企业整体发展平稳，利润总额 116 亿元，占全国利润总额的 19.8%。益海嘉里、嘉吉、邦吉、路易达孚四家公司粮油加工业务销售收入 1674 亿元，比 2011 年增长 11.3%。

由表 7.3 可知，2012 年外资企业与上年相比，在企业数量方面略有下降，但整体发展平稳。新常态背景下，外资在粮油领域的管理、技术、市场、品牌等方面的优势仍会保持下去。

表 7.3　2012 年粮油加工业分经济类型主要经济指标比较

经济类型	企业数量/家	比上年增幅/%	产品销售收入/亿元	比上年增幅/%	利润总额/亿元	比上年增幅/%
国有企业	1423	−2.4	1840.4	19.1	19.7	6.5
外资企业	601	−1.8	4934.5	4.1	116.7	−12.0
民营企业	17306	7.3	15863.9	22.7	449.4	31.0

资料来源：《粮食加工业统计资料》（2013 年）

2015 年，全国纳入粮食产业经济统计范围的各类企业包括成品粮油加工企业、粮油食品加工企业、饲料加工企业、粮食深加工企业和粮油机械制造企业，累计达 18715 家。其中，国有及国有控股企业 1205 家，内资非国有企业 16978 家，中国港澳台商及外商企业 532 家。

---

① FAO, *Trends and Impacts of Foreign Investment in Developing Country Agriculture: Evidence from Case Studies*, Rome, 2013.

以小麦加工业为例，2015年，内资非国有企业、国有及国有控股企业、中国港澳台商及外商企业的工业总产值占小麦加工企业产品销售收入的比重分别为80%、11%和9%，利润总额占比分别为89%、3%和7%。[①]从这些数据可以看出，内资非国有企业产品销售收入和利润所占的比重较大，显示出较大优势。但考虑到内资非国有企业数量众多，从企业平均规模看，内资非国有企业平均规模较小。

第二节　新常态背景下内资粮食产业竞争力的发展

在新常态背景下，中国内资粮食产业发展迅速，竞争力得到提升。

一、新常态背景下内资粮食产业竞争力的特点

（一）农业产业化龙头企业发展

在新常态背景下，农业产业化龙头企业进一步获得发展。2012年2月，农业产业化龙头企业第五批（359家）名单公布，至此共有1253家，占全国各类龙头企业的1%左右。

表7.4第五批国家重点龙头企业中，与战略性粮食产品相关的类别包括粮食类、畜禽类、油料类、奶类、种子类，这些企业合计有206家，占第五批国家重点龙头企业总数的57.4%。

表7.4　第五批国家重点龙头企业分布特征　（单位：家）

产品分类	粮食类	畜禽类	果蔬类	林特产类	水产类	茶叶类
企业数量	96	76	75	29	24	18
产品分类	油料类	奶类	种子类	棉麻丝类	糖料类	合计
企业数量	15	11	8	4	3	359

资料来源：农业部：第五批农业产业化国家重点龙头企业认定情况新闻发布会，2012年2月27日

中国粮食行业协会根据企业年度粮食产品销售收入、产量等情况，评出年度中国粮食企业100强、大米加工50强、食用油50强、面粉加工50强等。这些企业除嘉里粮油（中国）有限公司等外资企业外，多数为内资企业，反映了优势粮食企业的发展状况。

民间资本在促进就业、固定资产投资、经济增长等方面的作用越来越显著。2010年，《国务院关于鼓励和引导民间投资健康发展的若干意见》（国

---

① 资料来源：根据国家粮食局《2015年粮食行业统计资料》整理计算。

发〔2010〕13号）提出进一步扩大民间投资的领域，鼓励民间投资进入金融、商贸流通等行业。国家统计局公布了2012年全国民间资本固定资产投资情况。从具体数据看，民间资本投资在地域上仍集中在东部地区（占48.9%），中部、西部地区分别占31.3%、19.8%；在产业上集中在第二产业（占52.1%），第一、第三产业分别占2.8%、45.1%。

（二）"互联网+"推动下的粮食企业发展机遇

新常态背景下，粮食企业面临"互联网+"、跨境电子商务、云计算和大数据、物联网等新技术、新平台的发展机遇，也面临中国"一带一路"倡议、制造强国战略推进的新机遇。

《国务院关于大力发展电子商务加快培育经济新动力的意见》（国发〔2015〕24号）提出利用电子商务创新工业生产组织方式、推动传统商贸流通企业发展电子商务、加强电子商务国际合作鼓励发展面向"一带一路"沿线国家的电子商务合作等措施，有利于粮食产业转型升级，提高运行效率。

《国务院关于积极推进"互联网+"行动的指导意见》（国发〔2015〕40号）提出"互联网+"现代农业、"互联网+"电子商务、"互联网+"协同制造、"互联网+"高效物流等重点行动计划。该意见指出，到2025年，网络化、智能化、服务化、协同化的"互联网+"产业生态体系基本完善，"互联网+"新经济形态初步形成，"互联网+"成为经济社会创新发展的重要驱动力量。

"互联网+"现代农业等重点行动计划为新常态背景下农业领域和粮食产业发展提供了新动力和新机遇，物联网、大数据、云计算、智慧农业等新技术为传统农业的现代化提供了新思路。

《国务院办公厅关于促进跨境电子商务健康快速发展的指导意见》（国办发〔2015〕46号）提出支持国内企业更好地利用电子商务开展对外贸易、鼓励有实力的企业做大做强等指导意见，这对农业"走出去"战略的实施、内资粮食企业"走出去"是一个重要的支撑。

二、新常态背景下内资粮食企业"走出去"的格局

（一）农业对外投资规模继续攀升

按2012年末对外直接投资存量排序，中国非金融类跨国公司100强中，涉农类企业包括光明食品（集团）有限公司（第48位）、中国农业发展集团总公司（第70位）等。[1]

---

[1] 2012年中国非金融类跨国公司100强（按2012年末对外直接投资存量排序）。

2013年，在全球外国直接投资流出流量较上年增长1.4%的背景下，中国对外直接投资流量创下1078.4亿美元的历史新高，同比增长22.8%，连续两年位列全球三大对外投资国。中国对外直接投资累计净额（存量）达6604.8亿美元，较上年排名前进两位，居全球第11位。2013年，中国农林牧渔业对外投资额为2480779万美元，较上年有所增长。①

2014年中国成为资本净输出国。2014年，中国境内投资者共对全球156个国家和地区的6128家境外企业进行了直接投资，累计实现投资6320.5亿元人民币（折合1028.9亿美元），同比增长14.1%。其中，股本投资和其他投资5288.5亿元人民币（折合860.9亿美元），占83.7%；利润再投资1032亿元人民币（折合168亿美元），占16.3%。截至2014年底，中国累计非金融类对外直接投资3.97万亿元人民币（折合6463亿美元）。②

（二）农业对外投资全面展开

2014年中央一号文件《关于全面深化农村改革加快推进农业现代化的若干意见》中强调，要支持农业"走出去"及与周边国家进行农业合作。"一带一路"倡议的提出和落实，为中国农业"走出去"提供了巨大的市场空间。

中国对外农业投资地理分布集中度较高，主要集中在亚非发展中国家和大洋洲，重点投资国家集中在东盟、俄罗斯与部分非洲国家。

2013年，中国对外农业投资的投资机构主要集中于东部地区，作为中国对外农业投资的重点省（直辖市），黑龙江省、山东省、天津市和上海市在对外农业投资中各有侧重，发展较具特色。

目前，中国对外农业投资的产业分布涉及农、林、牧、渔及农副产品加工业、农林牧渔服务业等多个产业类别，行业投资日趋合理，不同类别产业发展的深度和广度都有所提高。

2013年，中国农业对外投资净额为12.99亿元。截至2013年底，中国农业对外累积投资总额39.56亿美元，共有373家境内投资机构在境外设立了农业企业，设立企业数量共计443家，覆盖了生产、加工、仓储、物流等多项业务。

中国境内投资机构在境外投资设立的443家农业企业中，由龙头企业设立213家，龙头企业的投资流量为7.05亿美元，占比54.4%，在投资过程中

---

① 商务部对外投资和经济合作司：《2013年度中国对外直接投资统计公报》，http://www.fdi.gov.cn/1800000121_33_4266_0_7.html，2014年9月12日。

② 商务部对外投资和经济合作司：《2014年我国非金融类对外直接投资简明统计》，http://www.mofcom.gov.cn/article/tongjiziliao/dgzz/201501/20150100878152.shtml，2015年1月26日。

显示出实力强、市场广等优势。①

第三节　新常态背景下粮食进口规模持续增加

新常态背景下，中国大豆、稻米、玉米等粮食进口规模持续增加，粮食结构不断优化，粮食进口主要受汇率、消费需求等因素影响。

一、新常态背景下粮食进口走势

2012年，中国大米、玉米、小麦、大豆等主要粮食进口规模大幅度增加，再次引发人们对粮食安全问题的关注。《人民日报》在2012年底、2013年初连续刊发两篇文章，认为"我们的饭碗端在自己手上""进口大米增加不会危及世界粮食安全"。②文章主要从粮食进口占国内粮食产量和国际粮食贸易量的比重、进口粮食用途等方面来分析。从这些指标看，中国粮食进口依存度不算高；但是，从时间发展看，中国粮食进口规模及比重却不断增高。大豆进口规模也不是一年、两年攀升上去的，现在大豆进口的趋势在短时间内仍无法逆转。

2014年全国粮食总产量达6.07亿吨，同比增长0.9%。2014年，中国粮食进口突破1亿吨。根据海关统计，2014年中国全年进口大豆7140万吨，同比增加12.7%，创下历史新高。谷物及谷物粉进口1951万吨，上年同期累计为1458万吨，同比增长33.8%；全年累计出口大米419071吨，上年同期累计为478404吨，同比下降12.4%。中国大米进口量为255.7万吨，同比增加31.29万吨，增幅为13.94%，为历史最高水平。

中国战略性粮食产品进口规模增速加快的主要原因包括：①粮食消费需求增加。大豆、食用植物油等产品需求呈现刚性增长，国内大豆等原料产量有限，导致进口需求增加。②国内外粮食价格差异。当国际粮食价格低于国内市场价格时，大豆、大米等产品进口量就大幅增加。③居民消费需求升级。近些年，随着居民消费需求升级，对食品安全更为关注，开始偏好进口奶制品等粮食衍生产品。此外，人民币汇率升值等因素也刺激了粮食进口。④外资在大豆等粮食产品上的加工能力增强，带动了大豆等粮食产品进口。

战略性粮食产品进口增速不断提升的趋势，需要高度关注。随着时间的

---

① 农业部国际合作司，农业部对外经济合作中心：《中国对外农业投资合作报告（2014）》，北京，中国农业出版社，2015年，第1~3页。
② 参见杜海涛，史鹏飞，成慧：《我们的饭碗端在自己手上》，《人民日报》，2012年12月26日；冯华：《进口大米增加不会危及世界粮食安全》，《人民日报》，2013年1月26日。

推移，玉米、大米等产品也可能会重蹈大豆的覆辙。

这里具体分析大豆、玉米和稻米产品的进口趋势。

从图7.3可以看到，2000年1月至2015年1月，中国月度大豆和大豆油进口量快速攀升。尤其是大豆进口量，占全球大豆进口量的比重越来越高。这种情况需要高度关注，并采取防范措施，避免大豆进口在数量和价格方面给中国国内市场带来冲击。

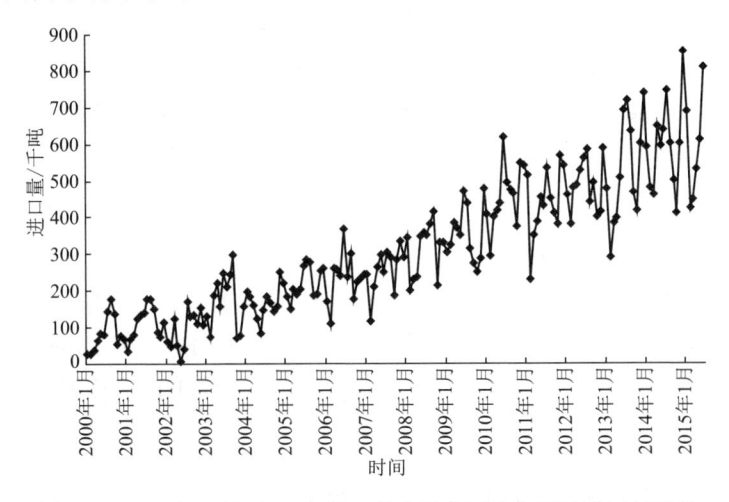

图7.3 2000年1月至2015年1月中国大豆和大豆油进口量走势
资料来源：布瑞克农产品数据库

从图7.4和图7.5可以看到，2002~2012年，中国玉米和稻米进口规模都比较小，但2009年以后，玉米和稻米的进口量有加速增长的趋势，需要引起关注。

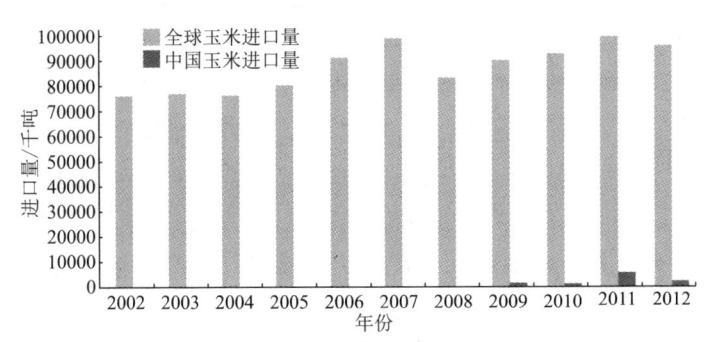

图7.4 2002~2012年中国玉米进口走势
资料来源：布瑞克农产品数据库

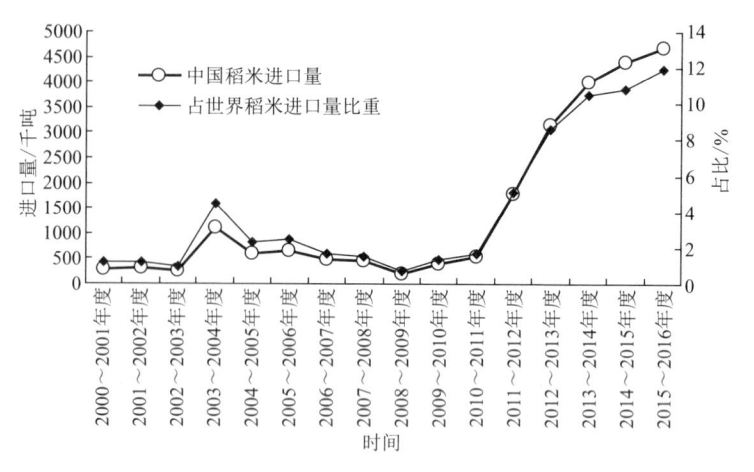

图 7.5 2000～2016 年度中国稻米进口量及占世界稻米进口量比重走势
资料来源：美国农业部

总的来看，由于全球粮食贸易规模有限，中国从国际市场进口粮食的空间也是有限的，必须站在战略高度，密切监控战略性粮食产品的进口动态。口粮固然不能高度依赖进口，但是工业用粮、饲料用粮过于依赖进口也是有市场风险的，需要加强调控。

二、粮食结构优化与国家新粮食安全战略

（一）主食产业化

2012 年，《国家粮食局关于进一步推进主食产业化增强口粮供应保障能力的指导意见》（国粮展〔2012〕164 号）要求进一步推进粮食主食化工作。根据该文件的阐释，主食是城乡居民生活必须食用的主要粮食制成品，既包括米饭、馒头、面条、杂粮等主食制品，也包括大米、面粉等主食原料。主食产业化，则是在构建从田间到餐桌的粮食全产业链过程中形成的，以粮食生产基地化、主食加工工业化、营销供应社会化为主要特征的，具有中国膳食特色的新型主食产业发展方式。《粮食加工业发展规划（2011—2020 年）》明确提出了主食质量保障和主食加工业的发展思路。

从地区分布看，在北京、天津、河北、山东、河南、陕西等地建设或改造一批优质面制主食加工示范基地；在东北地区和上海、安徽、江西、湖南、广东、广西、重庆、四川、贵州、云南等地建设和改造一批优质米制主食加工示范基地；在华北、西北、西南等地区发展以杂粮为主的主食、方便食品。实现主食生产工业化、产品标准化和配送社区化。

鼓励龙头企业大力发展粮食订单农业，建立生产基地，带动优质、专用粮食生产结构调整,形成种植、收储、加工和市场营销一条龙的全产业链发展模式。

随后,河南、安徽等省发布主食产业化规划,积极促进主食产业发展。

主食产业化在提高口粮保障能力、加快转变粮食产业发展方式、促进粮食加工产业转型升级、提升粮食企业竞争力等方面都具有重要意义。

由表7.5可知,主产区粮食加工企业在政府早餐工程企业、主食加工中央厨房、省级名牌、著名商标等方面优势明显。主食加工利润明显高于一般成品粮加工利润。2012年,馒头、挂面和方便米饭的平均售价分别是特制二等粉和二级大米平均售价的1.5倍、1.3倍和4.3倍;馒头、挂面和方便米饭的平均利润分别是大米、面粉平均利润的6.0倍、2.6倍和15.0倍[①]。

表7.5 中国粮食加工企业情况汇总表　　　（单位：个）

地区	主产区	主销区	平衡区
政府早餐工程企业	662	119	283
主食加工中央厨房	764	149	286
省级名牌	881	118	155
国家级名牌	239	43	49
驰名商标	382	49	77
著名商标	1339	141	254
国家级研发中心	56	5	9
省级研发中心	388	33	73

资料来源:《粮食加工业统计资料》(2013年)

2012年以来,中国主食产业化发展的主要成就表现在创新产业理论、加大基础科研、研制生产装备、完善标准体系、探索商业模式等方面。[②]

(二)确保口粮绝对安全

2014年中央一号文件指出:"把饭碗牢牢端在自己手上,是治国理政必须长期坚持的基本方针。综合考虑国内资源环境条件、粮食供求格局和国际贸易环境变化,实施以我为主、立足国内、确保产能、适度进口、科技支撑的国家粮食安全战略。"并指出"确保谷物基本自给、口粮绝对安全。更加积极地利用国际农产品市场和农业资源,有效调剂和补充国内粮食供给"。这说明在新时期,中国根据国内外经济形势和粮食供求状况的变化,提出了

[①] 资料来源:《粮食加工业统计资料》(2013年)。
[②] 刘晓真:《我国面制主食产业化的现状及趋势分析》,《粮食加工》2014年第39卷第6期,第1~5页。

新型的国家粮食安全战略。

"以我为主、立足国内"反映了中国粮食安全的基本立足点。从内外资关系看，在粮食安全领域，显然是以内资为主，但外资在粮食安全方面仍然可以有所贡献和作为。面对国内外粮食市场互动趋势日益加强的特点，"适度进口"为中国粮食进口的规模提出了一个简明的要求。"口粮绝对安全"进一步明确了粮食安全的重点。

中国新粮食安全战略的确立，为今后粮食产业发展奠定了基本原则，指明了发展方向。

（三）马铃薯主食化

马铃薯有望成为中国继水稻、小麦、玉米之后的第四大主食作物。2015年初，农业部表示推进马铃薯主食化可以顺应大家吃饱吃好吃得健康的需求（马铃薯营养丰富、全面），顺应结构优化和资源开发的需要（马铃薯生产节水、节地、节肥、省药效果好），顺应城乡居民生活快节奏的新变化（马铃薯易加工、口味好、营养全，做成方便食品、半成品受欢迎）。推进马铃薯主食化，是实施新形势下的国家粮食安全战略，即保证谷物基本自给、口粮绝对安全。[①]

2015年1月农业部发布的《2015年种植业工作要点》要求：积极推进马铃薯主食产品及产业开发；编制《全国马铃薯主食产品及产业开发规划》，引导资金、技术、人才等要素向马铃薯产业集中。

薯类属于中国粮食统计范畴。2013年，中国薯类产量为3329.3万吨，占粮食总产量的5.5%。薯类种植面积896.3万公顷，占粮食总播种面积的8.0%。其中，2013年，马铃薯产量为1918.8万吨，播种面积为5615万亩。由图7.6可见，中国马铃薯种植主要分布在四川、甘肃、贵州、内蒙古、云南、重庆等地区。

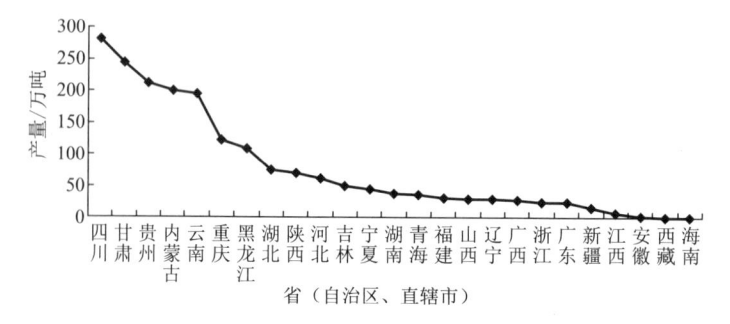

图7.6 2013年中国主要地区马铃薯产量

资料来源：《中国农村统计年鉴》（2014年）

---

① 冯华：《农业部首次回应让土豆成为第四大主食：不是缺粮是为百姓健康》，https://www.guancha.cn/life/2015_01_16_306493_s.shtml，2015年1月16日。

联合国粮食及农业组织将 2008 年确定为"世界马铃薯年",将马铃薯称为"被埋没的宝物",并发行《重新认识被埋没的宝物》宣传册。2015 年 6 月,第一批马铃薯馒头上市;2015 年 7 月,世界马铃薯大会在北京延庆召开,国际马铃薯中心亚太中心(中国)项目开始建设[①]。

马铃薯主食化在品种优化、加工、流通、消费等方面还需要继续探索。根据中国海关和联合国商品贸易统计数据库的统计,2017 年,中国马铃薯出口量为 51.02 万吨,与 2012 年(35.80 万吨)相比增长了 42.5%。2012~2017 年,中国马铃薯出口保持了稳定增长的趋势。

三、新常态背景下有效汇率对粮食进口的影响[②]

自 2005 年人民币汇率改革以来,关于人民币升值对农产品进口影响的研究引起了人们极大的关注。林俏俏、吴东立[③]综合分析了人民币升值的农产品进口效应。从影响机理看,人民币升值影响农产品进口是通过价格的不完全传递实现的。从总体效应看,人民币升值无法改善贸易条件,反而加剧了农产品贸易逆差。从国别效应看,人民币对日元、美元升值,对中国农产品进口影响较为显著。从产品视角看,人民币升值在一定程度上影响了大豆、小麦、稻米等农产品的进口。

分产品看,小麦、玉米、大豆等农产品进口受人民币升值影响的研究文献日益增多。孔凡玲、李彦民[④]运用 C-D 函数和协整关系检验等计量方法研究了人民币汇率变动对中国小麦进口贸易的影响。研究结论表明,人民币名义有效汇率变动对中国小麦进口贸易的影响存在时滞效应,加入滞后一期(1 个月)的汇率,人民币升值对中国小麦进口存在着促进作用。纪龙[⑤]分析 2005 年 1 月至 2011 年 6 月中国进口东盟农产品的月度数据表明,国内居民消费水平提高会显著地促进农产品的进口,人民币实际汇率的影响次之。人民币实际汇率上升在长期内对农产品的进口具有促进作用,短期内却有抑制作

---

① 农业部新闻办公室:《国际马铃薯中心亚太中心(中国)入驻延庆科研基地》,http://www.moa.gov.cn/xw/gjjl/201707/t20170711_5744577.htm,2017 年 7 月 11 日。
② 马松林:《基于大米进口的人民币实际有效汇率研究》,《金融理论与实践》2015 年第 2 期,第 49~53 页。
③ 林俏俏,吴东立:《人民币升值的农产品进口效应研究综述》,《中国市场》2014 年第 7 期,第 139~142 页。
④ 孔凡玲,李彦民:《人民币汇率变动对中国小麦进口贸易的影响研究》,《中国农学通报》2013 年第 29 卷 8 期,第 105~112 页。
⑤ 纪龙:《人民币汇率、消费、价格水平与中国对东盟农产品进口》,《经济问题探索》2012 年第 5 期,第 121~125 页。

用。安军启、朱丹[①]分析了1996~2009年中国稻米进出口数据。研究表明，人民币升值1%，中国稻米进口量将会增加8.72%。张家胜、赵玉[②]研究发现，2005年7月至2008年6月人民币升值和国民收入的增长对中国大豆进口的影响不明显。李惊雷[③]运用进口需求函数分析了1991~2007年人民币汇率的变动对中国粮食进口的影响。研究结论表明，中国粮食进口与人民币汇率的变化无直接的相应关系，人民币的升值不会改变中国粮食进口的基本格局和现状。

人民币升值对进口影响的实证模型主要有以下几类：①以年均汇率为自变量估算汇率对进口量的影响，如蔡昉[④]等；②以人民币有效汇率为自变量估算汇率对进口量的影响，如张家胜、赵玉[②]等；③以人民币有效汇率和汇率波动为自变量估算其对进口量的影响，如阙树玉和王升[⑤]等。

姜子叶、范从来[⑥]借鉴坎帕（Campa）和戈德伯格（Goldberg）的汇率传递模型分析得出，2005年以来，中国进口价格的汇率传递率较高，长期接近于完全传递，存在时滞效应，行业差异较为显著。孙梦瑶等[⑦]运用2005年8月至2013年8月的月度数据，基于ARDL-ECM模型和GARCH模型研究得出人民币实际汇率对中国玉米进口有显著的正向影响，而人民币汇率波动风险对其有负向影响。封思贤、王晓明[⑧]从成本加成视角构建汇率变动的进口价格传递效应模型，并运用门限回归模型，就人民币名义有效汇率变动如何影响进口价格问题进行了实证检验。曹伟、左杨[⑨]通过加权方法编制了省际实际汇率指数，研究了2005年以来人民币省际实际汇率变动对各省进口

---

① 安军启，朱丹：《人民币升值对我国稻米进出口影响的实证分析》，《金融经济》2010年第1期，第65~67页。
② 张家胜，赵玉：《人民币升值对我国大豆进口影响的实证分析》，《国际商务——对外经济贸易大学学报》2009年第2期，第28~32页。
③ 李惊雷：《人民币汇率的变动对我国粮食进口影响的实证分析及启示》，《浙江金融》2008年第11期，第50~51页。
④ 蔡昉：《汇率变动对我国农业和农村经济影响的研究》，《中国农村经济》1994年第10期，第33~41页。
⑤ 阙树玉，王升：《人民币汇率波动对中国农产品进口价格影响的研究》，《农业技术经济》2010年第5期，第15~23页。
⑥ 姜子叶，范从来：《人民币汇率对进口价格的传递效应——基于2005年汇改以来的实证研究》，《经济科学》2013年第2期，第56~69页。
⑦ 孙梦瑶，刘钟钦，聂凤英：《人民币汇率波动对中国玉米进口的影响》，《农业展望》2014年第6期，第58~63页。
⑧ 封思贤，王晓明：《人民币汇率变化影响进口价格的门限效应》，《当代经济研究》2014年第1期，第64~70页。
⑨ 曹伟，左杨：《人民币汇率水平变化、汇率波动幅度对进口贸易的影响——基于省际面板数据的研究》，《国际贸易问题》2014年第7期，第42~52页。

贸易的影响。结论表明，省际实际汇率对当期进口贸易存在负向影响，而滞后一期的汇率升值对进口贸易具有一定的促进效应。卡隆（G. Carone）[①]指出，马歇尔需求函数，即一国的进口需求是其真实收入与进口相对价格的函数，使用较为广泛。而艾博特（A. J. Abbott）和塞迪吉（H. R. Seddighi）[②]认为，如果收入的各种宏观经济部分对进口的影响不一致，马歇尔需求函数可能导致加总偏误和预测失败。

综上所述，目前关于人民币升值对农产品和粮食进口影响的研究成果较为丰富，但关于人民币升值对中国大米进口影响的专门研究尚比较少见。本部分以中国大米进口量为研究对象，分析人民币升值对中国大米进口的影响。本部分的主要贡献在于，测算出了基于中国大米进口的人民币实际汇率；引入国内外大米价格比，作为分析的参照，避免单独分析人民币汇率变量易夸大其影响作用的局限。

（一）模型设置

进口需求受国内消费、价格、汇率等多种因素的影响。传统的马歇尔需求函数是

$$\text{IM}_t = f(Y_t, \text{RP}_t) \tag{7-1}$$

式中，IM 是进口规模或进口金额，Y 是真实收入，用真实 GDP 表示，t 为时间，RP 为进口的相对价格。就中国大米进口而言，国内外价格差异是影响中国大米进口的重要因素。由于粮食是生活必需品，收入弹性较小，故收入 Y 对进口需求影响较小。这里，去掉收入变量 Y，引入基于大米进口的人民币实际汇率变量 RM 和国内外大米价格比 NW。中国大米进口的需求函数可以写成

$$\text{IM}_t = f(\text{RM}_t, \text{NW}_t) \tag{7-2}$$

（二）变量选择及数据来源

目前，国内多数学者采用国际货币基金组织（IMF）测算的人民币名义有效汇率指数（NBCN）和人民币实际有效汇率指数（RBCN）作为中国实

[①] Carone, G., "Modeling the U. S. demand for imports through cointegration and error correction", *Journal of Policy Modeling*, 1996, Vol. 18, No. 1, pp. 1-48.

[②] Abbott, A. J., Seddighi, H. R., "Aggregate imports and expenditure components in the UK: an empirical analysis", *Applied Economics*, 1996, Vol. 28, No. 9, pp. 1119-1125.

际汇率数据。在研究人民币对农产品进口影响时，有部分学者[如戈德伯格（L. S. Goldberg）[①]、贝克（J. Baek）[②]等]借鉴国际货币基金组织测算汇率的方法，通过双边名义汇率和贸易加权计算实际汇率指数。为了提高研究的针对性和准确性，本书亦借鉴国际货币基金组织测算汇率的方法，计算基于中国大米进口的人民币实际汇率指数。

中国大米进口主要来自泰国、越南、巴基斯坦等国家。首先采用间接标价法计算人民币与泰国、越南和巴基斯坦的双边名义汇率，然后以各国的 CPI 进行调整消除价格波动影响。以历年中国从泰国、越南和巴基斯坦进口的大米量占中国大米进口总量的比重作为权重，对双边名义汇率进行加权求和。然后进行归一化处理，最终得到中国大米进口的人民币实际汇率指数。

泰国、越南、巴基斯坦的名义汇率和 CPI 根据国际货币基金组织 IFS 数据库、联合国贸易和发展会议《统计手册》（2014 年）整理而成。中国大米进口数据根据商务部网站和联合国商品贸易统计数据库整理而成。将基于大米进口的人民币实际汇率（间接标价法，用 RM 表示）和人民币名义汇率（间接标价法，用 URMB 表示）绘制成图 7.7。

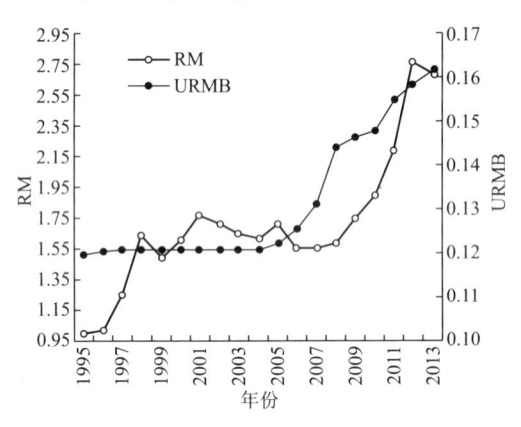

图 7.7　1995~2013 年中国人民币名义汇率和实际汇率比较

从图 7.7 可以看到，2005 年汇率改革后，中国人民币名义汇率和基于大米进口的人民币实际汇率均呈现上升趋势。

对于实际汇率波动率的计算，国内多数学者在研究人民币升值对进口的

---

① Goldberg, L. S., "Industry-specific exchange rates for the United States", *Federal Reserve Bank of New York Economic Policy Review*, 2004, Vol. 10, No. 1, pp. 1-16.

② Baek, J., "Does the exchange rate matter to bilateral trade between Korea and Japan? Evidence from commodity trade data", *Economic Modelling*, 2013, Vol. 30, pp. 856-862.

影响时，采用 GARCH(1,1)模型获得变量条件方差作为人民币汇率波动率数据，测度人民币汇率波动对进口的影响。

通过标准的 GARCH(1,1)模型获得人民币实际汇率的方差变量，作为人民币汇率波动率的测度数据。模型预测结果取自然对数后的变量作为解释变量引入大米进口需求模型，测度汇率波动对大米进口的影响。但实证分析发现，该变量在大米进口需求模型中不显著，故暂未进入大米进口需求的对数线性模型。

国内外大米价格差异是影响中国大米进口需求和规模的重要因素。国内大米价格采用农业农村部 160 个物价信息网点县平均报价，单位为元/吨。国外价格采用泰国曼谷 FOB 价格（100%B 级），这是国际大米基准价格，单位为美元/吨。相关数据根据历年《中国农业发展报告》和商务部公布的数据整理计算。美元兑人民币汇率根据中国年度人民币汇率折算，相关资料来自《中国统计年鉴》（2013 年）和中国人民银行公布的汇率数据。

本部分使用国内大米价格占国外大米价格的比重来表示国内外大米价格比（NW）。该比值越大，说明中国国内大米价格与国际大米价格的差异越小。具体结果绘制成图 7.8。从图 7.8 可以看到，1995～2008 年，中国大米进口规模受国内外大米价格差异影响比较小；2008 年以后，随着国内外大米价格比的上升，中国大米进口规模增加较快。

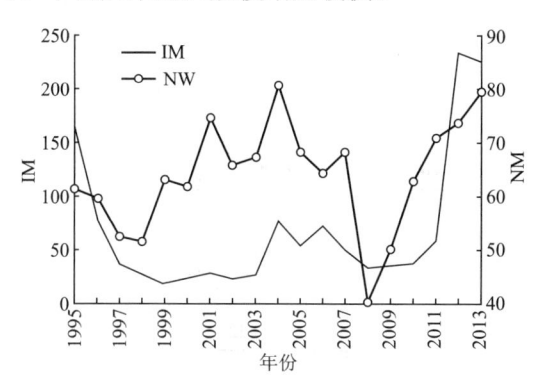

图 7.8　1995～2013 年中国大米进口规模和国内外大米价格比比较

（三）实证分析

运用 ADF 检验对变量的平稳性进行检验，检验结果见表 7.6。以 AIC 和 SC 值最小为准则，确定滞后阶数。

表 7.6 变量的平稳性检验

变量	ADF 值	1%临界值	5%临界值	结论
IM	−0.62	−2.70	−1.96	不平稳
RM	1.99	−2.70	−1.96	不平稳
NW	0.12	−2.70	−1.96	不平稳
D（IM）	−2.95	−2.71	−1.96	平稳
D（RM）	−3.99	−2.71	−1.96	平稳
D（NW）	−4.81	−2.71	−1.96	平稳

注：ADF 检验采取不含趋势项和截距项的形式，D 表示变量序列的一阶差分

由表 7.6 可见，变量 IM、RM、NW 本身不平稳，但其一阶差分序列在 1%的水平下平稳，即这三个变量属于一阶单整序列。

由于变量 IM、RM、NW 属于一阶单整序列，所以进一步进行协整检验，以便确定变量间是否存在长期稳定的关系。滞后阶数根据 AIC 和 SC 准则确定为 2。运用 Johansen 协整检验方法分析变量之间的协整关系，选择的检验统计量为迹统计量和最大特征值统计量。具体结果见表 7.7、表 7.8。

表 7.7 Johansen 协整检验（迹统计量）

原假设协整方程个数	特征值	迹统计量	5%临界值	概率
None*	0.7943	40.3416	29.7971	0.0021
At most 1	0.5409	13.4580	15.4947	0.0991
At most 2	0.0131	0.2241	3.8415	0.6359

*表示在 5%的置信水平下拒绝假设

表 7.8 Johansen 协整检验（最大特征值统计量）

原假设协整方程个数	特征值	最大特征值统计量	5%临界值	概率
None*	0.7943	26.8836	21.1316	0.0069
At most 1	0.5409	13.2340	14.2646	0.0722
At most 2	0.0131	0.2241	3.8415	0.6359

*表示在 5%的置信水平下拒绝假设

由表 7.7、表 7.8 可知，在 95%的置信水平下变量间存在一个协整关系。这表明，中国大米进口、人民币实际汇率和国内外大米价格比之间存在长期稳定的协整关系。

（四）模型实证

1. 对数线性模型

根据前文的分析，以中国大米进口规模（IM）为因变量，以国内外大

米价格比（NW）、基于大米进口的人民币实际汇率（RM）为自变量，建立对数线性回归方程。考虑到中国当年大米进口对下一年的影响，将中国大米进口量滞后一期的影响 Ln（IM（-1））也引入模型中。

运用 Eviews 8.0 软件得到的结果，见表 7.9。由表 7.9 可知，Ln（IM（-1））系数为正，反映了当年大米进口对下一年的影响。人民币实际汇率的进口弹性为 1.1684，即基于大米进口的人民币实际汇率升值 1%，大米进口量增加 1.1684%。这说明基于大米进口的人民币汇率升值对中国大米进口有明显的促进作用。国内外大米价格比系数显著为正，表明国内外价格差异也促进了中国大米的进口。

表 7.9 对数线性模型结果

解释变量	系数	t 值	p 值
常数项	1.0859	1.5559	0.1421
Ln（IM（-1））	0.6861	4.9867	0.0002
Ln（RM）	1.1684	2.6283	0.0199
Ln（NW）	1.0562	1.7701	0.0985
R^2	0.7626		

运用方差扩大因子（variance inflation factor，VIF）法进行多重共线性检验。检验结果表明，变量 Ln（IM（-1））、Ln（RM）、Ln（NW）带常数项的 VIF 值分别为 1.00、1.25、1.26，显著小于 10，故方程不存在多重共线性。

2. 异方差检验

运用怀特检验（White test）得到的检验值为 4.2873，p 值为 0.2321，大于 0.1 的显著性水平，故接受原假设，不存在异方差。

3. 自相关检验

解释变量中包含因变量滞后项，DW 检验失效。运用 LM 检验得到的 LM 检验值为 5.2901，p 值为 0.1517，接受原假设，不存在序列自相关。

4. 模型残差检验

对模型残差进行检验，得到的 ADF 检验值为-5.6874，小于 1%的临界值-3.8868，故残差序列为平稳序列。变量之间存在协整关系。

5. 误差修正模型

具有协整关系的非平稳时间序列变量，可以构建误差修正模型。差分形

式的中国大米进口误差修正模型为

$$\text{VlnIM}_t = \sum_{i=1}^{k} \alpha_{2i} \text{VlnRM}_{t-i} + \sum_{i=1}^{k} \alpha_{3i} \text{VlnNW}_{t-i} + \beta ecm_{t-1} + \mu_t$$

具体估计结果见表 7.10。

表 7.10 差分模型结果

变量	系数	t 值	概率
C	1.6154	2.6485	0.0191
D（Ln（RM））	0.9141	0.8586	0.4050
D（Ln（NW））	0.8502	1.3557	0.1967
ecm	−0.4396	−2.7410	0.0159
R^2	0.4489		

由表 7.10，ecm 项的系数反映了基于大米进口的人民币实际汇率（RM）和国内外大米价格比（NW）在短期波动中偏离长期均衡关系的程度。

6. 脉冲响应分析

前文分析表明，适宜对 Ln（IM）、Ln（RM）和 Ln（NW）进行脉冲响应分析。脉冲响应分析设置的期数为 20 期。

由图 7.9 可知，大米进口（Ln（IM））对其自身和人民币实际汇率（Ln（RM））的冲击响应在长期内呈现稳定上升趋势，对国内外大米价格比（Ln（NW））的冲击响应在长期内呈现较弱的变动趋势。从长期看，人民币升值对大米进口的影响会持续增强。

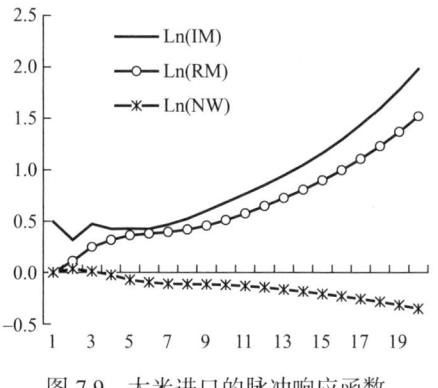

图 7.9 大米进口的脉冲响应函数

（五）结论和讨论

本书基于 1995~2013 年中国大米进口量数据，运用基于中国大米进口的人民币实际汇率分析了人民币升值对中国大米进口的影响。本书主要结论如下。

1. 人民币升值对中国大米进口有重要影响

前文的对数线性回归模型和误差修正模型表明，基于中国大米进口的人民币实际汇率对中国大米进口起到了刺激作用。由图 7.7 可知，2005 年人民币汇率改革后，基于中国大米进口的人民币实际汇率开始快速升值。

2012 年和 2013 年是中国大米进口激增的重要年份，是中国人民币实际汇率大幅攀升的年份，同时也是中国大米进口激增的年份。人民币升值构成中国大米进口增加的重要诱导因素。2013 年与 2012 年相比，中国大米进口规模虽然较大，但有小幅回落，基于中国大米进口的人民币实际汇率也出现了回落现象。这说明基于中国大米进口的人民币实际汇率对中国大米进口影响较大，同步波动特征显著。

从宏观环境看，人民币名义汇率和实际汇率的升值趋势，也影响到了基于大米进口的人民币实际汇率的升值。从图 7.9 可以看到，大多数年份，人民币名义汇率和基于大米进口的人民币实际汇率之间变动趋势一致。

2. 国内外大米价格差异是中国大米进口的重要因素

2008 年全球粮价较高，中国大米进口规模波动较小，增幅不大。2008 年以后中国大米相对于国际大米价格，成本上升较快。

与相对较高的泰国米价相比，中国大米生产成本偏高的劣势不太明显。但与越南、巴基斯坦等国大米相比，中国大米价格偏高。2012 年，从越南、巴基斯坦进口的大米占中国进口大米总数的 14%和 18%。2013 年，从越南、巴基斯坦进口的大米占中国进口大米总数的 65%和 24%。根据中国粮油信息中心的统计，2013 年 12 月 4 日，越南、巴基斯坦 5%破碎率大米 FOB 报价分别为 400 美元每吨和 380 美元每吨，按当时折合成人民币报价为 2429 元每吨和 2307 元每吨。当时湖南长沙中等早籼稻收购价为 2640 元每吨，出库价为 2700 元每吨；湖南长沙标一晚籼米出厂价为 3780 元每吨。昆明、广州、福州等地区米价还要稍高于该报价。因此，国内偏高的大米价格是中国大米进口增加的重要原因。

3. 降低国内稻米生产成本是减缓人民币升值带动大米进口的主要途径

中国大米产量和消费量较高，国内大米供需基本平衡，但国内大米与国际大米相比价格偏高。

国内较高的大米价格使得中国大米出口规模日益萎缩。根据历年《中国农业发展报告》和海关的统计，1990~2013年，中国多数年份为大米净出口，仅在1995年、1996年、2011年、2012年、2013年为大米净进口。

人民币即使不升值，若国内大米价格长期高于国际市场价格，国内仍有进口国外大米的需求。

通过支持种粮大户、农民粮食专业合作社、家庭农场等农村微观经济组织形式，通过鼓励土地流转等形式，适度提高中国稻谷生产的规模化水平，是降低中国稻米生产成本的重要措施。单纯依靠粮食生产补贴，无法从根本上解决国内稻米价格偏高的问题，也就无法从根本上保证降低对进口大米的依赖。由于目前国际大米出口量仅占全球大米产量的9%左右，因此中国从国际市场进口大米的空间是有限的。立足国内，把饭碗端在自己手里是中国稻米生产的根本出发点。

环节分析篇

本篇主要研究中国粮食产业外资控制的各环节,旨在揭示中国粮食产业外资控制的具体路径和规避思路。

从粮食产业链角度将战略性粮食产业的控制力划分为研发控制力、生产控制力、加工控制力和流通控制力,属于静态分析。基于内外贸一体化视角和 S-C-P 范式,对战略性粮食产业控制力进行综合评价。

产业链反映了产业间的产业关联关系。何官燕[①]分析了粮食产业链的内涵和特征,认为粮食产业链包括粮食产前—产中—产后、加工—流通—消费等诸多环节。霍布斯(J. E. Hobbs)等通过分析农产品的产品特征和交易特征,研究了农产品供应链的垂直协调问题。[②]

根据目前的统计资料对粮食相关产业的划分,本书将粮食产业链划分为研发、生产、加工、流通四个环节。各环节涉及的产业见表 1。

基于粮食产业链视角,可以将战略性粮食产业控制力分解成研发控制力、生产控制力、加工控制力、流通控制力。

(1) 研发控制力,指外资或内资对粮食生产、加工等环节研究发展的控制能力。研发在农业中的地位越来越重要,2012 年中央一号文件强调了

[①] 何官燕:《整合粮食产业链确保我国粮食安全》,《经济体制改革》2008 年第 3 期,第 101～103 页。

[②] Hobbs, J. E., Young, L., "Closer vertical co-ordination in agri-food supply chains: a conceptual framework and some preliminary evidence", *Supply Chain Management: An International Journal*, 2000, Vol. 5, No. 3, pp. 131-142.

农业技术的重要性。梵（S. Fan）[①][②]等研究了中国农业研发投入与农业回报之间的关系。

表1 粮食产业链视角下战略性粮食产业控制力的评价指标

粮食产业链	战略性粮食产业	一级指标	二级指标
研发	种子产业、农林牧渔专用机械制造业	研发控制力	研发投入、专利拥有量、龙头企业外资控制情况
生产	农业、畜牧业	生产控制力	外资资本控制率、进口依存度、龙头企业外资控制情况
加工	谷物磨制业、食用植物油加工业、液体乳及乳制品制造业、屠宰及肉类加工业	加工控制力	外资资本控制率、外资市场控制率、进口依存度、龙头企业外资控制情况
流通	粮食批发、粮食收储业	流通控制力	外资资本控制率、外资市场控制率、内外贸一体化控制力

（2）生产控制力，指外资或内资对粮食生产的控制能力。本书侧重分析外资对中国农业生产资料、粮食种植等方面的影响。

（3）加工控制力，指外资或内资对粮食加工的控制能力。本书主要比较内外资企业加工能力的差异。

（4）流通控制力，是指外资或内资对本国商品和流通业的产业控制能力。另外，由于品牌在国内外竞争中的重要作用，将品牌控制力也列为评价流通控制力的指标。

2015年12月，《国务院办公厅关于推进农村一二三产业融合发展的指导意见》（国办发〔2015〕93号）的发布，促进了农村一二三产业融合发展，有利于建立更为密切的利益联结机制，促进了农村不同产业间融合发展。粮食涉及一二三产业，粮食产业分散在一二三产业之中。促进农村一二三产业融合发展，也必然要求分散在一二三产业中的不同粮食细分产业融合发展。粮食产业中的研发、生产、加工、流通等环节涉及的细分行业，客观上需要进一步加强融合，协调发展，是一个有机整体。

2017年9月，《国务院办公厅关于加快推进农业供给侧结构性改革大力发展粮食产业经济的意见》（国办发〔2017〕78号）强调"产业融合，协调

[①] Fan, S., Pardey, P.G., "Research, productivity, and output growth in Chinese agriculture", *Journal of Development Economics*, 1997, Vol. 53, pp. 115-137.

[②] Fan, S., "Research investment and the economic returns to Chinese agricultural research", *Journal of Productivity Analysis*, 2000, Vol. 14, No. 92, pp. 163-180.

发展"等基本原则,树立"大粮食""大产业"等理念,促进一二三产业融合。可见,推进粮食产业内部各环节和各细分产业的深度融合、发展,是推进农业供给侧结构改革、大力发展粮食产业经济的客观要求。

第八章 粮食研发环节与外资控制

本章主要讨论种子产业和农林牧渔专用机械制造业的产业控制力，这两个产业对粮食产业研发能力的形成具有重要作用。

在粮食研发环节，先锋国际良种公司在种子研发、市场推广等方面优势明显，约翰·迪尔天拖有限公司在农业机械领域有一定优势。

第一节 种子产业

种子是粮食种植的基础和前提，种子质量在很大程度上决定了粮食的质量。

《中华人民共和国种子法》界定的种子是指"农作物和林木的种植材料或者繁殖材料，包括籽粒、果实、根、茎、苗、芽、叶、花等"。本书重点分析粮食种子。中国种子生产、经营、进出口实行许可制度。

《国务院关于加快推进现代农作物种业发展的意见》（国发〔2011〕8号）支持国内优势种子企业开拓国外市场；也鼓励外资企业引进国际先进育种技术和优势种质资源，规范外资在我国从事种子生产、经营等行为，对外资并购境内种子企业进行安全审查工作。这为中国今后的种业发展指明了方向。

中国种子协会秘书处调研组认为，中国绝大多数种子企业没有品种研发能力。根据对种子企业的调研，其原因在于：国家经费投入不足，种子企业靠企业利润进行研发投入；种子企业规模小、数量大，造成种子市场过度竞争，科研院所从事公益性、基础性研究比重低于发达国家，从事种子研发比重偏大，科研市场化水平低，挤压了种子企业的研发能力；自主创新品种少，模仿品种多。综合起来看，中国种子企业"育繁推一体化"水平偏低。许多中小企业所经营品种完全依靠购买新品种，形成了"育种不如买种、搞科研的不如搞经营的"怪现象。[①]

种子对粮食产量、质量有重要影响。种子产业具有资金密集、技术密集、资本密集等特点，行业集中度较高。目前中国种业50强在全国的种子

---

① 中国种子协会秘书处调研组：《种子企业发展研究报告综述》，中国种子协会网，2011年3月14日。

市场份额偏低，行业集中度低。世界上知名的涉足种业的公司如孟山都等在全球种业中的份额非常高，具体比较见表8.1。中国是仅次于美国的世界第二大种子市场。

表8.1 国内外种子企业销售规模比较　　（单位：亿元人民币）

年份	孟山都	先正达	丰乐种业	敦煌种业	登海种业	隆平高科	万向德农
2005	266	147	3.1	3.53	3.92	5.92	3.04
2006	317	139	3.63	5.52	2.54	5.76	4.9
2007	377	153	4.04	3.72	2.83	3.9	7
2008	442	170	3.76	6.19	3.9	5.32	6.07
2009	501	175	4.21	9.61	5.44	5.54	5.9
2010	519	191	5.43	10.56	9.21	5.99	5.23

资料来源：《国际和国内种子企业2005—2010年销售情况》，《中国稻米》2011年第17期，第74页

先锋国际良种公司在东北地区拥有自己的独资研发机构，而且与中国上市公司山东登海种业股份有限公司、甘肃省敦煌种业集团股份有限公司均建立了合资子公司。[①]世界种业巨头法国利马格兰集团与袁隆平农业高科技股份有限公司合资组建种子公司，从事玉米、小麦等种子研发和销售。上述种子产业的合资案例再次显示了外资对中国优势企业资源的高度重视和控制偏好。《国务院关于加快推进现代农作物种业发展的意见》（国发〔2011〕8号）指出，重点支持具有育种能力、市场占有率较高、经营规模较大的"育繁推一体化"种子企业，增强其创新能力。

从表8.2可以看出，1999~2010年中国农业植物新品种权申请和授权集中在国内科研单位，国内企业申请和授权数较低。这说明，中国企业尚未成为农业植物新品种研发的主要力量。国外企业申请数在2010年有较大增加，反映内资企业申请量不足。大田作物包括小麦、水稻、高粱、玉米、棉花等。从农业植物新品种的种类看，大田作物占申请和授权量的主导地位。这说明中国在粮食等作物新品种研发方面有明显优势。从国外技术合同引进的规模比较看，农林牧渔业国外技术合同引进规模较低，2010年仅占全国的0.33%，远低于采矿业（2.22%）、制造业（71.36%）和第三产业（25.73%）的水平。

---

① 以上数据根据孟山都、先锋国际良种公司等公司官方网站资料整理而成。

表8.2　1999~2010年农业植物新品种权申请和授权量累计　（单位：件）

项目	申请	授权	2010年申请
一、按单位性质分			
国内科研	3751	1860	508
国内企业	2486	1122	426
国内教学	603	285	104
国内个人	428	142	52
国外企业	441	64	107
国外个人	32		6
国外教学	17		3
国外科研	3		
二、按植物种类划分			
大田作物	6640	3218	975
牧草	11		6
其他	20		7

资料来源：《中国科技统计年鉴》（2011年）

在2010年中国各地区公有经济企事业单位工程技术、农业技术、科学研究、卫生技术、教学人员五类专业技术人员中，农业技术人员占全国技术人员总数的3.03%，东部、中部、西部地区依次为2.4%、3.2%、4.9%。宁夏、青海、新疆、内蒙古等西部地区农业技术人员比重较高，上海、广东、北京等地区农业技术人员比重较低。山东、四川、云南、黑龙江等地区农业技术人员规模较大。2010年，农、林、牧、渔业企业和事业单位专业技术人员合计108.6万人，占全行业的3.9%。[①]

根据调查资料，2016年，中国玉米用种面积5.97亿亩，水稻4.49亿亩，小麦3.66亿亩，大豆1.02亿亩。2016年，中国杂交玉米每亩用种量为1.94千克，小麦每亩用种量为12.50千克，常规稻每亩用种量为4.44千克，大豆每亩用种量为4.59千克。可见中国种子市场消费旺盛。

中国种子进出口的情况。2016年，中国全年累计审批进口农作物种子1800万千克，其中以蔬菜种子为主。种子进口主要来自荷兰、美国、日本、意大利等。2016年，中国共审批出口农作物种子5270.87万千克。其中，出

---

① 资料来源：《中国科技统计年鉴》（2011年）。

口量最大的是水稻种子,为4566.22万千克,占总出口量的86.63%。[①]

2010~2016年,中国种子企业数量呈现减少趋势。2016年,中国持有有效经营许可证的种子企业数量4316家。其中,资产超过1亿元的有50家,超过2亿元的有17家,超过5亿元的有4家。2016年,中国商品种子销售额前10名企业包括袁隆平农业高科技股份有限公司、北大荒垦丰种业股份有限公司、山东登海种业股份有限公司、中农发种业集团股份有限公司、中国种子集团有限公司、北京金色农华种业科技有限公司、安徽荃银高科种业股份有限公司、江苏省大华种业集团有限公司等。这些企业多数经营粮食种子,内资企业居多,在国内市场具有较强的竞争力。

中国种子企业借助资本市场,加快发展壮大。2016年有19家种子企业在新三板挂牌。国际并购方面,中粮集团完成对尼德拉农业的全资收购,开启了国内企业成功并购国外优势种业的先例。2016年,中国种子协会评定57家企业为中国种子信用骨干企业。这57家企业中,前十位企业包括袁隆平农业高科技股份有限公司、山东登海种业股份有限公司、北大荒垦丰种业股份有限公司等。2016年,这57家骨干企业资产占中国全部种子企业固定资产的25.04%。[①]

从地区看,甘肃和河南的种子企业数量最多;山东、甘肃、河南等种子产业从业人数最多,种子销售收入也最多。

从上述情况看,种子产业的发展与地域、气候、当地粮食产量等因素有密切关系,与资本市场发展也有密切关系。振兴中国种子产业发展,需要充分挖掘地域、气候等优势,充分利用资本市场加速中国种子产业发展。

中国种子企业与跨国种子企业相比还有一定差距,应充分利用国内区域、气候等优势条件,通过兼并重组等途径,提高中国种子企业发展规模和市场竞争力。借助"一带一路"建设鼓励种子企业"走出去",实现经营国际化,是中国种子企业成为跨国公司的有利条件。

第二节　农林牧渔专用机械制造业

根据国家统计局2011年的产业分类,农林牧渔专用机械制造业指对谷物、干豆类等农作物的筛选、碾磨、储存等专用机械,糖料和油料作物加工机械,畜禽屠宰、水产品加工及盐加工机械的制造。

---

① 资料来源:《2017年中国种业报告》。

工业和信息化部发布的《农机工业发展规划（2011～2015年）》提出：实现关键共性技术突破，增强农机工业科技创新能力；鼓励大型农机制造企业与国外合作开发和建立技术研究中心；在保障产业安全的前提下，通过与国外企业合资、合作生产等方式，积极引进国外先进的农机具制造技术。其产业能力目标是，提供的产品能够基本满足保障我国粮食生产安全的战略和农业现代化的需要，使我国成为世界农业装备制造大国和强国。

2009年，中国进口农业机械总额为5027万美元，排全球第18位，占全球进口额的0.42%；中国出口农业机械则较少，排在全球200多位。2009年，耕种收综合机械化水平最高的地区依次是新疆生产建设兵团、黑龙江、新疆、河南、内蒙古、河北、天津、江苏、北京。2009年，全国农业机械化财政投入合计6896690.26万元。其中，农业机械购置比重最大，占88.4%；科研推广比重最低，仅占8.8%。这说明中国在农业机械研发环节还比较薄弱。到2017年，中国农业机械进口金额为223752万美元，农业机械出口金额为1008946万美元，农业机械出口竞争力显著提升。

从表8.3可以看出，2009年农林牧渔专用机械制造业外资资本控制率平均值为21.1%。其中，行业内部差异比较大：渔业机械制造业、机械化农业及园艺机具制造业、畜牧机械制造业、农用及园林金属工具制造业外资资本控制率较高，而营林及木竹采伐机械制造业、其他农林牧渔机械制造及维修业、水资源专用机械制造业等行业外资资本控制率较低。

表8.3　2009年农林牧渔专用机械制造业外资资本控制率　　（单位：%）

行业	外资资本控制率
平均值	21.1
拖拉机制造业	15.5
机械化农业及园艺机具制造业	39.7
农副食品加工专业设备制造业	13.2
营林及木竹采伐机械制造业	0.0
饲料生产专业设备制造业	16.7
畜牧机械制造业	36.7
渔业机械制造业	42.4
水资源专用机械制造业	8.6
农林牧渔机械配件制造业	13.0

续表

行业	外资资本控制率
其他农林牧渔机械制造及维修业	1.2
其他交通运输设备制造业	30.0
农用及园林金属工具制造业	36.3

资料来源:《中国农业机械工业年鉴》(2010年)

从产业所有权看,从2007年,拖拉机制造业中,国有企业平均利润为41万元,集体企业为6854.1万元,外资企业为1441.3万元。在拖拉机制造业前10位企业中,外资企业有2家。

由表8.4可知,从2007年拖拉机制造业前10位企业销售收入看,中国一拖集团有限公司在拖拉机行业中的优势地位明显。根据中国一拖集团有限公司下属的第一拖拉机股份有限公司(股票代码0038)2011年年报,公司农业机械业务对外收入93600万元,占公司主营业务收入的14.9%,比2010年增长15.7%。在大型拖拉机产品销售方面仍然位居全国第一,在中、小型轮式拖拉机销售方面居第三位。

表8.4 2007年拖拉机制造业前10位企业外资市场控制率(单位:百万元)

企业名称	产业所有权	销售收入
中国一拖集团有限公司	有限责任	>2000
云南力帆骏马车辆有限公司拖拉机装配厂	有限责任	1000~1500
约翰·迪尔天拖有限公司	外商投资	500~1000
河南千里机械有限公司	私营有限	500~1000
福田雷沃国际重工股份有限公司德州好帮手工厂	股份有限	500~1000
江苏悦达盐城拖拉机制造有限公司	有限责任	500~1000
上海纽荷兰农业机械制造集团公司	外商投资	500~1000
长春骏升农用运输机械制造集团有限公司	中国港澳台投资	300~500
杭州杭挂机电有限公司	有限责任	300~500
四川省四通车辆制造有限公司	私营有限	100~300
2007年全行业总销售收入		30722

资料来源:《中国市场年鉴》(2008年)

2011年中国农机工业前10位企业的主营业务收入占50强总和的74.32%,行业集中效应显著(表8.5)。从地域看,在2011年的50强中,山东占18家，浙江占10家，江苏占8家，河南占6家，累计42家，占50强席位的84%。

表8.5　2011年中国农业机械前10位企业主营业务收入比较（单位：亿元）

排名	企业名称	主营业务收入
1	山东时风（集团）有限责任公司	236.4
2	中国一拖集团有限公司	147.6
3	福田雷沃国际重工股份有限公司	127.5
4	江苏常发实业集团有限公司	106.0
5	山东五征集团有限公司	102.3
6	北汽福田汽车股份有限公司诸城汽车厂	63.5
7	资阳市南骏汽车有限公司	61.4
8	山东常林机械集团股份有限公司	32.0
9	久保田农业机械（苏州）有限公司	29.2
10	河南奔马股份有限公司	28.1
	合计	934.0

资料来源：《中国农业机械年鉴》（2011年）

在2011年50强的外资类企业中，久保田农业机械（苏州）有限公司排第9位，为日本久保田株式会社独资设立的农业机械类企业。约翰·迪尔（佳木斯）农业机械有限公司排第15位，约翰·迪尔天拖有限公司排第22位，上海纽荷兰农业机械有限公司排第26位，这3家企业均为合资企业。

部分农机外资跨国公司的情况总结如下。[①]

约翰·迪尔天拖有限公司是约翰·迪尔（中国）投资有限公司与天津拖拉机制造有限公司于2000年8月合资组建的中外合资企业，其主要产品为拖拉机及其他农业机械。2007年8月，迪尔公司（Deere & Company）完成对宁波奔野拖拉机汽车制造有限公司的收购。约翰·迪尔（John Deere）天拖有限公司是全球农用机械行业巨头，在中国的业务包括农业机械、园林机械、零部件及服务等。

上海纽荷兰农业机械有限公司由意大利菲亚特集团下属的凯斯纽荷兰（全球）有限公司（CNH）与上海汽车工业（集团）总公司的下属企业上海拖拉机内燃机公司（STEC）合资组建，其中CNH持有60%的股份，STEC

---

① 根据约翰·迪尔天拖有限公司、上海纽荷兰农业机械有限公司、久保田农业机械（苏州）有限公司官方网站资料整理。

持有40%的股份。CNH是由纽荷兰公司和凯斯公司在1999年合并而成的。两大公司合并后,其农用拖拉机和联合收割机的生产世界排名第一,工程机械生产列世界第三。

久保田农业机械(苏州)有限公司是由日本最大的农业机械制造商——日本久保田株式会社出资成立的日商独资企业,目前主要生产收割机、插秧机和拖拉机。

从表8.6可以看到,2015年中国大中型拖拉机销量前10位企业市场占有率累计达到94.60%,几乎占据了整个大中型拖拉机销售市场。而前三位企业的市场占有率达到60%以上。这些企业中有约翰·迪尔(宁波)农业机械有限公司、约翰·迪尔天拖有限公司等合资企业,也有民营企业。10强中的多数企业已经开始全球化运营。总的来看,内资农机企业市场优势明显。

表8.6 2015年中国大中型拖拉机销量前10位企业比较 (单位:%)

排名	企业名称	市场占有率
1	中国一拖集团有限公司	25.15
2	福田雷沃国际重工股份有限公司	24.56
3	常州东风农机集团有限公司	14.94
4	山东时风(集团)有限责任公司	8.49
5	约翰·迪尔(宁波)农业机械有限公司	5.82
6	山东五征集团有限公司	4.25
7	马恒达悦达(盐城)拖拉机有限公司	3.43
8	江苏沃得农业机械有限公司	3.20
9	约翰·迪尔天拖有限公司	2.88
10	河南千里机械有限公司	1.88
	合计	94.60

资料来源:《中国农业机械年鉴》(2016年)

从2013~2015年累计专利授权总量看,广西玉柴机器股份有限公司、潍柴动力股份有限公司遥遥领先,跟随其后的企业包括中国一拖集团有限公司(含子公司)、雷沃重工股份有限公司、中国农业机械化科学研究院、山东五征集团有限公司等,这些企业累计专利授权量在百件以上。

从地区看,中国大型拖拉机生产主要集中在山东、河南、江苏等地区,中型拖拉机生产主要集中在重庆、山东、河南、云南等地区,小型拖拉机生产主要集中在山东、河南、四川、广西、浙江等地区。

从出口看，2015年农业机械出口交货值率、农用及园林用金属工具制造业为30.14%，拖拉机制造业为4.86%，农副食品加工专用设备制造业为4.14%。农业机械出口比重不高。相比之下，江苏、浙江、广东、上海、山东等地区农业机械出口量比较大。

2015年，中国农业机械进口主要来自美国、德国、日本等国家，从这三个国家的进口额占农业机械总进口额的近60%。中国农业机械进口的主要地区包括江苏、浙江、广东、上海等，与中国出口地区比较接近。

根据国家粮食局的统计，2015年，中国粮食机械设备制造业工业总产值为194.6亿元。江苏、安徽、湖北工业总产值名列前三位，其中江苏省以总产值129亿元位列第一，占全国粮食机械制造业总产值的66%。2015年，粮食机械设备制造业入统企业102家。其中，国有及国有控股企业11家，内资非国有企业86家，中国港澳台商及外商企业5家。行业排名前10位的粮食机械设备制造企业均为内资非国有企业，总产值合计占全行业的60%。

总之，内资农机企业一方面要积极扩大开放，加强国际合作；另一方面需要提升自身研发能力，打造核心技术优势，在与外商企业的竞争中壮大自己。

第九章　粮食生产环节与外资控制

本章主要分析农业、畜牧业外资的产业控制力情况，粮食种植业是农业的重要组成部分。从资产控制率等方面分析外资生产控制力的具体表现，从区域差异等方面分析其成因，从粮食进口等方面分析其影响。在粮食生产环节，外资在粮食种植领域控制力较弱，但在农资领域有一定控制力。

第一节　粮食种植业

中国粮食种植业在地域上高度分散，从业人口多，多数地区以农村家庭为单位组织生产。这些特点决定了外资在该领域投资较少，多以农业项目为主。

一、外资在粮食种植领域的投资

根据外商投资项目统计数据，2000~2010 年，中国农业利用外资占2.9%。外商独资是中国农业利用外资的主要方式，外商独资占农业利用外资的比重由2001 年的67%上升到2010 年的89%。

由表9.1 可知，农业控股单位中，私人控股企业法人比重较大，外资控股企业法人比重较低。由表9.2 可知，内资私营企业的外资资产控制率和外资市场控制率均较高。

表 9.1　2010 年农业、畜牧业按控股情况分组的企业法人单位数比重（单位：%）

行业大类	国有控股	集体控股	私人控股	中国港澳台商控股	外商控股	其他
农、林、牧、渔业	3.01	4.41	64.80	0.21	0.20	27.37
农业	2.49	4.80	65.24	0.34	0.27	26.86
畜牧业	1.52	2.68	66.42	0.09	0.14	29.15

资料来源：根据《中国基本单位统计年鉴》(2011 年) 相关数据计算整理

表 9.2　2006 年全国主营农业法人单位经营状况比较　　（单位：%）

按所有制分（不包括未注册单位）	外资资产控制率	外资市场控制率
国有	55.19	42.12

续表

按所有制分（不包括未注册单位）	外资资产控制率	外资市场控制率
集体	5.27	4.19
内资私营	23.23	30.89
内资合作、合资	14.69	21.00
中国港澳台独资	0.39	0.38
与港澳台合资	0.20	0.24
外商独资	0.38	0.51
与外商合资	0.65	0.67

资料来源：根据《中国第二次全国农业普查资料汇编》（2006年）相关数据计算整理

农业利用世界银行贷款建设的项目对农业发展起到了推动作用。世界银行三期项目，即农业综合开发利用世界银行贷款加强灌溉农业三期项目，实施范围为河北、内蒙古、吉林、江苏、安徽、山东、河南、重庆、宁夏、云南10个省（自治区、直辖市）及国家农业综合开发办公室，建设期为2005～2009年。[①]

2002年，农林牧渔业整体的外资研发经费控制率为1.15%，其中农业为1.06%。2010年，农林牧渔业外资研发经费控制率为0.45%，其中农业为0.50%。2011年，农林牧渔业外资研发经费控制率为0.67%，其中农业为0.79%。[②]

考虑到统计口径的一致性，这里根据《中国统计年鉴》（2005～2012年）相关数据，计算出2004～2011年中国农业、畜牧业外资固定资产控制率，绘制成图9.1。从图9.1可以看出，农业外资固定资产控制率呈下降趋势。到2011年，农林牧渔业外资固定资产控制率为1.62%。其中，农业为1.83%，与2004年相比降幅较大。

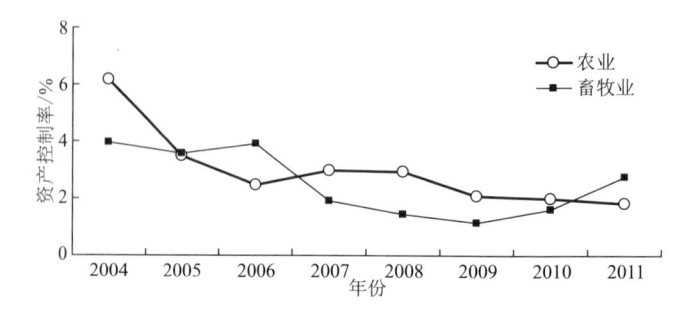

图9.1 2004～2011年中国农业和畜牧业外资固定资产控制率走势
资料来源：《中国统计年鉴》（2005～2012年）

---

① 资料来源：《中国农业综合开发年鉴》（2008年）。
② 资料来源：相关年份《中国科技统计年鉴》。

根据《第三次全国农业普查主要数据公报》，2016年，全国农业经营户20743万户，其中规模农业经营户398万户，全国农业经营单位204万个。2016年末，在工商部门注册的农民合作社总数为179万个。[①]中国农业经营主体数量众多，比较分散，小规模经营占主导地位。通过土地流转等形式，实现规模化经营是中国粮食生产降低成本的重要路径。

二、粮食进口情况

自加入世界贸易组织以来，中国粮食进口规模大幅上升。虽然粮食进口占中国粮食产量的比重较低，但粮食进口规模增速较快。

2001年，中国粮食进口量为1738万吨，其中大豆为1394万吨，中国大豆进口从1995年开始大幅增加。2001年中国粮食净出口的省（自治区）有吉林、黑龙江、江西、内蒙古、安徽等12个，到2010年粮食净出口省（自治区）仅有黑龙江、内蒙古、安徽、新疆4个。

2010年，中国小麦进口量为123.1万吨，比上年增长36.1%；稻米进口量为38.8万吨，比上年增长8.8%；大豆进口量为5479.7万吨，同比增长28.8%；玉米进口量为157.3万吨，与2009年相比增长了17.6倍，占本年玉米总产量的0.9%。[②]从进口的地区看，山东、广东、江苏、辽宁、广西、福建、河北、天津、浙江、北京等地区进口规模比较大。东北地区是中国粮食出口的主要地区。

由于国产大豆无法满足国内需求，各地区大豆进口量日益增长，给中国粮食安全带来巨大压力。2010年，全国仅内蒙古、黑龙江两省（自治区）为大豆净出口地区，其余地区均为大豆净进口地区（部分既无进口又无出口的地区除外）。2001年大豆净进口超百万吨的地区包括山东、广东、江苏、辽宁、北京5个；大豆净进口超百万吨的10个地区依次是山东、江苏、广东、广西、辽宁、福建、河北、天津、浙江、河南。

中国大豆主要从巴西、美国、阿根廷等国进口。2011年，中国进口大豆量为5264万吨。从企业层面看，2011年，中国大豆进口企业中，外商企业占55.7%；国有、私营企业分别占18.3%、26%。从企业所属类型看，在前10位进口企业中，外商投资企业共有6家，进口量合计占同期前10家企业进口总规模的52.4%；国有企业2家，占21%；私营企业2家，占26.6%。从地区看，山东、江苏、北京是中国大豆进口量最多的地区，合计占全国大

---

① 国家统计局：《第三次全国农业普查主要数据公报》（2017年12月）。
② 庞玉良：《2010年我国农产品进出口贸易监测报告》，《农产品市场周刊》2011年第8期，第34~39页。

豆进口量的 47.2%。①

2011 年，外商投资企业是中国粮食进口的主流，进口粮食 3174 万吨，占中国进口粮食总量的 49.7%；私营企业进口 1709.3 万吨，占 7.7%；国有企业进口 1383.1 万吨，占 21.6%。同时，外资企业出口粮食 71.3 万吨，占中国出口粮食总量的 24.8%；私营企业出口 150.5 万吨，占 52.3%；国有企业出口 63.2 万吨，占 22%。②

根据海关统计数据，2012 年，中国玉米进口同比增长 197%，为 520 万吨；小麦进口同比增长 195%，为 369 万吨；稻米进口同比增长 305%，为 234 万吨；大豆进口 5838 万吨，再创新高，同比增长 11.2%。

根据海关统计数据，2017 年，中国小麦进口 442 万吨，比上年增长 29.6%；稻米进口 403 万吨，比上年增长 13.2%；玉米进口 283 万吨，比上年下降 10.7%；大豆进口 9553 万吨，比上年增长 13.8%。此外，2017 年，中国进口大麦 886 万吨，比上年增长 77.9%；进口高粱 505.7 万吨，比上年下降 24%。

2017 年，中国农业实际利用外资 7.9 亿美元，与 2016 年相比大幅下降，占全国实际利用外资的比重为 0.6%。谷物种植实际利用外资 71146 万美元，较 2014 年有所下降。③

从当前情况看，外资在中国粮食种植领域甚至农业领域投资比重仍然较低。在当前持续扩大开放的背景下，中国粮食种植业应根据自身发展短板大力引进外资，提高粮食种植业发展水平。

从当前粮食进口情况来看，中国必须坚持"适度进口"的原则，在基于调剂国内余缺的基础上适当进口粮食；控制好粮食进口的数量、节奏，积极监测进口粮食对国内市场的影响；积极扩大大豆种植面积，将大豆自给率保持在一定水平上。

三、加强粮食种植领域吸引外资的政策建议

当前，中国粮食种植领域利用外资的规模还非常有限。随着改革开放的深入和中国粮食产业的发展，中国需要进一步扩大粮食种植领域对外开放的力度，积极吸引外资。具体政策建议如下。

一是完善粮食种植领域外商投资政策，营造良好的经营环境。从过去的

---

① 海关信息网：《2011 年中国进口大豆监测报告》，https://www.docin.com/p-1597000985.html，2012 年 3 月 5 日。
② 海关信息网：《2011 年我国粮食进出口贸易监测报告》，http://www.doc88.com/p-7884969189866.html，2012 年 3 月 5 日。
③ 资料来源：《中国外商投资报告》（2018 年）。

实践看，项目管理制是粮食领域利用外资的有效方式之一。农业整体对外开放程度不高，外资以项目形式参与粮食种植合作，是一种比较灵活、有效的方式。粮食主产区各地区需要积极完善粮食种植领域外商投资政策，以良好的经营环境吸引外商投资，在政策、制度等方面有明确的指引。

二是需要协调粮食进口与粮食种植之间的关系，推动粮食供给侧结构改革。粮食进口对国内粮食价格和粮食产量有一定影响。加入世界贸易组织以后，随着大豆进口规模的扩大，中国大豆种植面积和产量呈现下降趋势。近些年，玉米进口量增长过快和国内玉米库存偏高也有一定关系。这说明，必须要协调粮食进口与粮食种植之间的关系，尽量降低粮食进口对粮食种植的负面影响。推动粮食供给侧结构改革，要优化品种结构，努力扩大国产大豆的种植规模，提高国内玉米的质量，通过优化国内粮食种植减少对粮食进口的过度依赖。

第二节 畜 牧 业

粮食是畜牧业重要的饲料来源。随着中国居民消费结构的升级，粮食制品在居民消费中的比重不断下降，肉禽蛋奶类食物在居民消费中的比重迅速上升。因此，饲料用粮的消费规模将会持续上升，畜牧业将迎来快速发展时期。畜牧业与粮食种植业密切相关，粮食种植业需要兼顾畜牧业发展的需求。

一、畜牧业利用外资还有较大空间

2009年，畜牧业实际利用外资占全国利用外资总量的0.23%。2010年，在城镇各行业投资资金来源中，外资在畜牧业中的比重为0.75%。从区域看，2009年中国东部地区畜牧业利用外资占77.79%，中部地区占13.88%，西部地区占8.33%。其中，山东、江苏、北京三地利用外资占全国畜牧业利用外资总量的60%以上。[①]

由图9.1可以看到，2004~2011年，外资在畜牧业的固定资产控制率整体呈下降趋势。到2011年，畜牧业外资固定资产控制率为2.77%，较2010年有所上升。

中国是世界猪肉生产大国。2008年猪肉产量47208049吨，位居世界第一，是排在第二位美国产量的4.5倍。2011年中国生猪存栏46767万头，出栏66170万头。2010年猪肉产量为5071.2万吨，2011年为5053万吨。2010

---

① 资料来源：《中国外商投资报告》（2011年）。

年中国累计进口鲜冷冻猪肉 19.96 万吨，同比增加 47.8%。其中，进口美国鲜冷冻猪肉 2.91 万吨，同比增加 31.0%，占全年进口量的 14.6%；进口丹麦鲜冷冻猪肉 7.26 万吨，同比增加 57.1%，占全年进口总量的 36.4%；进口加拿大猪肉 3.90 万吨，同比增加 38.1%，占全年进口总量的 19.5%。

2011 年，中国畜产品进口额 134.0 亿美元，同比增长 38.8%；出口额 59.9 亿美元，同比增长 26.2%；贸易逆差 74.1 亿美元，同比增长 50.9%。①

根据中国海关的统计数据，2011 年中国共进口奶粉 44.95 万吨，与 2010 年的 41.40 万吨相比增长 8.6%。根据《中国农村统计年鉴》（2011 年）统计，2010 年，中国奶牛存栏 1420.1 万头，肉牛存栏 6738.9 万头。

2015 年，中国畜牧业实际利用外资 20979 万美元，较 2014 年有所下降。2016 年，中国畜牧业企业单位数量为 190702 个。其中，国有控股 1413 个，集体控股 2066 个，私人控股 155478 个，中国港澳台商控股 169 个，外商控股 107 个，其他 31469 个。②

当前，中国畜牧业发展，重点是扩大和提升畜牧业发展的规模和质量，满足人民群众对肉禽蛋奶类食品的消费需求。畜牧业发展必须保障食品质量，确保食品安全。畜牧业可以积极利用外资，提高发展质量和效益。

二、畜牧业扩大利用外资的政策建议

随着中国小康社会目标的全面实现，中国对肉禽蛋奶类食品的需求仍会持续攀升，畜牧业发展前景可观。中国畜牧业要扩大开放力度，积极利用外资，处理好外资和内资发展的关系。具体政策建议如下。

一是立足国内，以进出口调剂余缺。中国《全国草食畜牧业发展规划（2016—2020 年）》指出，畜牧业发展，要坚持"国内挖潜，进口调剂"的基本原则，主要依靠国内畜牧业发展，进口主要起到调节市场、满足多元化需求的作用。因此，提升畜牧业供给能力，是内外资畜牧企业共同的发展方向。

二是加强畜牧产品质量保障体系建设，夯实食品质量安全基础。畜牧产品质量是畜牧业实现良性循环和可持续发展的重要基石。以前出现的食品安全事件对行业发展造成不良影响，损害了内资畜牧企业的社会形象，使公众更青睐进口产品。从这一点上讲，无论是内资企业还是外资企业，产品质量都是企业生存之本。食品质量安全，既关乎居民安全和健康，也关系畜牧业

---

① 农业部市场与经济信息司：《2011 年我国农产品进出口情况》，http://www.caaa.cn/show/newsarticle.php，2012 年 2 月 6 日。
② 资料来源：《中国基本单位统计年鉴》（2017 年）。

整体发展。

　　三是努力实现内外资协调发展，维护畜牧业产业安全。一方面，畜牧业发展需要引进外资；另一方面，内资畜牧企业也要加快发展，提升自身竞争力。内资畜牧企业可以股权置换、合营等方式加强与外资企业的合作，实现开放、共享、协调发展。内外资畜牧企业通过适度市场竞争，激发市场活力，最终推动中国畜牧业的高质量发展。

第十章 粮食加工环节与外资控制

本章主要分析谷物磨制业、食用植物油加工业、液体乳及乳制品制造业、屠宰及肉类加工业外资的产业控制力情况。从外资市场控制率等方面分析外资加工控制力的具体表现；从垄断优势、行业扩张等方面分析其成因；从企业规模等方面分析其影响。在粮食加工环节，外资在食用植物油加工业控制力较强，有垄断优势，并向谷物磨制业、食品制造业扩张。

第一节 谷物磨制业

谷物磨制，也称粮食加工，指将稻子、谷子、小麦、高粱等谷物去壳、碾磨及精加工的生产活动。本节主要讨论小麦、玉米、大豆、大米等产品。

从表10.1可以看出，2009~2010年，谷物磨制业外资市场控制率有所下降，外资资产控制率保持稳定。

表10.1 谷物磨制业外资资产控制率和市场控制率　　（单位：%）

指标	2009年	2010年
外资资产控制率	5.88	5.92
外资市场控制率	3.38	1.95

资料来源：根据《中国基本单位统计年鉴》(2010年、2011年)整理计算

2007年，谷物磨制业收入最高的是河南省，占该行业全国总收入的20.81%。其次是山东省、辽宁省。该行业收入最高的企业包括黑龙江省北大荒米业集团有限公司、河南省北徐（集团）有限公司、山东半球面粉有限公司、河北五得利集团新乡面粉有限公司、湖北福娃集团有限公司等。这些企业与外资合作或被外资控制的情形比较少见，多为国有、集体或私营企业。

如表10.2所示，虽然民营企业整体的外资资产控制率和外资市场控制率较高，但具体到企业层面时，由于民营企业数量众多，多数企业规模小，所以市场优势不明显。例如，2011年，稻谷加工业中民营企业数量占全行业的90.8%，民营产业化龙头企业数量占全行业的87%；但是，2011年稻谷加工业前10位企业中，民营企业比例不到80%。

表 10.2　2011 年谷物磨制业细分行业加工控制率比较　　（单位：%）

细分行业	外资资产控制率			外资市场控制率		
	国有及国有控股企业	外商及中国港澳台投资企业	民营企业	国有及国有控股企业	外商及中国港澳台投资企业	民营企业
稻谷加工业	21.2	4.0	74.8	14.2	3.4	82.3
小麦加工业	13.9	8.3	77.9	8.7	5.8	85.5
玉米加工业	15.7	25.6	58.8	7.7	34.8	57.5

资料来源：根据国家粮食局《粮食加工业统计资料》（2012 年）整理计算

2015 年，谷物磨制业实际利用外资 318 万美元，较上年大幅增加。

值得关注的是，一些外资品牌正在向谷物磨制领域延伸。益海嘉里食品营销有限公司持有的金龙鱼品牌已经在大米、面粉、杂粮等领域拓展业务。大米涉及东北米、射阳米、岭南米等品种，并推行大米产业链创新技术。中粮集团有限公司倡导"全产业链"理念，在各类产品上与金龙鱼品牌展开竞争。

2016 年，谷物磨制业工业销售产值为 14387 亿元，其中出口交货值 35.30 亿元。2016 年，谷物磨制业所有者权益 3193.90 亿元。其中，实收资本 1285.95 亿元，国家资本 67.47 亿元，集体资本 23.02 亿元，法人资本 416.56 亿元，中国港澳台资本 27.33 亿元，外商资本 30.24 亿元。[①]

第二节　食用植物油加工业

植物油加工业包括食用植物油加工业和非食用植物油加工业。食用植物油加工，指用各种食用植物油料生产油脂，以及精制食用油的加工活动。本节主要讨论以大豆、油籽等为原料的食用植物油加工业。

食用植物油加工业是外资产业控制力较高的行业之一。食用植物油加工业外资资产控制率和外资市场控制率情况见表 10.3。

表 10.3　食用植物油加工业外资资产控制率和外资市场控制率　　（单位：%）

指标	2009 年	2010 年	2011 年
外资资产控制率	47.33	47.46	48.7
外资市场控制率	42.29	38.03	47.7

资料来源：2009 年、2010 年数据根据《中国基本单位统计年鉴》（2010 年、2011 年）计算整理，2011 年数据根据国家粮食局《粮食加工业统计资料》（2012 年）计算整理

① 资料来源：《中国工业经济年鉴》（2017 年）。

2000 年，食用植物油加工业收入最高的省份是江苏省，占本行业的 18.49%。收入排名前十的企业以外资企业为主。2004 年、2007 年，食用植物油加工业收入最高的省份是山东省，分别占本行业的 20.02%、20.61%。2007 年，收入排名前十的企业为山东鲁花集团有限公司、上海嘉里食品工业有限公司、大海粮油工业（防城港）有限公司、益海（连云港）粮油工业有限公司、南海油脂工业（赤湾）有限公司、秦皇岛金海粮油工业有限公司、山东渤海油脂实业股份有限公司、嘉吉粮油（南通）有限公司、黑龙江九三粮油工业集团有限公司、东海粮油工业（张家港）有限公司。这 10 家企业中，除山东鲁花集团有限公司、黑龙江九三粮油工业集团有限公司为内资企业外，其余 8 家企业均为外资企业。销售收入排名前 10 的城市包括苏州、天津、上海、烟台等。前 10 位批发商包括吉林粮食集团有限公司、上海益海企业发展有限公司、中粮集团有限公司、浙江省粮油食品进出口股份有限公司等。

从表 10.4 可以看出，2000 年以来，外资粮油企业在资产、销售规模方面均占显著优势。外资粮油企业的增速高于内资企业。

表 10.4　内外资食用油企业规模比较　　　　（单位：千元）

分类	2000 年		2004 年		2007 年	
	平均销售收入	平均总资产	平均销售收入	平均总资产	平均销售收入	平均总资产
国有企业	30952	31286	31800	36234	155412	79300
集体企业	38235	27487	44997	29519	38050	23204
三资企业	223929	160935	431240	253886	1295288	619879

资料来源：《中国市场年鉴》(2001~2008 年)

从表 10.5 可以看到，外商投资企业和私营企业是中国食用植物油进口的主体。2011 年，天津、江苏、广东三省（直辖市）居中国食用植物油进口前三位，合计占全国进口量的 54.2%。食用植物油进口量排名前 15 位的企业的进口量占中国进口总量的 68.8%。

表 10.5　2011 年内外资企业进口食用植物油比较

指标	国有企业	集体企业	外商投资企业	私营企业
进口量/万吨	147.2	55	261.4	193.2
比重/%	22.4	8.4	39.8	29.4

资料来源：《2011 年中国食用植物油进出口贸易监测报告》

根据海关监测报告，中国 97 家大型油脂企业中，跨国粮商参股控股了 64 家，并控制了中国 75%以上的油脂市场原料、加工及食用油供应。中国每年消费的 2000 多万吨食用油中，对外依存度达到 70%以上[①]。

在众多粮食细分产业中，食用植物油产业是外资控制程度最高、原料进口依存度最高的行业。

2016 年，食用植物油加工业销售产值为 10228.83 亿元，其中出口交货值 50.56 亿元。

2016 年，食用植物油加工业所有者权益 2130.69 亿元。其中，实收资本 888.54 亿元，国家资本 140.52 亿元，集体资本 15.83 亿元，法人资本 289.15 亿元，个人资本 262.23 亿元，中国港澳台资本 30.24 亿元，外商资本 150.53 亿元。[②]

第三节 液体乳及乳制品制造业

液体乳及乳制品制造指以牛、羊乳为主要原料，经分级、净乳、杀菌、浓缩、干燥、发酵等加工制成的液体乳及乳制品的生产。本节主要讨论牛奶、奶粉等产品。

2000 年，液体乳及乳制品制造业收入最高的省份是黑龙江，占本行业的 17.20%。收入最高的企业有上海光明（集团）有限公司、双城市雀巢有限公司、北京三元食品股份有限公司、英特尔营养乳品有限公司等。2007 年，液体乳及乳制品制造业收入最高的地区是内蒙古，占本行业的 19.89%。2007 年，收入最高的企业有内蒙古蒙牛乳业（集团）股份有限公司、内蒙古伊利实业集团股份有限公司、上海光明（集团）有限公司、美赞臣（广州）有限公司、广东雅士利集团有限公司、英特尔营养乳品有限公司等。这些企业多数为外商投资企业。

据内蒙古蒙牛乳业（集团）股份有限公司官方网站报道，2011 年全年营业收入达到 373.9 亿元人民币，居世界乳业第 18 位。2012 年 6 月，欧洲最大的丹麦乳品企业 Arla Foods（中文名称：爱氏晨曦）以 22 亿港元入股内蒙古蒙牛乳业（集团）股份有限公司，持股约 5.9%，成为继中粮（累计控股 60%以上）之后的第二大战略股东。其他投资者还包括志远有限公司（Farwill Limited）、瑞士银行有限公司（UBS AG）、摩根大通

---

① 中国海关信息网：《2011 年我国食用植物油进出口贸易监测报告》，http://www.haiguan.info/report/ReportInfoList.aspx，2012 年 3 月 5 日。
② 资料来源：《中国工业经济统计年鉴》（2017 年）。

集团（JPMorgan Chase & Co）等。

根据内蒙古伊利实业集团股份有限公司官方网站报道，该公司产品包括液态奶、冷饮、奶粉、酸奶和原奶等。乳制品业务收入已占该公司整个产品线的40%，奶粉产销量2005年居全国第一，其股权结构以内资为主。

上海光明（集团）有限公司股权结构以内资为主。控股股东为上海牛奶（集团）有限公司，实际控制人为光明食品（集团）有限公司。美赞臣公司是1905年成立于美国的专注生产营养品的全球大型跨国企业。广东雅士利集团有限公司2009年与美国凯雷投资集团、上海复星集团结成战略伙伴，根据雅士利国际集团有限公司2011年年报，美国凯雷投资集团股权比重在48%左右。

从表10.6可以看出，液体乳及乳制品制造业内资企业规模偏小，市场份额较低。从表10.7可以看到，液体乳及乳制品制造业外资资产控制率和外资市场控制率是较高的。这与前文分析的结论一致。该行业的龙头企业多数为中外合资企业。

表10.6　液体乳及乳制品制造业内外资企业规模比较　（单位：千元）

分类	2000年		2004年		2007年	
	平均销售收入	平均总资产	平均销售收入	平均总资产	平均销售收入	平均总资产
国有企业	27503	35821	32927	44423	97452	91043
集体企业	36103	38969	25420	24948	118757	44039
三资企业	170117	146786	163620	163149	618634	369841

资料来源：《中国市场年鉴》(2001~2008年)

表10.7　液体乳及乳制品制造业外资资产控制率和外资市场控制率　（单位：%）

指标	2009年	2010年
外资资产控制率	42.93	41.25
外资市场控制率	41.81	38.31

资料来源：根据《中国基本单位统计年鉴》(2010年、2011年)计算整理

液体乳及乳制品制造业进口依存度也在不断上升。受三鹿奶粉事件影响，中国乳制品出口减少，进口大幅增加。2008年，奶粉、液态奶、鲜奶、酸奶进口量分别为10.1万吨、0.82万吨、0.74万吨、0.03万吨。2011年奶粉进口45.6万吨，主要来自新西兰和澳大利亚。[①]

[①] 资料来源：《中国奶业年鉴》(2009年)。

截至 2011 年，全国共有 716 家乳制品加工企业，比 2008 年减少了近一半，加工集中度进一步提高；全国乳制品总产量 2387 万吨，比 2008 年增长 32%；人均奶类消费量 32.4 千克，比 2008 年增加了 4.4 千克。[1]

2016 年，中国乳制品制造业工业销售产值为 3222.60 亿元，其中出口交货值 5.78 亿元。2016 年，乳制品制造业工业所有者权益 1434.92 亿元。其中，实收资本 622.88 亿元，国家资本 37.03 亿元，集体资本 15.10 亿元，法人资本 280.31 亿元，个人资本 147.42 亿元，中国港澳台资本 34.46 亿元，外商资本 108.57 亿元。[2]

第四节 屠宰及肉类加工业

屠宰及肉类加工业，包括畜禽屠宰、肉制品及副产品加工等行业。肉制品及副产品加工业指主要以各种畜、禽肉为原料加工成熟肉制品，以及畜、禽副产品的加工业。该行业与畜牧业、牲畜养殖和屠宰有密切关联。

河南双汇投资发展股份有限公司是中国肉制品行业的龙头企业。2006 年，双汇整体国有产权由香港罗特克斯有限公司（高盛亚洲51%、鼎晖中国49%）以 20.1 亿元购得。2009 年，高盛将自己所持有的双汇 5%的股权出售给鼎晖中国，套现 1.5 亿美元，获利高达 9 倍。根据河南双汇投资发展股份有限公司 2011 年年报，河南省漯河市双汇实业集团有限责任公司、罗特克斯有限公司分别持股 30.27%、21.19%。年报说明中称河南省漯河市双汇实业集团有限责任公司是罗特克斯有限公司的全资子公司。

2000 年，肉制品加工业收入最高的企业有河南省漯河市双汇实业集团有限责任公司、临沂新程金锣肉制品集团有限公司、诸城市大龙实业有限公司等。前 10 位企业中，外资企业有 2 家。肉类副产品加工业前 10 家企业中有 6 家为外资企业。2007 年，肉制品及副产品加工业前 10 位企业中，外资企业有 6 家。

从表 10.8 可以看出，在平均销售收入、平均总资产方面，内资企业规模偏小，市场份额较低。

---

[1] 中国奶业协会信息中心：《农业部副部长高鸿宾在第三届中国奶业大会上的讲话》，2012 年 6 月 16 日。

[2] 资料来源：《中国工业经济年鉴》（2017 年）。

表 10.8 肉制品及肉类副产品加工业内外资企业规模比较 （单位：千元）

肉制品加工业内外资企业规模比较

分类	2000 年		2003 年		2007 年	
	平均销售收入	平均总资产	平均销售收入	平均总资产	平均销售收入	平均总资产
国有企业	19219	22867	22220	28181	60808	53454
集体企业	52270	26252	101425	53760	32006	11821
三资企业	79508	81387	80613	59019	319964	180195

肉类副产品加工业内外资企业规模比较

分类	2000 年		2003 年		2007 年	
	平均销售收入	平均总资产	平均销售收入	平均总资产	平均销售收入	平均总资产
国有企业	11736	32120	10765	25962	—	—
集体企业	20224	9355	20271	11995	—	—
三资企业	38257	36870	36367	32165	—	—

资料来源：《中国市场年鉴》(2001~2008 年)
注：2007 年的肉制品加工业、肉类副产品加工业合并成肉制品及副产品加工业进行统计

从表 10.9 可以看到，外资资产控制率、外资市场控制率相对稳定。外资企业数量少、规模大，在一定程度上提高了产业控制率。提高企业规模、行业集中度是内资企业发展的方向。

表 10.9 肉制品及副产品加工业外资资产控制率和外资市场控制率 （单位：%）

指标	2009 年	2010 年
外资资产控制率	26.72	26.62
外资市场控制率	11.84	22.21

资料来源：根据《中国基本单位统计年鉴》(2010 年、2011 年)计算整理

2016 年，屠宰及肉类加工业销售产值为 14010.16 亿元，其中出口交货值 218.27 亿元。2016 年，屠宰及肉类加工业所有者权益 3638.68 亿元。其中，实收资本 1669.04 亿元，国家资本 37.82 亿元，集体资本 46.83 亿元，法人资本 561.66 亿元，个人资本 775.71 亿元，中国港澳台资本 108.95 亿元，外商资本 138.08 亿元。[①]

---

① 资料来源：《中国工业经济年鉴》(2017 年)。

第十一章 粮食流通环节与外资控制

本章主要分析粮食批发业和收储业外资的产业控制力情况。在粮食流通环节，外资在粮食批发环节控制力较弱，在粮食产品零售环节有一定控制力，并积极向粮食收储业扩张。

第一节 粮食批发业

粮食流通业中的粮食批发业和粮食收储业是战略性粮食产业。粮食批发和粮食收储与粮食控制权、粮食价格调控能力的形成有密切关系。根据中国签订的 WTO 协议，2008 年中国粮食流通领域的过渡期结束，中国政府不能再对粮食流通领域的外资进入进行限制。

一、粮食批发领域外资控制水平较低

2010 年、2016 年粮食批发零售环节的外资资产控制率情况见表 11.1。由表 11.1 可以看到，与 2010 年相比，2016 年外资在批发、零售领域及与食品相关的多数环节外资资产控制率有所下降，这主要是因为内资发展迅速，批发、零售总规模增长迅速。外资在批发、零售的投资规模是上升的。例如，在农畜产品批发领域，2010 年外商固定资产投资额为 9410 万元，2016 年为 27891 万元，增长近 2 倍。内资固定资产投资规模增速较快，相比之下，外资资产控制率显得较低。

表 11.1 2010 年、2016 年粮食批发零售环节的外资资产控制率（单位：%）

行业	2010 年	2016 年
一、批发业	2.41	1.52
农畜产品批发	0.83	0.60
食品、饮料及烟草制品批发	2.25	1.33
二、零售业	15.74	1.40
综合零售	6.17	2.47
食品、饮料及烟草制品专门零售	0.60	0.11

资料来源：根据《中国固定资产投资统计年鉴》（2011 年、2017 年）相关数据计算整理

在城镇，2010年，外资在农畜产品批发领域的资产控制率为0.48%；其中，在谷物、豆及薯类批发中的资产控制率为1.05%。外资在食品、饮料及烟草制品批发领域的资产控制率为2.85%，其中，米、面制品及食用油批发占0.88%，肉、禽、蛋及水产品批发占9.31%。外资在综合零售的资产控制率为6.96%；食品、饮料及烟草制品专门零售为0.73%，其中，在粮油零售及肉、禽、蛋及水产品零售中的比重分别为0.75%、0.53%。[①]

2010年粮食批发零售环节进口依存度水平见表11.2。米、面制品及食用油批发的进口依存度较高。

表11.2　2010年粮食批发零售环节进口依存度　　（单位：%）

行业	外资市场控制率	进口依存度
一、批发业	10.11	9.27
农畜产品批发	2.76	15.49
食品、饮料及烟草制品批发	7.52	3.32
米、面制品及食用油批发		13.71
肉、禽、蛋及水产品批发		1.73
二、零售业	15.67	2.34
综合零售	25.77	0.40
食品、饮料及烟草制品专门零售	65.46	1.66
粮油零售		0.04
肉、禽、蛋及水产品零售		0.17

资料来源：根据《中国第三产业统计年鉴》（2011年）和《中国固定资产投资统计年鉴》（2011年）相关数据计算整理

与2010年相比，2016年中国与粮食相关的批发零售业进口依存度整体稍有变化，但进口依存度整体不算高。例如，2016年，农畜产品批发进口依存度为8.84%，与2010年相比有所下降；米、面制品及食用油批发进口依存度为12.14%，与2010年相比有所下降；肉、禽、蛋及水产品批发进口依存度为6.58%，与2010年相比有所上升；粮油零售进口依存度为0.05%，与2010年相比稍有上升。

根据《中国企业500强发展报告》（2011年），中国2011年服务业企业500强中，中粮集团有限公司排第18位，北京粮食集团有限责任公司排第177位。

---

① 资料来源：《中国固定资产投资统计年鉴》（2011年）。

表 11.3 中的企业均为大型企业，外资企业比较少见。中粮集团有限公司的全产业链优势使该企业在粮食生产、加工、储藏、批发、零售等环节均有一定的竞争力。

表 11.3 中国企业 500 强中的粮油食品及农林、土畜、
果蔬、水产品等内外商贸批发、零售业企业

序号	企业	排名	营业收入/万元
1	中粮集团有限公司	18	17917250
2	吉林粮食集团有限公司	149	1381962
3	北京粮食集团有限责任公司	177	1025409
4	重庆粮食集团有限责任公司	288	495527
5	新疆西部银力棉业（集团）有限责任公司	339	389004
6	新疆生产建设兵团农一师棉麻公司	362	357151
7	浙江省农村发展集团有限公司	413	292609
8	新疆银隆国际贸易股份有限公司	422	280573
9	新疆生产建设兵团棉麻公司	442	247191
10	渝惠食品集团有限公司	447	238477
11	杭州果品集团有限公司	455	230638
12	新疆兵团农三师棉麻公司	496	198815

资料来源：《中国企业 500 强发展报告》（2011）

目前，中国粮食批发零售领域仍然以内资企业为主，外资控制力较弱。总的来看，在粮食流通领域，中国利用外资的空间还很大。从粮食流通品种看，大豆流通需要引起重视。积极提高国内大豆产量，提高大豆进口市场多元化水平，对于中国提高大豆流通效率和大豆流通安全具有重要意义，对于提高中国大豆流通安全的回旋余地具有重要作用。

二、粮食批发领域利用外资的政策建议

外资在中国批发零售业发展迅速，已经有一定的影响力。粮食批发领域外资涉足较少，粮食及其产品零售在超市、卖场等零售业态中比较常见。根据党的十九大报告精神和"创新、协调、绿色、开放、共享"的五大发展理念要求，粮食批发领域也要积极对外开放，吸引外资，通过市场竞争增强粮食批发业的发展活力。

第一，积极增强内资粮食批发企业竞争力，维护粮食批发领域产业安全。

国有粮食企业是中国粮食批发业中的重要力量，积极推进国有粮食企业改革，增强国有粮食企业的竞争力和市场控制力，对于稳定、发展中国粮食批发业具有重要意义。国有粮食企业在粮食批发活动中要发挥主导作用，这是粮食批发领域粮食宏观调控的重要基础。

第二，积极扩大开放，充分利用外资发展粮食批发业。积极扩大开放、充分利用外资是中国的既有政策。中国粮食批发业要持续推进对外开放，营造宽松的环境吸引外资企业投资粮食批发业务，增强粮食批发业的发展活力，提高竞争水平和服务水平。

第三，积极引导，促进内外资粮食批发企业协同发展。通过股份制、混合所有制等形式，实现管理创新和合作模式创新，促进内外资粮食批发企业协同发展。内外资粮食批发企业各有发展优势，通过优势互补、市场共享等方式实现协同发展，最终可以实现双赢和多赢。

第二节 粮食收储业

一、粮食收储领域外资控制水平较低

截至2010年底，中国具有粮食收购资格的经营主体有8.75万家，收购粮食6022亿斤。其中，国有及国有控股粮食企业1.75万家，收购粮食2686亿斤，占44.6%；非国有粮食企业7万家，收购粮食3336亿斤，占55.4%。截至2011年底，中国具有粮食收购资格的经营主体有8.6万家，收购粮食6946亿斤。其中，国有及国有控股粮食企业1.64万家，收购粮食2836亿斤，占40.8%；非国有粮食企业6.96万家，收购粮食4110亿斤，占59.2%。[1] 上述数据反映了中国粮食的商业化水平，也间接反映了私营资本和外资资本在粮食收购方面的影响。该数据未明确外资收购企业的信息，但根据报道，已经有外资粮油企业在收购粮食。[2]

从图11.1可以看到，2011年，江苏、黑龙江、河南三省粮食收购规模较大，说明这些地区粮食需求大，本地区收购不足，是粮食调入地区。虽然外资企业尚不具备大规模收购粮食的能力，但受国内外粮食价格波动、粮食需求等因素的影响，国有粮食企业的购销能力仍需要大幅提高，以便发挥政府宏观调控职能，保障粮食供需平稳运行。

---

[1] 根据《中国物流年鉴》（2011年、2012年）整理而成。
[2] 金微、黄和逊、郭远明：《外资高价介入粮食产业链 或成粮食安全隐患》，《国际先驱导报》，2010年10月19日。

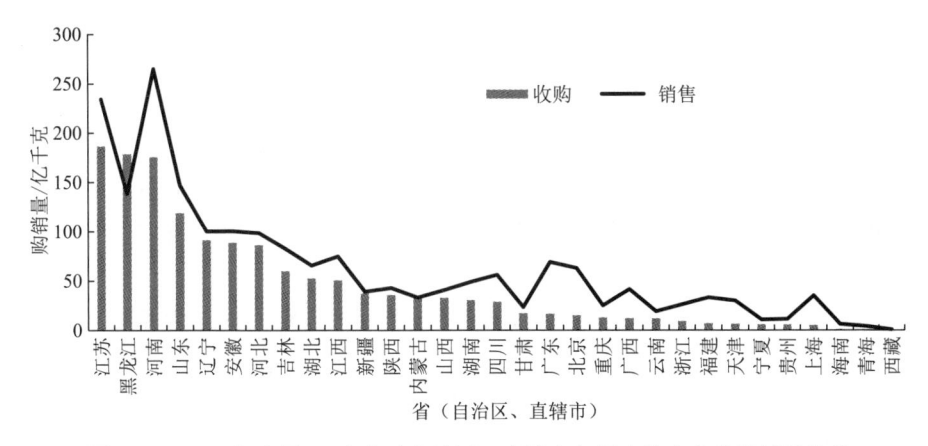

图 11.1 2011 年中国 31 个省（自治区、直辖市）国有粮食企业购销量比较
资料来源：根据《中国粮食经济》2011～2012 年公布的相关数据整理

中粮集团有限公司、中国储备粮管理集团有限公司是重要的国有粮食收购主体。此外，粮食加工厂、粮食经纪人、饲料与养殖企业等也是粮食收购的重要力量。

2016 年 11 月，国家粮食局发布《粮食收购资格审核管理办法》，进一步规范粮食收购资格申请和审核，其目的是充分发挥市场在资源配置中的决定作用，更好地发挥政府的作用。

2017 年 10 月，国家发展和改革委员会等部门发布通告，综合考虑小麦生产、市场等因素，2018 年生产的小麦（三等）最低收购价为每 50 千克 115 元，比 2017 年下调 3 元。小麦最低收购价根据市场变化等具体情况，灵活调整，有利于引导农民种植小麦的积极性。这也是中国粮食供给侧结构改革在价格方面的反映。通过粮食价格引导粮食生产，这是积极的市场调节行为。粮食生产者应该积极调整种植结构和种植质量，以优质粮食获得优质价格。

二、进口对粮食储备的影响

粮食储备是粮食收储的重要环节。受统计数据限制，这里以常见的粮食库存消费比（库存消费比为期末库存与国内总消费之比）来大致测度中国粮食储备规模的安全水平。根据联合国粮食及农业组织的要求，一般该指标在 17%～18% 是正常的。进口对库存消费比有重要影响。因此，粮食库存消费比也可以反映出外资对一国粮食进口的影响。

根据布瑞克农产品数据库 2016 年 4 月的数据，中国大豆 2014～2015 年度库存消费比为 15.3%，2015～2016 年度国内大豆库存消费比为 17.66%，2016～2017 年度库存消费比为 17.41%。由此可见，中国大豆库存消费比基本稳定，但维持在安全线附近水平。

根据布瑞克农产品数据库 2016 年 9 月的数据，中国小麦 2015~2016 年度库存消费比为 43.6%，2016~2017 年度库存消费比为 39%。中国水稻 2015~2016 年度库存消费比为 54.58%，2016~2017 年度库存消费比为 56.06%。中国小麦和水稻库存消费比基本稳定，比安全线水平稍高，存在降库存的空间。

2011~2016 年，中国玉米进口规模持续增加，对国内粮食库存造成消极影响；中国玉米库存持续增加，库存压力逐渐增大。根据中国玉米网 2018 年 1 月的数据，2012~2013 年度、2013~2014 年度、2014~2015 年度、2015~2016 年度、2016~2017 年度、2017~2018 年度中国玉米库存为 8779.53 万吨、14172.23 万吨、20701.58 万吨、27760.58 万吨、29266.28 万吨、28783.28 万吨。2017 年，中国玉米进口量同比下降 10% 左右。2016~2017 年度，在玉米去库存政策作用下，中国玉米库存达到顶峰后开始下降，中国玉米库存消费比也逐渐从高位下降。布瑞克农产品数据库 2018 年 4 月的数据显示，中国 2017~2018 年度玉米库存消费比为 96.7%，与 2016~2017 年度相比有所下降，但依然偏高，需要继续降低玉米库存。根据布瑞克农产品数据库数据计算，中国 2015 年玉米库存消费比达到峰值，为 129.58%，随后开始下降，2016 年降到 122.08%，2017 年降到 97.89%，玉米去库存效果明显。

当前，粮食流通和粮食收储业发展需要充分借助"互联网+"的技术平台优势，通过线上线下相结合的方式，提高粮食流通和收储的效率。

三、粮食收储领域利用外资的政策建议

粮食收储领域同样要在五大新发展理念指导下，积极创新，积极利用外资，扩大对外开放。粮食收储领域利用外资，具体的政策建议如下。

第一，坚持国有粮食购销企业的主导地位，维护粮食收储安全。国有粮食购销企业是中国粮食收储的主力军，在中国粮食收储、购销等活动中发挥着重要作用。国有粮食购销企业布局完整，具有较强的收储能力和市场竞争力。国有粮食购销企业发展历史悠久，在管理体制和机制方面需要加强改革、创新，进一步减少包袱、释放活力，适应新时代中国粮食收储业发展的需要。

第二，积极引导外资企业参与粮食收储活动。随着外资粮油企业在中国粮食领域的持续发展，外资粮油企业在粮食价值链引导下，参与粮食收储活动的积极性日益上升。积极引导外资企业参与粮食收储活动，有利于提高粮食收储效率，节约收储成本。

第三，多元市场主体竞争，提高粮食收储的效率和效益。积极引导国有资本、民营资本和外资参与粮食收储，形成多元市场主体竞争的局面，有利于提高粮食收储的效率和效益。中国地域广阔，粮食生产和粮食流通在地域上纵横交织，有的地区集中，有的地区分散，粮食流通成本较高，粮食收储成本较高。积极引导国有资本、民营资本和外资参与粮食收储，发挥各自渠道优势，有利于从整体上优化资源配置效率，降低粮食收储成本。

第四，需要密切关注粮食进口、粮价波动等因素对中国粮食收储的影响。粮食购销和粮食储备是中国粮食流通领域重要的经济活动，关系国家粮食安全和粮食市场稳定。除了保障粮食购销和粮食储备正常运行以外，还需要高度关注粮食购销和粮食储备之外的因素对中国粮食流通的影响。例如，近些年玉米进口增长过快，对国内玉米市场构成较大压力，国内玉米库存偏高。减少玉米进口也是完成玉米去库存的重要手段之一。国际、国内粮食市场联系密切，从全局角度统筹考虑中国粮食购销和粮食储备，才能够避免不必要的损失和麻烦，保障国内粮食市场稳定发展。

区域研究篇

本篇主要研究中国粮食产业外资控制情势,旨在明晰中国粮食主产区、主销区和平衡区外资控制的实际水平和具体特征。

第十二章 粮食主产区外资控制情势分析

粮食主产区外资控制情势表现为，主产区粮食产业外资利用不足，低于粮食主销区。生产控制力和加工控制力在粮食主产区存在集聚效应。

第一节 生产控制力集聚于粮食主产区

本章分析农业和畜牧业内外资的生产控制力。从投资规模、产业环节等方面分析外资控制情势的具体表现，从区位因素等方面分析其成因，从集聚效应等方面分析其影响。与其他战略性粮食产业相比，这两个行业是外资控制相对薄弱的产业。

一、农业

根据《国家粮食安全中长期规划纲要（2008—2020年）》划分标准，将河南、内蒙古、湖南、河北、四川、吉林、辽宁、江西、山东、江苏、安徽、湖北、黑龙江13个省（自治区）作为中国粮食生产的主产区；将陕西、云南、广西、新疆、重庆、甘肃、山西、青海、贵州、宁夏、西藏11个省（自治区、直辖市）作为中国粮食生产的平衡区；将浙江、北京、福建、上海、广东、天津、海南7个省（直辖市）作为中国粮食生产的主销区。

2001年，中国13个粮食主产区粮食产量占全国粮食产量的比重为71.53%。粮食产量排名前13的省（自治区）的粮食产量占全国粮食产量的比重为72.79%。这主要是因为，2001年，广东、广西粮食产量超过了辽宁、内蒙古，跻身全国粮食产量13强。2011年，中国13个粮食主产区粮食产量占全国粮食产量的比重为76.02%，全国粮食13强的范围与13个粮食主产区的范围完全一致。这说明自加入世界贸易组织以来，粮食主产区在中国粮食生产中的地位进一步稳固。

从粮食产量的增长率看，2011年与2001年相比，13个粮食主产区的粮食产量均增加，尤其是黑龙江的粮食产量2011年比2001年增长了1倍多。从粮食产量的区位熵（2011年各地区粮食产量占全国比重与2001年相比）看，2011年与2001年相比，粮食产量占全国比重增幅最大的地区是黑龙江，增长了66.47%。而湖南、湖北、江苏、四川等地区粮食产量占全国的比重在下降,湖南省 2011 年粮食产量占全国的比重仅为 2001 年的 86.26%。

从图 12.1 可以看到,黑龙江、内蒙古、吉林等地区在粮食主产区中占有重要地位。

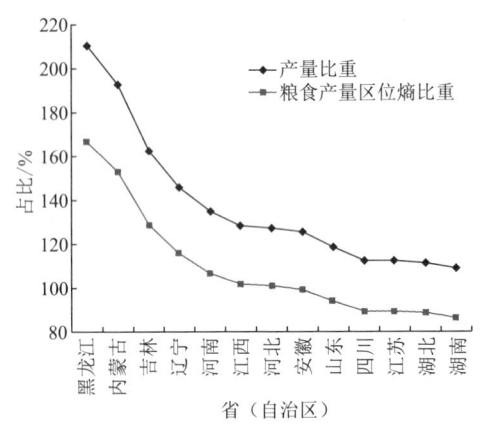

图 12.1 粮食主产区粮食产量增长和分布的区域比较
资料来源:根据国家统计局公布的相关数据整理

2000~2010 年,中国农业实际利用外资规模呈现 S 形轨迹,在 2006 年出现低谷。其他年份农业实际利用外资呈现上升趋势。

由图 12.2 可知,从农业利用外资的地区分布看,2000~2010 年,江苏、广东、山东农业实际利用外资金额占全国的 55%。农业利用外资以独资方式为主。2010 年,外商独资比重由 2001 年的 67%上升到 2010 年的 89%。

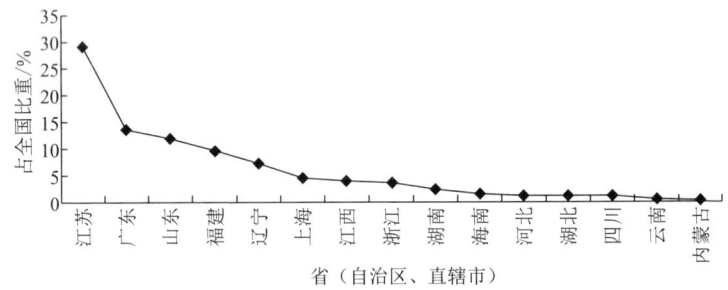

图 12.2 2001~2011 年第一季度各地区农业累计利用外资占全国比重
资料来源:《中国外商投资报告》(2011 年)

二、畜牧业

《全国畜牧业发展第十二个五年规划(2011—2015 年)》指出,中国生猪生产重点在东北、中部、西南和沿海优势区,奶牛生产重点在东北内蒙古产区、华北产区、西部产区、南方产区和大城市周边产区等。

大豆、玉米及其副产品是畜牧业的重要原料来源。但目前大豆已经严重依赖进口，近几年进口量增速加快，对中国畜牧业产生不利影响。在原料生产环节，泰国正大集团从1979年开始在中国创办饲料厂，到2008年在江西启动200万头生猪养殖项目，收购中国生猪养殖场、饲料厂上千家，在中国饲料行业占据垄断地位。[①]另外，在美国上市的艾格菲国际集团2007年全资收购了南昌百世腾牧业有限公司、江西百世腾种猪有限公司等，从事种猪和商品猪养殖，在上海、广西等地办有养殖场。

图12.3给出了2010年猪肉、牛奶产量前九位地区占全国的比重和与2001年相比的区位熵。2010年，猪肉产量前九位地区中，四川、湖南、河南的比重超过8%以上。2010年，牛奶产量前九位地区中，内蒙古、黑龙江、河北的比重超过12%以上。

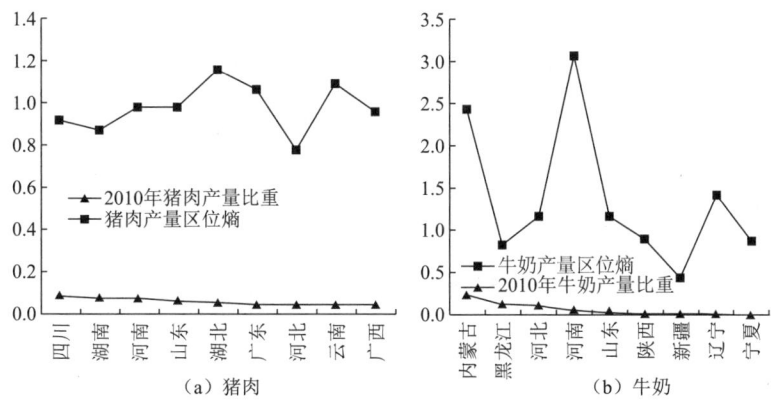

图12.3 2010年和2001年中国猪肉和牛奶产量前九位地区比较

资料来源：《中国统计年鉴》（2002年、2011年）

2010年，各地区鲜冻猪肉进口中，进口量最大的是广东省，占全国进口规模的68.26%，其他进口量较大的地区还包括上海、江苏等。2010年，乳及奶油进口量最大的地区是上海、天津，分别占全国进口量的20.83%、17.64%，其他进口量较大的地区包括云南、北京、广东等。[②]

第二节　加工控制力集聚于粮食主产区

本节分析谷物磨制业、食用植物油加工业、液体乳及乳制品制造业、屠宰及肉类加工业内外资加工控制力的地区分布情况。

---

① 根据泰国正大集团中国官方网站资料整理而成。
② 资料来源：《中国农业年鉴》（2011年）。

一、谷物磨制业

在谷物磨制业销售收入最高的前十位企业中，面粉企业主要分布在山东、河南，大米企业主要分布在黑龙江、湖北和辽宁。2007 年谷物磨制业销售收入前十位企业中，有限责任公司有 4 家，私营企业有 6 家。谷物磨制业销售收入排名靠前的城市有山东德州（3.53%）、河南漯河（2.92%）、河南商丘（2.47%）、河南濮阳（2.38%）、辽宁沈阳（1.82%）等。①

从图 12.4 可以看出，2011 年，河南省面粉产量遥遥领先，占全国面粉产量的 36.67%。前四位省份面粉产量占全国产量的 76.68%，前十位省份面粉产量占全国产量的 94.19%。2011 年，湖北省大米产量占全国的 14.57%。前四位省份大米产量占全国产量的 49.66%，前十位省份大米产量占全国产量的 91.26%。可见，面粉的区域生产集中度要高于大米。

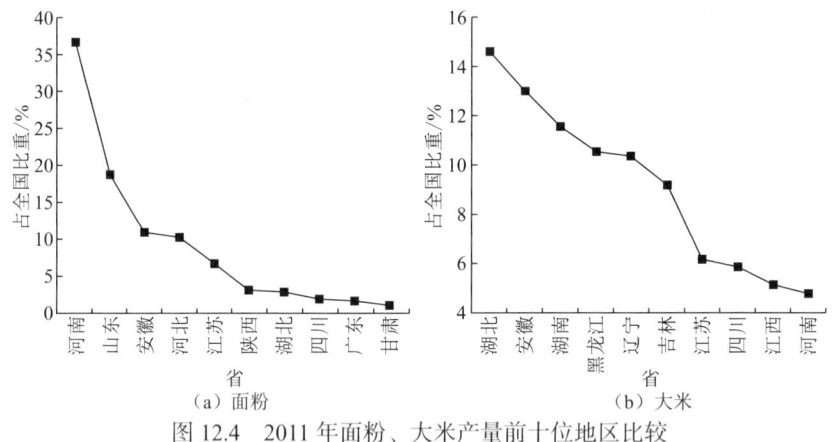

图 12.4　2011 年面粉、大米产量前十位地区比较

资料来源：根据中商情报网行业数据计算整理

2011 年中国面粉加工企业 50 强中，五得利面粉集团有限公司、中粮集团有限公司、今麦郎食品有限公司、益海嘉里投资有限公司、南顺香港集团居前五位。其中，河南省有 9 家，河北、江苏等地区的企业也较多。

2011 年中国大米加工企业 50 强中，中粮集团有限公司、湖北兴农粮食产业发展有限公司、益海嘉里投资有限公司、湖北国宝桥米集团、福娃集团有限公司位居前五位。湖北、湖南、黑龙江等地区的企业较多。②

值得注意的是，2011 年，河南省有 7 家企业入围中国粮油企业 100 强，9 家企业入围中国小麦加工企业 50 强，3 家企业入围中国食用油加工企业

---

① 资料来源：《中国市场年鉴》（2008 年）。
② 中国粮食行业协会：《关于发布 2011 年度重点粮油企业专项调查结果的通知》（中粮协〔2012〕5 号）。

50 强，2 家企业入围中国大米加工企业 50 强，2 家企业入围中国粮油机械制造企业 10 强，1 家企业入围中国挂面加工企业 10 强。

二、食用植物油加工业

食用植物油加工业是外资控制程度较高的行业。2007 年食用植物油加工业收入最高的 10 家企业中，外商企业占 7 家。

从地区看，食用植物油销售收入靠前的城市有江苏苏州（5.53%）、山东滨州（4.04%）、天津（3.66%）、上海（3.63%）、山东烟台（3.62%）、河北秦皇岛（3.04%）、黑龙江佳木斯（2.79%）等。山东省是食用植物油加工业较为集中的地区。

从图 12.5 可以看到，2011 年食用植物油产量最高的地区是山东，占全国产量的 12.87%。2011 年食用植物油产量前十位地区占全国产量的比重为 77.08%。2010 年食用植物油进口量最多的地区是江苏，占全国进口量的 40.71%。2010 年食用植物油产量前十位地区占全国产量的比重为 98.34%。

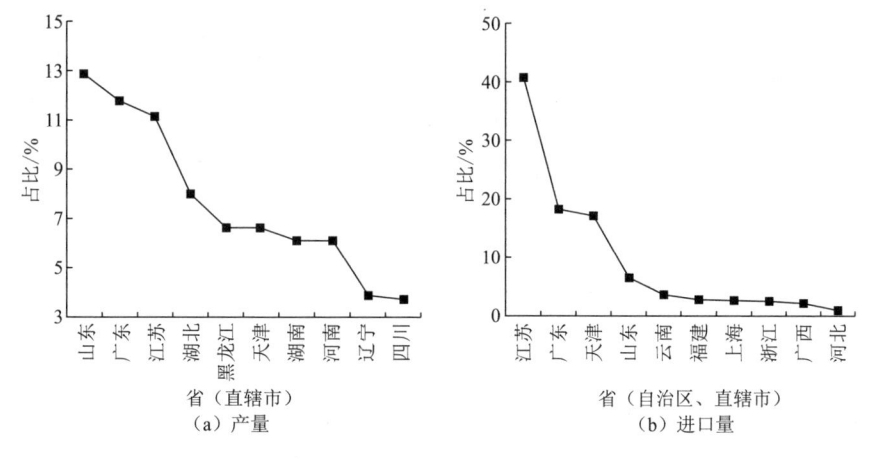

图 12.5 食用植物油产量、进口前十位地区比较
资料来源：中商数据和《中国农村统计年鉴》（2011 年）

大豆油是中国食用植物油消费的主要品种。从地区看，2011～2012 年度，大豆油消费较多的地区包括广东（12.8%）、辽宁（7.0%）、河北（6.7%）、黑龙江（6.1%）、山东（5.4%）、浙江（5.3%）、四川（5.1%）、江苏（4.9%）。[①]内外资食用植物油加工企业也多分布在这些地区。2011 年度中国食用油加工企业 50 强中，益海嘉里投资有限公司、中粮集团有限公司、九三粮油工业集团有限公司、中国中纺集团公司、中储粮油脂有限公司位居前五；50

---

① 资料来源：布瑞克农业咨询。

强企业在上述地区基本都设有分支机构。

三、液体乳及乳制品制造业

液体乳及乳制品制造业是外资控制程度较高的行业之一。2007 年，液体乳及制品制造业销售收入前 9 位城市及代表性企业见表 12.1。

表 12.1 2007 年液体乳及乳制品制造业销售收入前 9 位城市及代表性企业

城市	市场份额/%	本地区代表性企业	企业个数/个
内蒙古自治区呼和浩特市	14.11	内蒙古蒙牛乳业（集团）股份有限公司、内蒙古伊利实业集团股份有限公司	7
上海市	5.54	光明乳业股份有限公司、英特尔营养乳品有限公司	14
黑龙江省齐齐哈尔市	3.93		19
北京市	3.76	内蒙古蒙牛乳业（集团）股份有限公司、北京三元食品股份有限公司	13
黑龙江省哈尔滨市	2.89	双城雀巢有限公司	18
河北省唐山市	2.89		17
辽宁省沈阳市	2.76	内蒙古蒙牛乳业（集团）股份有限公司	4
广东省广州市	2.53	美赞臣营养品（中国）有限公司	11
山东省济南市	2.33		8

资料来源：《中国市场年鉴》（2008 年）

2011 年，全国乳制品产量靠前的地区包括内蒙古、山东、河北、黑龙江等，累计产量占全国的 76.28%，具体见图 12.6。表 12.2 比较了 2007 年和 2010 年液体乳及乳制品制造行业前九位企业情况。

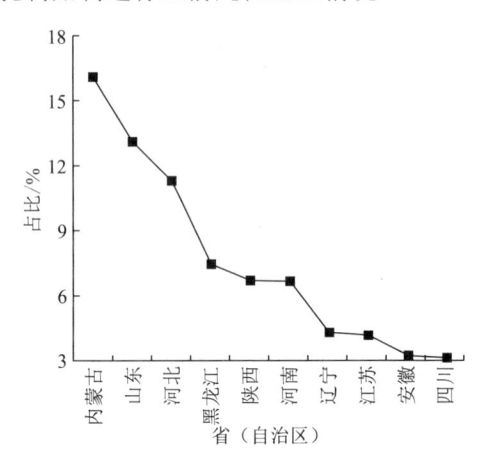

图 12.6 2011 年乳制品产量前 10 位地区占全国的比重
资料来源：中商情报网

表12.2　2007年、2010年中国液体乳及乳制品制造行业企业排名比较

2007年排名	企业名称	2010年排名	企业名称
1	内蒙古蒙牛乳业（集团）股份有限公司	1	内蒙古蒙牛乳业（集团）股份有限公司
2	内蒙古伊利实业集团股份有限公司	2	内蒙古伊利实业集团股份有限公司
3	光明乳业股份有限公司	3	光明乳业股份有限公司
4	美赞臣（广州）有限公司	4	蒙牛乳业（沈阳）有限责任公司
5	广东雅士利集团有限公司	5	多美滋婴幼儿食品有限公司
6	英特尔营养乳品有限公司	6	美赞臣营养品（中国）有限公司
7	蒙牛乳业（沈阳）有限责任公司	7	蒙牛乳业（北京）有限责任公司
8	双城雀巢有限公司	8	黑龙江省完达山乳业股份有限公司
9	蒙牛乳业（北京）有限责任公司	9	黑龙江省飞鹤乳业有限公司

资料来源：《中国市场年鉴》（2008年）和中商情报网

从奶粉进口地区看，2008年，天津、浙江、广东、上海四地区占全国进口总量的80.44%。2008年9月三聚氰胺事件后，中国奶粉进口量在2008年底开始大幅增加。[①]

四、屠宰及肉类加工业

屠宰及肉类加工业销售收入前十位企业主要分布在山东、河南、江苏、辽宁等地区。肉制品及副产品加工区域集中度较高，市场份额前三位地区的集中度达到40%以上。2007年，临沂新程金锣肉制品集团有限公司销售收入超过河南省漯河市双汇实业集团有限责任公司。大众食品控股有限公司2001年在新加坡上市，是临沂新程金锣肉制品集团有限公司、罗比特有限公司和基创有限公司的控股公司。根据大众食品控股有限公司2011年年报，公司创始人控股比例较高，在45%以上，其他多为外资投资机构。

从表12.3可以看到，山东省肉制品的产业控制力和竞争力优势非常明显。

表12.3　2007年屠宰及肉类加工业销售收入靠前城市

畜禽屠宰			肉制品及副产品加工		
城市	市场份额/%	企业	城市	市场份额/%	企业
山东省潍坊市	5.48	山东新昌集团有限公司	河南省漯河市	20.17	河南省漯河市双汇实业集团有限责任公司

[①] 资料来源：《中国奶业年鉴》（2009年）。

续表

畜禽屠宰			肉制品及副产品加工		
城市	市场份额/%	企业	城市	市场份额/%	企业
山东省聊城市	3.79	山东凤祥集团	山东省临沂市	12.82	临沂新程金锣肉制品集团有限公司
吉林省长春市	3.74	长春金锣肉制品有限公司	山东省潍坊市	11.17	山东得利斯食品股份有限公司
北京市	3.65	北京顺鑫农业股份有限公司鹏程食品分公司	四川省成都市	2.28%	—

资料来源：《中国市场年鉴》（2008年）

第三节 产粮大县吸引外资能力整体较弱

本节从市域和县域视角分析中国战略性粮食产业控制力的区域分布。2010年，去掉数据不完整的几个城市，在298个城市中，各地市市辖区实际利用外资占全市的比重超过80%的有98个，这些城市多在发达地区；超过50%的有168个，占全部比重的56%。[①]这些数字说明，在吸引外资的过程中，各市的市辖区占的比重较大，而市以下的县吸引外资的比重较小。

这主要是由于市辖区的经济条件要优于县城的条件。以既是沿海省份又是粮食主产区的江苏省为例，2011年，江苏省13个地级市中，县域层面吸引外资占全市比重最低的是南京市（5.16%），比重最高的是盐城市（70.14%），其次是南通市（65.84%）、苏州市（58.41%）等。[②]南京市区由于在基础设施、市场规模等方面经济条件优越，对外资有较强的吸引力，使南京市下辖的县吸引到的外资较少。盐城市粮食产量在江苏省的地市中是较高的。益海（盐城）粮油工业有限公司坐落在该市。2010年盐城市农业实际利用外资8399万美元，占全市吸引外资的6.4%。[③]

总的来看，县域经济层面上，吸引外资仍有较大的空间。

一、基于县域视角的粮食生产与粮食经济发展分析

在中国粮食主产区和粮食生产大县等粮食生产较为集中的地区，财政收入水平、居民收入水平、经济发展水平往往低于非粮食主产区。

[①] 根据《中国城市统计年鉴》（2011年）相关数据整理计算。
[②] 根据《江苏统计年鉴》（2012年）相关数据整理计算。
[③] 根据《盐城统计年鉴》（2011年）相关数据整理计算。

比较 2011 年中国经济百强县和 2011 年全国粮食生产先进单位（粮食生产大县 200 强）可以发现，粮食大县成为经济强县的比重很低。

从图 12.7 可以看到，2011 年全国经济百强县中，江苏、山东、浙江、辽宁、福建的百强县数量排在前 5 位，均为沿海地区。这 5 个省份的经济百强县数量到达 97 个，占 2011 年全部百强县（124 个）的 78%；这 5 个省份的粮食百强县（粮食生产先进单位）数量达到 40 个，占全国粮食百强县（200 个）的 20%。从这一对比可以看出，经济百强县高度集中的地区，粮食生产能力一般较弱。

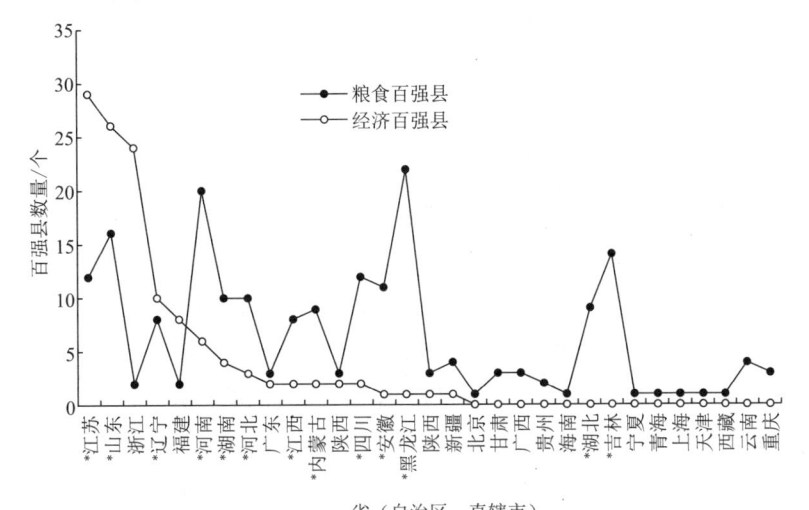

图 12.7　2011 年粮食百强县与经济百强县省际分布比较

注：标有*地区为中国 13 个粮食主产区

13 个粮食主产区累计有粮食百强县 161 个，占全部粮食百强县的 81%；13 个粮食主产区累计有经济百强县 86 个，占全部经济百强县的 69%。这两个比重的差异反映出，粮食生产大县与经济强县在发展上存在较大的差异。

黑龙江省有 22 个粮食百强县，但仅有 1 个经济百强县，这 1 个经济百强县同时也是粮食百强县。河南省有 20 个粮食百强县，但仅有 6 个经济百强县，其中仅有 1 个经济百强县同时又是粮食百强县。江苏既是经济百强县又是粮食百强县的仅有 1 个县，山东省有 4 个。这些数据说明，粮食大县成为经济强县的比重很低。

从表 12.4 可以看到，与县级粮食产量关系最密切的是乡村人口比重、第一产业增加值比重。在分析县级粮食总产量的影响因素方面，灰色接近关联度与邓氏关联度的排序一致。

表12.4 2010年县级粮食总产量影响因素的灰色关联度和邓氏关联度排序

指标	灰色接近关联度	邓氏关联度
粮食总产量比重	1.0000	1.0000
乡村人口比重	0.9995	0.7332
第一产业增加值比重	0.9475	0.7077
规模以上工业总产值比重	0.8593	0.6769
第二产业增加值比重	0.8566	0.6768
地方财政一般预算收入比重	0.8292	0.6726
县（市）个数比重	0.6678	0.6587

资料来源：根据《中国县（市）社会经济统计年鉴》（2011年）整理计算

二、粮食生产优势与吸引外资的关系

从目前的情况看，各地区粮食生产优势尚未普遍成为吸引外资的有利条件。粮食产量较高的地区，吸引外资的规模相对有限。

根据《中国县（市）社会经济统计年鉴》（2011年）整理出13个粮食主产区地级市粮食产量和实际利用外资的数据，计算其相关系数，可以得到13个粮食主产区190个城市粮食产量和实际利用外资之间的相关系数为–0.0557，即相关性较低，存在负向关联关系。根据2010年13个粮食主产区地级市粮食产量和实际利用外资的数据，构建散点图，绘制成图12.8（a）。

根据《中国县（市）社会经济统计年鉴》（2011年）整理出18个非粮食主产区地级市粮食产量和实际利用外资的数据，计算其相关系数，可以得到18个非粮食主产区226个城市粮食产量和实际利用外资之间的相关系数为–0.1645，即相关性较低，存在负向关联关系。根据2010年18个非粮食主产区地级市粮食产量和实际利用外资的数据，构建散点图，绘制成图12.8（b）。

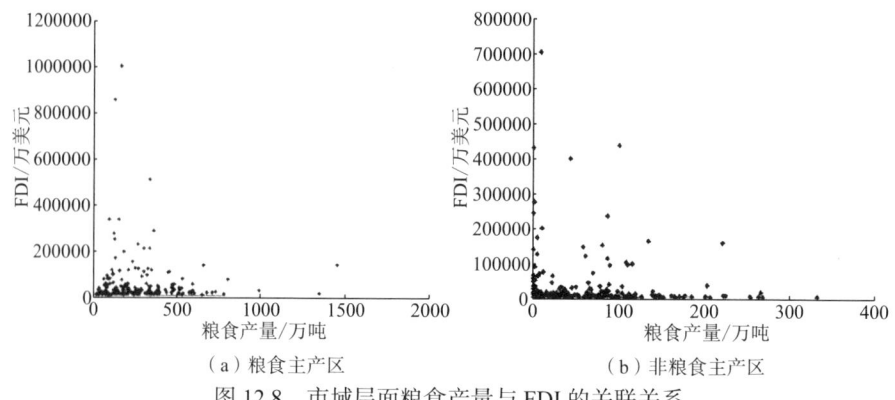

（a）粮食主产区　　　　　　　（b）非粮食主产区

图12.8 市域层面粮食产量与FDI的关联关系

从图 12.8 可以看到，各地区粮食生产优势并没有成为吸引外资的优势。粮食主产区和粮食生产大县在吸引外资方面滞后于经济发达地区。

第四节　主产区粮食进口增加

改革开放以来，主产区大豆进口规模较大，粮食进口规模较小，但存在增长趋势。粮食进口品种中，玉米进口增长明显。

一、大豆进口依存度较高

自加入世界贸易组织以来，中国粮食主产区大豆进口规模增加较快。由图 12.9 可知，从 2004 年到 2013 年，中国粮食主产区大豆进口规模呈现持续增长态势。

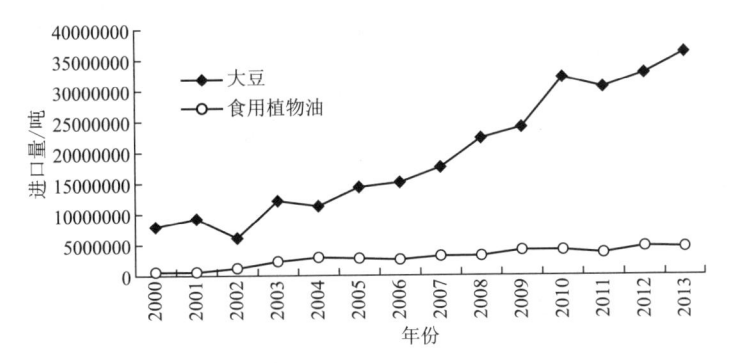

图 12.9　2000～2013 年粮食主产区大豆和食用植物油进口规模比较
资料来源：《中国农村统计年鉴》（2014 年）

由图 12.10 可知，2013 年，13 个粮食主产区大豆进口量占全国的 57%。山东、江苏、辽宁和河北等地区是中国大豆进口的主要地区，其中，山东、江苏大豆进口量分别占全国的 22%、18%。

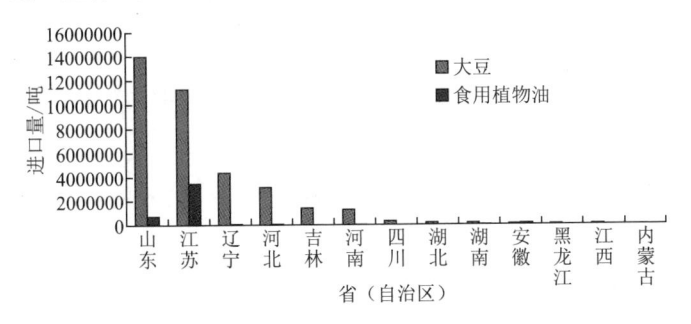

图 12.10　2013 年粮食主产区大豆和食用植物油进口规模比较
资料来源：《中国农村统计年鉴》（2014 年）

二、粮食进口依存度较低

中国粮食主产区粮食进口依存度相对较低，波动较大。由图 12.11 可知，2008~2012 年，13 个粮食主产区粮食进口规模呈现逐步上升的趋势。其中，玉米进口规模增幅较大。

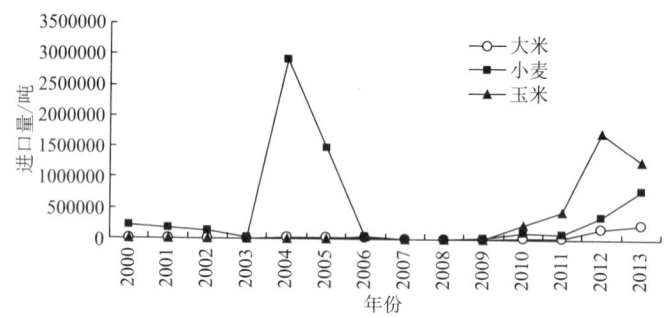

图 12.11　2000~2013 年粮食主产区粮食进口规模比较

资料来源：《中国农村统计年鉴》（2014 年）

2013 年，13 个粮食主产区大米、小麦、玉米进口量分别占全国进口量的 10%、14% 和 38%。其中，山东和江苏的粮食进口规模相对较大。

由图 12.12 可知，江苏和山东的玉米、小麦进口规模相对较大，大米进口规模相对较小。

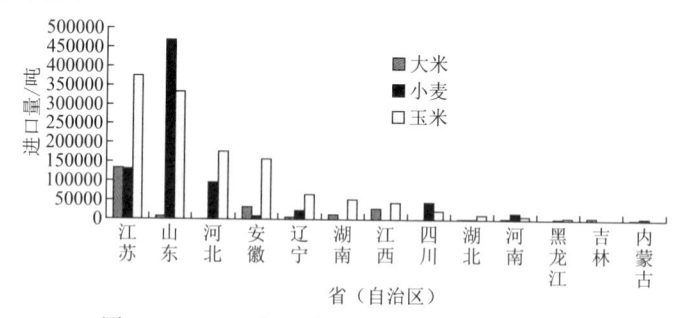

图 12.12　2013 年粮食主产区粮食进口规模比较

资料来源：《中国农村统计年鉴》（2014 年）

第五节　主产区研发控制力优势明显

本节分析种子产业和农林牧渔专用机械制造业内外资的地区分布情况，内资企业拥有传统优势，外资企业发展步伐加快。

一、种子产业

《国务院关于加快推进现代农作物种业发展的意见》（国发〔2011〕8 号）

指出中国种业发展的区域布局,要求加强种子生产基地建设,建立优势种子生产保护区。特别是加强西北、西南、海南等优势种子繁育基地的规划建设与用地保护。为落实该意见,《全国现代农作物种业发展规划(2012—2020年)》(国办发〔2012〕59号)和《种子工程建设规划(2011~2015年)》相继发布。

山东省从1995年实施"种子工程"到2012年,省级以上共投资建设了33个农作物良种繁育基地、9个粮食种子加工中心。截至2012年,山东省良种繁育基地总面积已达210万亩,良种生产能力8亿千克左右。小麦、玉米、棉花商品种子供应率近100%。山东省持证种子企业达到431家,资产总规模82亿元,占全国的10%以上。其中,注册资本3000万元以上的"育繁推一体化"种子企业发展到7家,占全国的8%;中国种子协会认定的骨干企业5家,占全国的9.3%;国家AAA级信用企业8家,占全国的12.9%[①]。但这些企业的规模和竞争力有待于进一步提高。

外资种业公司在中国分布也较为广泛。孟山都在中国设有研发机构,其玉米产品在广西、山西等地区推广,成立了中种迪卡种子有限公司等多家公司,参股河北冀岱棉种技术有限公司等。杜邦旗下的先锋国际良种公司是全球最大的玉米种业公司,推出的"先玉335"在北京、天津、辽宁、吉林、宁夏、新疆、河北北部、山西、内蒙古、陕西等地区多有种植。加上"先玉698""先玉508"等玉米品种,几乎覆盖了中国东北、黄淮海、西南大部分地区。先锋国际良种公司与中国种业上市公司的合资公司分布在山东、甘肃地区,具体见表12.5。

表12.5 2011~2012年度粮食种子消费前四位地区分布

种子类别	种子用量前四位地区(占全国比重)
玉米	黑龙江(12.9%)、吉林(9.5%)、河北(9.5%)、山东(9.4%)
小麦	河南(22.7%)、山东(15.3%)、河北(10.3%)、安徽(10.2%)
稻谷	湖南(13.7%)、江西(11.1%)、黑龙江(8.3%)、安徽(7.6%)
大豆	黑龙江(44.0%)、安徽(10.7%)、内蒙古(9.2%)、河南(5.1%)

资料来源:布瑞克农业咨询

2011~2012年度,玉米种用消费157.49万吨,小麦种用消费510万吨,稻谷种用消费134万吨,大豆种用消费70万吨。玉米种用消费量最大的地区是黑龙江,玉米种用消费前四位地区累计占全国的30%以上。小麦种用消

---

① 李剑桥:《种子工程把农业大省"育成"种业大省》,http://sd.dzwww.com/kjww/201206/t20120627_7225383.htm,2012年6月27日。

费量最大的地区是河南省，小麦种用消费前四位地区累计占全国的近60%。稻谷种用消费量最大的地区是湖南，种用消费前四位地区累计占全国的40%以上。大豆种用消费量最大的地区是黑龙江，种用消费前四位地区累计占全国的近70%。上述种子消费量大的地区既是中国的粮食主产区，也是内外资种子企业集中的地区。

二、农林牧渔专用机械制造业

全球农业机械进口量较大的国家是日本、韩国、德国、美国，2009年进口量分别占全球进口量的28.32%、17.98%、14.78%、13.68%；农业机械出口量较大的是美国、日本、越南、德国，2009年出口额分别占全球出口量的19.61%、4.54%、4.17%、3.43%。[①]

中国农业机械进口量仅占全球的0.42%，出口占全球的比重非常低。2009年百亩耕地拥有农业机械化动力靠前的地区有河北、山东、天津、浙江、河南、江西、北京、湖南等。[①]

2007年，中国农林牧渔专用机械制造业销售收入排名靠前的城市见表12.6。

表12.6　2007年农林牧渔专用机械制造业部分细分行业销售收入排名靠前的城市

（单位：%）

行业	销售收入排名靠前的地区	市场份额
拖拉机制造业	河南省洛阳市	40.24
	山东省潍坊市	5.84
	天津市	3.19
	山东省德州市	2.99
农副食品加工专用设备制造业	河南省漯河市	11.66
	江苏省常州市	8.70
	江苏省镇江市	5.66
	山东省聊城市	5.19
机械化农业及园艺机具制造业	山东省潍坊市	22.45
	浙江省台州市	4.65
	江苏省苏州市	4.37
	浙江省宁波市	4.32

资料来源：《中国市场年鉴》（2008年）

---

① 资料来源：《中国农业机械年鉴》（2010年）。

在拖拉机制造业中，河南省洛阳市具有绝对优势，中国一拖集团有限公司在该行业中优势明显。天津、上海等地区有该行业销售收入前十位的外资企业。

在农副食品加工专用设备制造业中，销售收入排名靠前的城市主要分布在河南省的漯河市和开封市，江苏省的常州市、无锡市和镇江市，山东省的聊城市、威海市、潍坊市和临沂市等地区。在山东省、河南省等地区，该行业销售收入前十位的企业中外资企业较少，私营企业有 6 家。

在机械化农业及园艺机具制造业中，销售收入排名靠前的城市是山东省的潍坊市和淄博市、浙江省的台州市、河南省的洛阳市和许昌市、黑龙江省的佳木斯市等。在江苏省、黑龙江省、广东省等地区，该行业销售收入前十位的外资企业有 3 家。

第十三章　粮食主销区外资控制情势分析

粮食主销区粮食产业外资利用规模较大，粮食进口规模增长较快。

第一节　主销区外资流通控制力较弱

粮食批发和收储是外资产业控制力相对薄弱的领域，内资竞争力较强。但在粮食进口方面，大豆、食用植物油等品种进口依赖度较高。

一、粮食批发

中国各地区大都设有粮食或粮油批发市场，这些市场以内资企业控制为主。国家粮食交易中心通过粮油竞拍等方式调控粮油市场。2010年，国家投入粮油180批次，涉及稻谷、玉米、小麦和大豆，拍卖粮食成交8133万吨，定向销售最低价收购小麦278万吨，跨省移库426万吨。[①]这对稳定粮油市场起到了积极作用。

全国各类粮食批发市场有400余家，国家粮食交易中心有22家，建立了全国统一的粮食竞价交易系统。有2家从事粮食交易的期货市场，品种涵盖小麦、早籼稻、玉米、大豆、豆粕、大豆油、菜籽油等。《全国粮食市场体系建设与发展"十二五"规划》（国粮政〔2012〕13号）提出，要"形成以国家粮食交易中心为龙头、区域性批发市场为骨干、城镇成品粮市场为基础，多层次的粮食批发市场体系"。

以郑州为例，郑州拥有郑州粮食批发市场和郑州商品交易所。郑州粮食批发市场是经国务院批准于1990年成立的中国第一家全国性、规范化的粮食批发市场，是河南省人民政府管理的国有独资企业，是中国最大的小麦交易中心。2006年，郑州粮食批发市场被国家粮食局确定为郑州国家粮食交易中心。

2010年粮食相关行业批发市场前四位市场和地区排名情况见表13.1。

[①] 李经谋：《中国粮食市场发展报告》，北京，中国财政经济出版社，2011年，第8页。

表 13.1　2010 年粮食相关行业批发市场前四位市场和地区排名

行业	前四位市场	成交额前四位地区
农业生产用具市场	高阳县庞口汽车农机配件城、宁晋县大陆村镇农机配件市场、平度市农机及配件市场、长葛市金桥农机商贸市场	河北省（60%）、山东省（13%）、河南省（5%）、湖北省（4%）
粮油市场	商丘农产品中心批发市场、上海农产品中心批发市场经营管理有限公司、天津保税区大宗商品交易市场有限公司、南方粮食交易市场	山东省（15%）、浙江省（10%）、河南省（9%）、上海市（9%）
肉禽蛋市场	杭州联合肉类冷藏有限公司、苏州食品有限公司肉食品批发交易市场、邯郸市（馆陶）金凤禽蛋农贸批发市场、中南农产品市场	广东省（17%）、江苏省（16%）、浙江省（15%）、河北省（7%）

资料来源：根据《中国商品交易市场统计年鉴》（2011 年）整理。

《国家粮食安全中长期规划纲要（2008—2020 年）》指出，通过建设和发展大宗粮食品种的区域性、专业性批发市场和大中城市成品粮油批发市场等措施，完善粮食市场。通过粮食物流"四散化"变革推进粮食物流业建设。

农业产业化国家重点龙头企业中，涉及粮食批发市场的有北京市丰台区新发地农副产品批发市场、邯郸市（馆陶）金凤禽蛋农贸批发市场、南昌深圳农产品中心批发市场有限公司等。

二、粮食收储

到"十一五"时期末，全国具有粮食收购资格的经营者有 8.75 万家，受企业委托或与企业合作的农村粮食经纪人有 36.2 万人。各地放心粮油生产企业已建立各类销售网点 17 万多个，其中城镇网点 11 万多个、农村网点 6 万多个。[①]

《国家粮食安全中长期规划纲要（2008—2020 年）》提出，要完善粮食储备体系。中央储备粮油在地区布局上，强调向主销区、西部缺粮地区和贫困地区倾斜，利用重要物流节点、粮食集散地增强对大中城市粮食供应的保障能力。

粮食购销比是各地区国有粮食企业粮食收购量与粮食销售量之比。粮食购销比大于 1，说明该地区当年粮食有结余；该比值小于 1，说明该地区当年粮食销售量超过收购量，消耗了粮食库存或需要从外地调进粮食。从图 13.1 可以看出，13 个粮食主产区中，除河南、湖南、江西、四川等地区外，其他地区粮食购销比大于 1。黑龙江粮食购销比最高，达到 1.79；上海粮食购销比最低，仅为 0.21。购销比偏低的地区多为粮食主销区，也是粮食进口的重要地区。

---

① 《全国粮食市场体系建设与发展"十二五"规划》（国粮政〔2012〕13 号）。

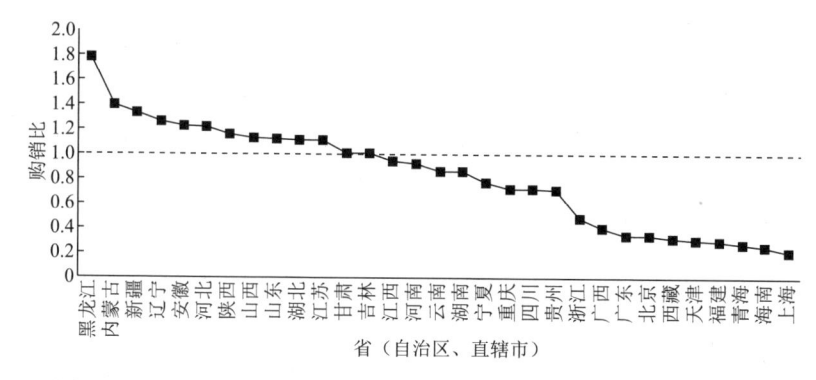

图 13.1　2011 年 31 个省（自治区、直辖市）国有粮食企业粮食购销比
资料来源：根据 2005～2012 年《中国粮食经济》相关数据整理。

表 13.2 中，内资企业居多，这表明内资企业在粮食加工环节的优势比较明显。

表 13.2　2007 年粮食流通产业前四位批发企业

行业	企业名称
农林牧渔专用机械制造业	北京凯姆克国际贸易有限公司、洛阳长仑农业机械有限公司、江苏江动集团进出口有限公司、广东省农业机械工业有限公司
谷物磨制业	中国粮油食品集团有限公司、中谷粮油集团公司、吉林粮食集团进出口有限公司、中纺粮油进出口有限公司
食用植物油加工业	吉林粮食集团、上海益海企业发展有限公司、中粮集团有限公司、浙江省粮油食品进出口股份有限公司
液体乳及乳制品制造业	四川宜宾五粮液集团进出口有限公司、烟台张裕葡萄酒公司销售公司、上海宜加国际贸易有限公司、三得利（上海）市场服务有限公司

资料来源：根据《中国市场年鉴》（2008 年）整理。

第二节　主销区粮食进口规模较大

本节主要分析主销区粮食进口规模及发展趋势。

一、大豆进口依存度较高

大豆是中国近些年进口最多的粮食。

从中国各地区豆类产量的变化看，2010 年与 2001 年相比，仅有黑龙江、内蒙古、重庆、陕西、安徽、四川大豆产量增加，其余省（自治区、直辖市）豆类产量下降。其中，黑龙江的大豆产量占全国大豆产量的比重由 2001 年的 26%上升到 2010 年的 32%。

从各地区大豆加工能力看，大豆加工区主要集中在东北三省和天津、山东、江苏、浙江、福建、广东、广西等地区，这些地区也是中国主要的大豆进口地区。益海嘉里在中国食用植物油市场上占据垄断地位，尤其是金龙鱼品牌在中国小包装食用油市场上优势明显。金龙鱼食用植物油的生产布局比上述大豆加工区的范围还要大一些，其销售网点已经遍布全国各地。

从各地区大豆进口看，2010 年，全国仅内蒙古、黑龙江两省（自治区）为大豆净出口省（自治区），其余省（自治区、直辖市）均为大豆净进口地区[部分既无进口又无出口的省（自治区、直辖市）除外]。2001 年大豆净进口超百万吨的地区包括山东、广东、江苏、辽宁、北京等五省（直辖市）；2010 年，大豆净进口超百万吨的地区依次是山东、江苏、广东、广西、辽宁、福建、河北、天津、浙江、河南。

从各地区食用油进口看，2001 年，中国食用油年进口超过 10 万吨的地区主要有广东、北京、天津、山东、江苏、浙江等。2010 年，除上述地区外，新增的地区还包括云南、福建、上海、广西等。[①]

2013 年，北京、天津等 7 个粮食主销区大豆进口量占全国的 32%，食用植物油进口量占全国的 43%。主销区中，尤其以广东的大豆和天津的食用植物油的进口量最大（表 13.3）。

表 13.3　2013 年主销区大豆和食用植物油进口规模比较　　（单位：吨）

地区	大豆进口量	食用植物油进口量
北京	243247	166203
天津	4289403	1506670
上海	708834	477984
浙江	2560898	226540
福建	4122823	251287
广东	8263562	1372053
海南		31

资料来源：《中国农村统计年鉴》(2014 年)

由图 13.2 可知，2000～2013 年，随着开放程度的提高，中国粮食主销区大豆进口规模迅速上升，食用植物油进口增长较慢。

2000～2013 年，中国粮食主销区大豆进口规模占全国的比重表现出稳中有升、先升后降的特点，其比重由 24% 上升到 32%。

---

① 根据《中国农村经济统计年鉴》(2011 年)和《中国统计年鉴》(2011 年)等资料整理。

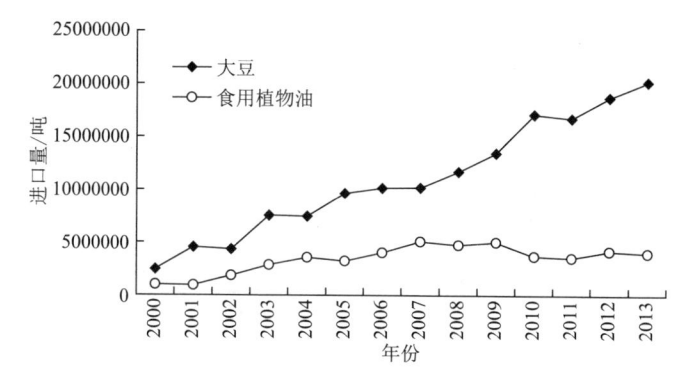

图 13.2 2000~2013 年主销区大豆和食用植物油进口走势比较

资料来源:《中国农村统计年鉴》(2014 年)

二、粮食进口增长迅速

2000~2013 年,主销区粮食进口总量呈现上升趋势,但波动较大。由图 13.3 可知,2008 年粮食进口量进入低谷,2008 年以后粮食进口量大幅上升。2012 年大米、小麦和玉米进口增幅均较快,2013 年玉米和大米进口有所下降。

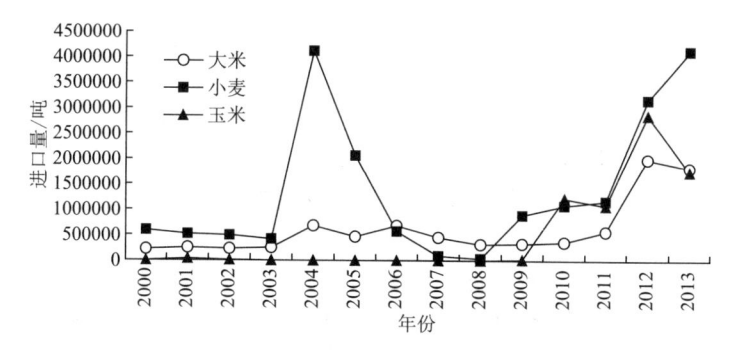

图 13.3 2000~2013 年主销区粮食进口走势比较

资料来源:《中国农村统计年鉴》(2014 年)

根据《中国农村统计年鉴》(2014 年)数据,2013 年,7 个主销区大米、小麦、玉米进口量占全国的比重分别为 82%、75%、54%。广东省大米、小麦进口量较大,分别占全国进口量的 53%、45%。2013 年,7 个粮食主销区中,广东省的粮食进口规模最大,具体见图 13.4。

2000~2014 年,广东省大米进口量占全国的比重平均保持在 70% 左右。2014 年的大米进口量与 2000 年相比,增加了 7 倍左右。

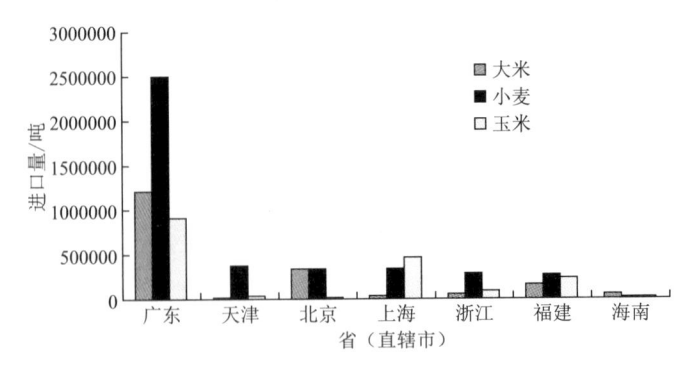

图 13.4　2013 年 7 个主销区粮食进口走势比较

资料来源：《中国农村统计年鉴》（2014 年）

由图 13.5 可知，2012 年以后虽然广东省大米进口量占全国的比重有所下降，但其后进口规模仍呈现持续增长的趋势。

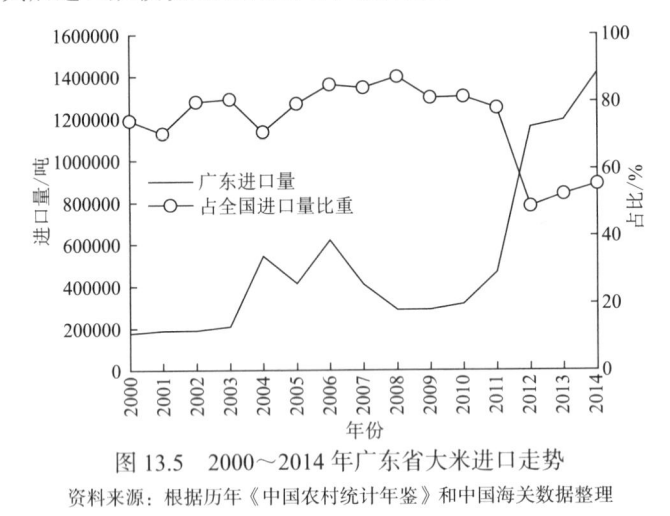

图 13.5　2000～2014 年广东省大米进口走势

资料来源：根据历年《中国农村统计年鉴》和中国海关数据整理

第三节　国际粮价对国内主销区粮价的影响日益增强

本节以稻米为例，分析国际粮价对国内粮价尤其是粮食主销区的影响。[①]

一、相关研究及假设

2012 年以来，中国大米进口规模激增，给国内稻米市场带来一定的影响。从进口目的地看，广东、北京、福建、江苏等是中国大米主要的进口地

---

① 马松林：《中国进口大米的空间价格传递研究》，《地域研究与开发》2016 年第 2 期，第 150～152 页。

区。从大米进口来源地看，泰国、越南、巴基斯坦等国是中国大米主要的进口市场。越南、巴基斯坦等国大米价格较低，对国内稻米市场价格造成一定冲击，这导致国内"稻强米弱"的市场格局进一步强化。积极研究进口低价大米在国内稻米市场的传导机制，对于深刻领会 2014 年中央经济工作会议提出的"适度进口"精神和新粮食安全观，有重要的现实意义和理论价值。

国内对国际大米价格传递的研究，主要是基于时间序列的分析。国际大米价格波动对中国中低端大米市场影响较大，而中国大米价格对国际大米价格影响有限[1]。20 世纪 60 年代以来，国际大米名义价格波动剧烈，实际价格持续走低[2]。分析国际大米价格波动对国内市场传递的方法，包括新开放宏观经济学模型（NOEM）、非对称纵向价格传递的误差修正模型（APT-ECM）、向量自回归模型（VAR）、向量误差修正模型（VEC）、误差修正模型（ECM）等。国内外大米价格波动存在长期稳定的均衡关系。包括大米在内的国际粮价对国内市场存在不完全的价格传递，但其影响在扩大[3]。运用国际市场占有率、贸易竞争指数、显示性比较优势指数等指标对比表明，中国大米与印度、巴基斯坦、泰国和越南四国的大米相比，不具有国际竞争力优势[4]。1992~2012 年，中国进口大米波动主要受国内开放政策、人均收入、人均大米消费量和大米价格等宏观经济因素影响，世界大米贸易的总体供求水平以及市场分布变化也对中国进口大米波动产生一定影响[5]。2012 年以来，走私大米和进口低价大米导致湖北沙洋县稻谷收购价格走低，大米销售量下降，粮食产业受到冲击[6]。

近些年来，国外对大米价格传递的研究，更加关注价格的空间传递效应。阿卜杜拉（Abdulai）运用门槛协整检验（threshold cointegration tests）分析了加纳不同地区玉米市场价格的空间非对称传递机制，通过构建非对称误差修正模型，分析了中心市场玉米价格波动对地方市场价格的影响过程[7]。梅

---

[1] 张晶，周海川：《国际大米价格互动性与中国粮食安全研究》，《中国人口资源与环境》2014 年第 24 卷第 10 期，第 163~169 页。

[2] 武文，成德波：《国际大米贸易与大米价格》，《农业展望》2006 年第 2 期，第 33~36 页。

[3] 潘苏，熊启泉：《国际粮价对国内粮价传递效应研究——以大米、小麦和玉米为例》，《国际贸易问题》2011 年第 10 期，第 3~13 页。

[4] 胡中应：《中国大米国际竞争力研究——基于同印度、巴基斯坦、泰国和越南的比较分析》，《中国农学通报》2006 年第 22 卷第 8 期，第 639~642 页。

[5] 张金艳，谢红红：《中国大米进口波动成因分析：基于 1992~2012 年的数据》，《战略决策研究》2013 年第 6 期，第 88~96 页。

[6] 马文斌，陈中国，陈万智：《走私大米及低价进口大米对粮食产业的冲击——以湖北省沙洋县为例》，《中国粮食经济》2013 年第 9 期，第 51~52 页。

[7] Abdulai, A., "Spatial price transmission and asymmetry in the Ghanaian maize market", *Journal of Development Economics*, 2000,Vol. 63, pp. 327-349.

耶（R. J. Myers）和杰恩（T. S. Jayne）分析了多重机制下南非玉米市场上空间价格传递机制。研究表明，政府干预和进口规模对不同地区价格传递有较强影响[1]。伯克（W. J. Burkea）和梅耶分析了南非玉米市场上民间贸易带来的玉米价格的空间传递和均衡问题。通过构建单一方程的误差修正模型，分析得出降低运输成本，可以带动民间贸易，改善市场绩效[2]。阿查亚（S. S. Acharya）等分析了印度大米和小麦市场的价格传递和市场整合机制。协整检验和误差修正模型分析表明，印度南方和北方大米价格传递有所不同，北方大米价格传递是对称的，南方则相反[3]。

本书的模型设置及分析基于如下假设。

第一，国外大米价格对中国不同地区稻米市场价格有显著影响。近些年来，中国大米进口规模日益扩大，进口大米对国内稻米市场的影响越来越明显。低价进口大米在一定程度上拉低了稻谷收购价格和大米批发价格。

第二，国内外运输成本对中国大米进口有显著影响。国内外大米价格差距大是中国大米进口规模大的主要原因。除此以外，运输成本对中国大米进口也有影响。国外有部分学者用燃油价格代表运输成本。本书也采用此假设，用国际燃油价格代表运输成本的变化。

第三，进口大米价格在国内稻米市场上的传递存在空间依赖性。地区大米进口规模越大，进口大米价格对该地区稻米市场的影响也就越大。这导致进口大米价格在国内稻米市场上的传递存在空间依赖性。

根据 Abdulai[4]、Myers 和 Jayne[5]等学者的分析，一般的两地区空间价格传递模型为

$$P_{at} = \beta_{0i} + \beta_{1i} P_{bt} + \beta_{2i} K_t + \mu_{it} \tag{13-1}$$

其中，P 为地区 a 和地区 b 的价格，K 为地区 a 和地区 b 之间的运输成本，t

---

[1] Myers, R. J., Jayne, T. S., "Multiple-Regime spatial price transmission with an application to maize markets in Southern Africa", *American Journal of Agricultural Economics*, 2012, Vol. 94, No. 1, pp. 174-188.

[2] Burkea, W. J., Myers, R. J., "Spatial equilibrium and price transmission between Southern African maize markets connected by informal trade", *Food Policy*, 2014, Vol. 49, pp. 59-70.

[3] Acharya, S. S., Chand, R., Birthal, P. S., et al. Market Integration and Price Transmission in India: a case of rice and wheat with special reference to the world food crisis of 2007/08, http://www.Fao.org/docrep/016/an034e/an034eoo.pdf, 2012-11-08.

[4] Abdulai A., "Spatial price transmission and asymmetry in the Ghanaian maize market". *Journal of Development Economics*, 2000, No. 63, pp. 327-349.

[5] Myers R. J., Jayne, T. S., Multiple-regime spatial price transmission with an application to maize markets in Southern Africa. *American Journal of Agricultural Economics*, 2012, Vol. 94, No. 1, pp. 174-188.

为时间。β_{0i}、β_{1i}、β_{2i} 为待估参数，μ_{it} 为残差。

本书拟从两个角度分析进口大米的空间价格传递。首先，借助模型（13-1），从微观上分析越南大米价格与广州稻米价格之间的空间传递。其次，借助模型（13-1），运用 GeoDa 软件从宏观角度分析越南大米价格与全国各地区稻米市场之间的空间传递。

本书所用的越南大米价格（P_b）数据来自商务部。越南大米价格按当日汇率折算为元人民币/吨。广州大米价格（P_a）来自中华粮网数据中心。运输成本（K）用传统燃油价格表示，相关数据来自美国能源署。人民币兑美元汇率（R）为日平均汇率，单位为人民币/1 美元，数据根据中国人民银行和中国货币网整理。所有数据均为日度数据，时间（t）从 2013 年 3 月 5 日到 2014 年 3 月 5 日，正好为一个种植年度。

国内各地区大米价格数据来自《中国经济景气月报》，中国地区大米进口数据来自海关和《中国农村统计年鉴》。

二、进口稻米价格对国内的影响

（一）进口大米价格与国内稻米价格的空间关联

通过计算中国主要城市日度稻米价格与国际大米价格的关联系数，反映国际米价对国内稻米价格的影响。

图 13.6 表明，泰国、巴基斯坦、美国大米价格对国内中晚稻价格的影响，在广州、成都、桂林等南方地区影响较大，随着空间的变化，其影响由北向南逐渐增强。而越南大米价格对国内稻米价格的影响，由北向南逐渐衰减。这说明，越南米价对中国的空间影响范围和程度更大。国际米价对中国早籼稻、早籼米及粳米、粳稻的影响同样也存在类似趋势。

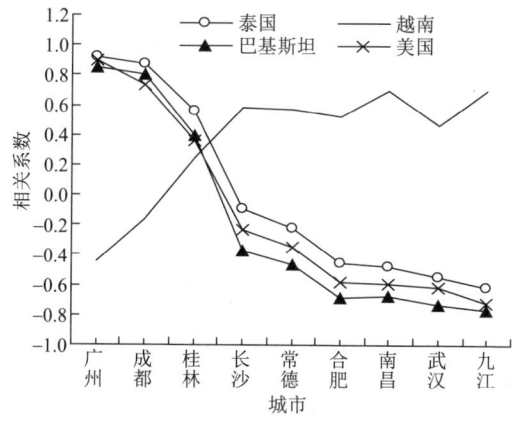

图 13.6　国内主要城市中晚稻价格与国际米价的相关系数

2013~2014 年，中国进口越南大米规模较大。越南大米价格较低，对中国国内稻米价格有较大影响。广东是中国进口大米规模最大的省份，分析越南大米对广州大米价格的影响，对于分析越南对中国大米价格影响具有一定的代表性。

（二）微观层面上的空间价格传递

微观层面上的价格传递模型，借助模型（13-1），因变量为广州大米价格（P_a），自变量为越南进口大米价格（P_b），运输成本（K_t）为国际传统燃油价格。运用 Eviews 8.0 软件对变量进行平稳性检验，变量 P_a、P_b、K_t、R 均为一阶单整平稳序列。

对变量 P_a、P_b、K_t、R 进行 Johansen 协整检验，发现选择最小滞后阶数为 10 时，变量间开始存在协整关系，即变量 P_a 与 P_b、K_t、R 之间存在长期稳定的变动关系。表 13.4 给出了置信水平为 0.05、滞后阶数为 12 时变量间存在的协整关系个数。

表 13.4　Johansen 协整检验

数据趋势	无	无	线性
检验类型	无常数项、无趋势项	有常数项、无趋势项	有常数项、无趋势项
迹统计	1	1	1
最大特征值	1	1	0

考虑到变量 P_a、P_b、K_t、R 滞后阶数为 12 时存在线性协整关系，将变量滞后 12 期取自然对数后进入模型，回归得到的模型结果如表 13.5 所示。

表 13.5　模型回归结果

变量	系数	标准误	t 值	p 值
C	4.6216	0.2035	22.7131	0.0000
$\text{Log}(P_b(-12))$	−0.0320	0.0146	−2.1900	0.0296
$\text{Log}(K_t(-12))$	−0.0810	0.0156	−5.2038	0.0000
$\text{Log}(R(-12))$	2.0054	0.0912	21.9797	0.0000
R^2	0.7354			

对残差进行 ADF 检验，发现残差序列非平稳，故进一步对残差进行建模。

$$\Delta \mu_t = I_t \rho_1 \mu_{t-1} + (1-I_t)\rho_2 \mu_{t-1} + \varepsilon_t \qquad (13\text{-}2)$$

其中，I_t 为指示变量。当 $\mu_{t-1} \geq 0$ 时，$I_t=1$；当 $\mu_{t-1}<0$ 时，$I_t=0$。ρ_1、ρ_2 为待估参数，ε_t 为残差。根据 Abdulai[①] 的分析，$\mu_{t-1}=0$ 被认为是序列的长期均衡值；若 $\mu_{t-1}>0$，则 μ_{t-1} 在序列长期均衡值之上，序列调整幅度是 $\rho_1\mu_{t-1}$；若 $\mu_{t-1}<0$，则 μ_{t-1} 在序列长期均衡值之下，序列调整幅度是 $\rho_2\mu_{t-1}$。

通过回归得到，$\rho_1=0.9993$（t 值为 28.6283），$\rho_2=0.8819$（t 值为 18.3426），$R^2=0.9078$。经过 ADF 检验，残差 ε_t 的 t 值为 -14.2072，小于 1% 水平下的临界值 -3.4615，为平稳时间序列。ρ_1、ρ_2 系数不相等，表明进口大米的空间价格传递是一个非对称的传递过程。

（三）宏观层面上的空间价格传递

宏观层面上的价格传递模型，仍以模型（13-1）的变量为基础。为强调价格传递的空间特征，运用 GeoDa 软件进行空间计量分析。因变量 P_a 为各地区稻米价格，自变量 P_b 为中国各地区大米进口价格，自变量运输成本 K 为国内各地区省会城市到相近沿海港口的公路距离。

P_a 的莫兰指数值为 0.3502，p 值为 0.003；P_b 的莫兰指数值为 0.3726，p 值为 0.002；K 的莫兰指数值为 0.1178，p 值为 0.042。P_a、P_b 的两变量莫兰指数值为 0.1679。表 13.6 的 OLS 诊断显示出模型拟合效果欠佳，并表现出较高的空间自相关性，适宜建立空间计量模型。

异方差诊断中，Breusch-Pagan 检验值为 4.8184，p 值为 0.0898，表明 SEM 在 10% 的水平下不存在异方差。由表 13.6 可知，空间滞后模型（SLM）中，空间滞后因变量 W_P_a 系数不显著，不宜建立 SLM。与 SLM 相比，建立 SEM 后，Log-L 值增加，AIC、SC 值显著下降，Lambda 系数显著，SEM 的拟合效果具有明显改善。因此，SEM 比 SLM 更适合本书的分析。

表 13.6　SLM 和 SEM 估计结果的比较

变量及检验	OLS	SLM	SEM
C	1.2274*	0.8531**	1.2468*
	（0.2518）	（0.3391）	（0.3054）
P_b	0.3413*	0.2879*	0.2998**
	（0.1156）	（0.1078）	（0.1274）
K_t	-2.9079**	-2.5568**	-2.4603**
	（1.1702）	（1.0731）	（1.1926）

[①] Abdulai, A., "Spatial price transmission and asymmetry in the Ghanaian maize market", *Journal of Development Economics*, 2000, Vol. 63, pp. 327-349.

续表

变量及检验	OLS	SLM	SEM
W_P_a		0.2926	
		（0.1873）	
Lambda			0.3941***
			（0.2092）
R^2	0.2493	0.3184	0.3347
Log-L	−35.3581	−34.1747	−34.0776
AIC	76.7163	76.3494	74.1551
SC	81.0182	82.0854	78.4571
Moran I（EER）	2.3341**		
LM（LAG）	2.6787		
LM（EER）	2.4650		
LM（SARMA）	2.8527		
LR			2.5611***

注：括号内为标准误，*、**、***分别表示通过1%、5%、10%水平下的显著性检验

（四）研究结论及启示

研究结论为：从进口来源地看，越南进口大米对中国稻米价格影响较大，范围较广。从进口目的地看，广东大米进口规模较大，受进口大米价格影响比较明显。从国内外稻米价格关联看，泰国、巴基斯坦、美国进口大米价格与广州、成都、桂林等地区大米价格存在显著的相关性。从微观层面上的空间价格传递看，越南进口大米价格对中国主要稻米产区的影响，在时间上存在滞后，在空间上表现出由北向南逐渐衰减的特征。从宏观层面上的空间价格传递看，越南进口大米价格对中国国内稻米市场价格产生了冲击。空间误差模型的分析表明，中国各地区稻米市场价格变化对越南进口大米价格存在显著的依赖关系。

政策启示表现在：在"适度进口"方针指导下，进口大米需要考虑低价进口大米对国内稻米市场的冲击。中国广东、广西、云南距离泰国、越南等世界大米出口大国较近，受进口大米的影响更大，应积极监测和调控广东、广西、云南等南方地区大米进口规模，防止过度进口大米，导致低价进口大米冲击国内其他地区稻米市场。要严厉打击边境大米走私活动，使大米进口处于可控状态，为中国粮食宏观调控奠定基础。

此外，需要说明的是，中国粮食主销区研发能力有一定优势。海南是全国最大的南繁育种基地，独特的气候缩短了农作物育种周期，加快了育种步伐，推进了品种的更新换代。近些年，全年杂交水稻制种 10 万～13 万亩，占全国杂交水稻年制种面积 10%左右。其中海南省内种子公司制种 3 万～5 万亩，收获种子 500 万～800 万千克，部分种子销往广东、广西、湖南等地。[1]

---

[1] 李兴民：《海南种子产业前景"生机勃勃" 销往省外 500 万公斤》，《国际旅游岛商报》，2012 年 2 月 3 日。

第十四章 粮食平衡区外资控制情势分析

本章主要研究粮食平衡区外资控制情势。粮食平衡区外资控制情势表现为，平衡区粮食产业外资利用有限，粮食进口规模较小，外资在粮食育种方面有一定的控制力。中国粮食平衡区发展马铃薯产业有一定优势。

第一节 平衡区外资研发控制力有一定影响

中国粮食平衡区内资和外资粮食育种均有一定优势，内资种业有很大的发展空间。

一、平衡区内资和外资育种均有一定优势

与其他地区相比，粮食平衡区在玉米育种方面具有显著优势，本节予以重点讨论。甘肃目前是中国最大的杂交玉米制种基地。2008年杂交玉米制种生产基地达到150万亩，年产种量6亿千克，占全国用种量的60%左右，玉米制种基地主要集中在光热资源较好的河西走廊。[1]2015年6月，国家发展和改革委员会正式批复国家玉米制种基地（甘肃）建设项目可行性研究报告，该项目是甘肃省多年来投资规模最大的农业项目。国家玉米制种基地（甘肃）建设项目主要建设内容包括通过实施土地平整、农田水利、田间道路和农田防护林等工程，改造标准化玉米制种基地30万亩，基地主要分布在张掖市甘州区、临泽县、高台县、酒泉市肃州区、武威市凉州区和陇南市徽县。

国家玉米制种基地（甘肃）建设项目的实施有助于发挥甘肃得天独厚的自然资源、技术力量和区位优势。项目建成后，玉米种子标准化、规模化生产水平和种子质量明显提高，亩产良种稳定在460千克以上，年产玉米良种13.8万吨，玉米供种保障能力明显提升，对保障国家粮食安全具有重要意义。[2]

---

[1] 连振祥：《甘肃已成为我国重要的玉米和马铃薯种子基地》，http://www.gov.cn/jrzg/2009-01/13/content_1203731.htm，2009年1月13日。

[2] 卢吉平，杨世智：《国家玉米制种基地（甘肃）建设项目可研报告获批》，《甘肃日报》，2015年6月2日。

杜邦旗下的先锋国际良种公司推出的"先玉335"在宁夏、新疆、山西、陕西等地区多有种植。先锋国际良种公司在陕西等地区推广的玉米品种包括"先玉696"（春播）、"先玉1266"（夏播）、"先玉987"（春播）、"先玉335"（春播）等。先锋国际良种公司与中国种业上市公司的合资公司在甘肃地区也有分布。

2016年，推广面积在10万亩以上的玉米品种有992个，推广总面积48051万亩。前十位推广品种中，"郑单958"排第一，"先玉335"排第二。"先玉335"适宜在河南、河北、山东、陕西、安徽、山西运城夏播种植。2016年，中国前10位玉米品种种植集中度（前5位品种推广面积占10万亩以上品种推广总面积的比例）为31.1%。[①]

二、平衡区内资和外资种业发展的政策建议

粮种培育是整个粮食产业发展的开端和先导。粮种培育竞争力强，既为粮食产业发展打下牢固基础，也为保障粮食质量、食品安全奠定基础。因此，大力发展粮食育种行业，从根本上提高内资粮种研发能力，是提高中国粮种研发能力、提升粮食产业竞争力的基础。

粮食平衡区要充分利用自身条件，积极增强粮种研发能力。具体建议如下。

第一，坚持"以我为主""科技支撑"的基本原则，积极掌握粮种培育的核心技术。要着眼于粮种培育的长期发展，系统、全面地进行粮种培育的各项研发，突破发展瓶颈。掌握粮种培育的核心技术，是实现粮食供给"以我为主"的重要保障。因此，必须大力培育内资粮种研发能力，从根本上保障粮食研发竞争力持续提升。

粮食平衡区要充分利用在土壤、气候等方面的先天优势，积极发展粮种培育，提升粮种研发能力，为粮食增产、粮食质量改进、提升粮食保障能力做出贡献。

第二，促进内外资粮食育种企业协同发展，提升国内粮种研发水平。内外资粮食育种企业都是中国粮食产业发展的推动力量，都为中国粮食产业发展做出了巨大贡献。内资粮食育种企业在外资企业的带动和影响下，实现了快速发展；外资粮食育种企业通过与内资企业合作，打开了市场，实现了协同发展，取得了良好的经济效益和社会效益。内外资粮食育种企业协同发展，

---

① 农业部种子管理局，全国农业技术推广服务中心，农业部科技发展中心：《2017年中国种业发展报告》，北京，中国农业出版社，2017年，第61页。

是提升国内粮种研发水平的有效途径。

粮食平衡区要积极吸引外资,充分利用外资在资金、技术等方面的优势,促进本地内外资粮食育种企业协同发展。

第三,完善粮食育种领域利用外资的政策,建立内外资粮食育种企业的协同发展机制,进一步扩大粮食育种领域对外开放,吸引外商在粮食平衡区投资。粮食平衡区要改善外商投资环境,为外资粮食育种企业发展和内外资粮食育种企业提高资源保障、制度保障和法律保障。积极支持粮食平衡区现有的粮食育种企业做大做强,积极与外资粮食育种企业开展合作,协同发展。

第二节 平衡区粮食进口较少

与全国其他地区相比,粮食平衡区粮食进口整体较少。

一、大豆进口依存度较低

2000年以来,中国粮食平衡区大豆进口量呈现快速上升的趋势,食用植物油进口增长较慢。

由图14.1可知,2000~2013年,中国粮食平衡区大豆进口量占全国的比重整体上逐渐上升,从2005年到2013年这一比重保持在11%左右。

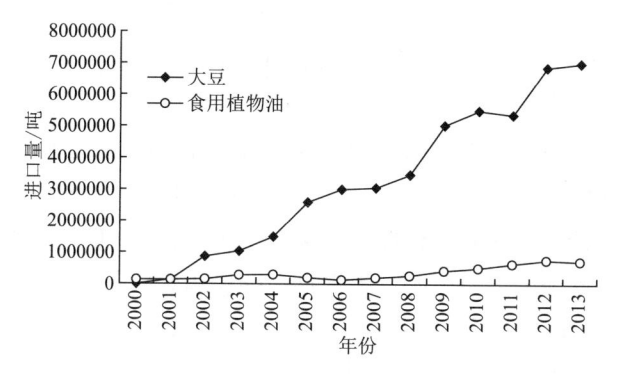

图14.1 2000~2013年平衡区大豆和食用植物油进口规模比较

资料来源:《中国农村统计年鉴》(2014年)

2013年,中国粮食平衡区大豆进口量占全国的比重为11%,显著低于粮食主产区和主销区。

由图14.2可知,粮食平衡区整体大豆进口较少。2013年,在11个粮食平衡区中,仅广西大豆进口较多,其他地区大豆进口较少或没有进口。

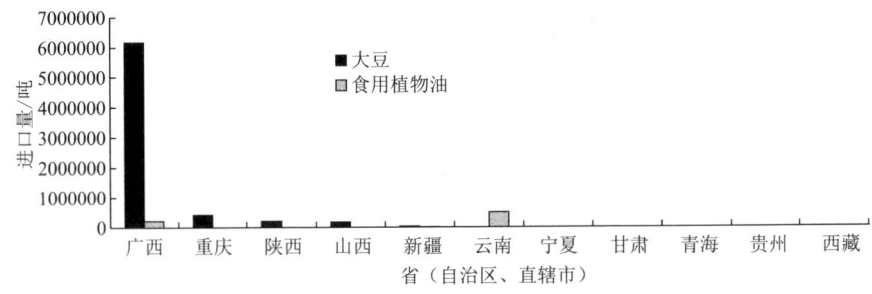

图 14.2　2013 年平衡区大豆和食用植物油进口规模比较

资料来源:《中国农村统计年鉴》(2014 年)

二、粮食进口依存度较低

中国粮食平衡区粮食进口规模较小。由图 14.3 可知，2009 年以后，粮食进口量呈现逐渐增长的趋势。粮食品种中，玉米、小麦进口增幅明显。

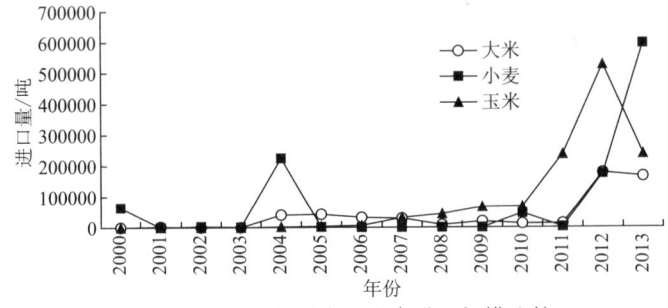

图 14.3　2013 年平衡区粮食进口规模比较

资料来源:《中国农村统计年鉴》(2014 年)

2013 年，粮食平衡区大米、小麦和玉米产品进口量分别占全国进口量的 7%、11% 和 7%。其中，广西大米和小麦产品进口规模相对较大，广西和云南的玉米进口规模相对其他地区较大。由图 14.4 可见，平衡区中，广西和云南靠近东南亚大米出口国，大米进口规模相对较大。

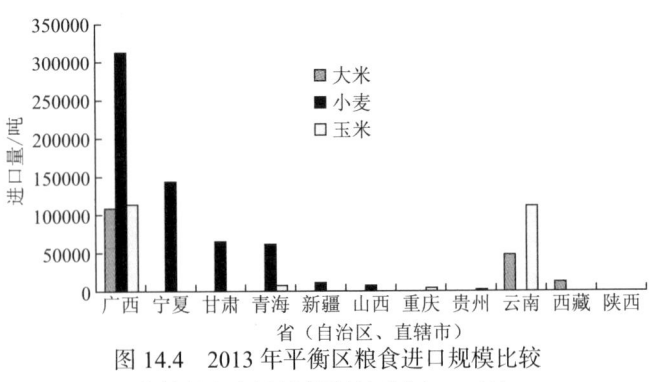

图 14.4　2013 年平衡区粮食进口规模比较

资料来源:《中国农村统计年鉴》(2014 年)

到 2016 年，广西在 11 个平衡区中仍然是粮食进口规模最大的地区。广西在大豆、玉米、大米方面进口量也较大，例如，2016 年，广西进口大豆 750 多万吨，远高于重庆的 63 万吨。云南在大米、玉米方面进口量较大。宁夏、青海、西藏等地区粮食进口很少。

但总的来看，中国产销区、平衡区粮食进口规模不大，与粮食产量相比更是微乎其微。

中国粮食平衡区中，广西、云南与东盟国家接壤，开放程度较高，粮食进口便利，粮食进口数量相对其他平衡区较多。

三、平衡区粮食进口的政策建议

粮食平衡区要严格控制粮食进口规模，提高自给比例，积极贯彻国家粮食安全新战略。对中国粮食平衡区粮食进口及外资影响提出如下建议。

第一，粮食平衡区要坚持"以我为主""确保产能"。粮食平衡区要通过保护耕地面积、提高粮食单产、提高粮食育种技术等途径，积极提高粮食产量和质量，增强粮食自给能力。按照国家粮食安全新战略要求，依靠粮食科技提高粮食保障能力。粮食平衡区增强并保持粮食自给能力，就是为全国粮食安全做出了贡献。

第二，粮食平衡区要积极推进粮食供给侧结构改革，实现粮食进口替代。中国目前粮食进口品种中，大豆进口主要是国内供给数量上的短缺，大米、玉米进口很大程度上是国内供给质量和结构上的缺失。粮食平衡区推进粮食供给侧结构改革，重点是优化粮食品种结构，改进粮食质量。

第三，粮食平衡区可以"适度进口"，但要守住本区域内粮食供需基本平衡的底线。当前多数粮食平衡区粮食进口规模较小，基本实现了自给自足。广西、云南进口数量最多的粮食是大豆。大豆进口依赖度高，是全国存在的普遍现象，但是广西、云南需要提高自身保障能力，可以通过产品替代、国内油料调运、加强本地区油料作物种植等途径，提高大豆自给能力，将大豆进口控制在较低的水平。

第三节 平衡区马铃薯生产优势明显

贵州、云南、甘肃等粮食平衡区有种植马铃薯的传统。2015 年 1 月，农业部发布《2015 年种植业工作要点》，要求积极推进马铃薯主食产品及产业开发。中国粮食平衡区马铃薯生产和产业化开发有明显优势。

一、马铃薯产量和种植面积优势明显

2013年,中国薯类产量为3329.3万吨,占粮食总产量的5.5%。2013年,中国马铃薯产量为1918.8万吨,中国粮食平衡区马铃薯产量占全国总产量的52%。到2016年,中国马铃薯产量为1947.8万吨,中国粮食平衡区马铃薯产量占全国总产量的51%(表14.1)。

表14.1 2016年中国粮食产销区马铃薯种植面积和产量

地区	马铃薯种植面积/千公顷	产量/万吨
粮食主产区	2253.1	862.3
粮食主销区	201.7	93
粮食平衡区	3171.7	992.5

资料来源:《中国农村统计年鉴》(2017年)

由图14.5可知,贵州、甘肃、云南、重庆、陕西等平衡区马铃薯产量比较高。

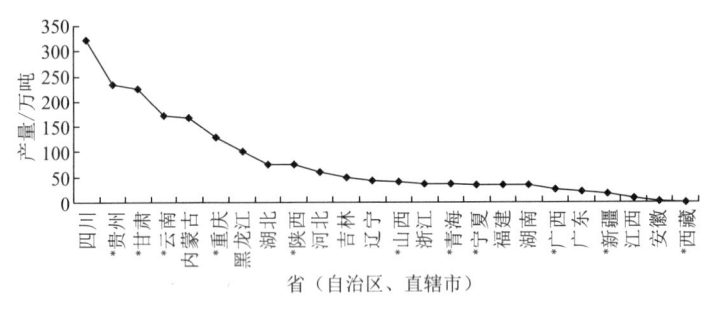

图14.5 2016年中国主要地区马铃薯产量
资料来源:《中国农村统计年鉴》(2017年)
注:标有*地区为粮食平衡区

外资在部分马铃薯产区有投资活动,但对马铃薯产业的整体影响还非常有限。由于中国马铃薯产业化开发还处于起步阶段,马铃薯产区在利用外资改进马铃薯的品种、产量、加工技术等方面还有很大的潜力。

根据2016年农业部《全国种植业结构调整规划(2016—2020年)》,东北地区可以扩种薯类等作物,西南地区开展玉米和马铃薯等作物的复合型种植,西北地区加强脱毒马铃薯等制种基地建设。

二、粮食平衡区要积极发展马铃薯产业

《农业部关于推进马铃薯产业开发的指导意见》指出,要把马铃薯作为

主粮产品进行开发。该意见指出,"到 2020 年,马铃薯种植面积扩大到 1 亿亩以上,平均亩产提高到 1300 公斤,总产达到 1.3 亿吨左右"。

中国粮食平衡区多数地区马铃薯生产优势明显,因此,充分挖掘马铃薯资源,积极发展马铃薯产业,具有重要的意义。

一是有利于通过产业扶贫,增加农民收入。马铃薯及其产品在全国有广泛的消费市场,依托马铃薯开发多样化消费产品,可以大幅增加马铃薯消费需求,带动马铃薯生产,增加农民收入。在马铃薯产地进行深加工,有利于带动当地经济发展,农民在本地实现就业、创收,促进当地城镇化发展。

二是有利于打造现代农业体系,促进农业现代化发展。积极发展马铃薯产业,积极延伸马铃薯产业链,在马铃薯深加工、主食产品制造等方面谋求发展,对于提升当地农业发展水平,带动现代农业发展,具有重要意义。

三是有利于东、中、西部地区经济协调发展,实现互补。中国粮食平衡区主要集中在西部地区,这些地区充分发挥马铃薯资源优势,将马铃薯产品销往东部地区和中部地区,将实现资源互补、发展互补。因此,针对中部、东部地区市场,开发马铃薯细分产品,推进马铃薯主食化,有利于中国经济协调发展。

四是有利于提高内资马铃薯企业竞争力,维护马铃薯产业安全。中国马铃薯产业化发展相对滞后,国外马铃薯产业发展时间较长,竞争优势明显。积极发展国内马铃薯产业,培育国内马铃薯企业,有利于提高马铃薯内资企业竞争力,维护马铃薯产业安全。从全球范围看,小麦、玉米、大豆等谷物贸易市场交易集中,被少数大企业垄断。但是马铃薯国际贸易相对分散,中国马铃薯企业还有很好的发展机遇。

中国粮食平衡区发展马铃薯产业,实现马铃薯主食化,要考虑以下几点。

第一,从源头抓起,确保马铃薯质量。积极培养马铃薯新品种,去除马铃薯毒性,不断提升马铃薯自身质量。在土地、灌溉用水等方面优化马铃薯种植环境,积极实现马铃薯无污染、无公害种植,积极生产绿色马铃薯产品。

第二,从消费入手,开发多元化产品。马铃薯用途多样,在食用、药用等多方面有广阔的市场空间。根据不同用途,种植不同的马铃薯品种。在加工环节,同样要根据市场消费特点,制作出不同特色的马铃薯制品。甘肃马铃薯产业发展迅速,已经开发的主食产品包括马铃薯馒头、挂面、粉条、薯条等,其他开发的产品还包括精淀粉、墙漆涂料等。

第三,从品牌开始,提高市场认可度。目前,市场上马铃薯产品丰富多样,品牌众多。中国粮食平衡区发展马铃薯产业,要做大做强,必须树立品牌意识,从一开始就注重品牌建设。以高质量产品培育知名品牌,以知名品牌推动产业长期发展。

第四，以链条布局，形成马铃薯产业集群。马铃薯产业不仅在纵向上涵盖生产、加工、流通等环节，还在横向上与食品、医药、建材等行业存在交叉。完整的马铃薯产业发展，最终会依据产业价值链形成马铃薯产业集群。单靠马铃薯一个产品，发展思路和发展规模有限，只有依靠马铃薯产业集群发展，才能实现长期发展。

以甘肃马铃薯产业发展为例来看，马铃薯产业的带动作用非常明显。到 2017 年底，甘肃马铃薯种植面积 50 万亩以上的市州有 8 个，30 万亩以上的县区有 11 个，10 万亩以上的县区达到 32 个。马铃薯产业已成为当地农民增收的重要产业。在育种方面，甘肃在实施马铃薯良种工程的过程中，先后培育出陇薯、甘农薯、天薯、武薯、渭薯和庄薯等系列的 70 多个新品种，成功引进大西洋、夏伯蒂、费沃瑞它等国外优良品种。在品牌培育方面，甘肃共注册马铃薯品牌商标近 40 个，有 5 个产品获国家原产地地理标记注册，5 个马铃薯产品获国家 A 级绿色食品证书。[①]

总之，马铃薯产业发展前景广阔，粮食平衡区要充分挖掘马铃薯资源优势，实现跨越式发展。

[①] 陈泳，《小土豆做出大文章——甘肃省马铃薯产业发展回顾》，http://gs.people.com.cn/n2/2017/1104/c183283-30887160.html，2017 年 11 月 4 日。

规避探讨篇

2015年7月,习近平总书记在长春召开的部分省区党委主要负责同志座谈会上强调:当前,我国经济形势和运行态势总体是好的。经济发展长期向好的基本面没有变,经济韧性好、潜力足、回旋空间大的基本特质没有变,经济持续增长的良好支撑基础和条件没有变,经济结构调整优化的前进态势没有变。[①]充分领会习近平总书记关于四个"没有变"的科学论断,研究中国粮食产业发展的韧性、潜力和回旋余地,对于促进中国粮食产业健康发展具有重要意义。

本篇主要研究外资对中国粮食产业发展韧性、潜力和回旋余地的影响等,旨在提出中国粮食产业外资控制规避的政策建议。

---

① 习近平:《加大支持力度增强内生动力 加快东北老工业基地振兴发展》,http://www.gov.cn/xinwen/2015-07/19/content_2899607.htm,2015年7月19日。

第十五章　增强中国粮食产业发展韧性与外资控制研究

本章主要从外资控制影响中国粮食产业发展韧性的内涵界定、特点、量化评价等方面展开研究，旨在充分发挥外资的积极作用，提高国内粮食保障水平，提高国内外粮食市场的协调能力，提高抵御国际粮食市场风险的能力，增强中国粮食产业发展的韧性。

第一节　中国粮食产业发展韧性的内涵界定与特点

一、中国粮食产业发展韧性的内涵界定

《现代汉语词典（第7版）》对"韧性"的解释有两种，一是指"物体受外力作用时，产生变形而不易折断的性质"，二是指"顽强持久的精神"[①]。

"韧性"一词在心理学、建筑学、物理学等领域均有不同含义，与"脆性"相对。赫尔恩科尔（E. C. Herrnkohl）将对韧性形成有利的因素称为积极因素，对韧性形成不利的因素称为危险因素。[②] 心理学上对"韧性"的度量，一般采用量表法。

借用在经济领域，经济韧性好可以理解为经济增长基础良好、抗风险能力强。张军扩认为，韧性好是指中国经济具有较强的适应能力与调整能力，遇到困难和风险时能较快恢复正常状态。[③] 王开泉认为，韧性经济是指经济体具有抵抗经济低迷、停滞不前或低速增长的能力。[④]

具体到粮食产业领域，本书认为，中国粮食产业发展的韧性是指，开放背景下中国粮食产业遭遇外资控制、国内外市场冲击、金融危机等风险损害

---

① 中国社会科学院语言研究所词典编辑室：《现代汉语词典（第7版）》，北京，商务印书馆，2016年，第1103页。
② Herrnkohl, E. C., Herrnkohl, R. C., Egolf, B., "Resilience early school-age children form maltreating homes: outcomes in late adolescence", *American Journal of Orthopsychiatry*, 1994, Vol. 64, No. 2, pp. 301-309.
③ 张军扩：《韧性好、潜力足、回旋余地大的特征没有变》，《人民日报》，2015年12月4日。
④ 王开泉：《韧性经济确保中国经济良性和可持续发展》，《商场现代化》2015年第6期，第276～277页。

后及时恢复到正常状态的调整能力。

二、中国粮食产业发展韧性好的依据

中国粮食产业发展韧性好，做出这一判断的依据如下。

一是中国粮食产业发展的政策设计日趋完善。改革开放以来，中国粮食产业政策日趋完善，逐渐形成覆盖粮食全产业的政策体系。粮食生产方面，以历年中央一号文件为引导，粮食生产涉及的农民增收、农田水利建设、种子研发、农业生产资料供应等方面均获得政策支持。2013年，中央经济工作会议提出"以我为主、立足国内、确保产能、适度进口、科技支撑"的国家粮食安全战略，完善了中国粮食安全和粮食产业政策的顶层设计[1]。

《粮食行业"十三五"发展规划纲要》强调指出"发展粮食产业经济"，内容涵盖粮食生产、收储、物流、加工、进出口等各产业链环节。2017年8月，国家粮食局发出《关于在全国粮食行业开展"深化改革转型发展"大讨论活动的通知》，粮食产业如何转型升级是其中重要的讨论内容。这些举措均表明，中国逐渐开始系统认识粮食产业发展的规律，不再局限于粮食产业的单个环节去分析问题，而是从粮食产业整体的视角去寻找发展思路。遵循粮食产业整体发展思路设计政策，政策之间的协调性会加强，政策效果会更好。

二是中国粮食产业发展的市场基础日益坚实。市场化改革是中国粮食产业发展的必然趋势。改革开放以来，中国国有企业改革持续推进，逐步建立现代企业制度。1998年，中国国有粮食企业数53240个，粮食产业化龙头企业数305个，职工人数330.57万人，改制企业数5318个。2014年，中国国有粮食企业数12238个，职工43.42万人，当年改制企业数1012个，已经改制企业数9338个。[2]国有粮食企业的市场适应能力和市场竞争力正逐渐提高。

民营企业、外资企业在粮食领域的活动日益活跃。历年《外商投资产业指导目录》均鼓励外资进入粮食领域。中国粮食产业逐渐形成以国有粮食企业、民营粮食企业、外资粮食企业为主体的市场竞争格局。2015年，全国粮食行业入统的粮食经营企业53351个。其中，国有及国有控股企业13513个，非国有企业39838个，中国港澳台及外商企业698个。[3]

---

[1] 马闯：《中央经济工作会议：坚持稳中求进的经济总基调》，http://china.cnr.cn/yaowen/20171209/t20171209_524055563.shtml，2013年12月13日。

[2] 肖春阳：《国有粮食企业改革和发展》，北京，经济管理出版社，2015年，第225~234页。

[3] 国家粮食局：《2015年粮食行业统计资料》。

粮食加工是粮食产业的重要环节。内外资粮食企业在这个环节竞争非常激烈，市场发育较为成熟。2015年，全国粮食行业入统的面粉加工企业中，内资非国有企业3128家，工业总产值3625.2亿元，企业平均产值1.16亿元；国有及国有控股企业408家，工业总产值489.0亿元，企业平均产值1.20亿元；中国港澳台及外商企业53家，工业总产值411.9亿元，企业平均产值7.77亿元。①中国小麦加工业多元市场主体竞争格局已经形成。

三是中国粮食产业发展的基本态势一直向好。改革开放以来，中国粮食产量持续增加。2016年，中国粮食总产量达到61623.9万吨，比1978年的30476.5万吨大幅增长1.02倍；粮食播种面积11302.8万公顷，比1978年的12057.8万公顷小幅下降6.3%。②粮食加工产值快速增长，粮食流通体制改革成效显著。

改革开放以来，中国粮食单产水平大幅提高。随着主食产业化战略的实施，中国粮食加工水平不断提高，各地区涌现出一大批粮食产业化龙头企业。2015年度粮油加工企业五十强、十强名单中，大量内资企业名列榜单。

三、中国粮食产业发展韧性的量化评价

根据中国粮食产业发展韧性的内涵，可以设置中国粮食产业发展韧性的量化评价指标。

量化研究中国粮食产业发展韧性涉及三个因素：一是产业的正常发展状态，可以用平均值来度量；二是产业受影响后的大幅波动状态，表现为指标偏低或偏高，偏离正常值；三是产业发展偏离正常值后恢复到正常状态经历的时间和过程。

基于上述分析，可以使用测度产业发展指标基于平均值的离散程度来测度产业发展韧性，同时参考产业从非正常状态恢复到正常状态经历的时间。

产业韧性指数的计算公式为

$$\text{单位时间内产业韧性指数（T）} = (\text{产业变量} - \text{产业变量平均值}) / \text{产业变量} \tag{15-1}$$

这样，就可以测算外资控制水平变化对中国粮食产业发展韧性的影响。

（一）大豆生产的韧性分析

中国大豆市场对外开放时间较早，开放度较高，国内大豆生产受进口大

---

① 国家粮食局：《2015年粮食行业统计资料》。
② 资料来源：《中国统计年鉴》（2016年）。

豆冲击较大。这里以 1980~2016 年大豆产量和大豆进口量为例，分析中国大豆生产的韧性。1980~2016 年大豆年平均产量为 1301.76 万吨，标准差为 250.01。1980~2016 年大豆年平均进口量为 1953.21 万吨，标准差为 2628.46。2003 年以后，中国大豆进口量超过大豆产量。

根据公式（15-1），结合 1980~2016 年中国大豆产量和进口量数据，计算出中国大豆产量和进口量的韧性指数。相关数据根据历年《中国统计年鉴》、布瑞克农产品数据库整理而成。

根据图 15.1，1980~2016 年，中国大豆产量的韧性指数表现出韧性总体平稳、先增后降的特点，中国大豆进口量的韧性指数表现出前期平稳、2002 年后迅速上升的特点。这说明，在 2002 年也就是改革开放初期到中国加入世界贸易组织前，中国大豆产量的韧性指数整体高于进口大豆的韧性指数。加入世界贸易组织后，随着市场开放，进口大豆数量随着国内大豆油消费需求的快速增长而迅速增加，但国内大豆产量增长幅度较小。

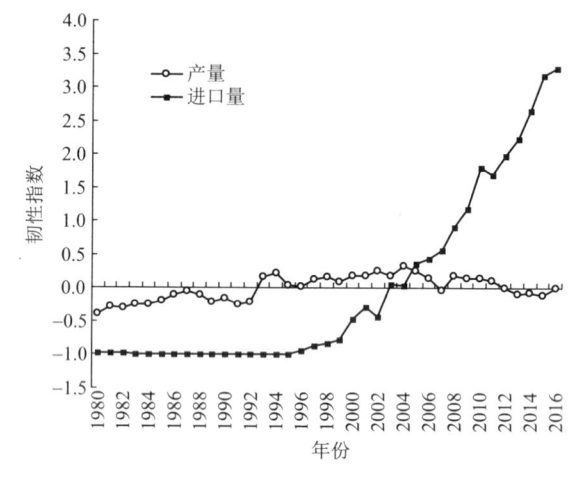

图 15.1　1980~2016 年中国大豆产量和进口量韧性指数比较

面对日益增长的大豆油消费需求，国内大豆未能及时调整生产满足这一需求。国内大豆生产的韧性未能及时提升，在进口大豆的冲击下，反而有所下降。进口大豆的韧性快速上升，满足了国内大豆油消费需求。

2016 年 4 月，农业部下发的《农业部关于促进大豆生产发展的指导意见》强调，不能轻易放弃大豆种植，大豆生产要保持一定规模。[①] 2016 年，中国大豆产量有所增加，产量韧性有所恢复。从长期看，只有千方百计地提

---

① 中华人民共和国农业农村部：《农业部关于促进大豆生产发展的指导意见》，http://www.moa.gov.cn/govpublic/ZZYGLS/201604/t20160412_5091357.htm，2016 年 4 月 5 日。

高中国大豆种植的产业韧性，才能够与进口大豆展开竞争。

（二）国内稻米价格的韧性分析

近些年来，中国稻米进口量逐渐增加，进口稻米价格对国内稻米市场产生了一定影响，但国内稻米价格存在一定的韧性。

选取 2013 年 1 月至 2016 年 12 月中国稻米进口月度平均价格和中国中晚籼米（标一）批发价格数据进行比较分析。

2013 年 1 月至 2016 年 12 月，中国稻米进口月度价格平均值为每吨 2913.05 元，标准差为 194.43。进口稻米价格波动较大。2013 年 1 月至 2016 年 12 月，中国中晚籼米（标一）批发月度价格平均值为每吨 4036.00 元，标准差为 40.98。中国中晚籼米（标一）批发月度价格走势比较平稳。

根据公式（15-1），结合 2013 年 1 月至 2016 年 12 月中国稻米批发价格和稻米进口价格数据，计算出中国稻米价格和进口价格的韧性指数。相关数据根据布瑞克农产品数据库整理而成，汇率根据中国人民银行发布的月度汇率计算。

从图 15.2 可以看到，2013～2016 年，中国国内稻米价格韧性指数波动较小，走势稳定。同期稻米进口价格波动较大，韧性指数变动较大。总体来看，中国国内稻米价格受进口稻米价格的影响较小，国内稻米价格韧性较大。这主要是因为，与大豆进口相比，中国稻米进口规模较小，对整个国内市场的影响有限。但在南方局部地区，进口稻米对市场影响较为明显。随着中国稻米进口规模的增加，进口大米对国内稻米市场价格的影响会逐步增强。

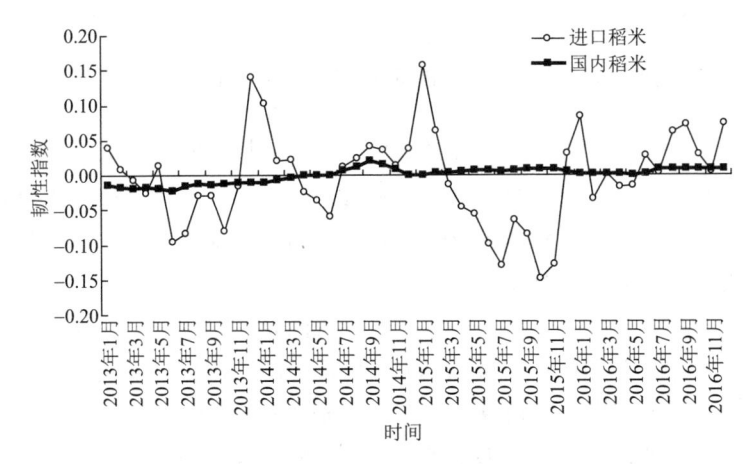

图 15.2 2013～2016 年中国稻米国内价格和进口价格韧性指数比较

第二节 外资控制对中国粮食产业发展韧性的影响

外资进入粮食领域，一方面促进了中国粮食产业的发展，激发了中国粮食企业的活力和竞争力，增强了中国粮食产业发展的韧性；另一方面，在粮食产业的部分环节和部分产品上外资控制力比较强，削弱了中国粮食产业发展的韧性。

一、外资控制对中国粮食产业发展韧性的积极影响

在外资进入粮食领域的前期阶段，国内粮油市场需求尚未完全开发，外资粮油企业带给内资企业更多的是积极影响，具体表现如下。

一是崭新的经营理念和管理方式。改革开放初期，中国开始从计划经济体制向市场经济体制迈进，企业市场化改革刚刚开始，中国普遍缺乏现代企业的管理经验。在这一背景下，外资企业具有较强的管理优势，外资进入粮食领域，为国内粮食企业改革提供了管理经验。

二是先进的技术和充裕的资金。改革开放初期，国内缺乏足够的技术和资金，引进外资可以有效弥补这一缺口。外资进入粮食领域，带来了先进的粮油加工技术和充裕的资金，推动了国内粮食产业的发展。

三是激活了市场需求，激发了国内企业的活力。改革开放初期，由于市场机制尚未完全建立、企业历史负担重等，国内企业活力不足，市场竞争不够充分。在这种条件下，外资企业的竞争优势非常突出。在外资企业的带动下，国内粮食企业的活力也得到激发，涌现出一大批有较强竞争力的国有和民营粮油企业。

二、外资控制对中国粮食产业发展韧性的消极影响

2001年中国加入世界贸易组织，对外开放进入新的发展阶段。随着人民生活水平的持续提高，粮油市场需求进一步扩大，内外资企业之间的竞争日益激烈。外资在中国粮食领域的产业控制力逐渐加强，在一定程度上危及中国粮食安全。具体表现如下。

一是并购国内龙头企业，抑制了内资粮油企业的发展。内资粮油企业是中国粮食产业安全和产业发展的基石。外资控制国内粮食龙头企业，占据行业制高点，很容易实现对粮食产业链的控制，压制其他企业的发展。外资并购国内龙头企业，对粮食产业的控制力也会进一步加强。

二是在一定程度上控制了粮食产业的部分重要环节，危及粮食产业安

全。粮食产业涵盖生产、收储、加工、运输、销售等多个环节。粮食生产、收储、运输等环节在地域上较为分散，产生规模经济的条件较高。粮食加工环节相对集中，容易实现规模经济，是粮食产业的战略环节。目前，外资在大豆加工环节占有显著竞争优势。从加工环节向前延伸，国内大豆供应不足，大豆主要从国外进口，提高了中国大豆进口依存度。从粮食加工环节向后延伸，外资在大豆油消费环节也拥有较高的市场占有率，逐渐形成垄断优势，不利于行业健康发展。进口大豆价格上涨，引发国内大豆油价格上涨，易引发物价上涨，不利于国家宏观调控。

三是从长期看，粮食产业发展受外资控制，非常危险，有悖于国家粮食安全战略。在"以我为主、立足国内、确保产能、适度进口、科技支撑"的国家粮食安全战略中，"立足国内"是以国内粮食资源和粮食企业为主，外资企业可以发挥作用，粮食可以适当进口；"以我为主"显然是以内资企业为主，不是以外资企业为主。因此，粮食进口要适度，外资在粮食产业中的控制力也要适度，不能出现外资全面控制中国粮食产业重点产品、重点环节、重点企业的情形。

第三节　外资控制与中国粮食产业发展韧性专题调研

外资控制对中国粮食产业发展韧性的影响，既有积极的方面，也有消极的方面。本节设计专题调研问卷，以了解外资控制对中国粮食产业发展韧性的影响，探索规避外资控制的影响因素和对策。

一、调研目的和手段

本专题调研的对象是本科以上在线网络用户，调研的形式为在线问卷调查。

第十三章第三节运用计量模型证实了进口大米对中国的冲击客观存在，南方地区影响更为明显。本专题调研的目的是，从中国粮食产业整体角度，了解公众对中国粮食产业韧性的总体判断，分析影响中国粮食产业发展韧性的影响因素。

二、问卷设计

根据中国粮食产业发展韧性的形成，本专题调研将影响粮食产业发展韧性的因素分解为危险因素、调节因素、免疫因素。

借鉴马斯廷（A. S. Masten）[①]总结的变量间的关系模型，本专题调研采用变量间的交互关系模型分析影响国内大米加工企业发展韧性的因素。国内大米加工企业发展韧性的影响因素包括危险因素、调节因素、免疫因素，最终形成发展结果，具体见图15.3。

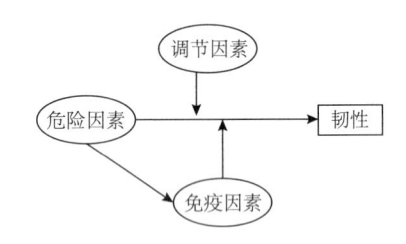

图 15.3　粮食产业发展韧性的形成因素

对中国粮食产业发展而言，危险因素包括粮食价格上涨、进口粮食冲击、外资企业控制等。调节因素包括政府的政策调节，可以缓解危险因素的伤害作用。免疫因素是企业和市场自身对危险因素的抵抗能力，包括企业战略改变、品牌优势、市场容量增加等。危险因素会激发免疫因素，免疫因素会降低危险因素的负面影响。危险因素、调节因素、免疫因素相互作用，形成了粮食产业发展的韧性。问卷见表15.1。

表 15.1　外资控制与中国粮食产业发展韧性专题调研问卷

序号	内容	涉及因素
1	我平时经常关注国家粮食安全问题	免疫因素
2	粮油产品质量是内资粮油企业提升竞争力的关键	免疫因素
3	品牌是内资粮油企业提升竞争力的关键	免疫因素
4	资金不足是困扰内资粮油企业发展的关键	免疫因素
5	外资粮油企业发展客观上带动了内资粮油企业的发展	免疫因素
6	进口粮食降低了粮油企业生产成本	免疫因素
7	内部管理是内资粮油企业提升竞争力的关键	免疫因素
8	外资进入中国粮食领域，对中国粮食相关产业发展有积极作用	调节因素
9	既要防止外资控制粮食领域，又要允许外资进入粮食领域	调节因素
10	应该建立预警机制，采取具体政策，积极预防外资控制中国粮食领域	调节因素
11	有必要制定完善的政策，预防外资控制粮食领域	调节因素

[①] Masten, A. S., "Ordinary magic: resilience processes in development", *American Psychologist*, 2001, Vol. 56，pp. 227-238.

续表

序号	内容	涉及因素
12	虽然中国粮食产量较高，但仍有必要进口粮食	调节因素
13	对于已经发生的外资控制案例，政府应该积极应对，及时采取补救措施	调节因素
14	粮食行业组织在预防外资控制粮食领域方面发挥了重要作用	调节因素
15	在食用油领域，外资品牌竞争力非常强	危险因素
16	外资控制粮食领域的案例大量存在	危险因素
17	外资控制中国粮食领域，会严重影响中国粮食安全	危险因素
18	外资进入中国粮食领域，压制了内资粮油企业的发展	危险因素
19	外资主导粮食加工、流通等环节，不利于中国粮食经济发展	危险因素
20	国内粮食价格较高，抬高了粮油加工企业的成本	危险因素
21	外资在中国粮食领域的并购活动比较常见	危险因素
22	内资粮油企业有能力及时摆脱粮食价格波动对本企业的负面影响	韧性表现
23	外资粮油企业有能力及时摆脱粮食价格波动对本企业的负面影响	韧性表现
24	国内外粮食价格差异给本企业发展带来压力	韧性表现
25	内外资粮油企业之间的竞争促进了粮食行业的健康发展	韧性表现
26	总的来看，外资粮油企业在中国粮食领域的积极作用大于负面作用	韧性表现
27	国际油价波动、粮价波动、经济危机等因素对中国粮油行业发展的负面影响较小	韧性表现
28	内资粮油企业给本企业发展带来压力	韧性表现
29	外资粮油企业给本企业发展带来压力	韧性表现

三、调查结果

问卷星调研的样本分布见表 15.2，本次调研累计回收有效问卷 530 份。

表 15.2　问卷样本地区分布

地区	数量/份	百分比/%	地区	数量/份	百分比/%
广东	90	16.98	河北	22	4.15
上海	60	11.32	辽宁	21	3.96
北京	40	7.55	四川	21	3.96
江苏	34	6.42	安徽	20	3.77
山东	31	5.85	广西	18	3.40
浙江	30	5.66	湖南	18	3.40

续表

地区	数量/份	百分比/%	地区	数量/份	百分比/%
湖北	17	3.21	甘肃	3	0.57
福建	17	3.21	宁夏	3	0.57
江西	16	3.02	内蒙古	2	0.38
河南	15	2.83	云南	2	0.38
重庆	12	2.26	香港	1	0.19
陕西	8	1.51	台湾	1	0.19
吉林	8	1.51	贵州	1	0.19
天津	7	1.32	黑龙江	1	0.19
山西	6	1.13	合计	530	100
国外	5	0.94			

从表 15.2 可以看到，本研究专题调研的样本覆盖了中国绝大多数地区。在样本比较集中的地区中，粮食主销区有广东、上海、北京等地区，这些地区经济开放度比较高，外资粮油企业比较集中。山东、江苏、河北、辽宁、湖北、河南等地区为粮食主产区，粮食资源丰富，外资粮油企业多数有加工企业分布。因此，本研究专题调研的样本具有较强的广泛性和代表性。

题目 1 "我平时经常关注国家粮食安全问题" 的平均得分为 3.75 分。其中，选择 "基本同意" "同意" "非常同意" 的比例分别为 26.98%、50.38%、16.04%，累计占总样本数的 93.40%。这表明被调查对象对粮食安全问题有较好的认知度。

根据问卷星在线问卷统计的结果，外资控制与中国粮食产业发展韧性专题调研问卷结果统计如表 15.3 所示。

表 15.3 外资控制与中国粮食产业发展韧性专题调研问卷统计结果

序号	题目	项目	1 非常不同意	2 不同意	3 基本同意	4 同意	5 非常同意	平均得分
1	我平时经常关注国家粮食安全问题	份数/份	6	29	143	267	85	3.75
		占比/%	1.13	5.47	26.98	50.38	16.04	
2	粮油产品质量是内资粮油企业提升竞争力的关键	份数/份	1	16	74	226	213	4.2
		占比/%	0.19	3.02	13.96	42.64	40.19	
3	品牌是内资粮油企业提升竞争力的关键	份数/份	3	28	146	255	98	3.79
		占比/%	0.57	5.28	27.55	48.11	18.49	

续表

序号	题目	项目	1 非常不同意	2 不同意	3 基本同意	4 同意	5 非常同意	平均得分
4	资金不足是困扰内资粮油企业发展的关键	份数/份	10	100	187	168	65	3.34
		占比/%	1.89	18.87	35.28	31.70	12.26	
5	外资粮油企业发展客观上带动了内资粮油企业的发展	份数/份	3	61	205	216	45	3.45
		占比/%	0.57	11.51	38.68	40.75	8.49	
6	进口粮食降低了粮油企业生产成本	份数/份	19	166	160	155	30	3.02
		占比/%	3.58	31.32	30.19	29.25	5.66	
7	内部管理是内资粮油企业提升竞争力的关键	份数/份	6	31	145	253	95	3.75
		占比/%	1.13	5.85	27.36	47.74	17.92	
8	外资进入中国粮食领域，对中国粮食相关产业发展有积极作用	份数/份	8	75	223	184	40	3.33
		占比/%	1.51	14.15	42.08	34.72	7.55	
9	既要防止外资控制粮食领域，又要允许外资进入粮食领域	份数/份	4	24	118	255	129	3.91
		占比/%	0.75	4.53	22.26	48.11	24.34	
10	应该建立预警机制，采取具体政策，积极预防外资控制中国粮食领域	份数/份	1	16	84	255	174	4.1
		占比/%	0.19	3.02	15.85	48.11	32.83	
11	有必要制定完善的政策，预防外资控制粮食领域	份数/份	5	15	101	245	164	4.03
		占比/%	0.94	2.83	19.06	46.23	30.94	
12	虽然中国粮食产量较高，但仍有必要进口粮食	份数/份	4	44	180	218	84	3.63
		占比/%	0.75	8.30	33.96	41.13	15.85	
13	对于已经发生的外资控制案例，政府应该积极应对，及时采取补救措施	份数/份	1	9	86	256	178	4.13
		占比/%	0.19	1.70	16.23	48.30	33.58	
14	粮食行业组织在预防外资控制粮食领域方面发挥了重要作用	份数/份	4	42	178	230	76	3.63
		占比/%	0.75	7.92	33.58	43.40	14.34	
15	在食用油领域，外资品牌竞争力非常强	份数/份	3	51	162	230	84	3.64
		占比/%	0.57	9.62	30.57	43.40	15.85	
16	外资控制粮食领域的案例大量存在	份数/份	8	88	221	174	39	3.28
		占比/%	1.51	16.60	41.70	32.83	7.36	
17	外资控制中国粮食领域，会严重影响中国粮食安全	份数/份	19	71	131	183	126	3.62
		占比/%	3.58	13.4	24.72	34.53	23.77	
18	外资进入中国粮食领域，压制了内资粮油企业的发展	份数/份	13	131	181	168	37	3.16
		占比/%	2.45	24.72	34.15	31.7	6.98	

续表

序号	题目	项目	1 非常不同意	2 不同意	3 基本同意	4 同意	5 非常同意	平均得分
19	外资主导粮食加工、流通等环节，不利于中国粮食经济发展	份数/份	16	74	178	198	64	3.42
		占比/%	3.02	13.96	33.58	37.36	12.08	
20	国内粮食价格较高，抬高了粮油加工企业的成本	份数/份	10	87	180	209	44	3.36
		占比/%	1.89	16.42	33.96	39.43	8.30	
21	外资在中国粮食领域的并购活动比较常见	份数/份	5	65	243	183	34	3.33
		占比/%	0.94	12.26	45.85	34.53	6.42	
22	内资粮油企业有能力及时摆脱粮食价格波动对本企业的负面影响	份数/份	8	97	212	179	34	3.25
		占比/%	1.51	18.3	40.00	33.77	6.42	
23	外资粮油企业有能力及时摆脱粮食价格波动对本企业的负面影响	份数/份	6	79	219	197	29	3.31
		占比/%	1.13	14.91	41.32	37.17	5.47	
24	国内外粮食价格差异给本企业发展带来压力	份数/份	4	41	170	253	62	3.62
		占比/%	0.75	7.74	32.08	47.74	11.70	
25	内外资粮油企业之间的竞争促进了粮食行业的健康发展	份数/份	6	36	171	252	65	3.63
		占比/%	1.13	6.79	32.26	47.55	12.26	
26	总的来看，外资粮油企业在中国粮食领域的积极作用大于负面作用	份数/份	10	71	197	220	32	3.36
		占比/%	1.89	13.40	37.17	41.51	6.04	
27	国际油价波动、粮价波动、经济危机等因素对中国粮油行业发展的负面影响较小	份数/份	31	164	194	123	18	2.87
		占比/%	5.85	30.94	36.60	23.21	3.40	
28	内资粮油企业给外资粮油企业发展带来压力	份数/份	22	129	197	156	26	3.07
		占比/%	4.15	24.34	37.17	29.43	4.91	
29	外资粮油企业给内资粮油企业发展带来压力	份数/份	6	41	192	246	45	3.53
		占比/%	1.13	7.74	36.23	46.42	8.49	

注：平均得分计算方法为，每个选项的分数乘以选择人数再除以问卷总份数，表15.4同此

根据表15.3统计结果可以得出如下结论。

题目1~7为免疫因素，总计得分为25.3分，平均得分为3.61分。公众认可的免疫因素包括粮油产品质量、品牌、资金、内部管理等。

得分最低的是题目6"进口粮食降低了粮油企业生产成本"，平均得分为3.02。该题目五个选项中，"不同意""基本同意""同意"的选择比例分别为31.32%、30.19%和29.25%，结果非常接近。这说明，对于进口粮食是

否降低了粮食企业成本，公众存在较大分歧。

得分最高的是题目2"粮油产品质量是内资粮油企业提升竞争力的关键"，平均得分4.2分。该题目五个选项中，"同意""非常同意"的选择比例分别为42.64%、40.19%，合计占总样本的80%以上。这说明公众对内资企业提升粮食产品质量非常期待。

题目8~14为调节因素。公众比较认可的调节因素包括预防与许可并用、允许粮食进口、采取补救措施、发挥粮食行业组织作用等。

题目10"应该建立预警机制，采取具体政策，积极预防外资控制中国粮食领域"、题目11"有必要制定完善的政策，预防外资控制粮食领域"、题目13"对于已经发生的外资控制案例，政府应该积极应对，及时采取补救措施"平均得分在4分以上。这说明，公众高度关注要采取措施防范外资控制粮食领域，并对已经发生的外资控制案例采取补救措施。题目8"外资进入中国粮食领域，对中国粮食相关产业发展有积极作用"在本组中得分最低，为3.33分。这说明公众对外资能否推动中国粮食产业积极发展存在疑虑和分歧。

题目15~21为危险因素。公众比较认可的危险因素包括外资控制粮食领域、外资品牌竞争力强、国内粮食成本较高等。

题目18"外资进入中国粮食领域，压制了内资粮油企业的发展"平均得分为3.16分。其中，"不同意""基本同意"的选择比例分别为24.72%、34.15%，"同意""非常同意"的选择比例分别为31.7%、6.98%。对比发现，大部分公众不认为外资进入中国粮食领域压制了内资粮油企业的发展。

本组得分最高的是题目15"在食用油领域，外资品牌竞争力非常强"，平均得分为3.64分。"基本同意""同意""非常同意"的选择比例分别为30.57%、43.40%和15.85%，三项累计占总样本的89.82%。这说明公众比较认可外资品牌在食用油产品上的竞争力。

题目22~29为韧性表现因素。公众比较认可的韧性表现因素包括摆脱粮价波动影响、克服国内外粮食价格差异、外资竞争压力等。

题目25"内外资粮油企业之间的竞争促进了粮食行业的健康发展"得分最高，平均得分为3.63分；其次是题目24"国内外粮食价格差异给本企业发展带来压力"，平均得分为3.62分。这说明公众认为内外资粮油企业竞争是有益于粮食行业发展的，并期望内资企业能够克服国内外粮食价格差异带来的不利影响。

题目28"内资粮油企业给外资粮油企业发展带来压力"、题目29"外资粮油企业给内资粮油企业发展带来压力"属于比较分析。题目28平均得分为 3.07 分；题目 29 平均得分为 3.53 分，高于题目 28。在"非常不同意"和"不同意"选项中，题目 28 平均得分均高于题目 29。这说明公众认为外资带给内资粮油企业的竞争压力更大，而内资企业带给外资粮油企业的竞争压力比较小。

题目 27"国际油价波动、粮价波动、经济危机等因素对中国粮油行业发展的负面影响较小"在本组中平均得分最低，为 2.87 分。这说明，多数公众认为国际油价波动、粮价波动、经济危机等因素对中国粮油行业发展的负面影响较大。

第四节 实地调研与在线调研结果比较分析

本章第三节问卷调研采取了在线调查的形式，为了检验在线调查的效果，本研究进行了实地调研，将在线调研和实地调研的结果进行比较分析，以便得到更为准确的结论。

一、实地调研统计

实地调研的问卷与表 15.1 设计的问卷完全一致。实地调研的对象为部分地方粮食局工作人员和中国粮食行业协会大米分会部分会员企业，调研的方式包括专题访谈和问卷填写，调研时间从 2017 年 5 月持续到 2017 年 10 月。受时间、地域等因素限制，本次实地调研共访谈 25 家单位，收回 25 份问卷。

通过面谈，得知粮油企业的诉求较多。例如，国内粮食价格上涨给粮油企业加工降低成本带来较大压力，内外资粮油企业之间既有竞争又有合作，部分粮油加工企业更源于采用进口粮食，粮油企业希望降低税率，等等。面谈后，发放了调查问卷，以便获取更为充分、系统的调研信息。本次实地调研统计结果见表 15.4。

表 15.4 实地调研统计结果

序号	题目	项目	1非常不同意	2不同意	3基本同意	4同意	5非常同意	平均得分
1	我平时经常关注国家粮食安全问题	份数/份	0	0	7	10	8	4.04
		占比/%	0	0	28	40	32	
2	粮油产品质量是内资粮油企业提升竞争力的关键	份数/份	0	1	4	7	13	4.28
		占比/%	0	4	16	28	52	

续表

序号	题目	项目	1非常不同意	2不同意	3基本同意	4同意	5非常同意	平均得分
3	品牌是内资粮油企业提升竞争力的关键	份数/份	0	1	5	7	12	4.20
		占比/%	0	4	20	28	48	
4	资金不足是困扰内资粮油企业发展的关键	份数/份	0	4	8	9	4	3.52
		占比/%	0	16	32	36	16	
5	外资粮油企业发展客观上带动了内资粮油企业的发展	份数/份	0	5	6	10	4	3.52
		占比/%	0	20	24	40	16	
6	进口粮食降低了粮油企业生产成本	份数/份	0	10	2	8	5	3.32
		占比/%	0	40	8	32	20	
7	内部管理是内资粮油企业提升竞争力的关键	份数/份	1	1	4	14	5	3.84
		占比/%	4	4	16	56	20	
8	外资进入中国粮食领域,对中国粮食相关产业发展有积极作用	份数/份	0	7	6	9	3	3.32
		占比/%	0	28	24	36	12	
9	既要允许外资进入粮食领域,又要防止外资控制粮食领域	份数/份	0	1	1	10	13	4.40
		占比/%	0	4	4	40	52	
10	应该建立预警机制,采取具体政策,积极预防外资控制中国粮食领域	份数/份	0	2	1	8	14	4.36
		占比/%	0	8	4	32	56	
11	有必要制定完善的政策,预防外资控制粮食领域	份数/份	0	1	1	11	12	4.36
		占比/%	0	4	4	44	48	
12	虽然中国粮食产量较高,但仍有必要进口粮食	份数/份	1	1	5	9	9	3.96
		占比/%	4	4	20	36	36	
13	对于已经发生的外资控制案例,政府应该积极应对,及时采取补救措施	份数/份	0	1	1	10	13	4.40
		占比/%	0	4	4	40	52	
14	粮食行业组织在预防外资控制粮食领域方面发挥了重要作用	份数/份	0	2	7	11	5	3.76
		占比/%	0	8	28	44	20	
15	在食用油领域,外资品牌竞争力非常强	份数/份	0	0	3	11	11	4.32
		占比/%	0	0	12	44	44	

续表

序号	题目	项目	1非常不同意	2不同意	3基本同意	4同意	5非常同意	平均得分
16	外资控制粮食领域的案例大量存在	份数/份	0	7	3	9	6	3.56
		占比/%	0	28	12	36	24	
17	外资控制中国粮食领域，会严重影响中国粮食安全	份数/份	1	1	1	10	12	4.24
		占比/%	4	4	4	40	48	
18	外资进入中国粮食领域，压制了内资粮油企业的发展	份数/份	0	8	5	7	5	3.36
		占比/%	0	32	20	28	20	
19	外资主导粮食加工、流通等环节，不利于中国粮食经济发展	份数/份	1	6	4	7	7	3.52
		占比/%	4	24	16	28	28	
20	国内粮食价格较高，抬高了粮油加工企业的成本	份数/份	0	3	4	8	10	4.00
		占比/%	0	12	16	32	40	
21	外资在中国粮食领域的并购活动比较常见	份数/份	0	7	1	12	5	3.60
		占比/%	0	28	4	48	20	
22	内资粮油企业有能力及时摆脱粮食价格波动对本企业的负面影响	份数/份	3	8	7	5	2	2.80
		占比/%	12	32	28	20	8	
23	外资粮油企业有能力及时摆脱粮食价格波动对本企业的负面影响	份数/份	1	5	5	9	5	3.48
		占比/%	4	20	20	36	20	
24	国内外粮食价格差异给本企业发展带来压力	份数/份	0	2	3	11	9	4.08
		占比/%	0	8	12	44	36	
25	内外资粮油企业之间的竞争促进了粮食行业的健康发展	份数/份	0	3	7	10	5	3.68
		占比/%	0	12	28	40	20	
26	总的来看，外资粮油企业在中国粮食领域的积极作用大于负面作用	份数/份	2	4	5	10	4	3.40
		占比/%	8	16	20	40	16	
27	国际油价波动、粮价波动、经济危机等因素对中国粮油行业发展的负面影响较小	份数/份	1	9	5	8	2	3.04
		占比/%	4	36	20	32	8	

续表

序号	题目	项目	1非常不同意	2不同意	3基本同意	4同意	5非常同意	平均得分
28	内资粮油企业给本企业发展带来压力	份数/份	0	9	4	9	3	3.24
		占比/%	0	36	16	36	12	
29	外资粮油企业给本企业发展带来压力	份数/份	0	4	4	12	5	3.72
		占比/%	0	16	16	48	20	

二、比较分析

将表 15.3 和表 15.4 各题目的平均得分绘制成图 15.4。在线调研回收问卷份数为 530 份，实地调研回收问卷份数为 25 份。由图 15.4 可知，在线调研和实地调研虽然问卷份数差异较大，但问卷中 29 个题目的平均得分整体趋势比较接近。这说明，在线调研和实地调研结果基本一致。

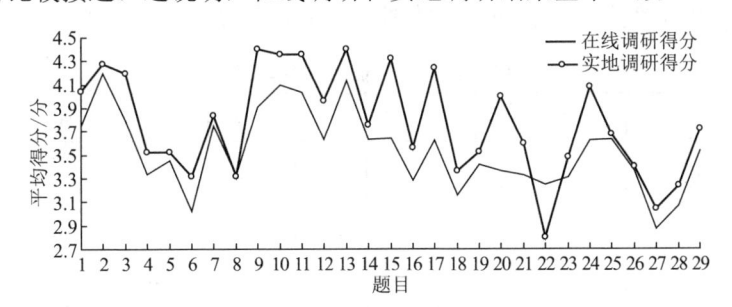

图 15.4 在线调研和实地调研各题目平均得分比较

（一）题目各选项得分相似程度的分析

在这些题目中，实地调研平均得分与在线调研平均得分的题目中，分差较小的题目包括 8、25、26 等。

本次实地调研和在线调研的问卷题目相同、选项相同，本书运用灰色相似关联度测度本次实地调研和在线调研在问卷结果上的相似程度。灰色相似关联度用于测度不同序列之间在几何形状上的相似程度，具体计算方法见刘思峰、党耀国、方志耕等出版的《灰色系统理论及其应用》[①]。考虑到样本不同，这里使用本次实地调研和在线调研题目各选项选择人数的百分比而不是各选项选择人数作为计算依据。测度结果见图 15.5。

---

① 刘思峰，党耀国，方志耕，等:《灰色系统理论及其应用》，北京，科学出版社，2010 年，第 85~88 页。

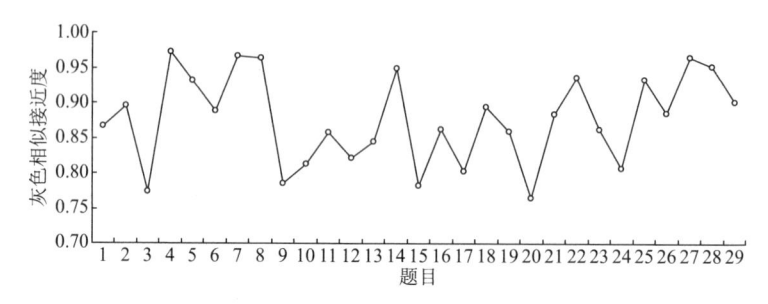

图 15.5 在线调研和实地调研各题目选项灰色相似关联度比较

灰色相似关联度值最大的是题目 4 "资金不足是困扰内资粮油企业发展的关键",灰色相似关联度值为 0.9728。灰色相似关联度值大于 0.9 的题目有 10 个,包括题目 4、5、7、8、27、28 等;小于 0.9 大于 0.8 的题目有 15 个,包括题目 2、6、18、26 等;小于 0.8 的题目有 4 个,包括题目 3、9、15、20。

由表 15.5 可知,题目 4 的实地调研和在线调研在 5 个选项上的选择人数分布趋势非常接近,表明二者的调查结果具有较高的一致性。

表 15.5　问卷题目 4 实地调研和在线调研结果比较

调研方式	项目	1 非常不同意	2 不同意	3 基本同意	4 同意	5 非常同意	平均得分
实地调研	份数/份	0	4	9	8	4	3.52
	占比/%	0	16	36	32	16	
在线调研	份数/份	10	100	168	187	65	3.34
	占比/%	1.89	18.87	31.70	35.28	12.26	

(二) 题目平均得分差异较大结果的分析

在实地调研平均得分大于在线调研平均得分的题目中,分差较大的题目包括 15、17、20 等,分差在 0.60 以上。题目 20 实地调研和在线调研结果的比较见表 15.6。

表 15.6　问卷题目 20 实地调研和在线调研结果比较

调研方式	项目	1 非常不同意	2 不同意	3 基本同意	4 同意	5 非常同意	平均得分
实地调研	份数/份	0	3	4	8	10	4.00
	占比/%	0	12	16	32	40	
在线调研	份数/份	10	87	180	209	44	3.36
	占比/%	1.89	16.42	33.96	39.43	8.30	

表 15.6 中，针对问卷题目 20"国内粮食价格较高，抬高了粮油加工企业的成本"，在选项"非常同意"上，实地调研的结果高于在线调研的结果；在选项"同意""基本同意""不同意"和"非常不同意"上，实地调研的结果低于在线调研的结果。参与实地调研的对象为各地区粮油企业，代表粮油加工企业利益，它们比较认可国内粮食价格偏高对企业加工成本的影响。参与在线调研的人员分布范围较广，多数为一般单位员工，代表消费者利益，他们不认为国内粮食价格较高是粮油加工企业成本提高的原因。这说明，粮油企业和粮油消费者对此问题的认识存在较大差异。消费者似乎更关注粮油产品价格本身，不太在意粮油企业加工成本问题。

图 15.5 中，灰色相似关联度值最小的题目是 20，灰色相似关联度值为 0.7648，属于偏低的一类。

在这些题目中，实地调研平均得分小于在线调研和平均得分的题目有题目 22 和题目 8。题目 22、题目 8 的分差分别为-0.45 和-0.01。题目 22 实地调研和在线调研结果的比较见表 15.7。

表 15.7　问卷题目 22 实地调研和在线调研结果比较

调研方式	项目	1 非常不同意	2 不同意	3 基本同意	4 同意	5 非常同意	平均得分
实地调研	份数/份	3	8	7	5	2	2.80
	占比/%	12	32	28	20	8	
在线调研	份数/份	8	97	179	212	34	3.25
	占比/%	1.51	18.30	33.77	40.00	6.42	

表 15.7 中，针对问卷题目 22"内资粮油企业有能力及时摆脱粮食价格波动对本企业的负面影响"，在选项"基本同意""同意"上，实地调研认可度较低，在线调研的结果较高；在选项"不同意"和"非常不同意"上，实地调研的结果认可度较高，在线调研的结果认可度较低。这说明，粮油企业对自身摆脱粮食价格波动的负面影响存在较大压力，缺乏信心；消费者则对粮油企业克服粮油企业摆脱粮食价格波动的负面影响存在比较乐观的认识。

三、比较结论

前文用灰色相似关联度指标测算了在线调研和实地调研问卷中 29 个题目各选项人数分布的相似程度，用每个题目平均得分分析了在线调研和实地调研的结论的相似性和差异。通过比较表 15.3 和表 15.4 的问卷统计结果可以发现，本次在线调研和实地调研的结论比较相似。实地调研验证了在线调研结论的可靠性。但与在线调研相比，实地调研实施起来更为烦琐、低效和困难。

需要说明的是，在线调研的参与者多数为普通消费者，实地调研的对象主要是粮油企业和粮食管理部门。这两类调查对象对问卷题目的认识，有共同之处，也有不同之处。通过前述分析，可知整体上这两类调查对象对问卷题目的认识是比较一致的，共同之处居多。对于这两类调查对象对问卷题目认识的差异，本书也获取到一部分有价值的信息。例如，粮油消费者关注消费环节的问题，对生产等其他环节的认识与粮油企业的认识有一定程度的差异。但是从总体看，粮油企业、粮食管理部门和粮油消费者对中国粮食产业发展韧性的认识是基本一致的。

因此，本书在实地调研的基础上，在第十五章至第十八章采用在线问卷调研的方法，获取调研数据，并进行量化分析。

第十六章　挖掘中国粮食产业发展潜力与外资控制研究

本章主要研究外资控制对中国粮食产业发展潜力的影响，从中国粮食产业发展潜力的内涵界定、表现、特点、内在机理等方面展开研究。旨在充分发挥外资的积极作用，提高中国粮食产业的信息化、市场化、国际化水平和产业竞争力，培育中国粮食产业新的增长点，深度挖掘中国粮食产业发展的潜力。

第一节　中国粮食产业发展潜力的内涵界定与特点

本节分析中国粮食产业发展潜力的内涵、特点，并进行简单的量化评价。

一、中国粮食产业发展潜力的内涵界定

"潜力"指潜在的力量。张军扩[①]认为，中国经济增长潜力足，主要是由中国经济所处的发展阶段决定的。需求增长空间大、供给增长潜力大是中国经济增长潜力足的重要依据。

中国粮食产业发展潜力，是指中国粮食产业潜在的发展能力和发展空间。

二、中国粮食产业发展潜力大的表现及特点

中国粮食产业发展潜力大，主要表现及特点如下。

一是粮食供给充足。中国粮食生产条件良好，农田水利设施保障有力；中国粮食产量位居世界前列，粮食生产连年丰收。在改善各地区土壤、加快粮食科技进步等条件下，中国在新增耕地、提高粮食质量等方面还有很大的潜力。

二是粮食消费需求旺盛，需求空间巨大。中国人口众多，全面建成小康社会的要求决定了中国粮食消费进入升级阶段。中国粮食消费逐渐从"吃得饱"向"吃得好"转变，绿色、健康、安全的粮食产品有巨大的市场空间。近些年来，虽然中国居民粮食消费量有所下降，但肉禽蛋奶类食品消费量快速增加，带动了畜牧业的发展。玉米、大豆是畜牧业和饲料业的重要原料来

---

① 张军扩：《韧性好、潜力足、回旋余地大的特征没有变》，《人民日报》，2015年12月4日。

源。未来中国饲料用粮需求将大幅增加。

三是中国粮食产业发展面临转型升级压力和机遇。在"创新、协调、绿色、开放、共享"五大发展理念指引下，中国粮食产业需要从传统的粮食发展模式中摆脱出来，降低粮食生产、加工环节的能耗，降低农药、化肥的使用密度，积极改良土壤质量，高效利用水资源，提升粮食产品的质量，提高粮食产业的开放水平和竞争力等。在粮食供给侧结构性改革的指导下，通过深化国有粮食企业改革、促进收储制度改革等措施，中国粮食产业竞争力将会进一步增强，粮食市场活力将得到进一步提升。

三、中国粮食产业发展潜力的量化评价

评价中国粮食产业发展潜力，可以从粮食生产潜力、粮食加工潜力、粮食流通潜力、粮食消费潜力等方面展开。目前，中国粮食产量长期持续增长，潜力得到较为充分的释放。这里以粮食消费为例，重点分析中国粮食消费的巨大潜力。

从图16.1可以看到，20世纪90年代以来，中国玉米总消费量和饲料用玉米消费量呈现上升态势。近些年来，中国种用玉米、工业用玉米、食用玉米消费相对稳定。2012年以来，由于玉米库存大幅增加，玉米进口有所减少。相比之下，饲料用玉米消费量持续增加，显得比较突出。考虑到中国居民未来消费结构升级的需求，肉禽蛋奶消费会继续增加，饲料用玉米的需求量仍然会继续上升。中国玉米消费的潜力仍然很大。

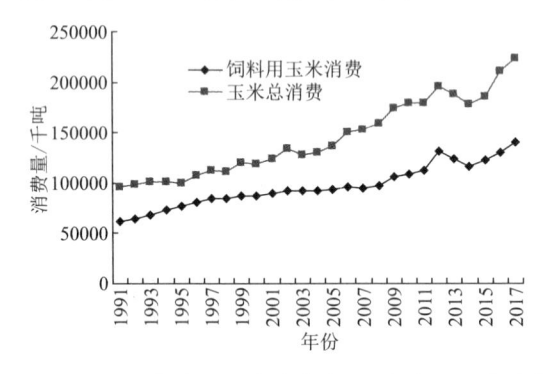

图16.1　1991~2017年中国玉米总消费量和饲料用玉米消费量走势
资料来源：布瑞克农产品数据库

第二节　外资控制对中国粮食产业发展潜力的影响

随着改革开放的深入发展，中国粮食产业的发展潜力在逐渐释放。外资进入

粮食领域,对中国粮食产业发展潜力的影响,既有积极的方面也有消极的方面。

一、外资控制对中国粮食产业发展潜力的积极影响

自改革开放以来,外资对中国粮食产业发展潜力的积极影响具体表现在以下几个方面。

一是在种子、化肥、农业机械等领域,外资企业的活动提升了中国粮食增产的潜力。如本书前面所分析的,外资种子企业、化肥企业、工业机械企业有效提升了中国在这些领域的发展水平,为中国粮食增产创造了有利条件。内资粮油企业从中学习到先进的技术和管理经验。

二是在食用植物油、面粉、大米等领域,外资企业的产品丰富了市场,挖掘了中国居民的消费潜力。小包装食用植物油的概念由益海嘉里较早引入中国市场。随着小包装食用植物油消费的增长,中国居民散装食用油消费和动物油消费的习惯有所改善。崭新的食品消费理念也挖掘了中国居民的消费潜力,扩大了市场消费规模。

三是在企业管理、资本运营、品牌运营等领域,外资企业的先进经验增强了中国国有和民营粮食企业的发展潜力。跨国粮商发展历史悠久,市场竞争力强,在企业内部管理、资本运营、品牌运营等方面有一整套成熟的做法,值得国内企业学习、借鉴。改革开放的经验表明,凡是市场竞争充分的地方,内资企业发展就比较快,竞争力也比较强。经过多年的竞争和发展,中国涌现出一大批粮食龙头企业,增强了中国粮食产业发展的潜力和动力。

二、外资控制对中国粮食产业发展潜力的消极影响

自改革开放以来,外资对中国粮食产业发展潜力的消极影响具体表现在以下几个方面。

一是大豆等粮食品种进口依存度较高,冲击国内市场,制约了中国大豆生产的潜力。受生产成本、大豆品质等因素影响,国产大豆产量日趋萎缩,大豆进口规模迅速攀升。根据海关统计,2016年中国进口大豆8391万吨,是2016年中国大豆产量1300万吨的6.5倍,进口量位居世界前列。较高的大豆进口依存度给中国粮食宏观调控带来一定难度,也不利于中国粮食安全。从长期看,仍然需要扶持国内大豆种植。

二是粮食加工环节外资控制程度较高,在一定程度上制约了内资企业的发展潜力。外资企业在大豆压榨、玉米加工等环节,有较高的市场控制率,市场竞争力强,这在一定程度上制约了内资企业的发展潜力。多数内资粮油企业规模小,产业链条短,竞争力弱,难以发展壮大。

第三节 外资控制与中国粮食产业发展潜力专题调研

粮食产业涵盖的内容丰富,变量众多。这里从产业的要素构成角度分析中国粮食产业发展的潜力,然后设计调查问卷。

一、调研目的和手段

本次问卷调研的目的是,分析判断外资控制背景下中国粮食产业发展潜力的影响因素。

本问卷调研的方式是,借助问卷星在线调研系统,面向公众发放 530 份问卷,回收后进行量化分析。

二、问卷设计

粮食产业发展潜力涉及众多因素,本书根据供求关系、产业投入产出关系、产业发展环境等因素,将影响中国粮食产业发展潜力的因素归纳为表 16.1。

表 16.1 中国粮食产业发展潜力影响因素分类

一级指标	二级指标	具体指标
产业成长潜力	产业规模	资产规模、从业人数等
	企业素质	企业竞争力、规模
	产业结构、产业集群发展	粮食产业集中度
	技术创新	粮食行业技术创新成果等
	粮食行业人才培养	技术人员规模等
产业扩张潜力	粮食资源禀赋	粮食产量、粮食进口量、粮食加工产品产量等
	粮食相关资金投入	政府投入、企业投资等
	粮食相关产品市场需求	居民粮食消费需求、粮食中间消费需求
产业可持续发展潜力	粮食产业支持政策	政府对粮食产业的财政投入、粮食行业准入政策等
	粮食相关产业发展水平	信息、化工、生物等领域发展对粮食产业的支持
	区位条件	不同地区发展粮食产业的区位优势差异
	对自然环境的影响	粮食生产、加工等环节对自然环境的影响

根据表 16.1,设计外资控制背景下中国粮食产业发展潜力的影响因素专题调研问卷表 16.2。由受访者打分确认。选项包括 1 非常不同意、2 不同意、3 基本同意、4 同意、5 非常同意。

表 16.2 外资控制与中国粮食产业发展潜力专题调研表

序号	内容	涉及因素
1	近些年来,中国粮食行业从业人数持续增加,推动了行业发展	产业规模
2	中国粮食行业内资企业规模整体比较小,竞争力弱	企业素质
3	跨国粮商在中国竞争力比较强,市场占有率高	企业素质
4	国有粮食企业应该积极改革,提高竞争力	企业素质
5	中国粮食生产以家庭经营为主,比较分散	产业结构
6	粮食生产、加工环节提高集中度,有利于提高经济效益	产业结构
7	建设粮食产业园区,有利于实现规模经济	产业集群发展
8	中国粮食产业整体技术创新能力比较高	技术创新
9	外资粮油企业的技术创新能力高于内资企业	技术创新
10	中国粮食行业技术和管理人才的培养满足了粮食产业发展的需求	粮食行业人才培养
11	中国粮食产量较高,但食品质量安全问题需要重点关注	粮食资源禀赋
12	金龙鱼等外资品牌开辟了中国小包装食用油市场	粮食资源禀赋
13	中国高度重视粮食安全问题,财政投入较大	粮食相关资金投入
14	吃到健康、安全、营养的粮食产品非常重要	粮食相关产品市场需求
15	外资企业生产的粮食产品,产品质量更有保障	粮食相关产品市场需求
16	进口食品的质量更有保障	粮食相关产品市场需求
17	中国大豆进口规模非常大,不利于国家粮食安全	粮食产业支持政策
18	中国制定了各类政策,支持粮食产业发展	粮食产业支持政策
19	与内资企业相比,当前的环境更有利于外资粮油企业发展	粮食产业支持政策
20	生物育种、大数据等技术有利于推动粮食产业发展	粮食相关产业发展水平
21	黑龙江、河南等粮食生产大省应该大力发展粮食加工业	区位条件
22	广东、上海等粮食消费大市应该积极进口粮食	区位条件
23	粮食生产环节应该少用农药、化肥	对自然环境的影响
24	应该大力发展绿色农业,生产绿色粮食产品	对自然环境的影响
25	外资进入粮食领域,提升了中国粮食产业发展的潜力	潜力总体判断

三、调查结果

根据问卷星在线问卷统计的结果,外资控制与中国粮食产业发展潜力专题调研问卷结果统计如表 16.3 所示。

表 16.3　外资控制与中国粮食产业发展潜力专题调研结果

序号	题目	项目	1 非常不同意	2 不同意	3 基本同意	4 同意	5 非常同意	平均得分
1	近些年来，中国粮食行业从业人数持续增加，推动了行业发展	份数/份	4	50	163	256	57	3.59
		占比/%	0.75	9.43	30.75	48.30	10.75	
2	中国粮食行业内资企业规模整体比较小，竞争力弱	份数/份	17	124	177	165	47	3.19
		占比/%	3.21	23.40	33.40	31.13	8.87	
3	跨国粮商在中国竞争力比较强，市场占有率高	份数/份	9	65	206	203	47	3.4
		占比/%	1.70	12.26	38.87	38.30	8.87	
4	国有粮食企业应该积极改革，提高竞争力	份数/份	2	12	66	227	223	4.24
		占比/%	0.38	2.26	12.45	42.83	42.08	
5	中国粮食生产以家庭经营为主，比较分散	份数/份	6	64	192	203	65	3.48
		占比/%	1.13	12.08	36.23	38.30	12.26	
6	粮食生产、加工环节提高集中度，有利于提高经济效益	份数/份	1	8	90	288	143	4.06
		占比/%	0.19	1.51	16.98	54.34	26.98	
7	建设粮食产业园区，有利于实现规模经济	份数/份	0	19	83	251	177	4.11
		占比/%	0	3.58	15.66	47.36	33.40	
8	中国粮食产业整体技术创新能力比较高	份数/份	10	98	179	193	50	3.33
		占比/%	1.89	18.49	33.77	36.42	9.43	
9	外资粮油企业的技术创新能力高于内资企业	份数/份	3	47	184	232	64	3.58
		占比/%	0.57	8.87	34.72	43.77	12.08	
10	中国粮食行业技术和管理人才的培养满足了粮食产业发展的需求	份数/份	10	124	155	202	39	3.26
		占比/%	1.89	23.40	29.25	38.11	7.36	
11	中国粮食产量较高，但食品质量安全问题需要重点关注	份数/份	0	14	77	218	221	4.22
		占比/%	0	2.64	14.53	41.13	41.70	
12	金龙鱼等外资品牌开辟了中国小包装食用油市场	份数/份	2	17	173	260	78	3.75
		占比/%	0.38	3.21	32.64	49.06	14.72	

续表

序号	题目	项目	1非常不同意	2不同意	3基本同意	4同意	5非常同意	平均得分
13	中国高度重视粮食安全问题，财政投入较大	份数/份	11	57	171	205	86	3.56
		占比/%	2.08	10.75	32.26	38.68	16.23	
14	吃到健康、安全、营养的粮食产品非常重要	份数/份	2	15	52	135	326	4.45
		占比/%	0.38	2.83	9.81	25.47	61.51	
15	外资企业生产的粮食产品，产品质量更有保障	份数/份	12	116	212	161	29	3.15
		占比/%	2.26	21.89	40.00	30.38	5.47	
16	进口食品的质量更有保障	份数/份	20	133	221	127	29	3.02
		占比/%	3.77	25.09	41.70	23.96	5.47	
17	中国大豆进口规模非常大，不利于国家粮食安全	份数/份	11	126	176	159	58	3.24
		占比/%	2.08	23.77	33.21	30.00	10.94	
18	中国制定了各类政策，支持粮食产业发展	份数/份	1	24	147	261	97	3.81
		占比/%	0.19	4.53	27.74	49.25	18.30	
19	与内资企业相比，当前的环境更有利于外资粮油企业发展	份数/份	7	89	215	177	42	3.3
		占比/%	1.32	16.79	40.57	33.40	7.92	
20	生物育种、大数据等技术有利于推动粮食产业发展	份数/份	2	17	127	267	117	3.91
		占比/%	0.38	3.21	23.96	50.38	22.08	
21	黑龙江、河南等粮食生产大省应该大力发展粮食加工业	份数/份	2	9	90	220	209	4.18
		占比/%	0.38	1.70	16.98	41.51	39.43	
22	广东、上海等粮食消费大省市应该积极进口粮食	份数/份	15	167	180	127	41	3.02
		占比/%	2.83	31.51	33.96	23.96	7.74	
23	粮食生产环节应该少用农药、化肥	份数/份	2	9	90	188	241	4.24
		占比/%	0.38	1.70	16.98	35.47	45.47	
24	应该大力发展绿色农业，生产绿色粮食产品	份数/份	1	11	66	163	289	4.37
		占比/%	0.19	2.08	12.45	30.75	54.53	
25	外资进入粮食领域，提升了中国粮食产业发展的潜力	份数/份	3	53	223	205	46	3.45
		占比/%	0.57	10.00	42.08	38.68	8.68	

根据表 16.3 统计结果可以得出如下结论。

题目 1"近些年来，中国粮食行业从业人数持续增加，推动了行业发展"为产业规模因素，平均得分为 3.59 分，"基本同意""同意""非常同意"的选择比例分别为 30.75%、48.30%、10.75%。这说明公众认可粮食行业从业人数对产业发展的重要性。

题目 2~4 为企业素质因素，涉及企业规模、市场占有率等方面。题目 4 平均得分为 4.24 分，说明公众对国有粮食企业通过改革提升竞争力期望很高。

题目 5、6 为产业结构因素。公众比较认可的因素由高到低是产业集中度（4.06 分）、粮食生产经营模式（3.48 分）。

题目 7 为产业集群发展因素。公众比较认可"建设粮食产业园区，有利于实现规模经济"（4.11 分）。

题目 8、9 为技术创新因素。问卷结果表明，公众认为外资粮油企业的技术创新能力高于内资粮油企业。

题目 10 为粮食行业人才培养因素。公众对"中国粮食行业技术和管理人才的培养满足了粮食产业发展的需求"认可度一般。23.40%的被调查者认为粮食行业人才需求没有被充分满足。

题目 11、12 为粮食资源禀赋因素。公众认为中国粮食资源丰富，但食品质量安全问题需要高度重视。外资对中国粮食市场的利用能力比较强。

题目 13 为粮食相关资金投入因素，平均得分为 3.56 分。公众认可程度在 87%以上。

题目 14~16 为粮食相关产品市场需求因素。公众最认可的需求因素是"吃到健康、安全、营养的粮食产品非常重要"（4.45 分）。部分公众对进口食品、外资食品比较认可，这反映了内资粮油企业产品质量的不足。

题目 17~19 为粮食产业支持政策因素。公众比较认可的方面包括进口大豆政策、外资政策等。公众最认可中国的粮食产业支持政策（题目 18"中国制定了各类政策，支持粮食产业发展"，得分 3.81 分）。

题目 20 为粮食相关产业发展水平因素，得分为 3.91 分。公众认可"生物育种、大数据等技术有利于推动粮食产业发展"。

题目 21、22 为区位条件因素。题目 21"黑龙江、河南等粮食生产大省应该大力发展粮食加工业"，得分 4.18 分，公众认可度比较高。题目 22"广东、上海等粮食消费大省市应该积极进口粮食"，虽然有 65%左右的公众认可，但有 35%左右的公众表示反对。可见，在粮食主销区是否应该大量进口粮食方面还需要进行协商。

题目 23、24 表示对自然环境的影响。题目 23 "粮食生产环节应该少用农药、化肥"、题目 24 "应该大力发展绿色农业，生产绿色粮食产品"得分非常高，分别为 4.24 分、4.37 分。

题目 25 为外资对中国粮食产业发展潜力的总体判断，得分为 3.45 分。这说明 90%以上的被调查者认为外资对中国粮食产业发展潜力有积极影响。

第十七章　拓展中国粮食产业回旋余地与外资控制研究

本章主要从外资控制影响中国粮食产业回旋余地的内涵界定、表现、特点、内在机理等方面展开研究。旨在充分发挥外资的积极作用，提高中国粮食产业的内生发展动力，通过竞争和重组培育中国的跨国粮商，鼓励内资粮食企业"走出去"，鼓励粮食领域的国际合作，拓展中国粮食产业发展的回旋余地。

第一节　中国粮食产业回旋余地的内涵界定与特点

本节探讨中国粮食产业回旋余地的内涵界定和特点，并分析中国粮食产业回旋余地大的依据、表现和量化评价。

一、中国粮食产业回旋余地的内涵界定

"回旋余地"一般指做事或说话给自己留有足够进退的空间。

1938年5月，毛泽东在《论持久战》中使用到"回旋余地"一词。在《论持久战》中谈到抗日战争中的决战问题时，毛泽东分析认为，在当时敌强我弱的背景下，将抗日战争中的决战问题应分为三类，即有把握的、没把握的、赌国家命运的战略决战，对于没有把握、赌国家命运的战略决战要避免。并指出："如果避免了战略的决战，'留得青山在，不愁没柴烧'，虽然丧失若干土地，还有广大的回旋余地，可以促进并等候国内的进步、国际的增援和敌人的内溃，这是抗日战争的上策。"[1] 这句话里的"战略的决战"，指的就是没有把握、有可能牺牲国家命运的战略决战。

2015年11月，习近平总书记出席亚太经合组织工商领导人峰会演讲时，针对中国经济发展态势提出"四个没有变"，其中第二个"没有变"是中国"经济韧性好、潜力足、回旋余地大的基本特征没有变"。[2]

结合当前中国的实际，本书认为，中国粮食产业的回旋余地，指中国粮

---

[1] 毛泽东：《毛泽东选集（第二卷）》，北京，人民出版社，1991年，第507页。
[2] 新华社：《习近平在亚太经合组织工商领导人峰会上的演讲（全文）》，http://www.xinhuanet.com/world/2015-11/18/c_1117186815.htm，2015年11月18日。

食产业发展在地域、市场、产业政策等方面可供选择的范围。

二、中国粮食产业回旋余地大的依据和表现

中国粮食产业的回旋余地大，是对中国粮食产业发展的基本判断。具体依据和表现如下。

一是粮食发展品种回旋余地大。尽管在大豆加工环节外资控制水平较高，但在小麦、稻谷等粮食加工方面，外资控制力有限，内资企业有一定竞争优势。

在粮食新品种方面，中国正积极将马铃薯纳入粮食范畴，大力支持马铃薯口粮化、产业化发展。与小麦等传统粮食品种相比，马铃薯具有产量高、耐干旱、营养价值高、易存储等特点，增产潜力也大于传统粮食作物。

粮食绝对安全是中国粮食安全战略的基本要求。粮食品种的调整和增加，极大地拓展了中国粮食产业发展的回旋余地，也拓展了中国粮食安全的回旋余地。

二是粮食消费市场回旋余地大。中国人口众多，地域广阔，粮食消费需求面临升级。在当前全面建成小康社会的决胜阶段，市场容量和产品质量都有很大的提升空间，粮食消费市场表现出快速增长的态势。这是一个巨大的粮食消费市场，内外资企业通过竞争，都有望获得稳定增长的市场份额，实现共赢。

三是粮食产业政策制定回旋余地大。国家发展和改革委员会、农业部、国家粮食和物资储备局、商务部、海关等多部门均参与管理中国粮食产业发展，进行政策指导。多部门形成合力，粮食产业政策制定更为全面、科学，回旋余地大。

四是粮食产业转型发展回旋余地大。当前，中国多数内资粮食企业规模小，经营分散，通过市场竞争和兼并重组，有望形成一批大中型粮食骨干企业，实现市场化、规模化、国际化的规范运营。通过运用新技术，粮食行业有望进一步提升节粮、节能水平，实现绿色发展。

三、中国粮食产业回旋余地的量化评价

（一）稻米进口冲击的回旋余地

本书第十三章第三节分析了进口稻米对中国粮食主销区价格的影响。归纳起来就是，通过前面的关联分析发现，广东省进口稻米最多，当地稻米价格受进口稻米价格影响较大；进口稻米对江西九江、湖北武汉、江西南昌、安徽合肥等地区的稻米价格影响较小。

尽管进口稻米对中国南方部分地区稻米价格产生了一定影响，但由于中国地域空间广阔，这种影响是局部的、有限的。总的来看，进口稻米对南方粮食市场价格有明显影响，尚未显著影响到全国其他地区。因此，针对进口稻米形成的市场冲击，中国粮食产业发展尚有较大的回旋余地。

充分利用进口稻米冲击影响在时间、空间上的滞后特性，积极加快调整中国粮食产业发展方式，降低稻米生产成本，提升国内稻米企业竞争力，以期最终消除稻米进口冲击的负面影响。

（二）中国大豆生产的回旋余地

近些年来，受进口大豆影响，中国大豆种植面积下降，产量徘徊不前。黑龙江、安徽、河南、吉林等省是中国主要的大豆产区。

农业部实施的《高油大豆优势区域发展规划》[①]，为中国大豆产业发展积累了经验。在大豆优势产区，提高大豆单产和品质，增强大豆生产集中度，有利于大豆产销衔接。

外资粮油企业以进口大豆为原料。进口大豆加工企业主要集中在沿海地区，加工规模较大，外资控制的局面基本形成。在提高国产大豆品质、产量的基础上，内资企业在大豆主产区建立加工企业，可以逐步形成自己的竞争优势。

总的来看，大豆主产区是中国大豆产业振兴最为重要的回旋余地。通过玉米—大豆、棉花—大豆、小麦—大豆套种等方式，中国大豆种植面积有望进一步增加。通过技术创新，提高大豆单产、含油量还有很大的回旋余地。

由图 17.1 可以看到，改革开放前，中国主要产区大豆种植面积较大，种植规模也比较稳定。黑龙江大豆种植面积在 2006 年达到峰值，随后开始逐渐减少。

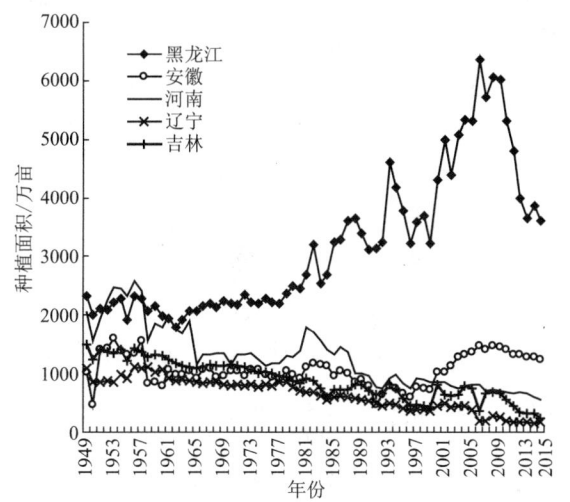

图 17.1　1949~2015 年中国主要地区大豆种植面积走势

资料来源：布瑞克农产品数据库

---

① 农业部：《高油大豆优势区域发展规划》，http://www.moa.gov.cn/xw/zwdt/200305/t20030527_86476.htm，2003 年 5 月 27 日。

第二节 外资控制对中国粮食产业回旋余地的影响

随着改革开放的深入发展,虽然外资竞争优势明显,但中国粮食产业回旋余地日益扩大。外资进入粮食领域,对中国粮食产业回旋余地的影响,既有积极的方面也有消极的方面。

一、外资控制对中国粮食产业回旋余地的积极影响

自改革开放以来,外资对中国粮食产业回旋余地的积极影响具体表现在以下几个方面。

一是国外马铃薯产业发展较早,经验丰富,为中国马铃薯产业发展提供了经验借鉴,拓展了中国粮食产业发展的回旋余地。中国马铃薯加工规模小,产能有限,还处于初级发展阶段。中国马铃薯消费以鲜品消费为主,主要用作蔬菜,用于主食消费的比重较低。美国、德国等国家马铃薯产品种类丰富,产业规模大,是中国发展马铃薯产业学习借鉴的重要国家。

二是外资进入粮食领域,增强了国内市场活力,增加了就业和投资,提高了居民消费水平。改革开放以来,中国粮油消费从供应不足到供应过剩,从低端消费到中高端消费,市场容量不断扩大、持续升级,居民消费得到显著改善。在外资粮油企业带动和示范下,内资粮油企业快速发展,市场活力和竞争力逐渐增强,拓展了中国粮食产业发展的回旋余地。

三是外资粮油企业的管理经验为内资粮油企业改革发展提供了经验借鉴,拓展了中国粮食产业转型发展的回旋余地。内资粮油企业体制机制改革是中国企业改革的重点和难点。借鉴外资粮油企业的经营和管理模式,可以有效促进内资粮油企业的发展。当前,国有粮食企业改革和粮食产业转型升级在持续、深入推进,借鉴国际大型企业发展经验,实行股份制改造、建立现代企业制度、发展混合所有制经济,实现内外资企业平等竞争,是提升中国粮食产业竞争力、拓展中国粮食产业回旋余地的必然选择。

二、外资控制对中国粮食产业回旋余地的消极影响

自改革开放以来,外资对中国粮食产业回旋余地的消极影响具体表现在以下几个方面。

一是外资控制了大豆加工和大豆油消费的主要市场,给中国内资企业发展大豆产业带来一定困难。外资在大豆原料进口、大豆加工和大豆消费市场份额等方面的绝对优势,使内资粮油企业面临巨大的竞争压力和生存压力。

内资粮油企业在这一背景下想要发展壮大,困难重重。

二是外资在大豆领域的显著优势给中国大豆宏观调控带来压力和变数。由于进口大豆在成本、出油率等方面的优势,扶持国产大豆生产的政策效果短期内不够明显。当进口大豆价格持续上涨时,国内食用油也会上涨,带来输入型通货膨胀的压力。这实际上在一定程度上增加了大豆宏观调控的难度,缩小了大豆产业的回旋余地。

第三节　外资控制与中国粮食产业发展回旋余地专题调研

粮食产业回旋余地涵盖的内容丰富,变量众多。这里从粮食产业回旋余地的影响因素角度设计调查问卷,同时分析外资对中国粮食产业回旋余地的影响。

一、调研目的和手段

本次问卷调研的目的是,分析判断外资控制背景下中国粮食产业回旋余地的影响因素。

本问卷调研的方式是,借助问卷星在线调研系统,面向公众发放 530 份问卷,回收后进行量化分析。

二、问卷设计

粮食产业回旋余地涉及众多因素,本书根据粮食产业链,将影响中国粮食产业回旋余地的因素归纳为表 17.1。

表 17.1　外资控制背景下中国粮食产业回旋余地的影响因素分析表

影响因素	外资企业优势	内资企业回旋余地
粮食品种	大豆加工优势明显	大豆市场还有回旋余地,其他粮食品种回旋余地更大
粮食消费	大豆油市场优势明显	大豆油市场广阔,还有回旋余地;其他粮食加工产品回旋余地更大
粮食产业政策制定	吸引外资优惠政策	国有粮食企业改革,支持民营粮油企业发展,大力发展粮食产业经济
粮食产业转型发展	管理经验丰富,技术优势明显	内资企业改进管理、技术创新的回旋余地很大

根据表 17.1,设计外资控制背景下中国粮食产业回旋余地的影响因素专题调研问卷(表 17.2),由受访者打分确认。选项包括 1 非常不同意、2 不

同意、3 基本同意、4 同意、5 非常同意。

表 17.2　外资控制背景下中国粮食产业回旋余地的影响因素调查表

序号	内容	涉及因素
1	中国食用植物油消费以大豆油为主	粮食品种
2	马铃薯今后会成为中国居民主粮之一	粮食品种
3	外资在面粉、大米等领域的市场占有率不高	粮食品种
4	外资粮油产品质量高于内资企业	粮食消费
5	桶装食用油比散装食用油更健康、安全	粮食消费
6	国内粮食种植结构调整，要以消费需求为导向	粮食消费
7	大豆进口依存度高，容易引起国内价格波动，不利于粮食宏观调控	粮食产业政策制定
8	内外资粮油企业在公平的环境下展开竞争是很重要的	粮食产业政策制定
9	进口粮食对国内粮食市场有一定的负面作用	粮食产业政策制定
10	内资粮油企业通过跨区域兼并重组，可以提升竞争力	粮食产业转型发展
11	打造中国自己的跨国粮商，有利于提升中国粮食产业竞争力	粮食产业转型发展
12	国际跨国粮商的发展经验值得内资企业学习借鉴	粮食产业转型发展
13	尽管外资竞争力较强，但内资粮油企业发展的回旋余地比较大	总评价

三、调查结果

根据问卷星在线问卷统计的结果，外资控制与中国粮食产业发展回旋余地专题调研问卷结果统计如表 17.3 所示。

表 17.3　外资控制与中国粮食产业发展回旋余地专题调研结果

序号	题目	项目	1 非常不同意	2 不同意	3 基本同意	4 同意	5 非常同意	平均得分
1	中国食用植物油消费以大豆油为主	份数/份	11	66	175	213	65	3.48
		占比/%	2.08	12.45	33.02	40.19	12.26	
2	马铃薯今后会成为中国居民主粮之一	份数/份	41	132	168	149	40	3.03
		占比/%	7.74	24.91	31.70	28.11	7.55	
3	外资在面粉、大米等领域的市场占有率不高	份数/份	13	83	247	163	24	3.19
		占比/%	2.45	15.66	46.60	30.75	4.53	
4	外资粮油产品质量高于内资企业	份数/份	13	118	200	163	36	3.17
		占比/%	2.45	22.26	37.74	30.75	6.79	

续表

序号	题目	项目	1非常不同意	2不同意	3基本同意	4同意	5非常同意	平均得分
5	桶装食用油比散装食用油更健康、安全	份数/份	4	51	158	214	103	3.68
		占比/%	0.75	9.62	29.81	40.38	19.43	
6	国内粮食种植结构调整,要以消费需求为导向	份数/份	1	15	117	287	110	3.92
		占比/%	0.19	2.83	22.08	54.15	20.75	
7	大豆进口依存度高,容易引起国内价格波动,不利于粮食宏观调控	份数/份	4	57	189	206	74	3.55
		占比/%	0.75	10.75	35.66	38.87	13.96	
8	内外资粮油企业在公平的环境下展开竞争是很重要的	份数/份	0	22	126	260	122	3.91
		占比/%	0	4.15	23.77	49.06	23.02	
9	进口粮食对国内粮食市场有一定的负面作用	份数/份	9	103	226	143	49	3.23
		占比/%	1.70	19.43	42.64	26.98	9.25	
10	内资粮油企业通过跨区域兼并重组,可以提升竞争力	份数/份	1	17	114	297	101	3.91
		占比/%	0.19	3.21	21.51	56.04	19.06	
11	打造中国自己的跨国粮商,有利于提升中国粮食产业竞争力	份数/份	2	12	81	260	175	4.12
		占比/%	0.38	2.26	15.28	49.06	33.02	
12	国际跨国粮商的发展经验值得内资企业学习借鉴	份数/份	2	10	90	261	167	4.1
		占比/%	0.38	1.89	16.98	49.25	31.51	
13	尽管外资竞争力较强,但内资粮油企业发展的回旋余地比较大	份数/份	4	17	152	278	79	3.78
		占比/%	0.75	3.21	28.68	52.45	14.91	

根据表17.3统计结果可以得出如下结论。

题目1~3属于粮食品种因素。公众比较认可食用植物油消费以大豆油为主,以及外资在面粉、大米等领域的市场占有率不高。但被调查者对"马铃薯今后会成为中国居民主粮之一"认可度不高,说明马铃薯主食化还需要进一步推广。

题目 4~6 属于粮食消费因素。题目 4"外资粮油产品质量高于内资企业",24.71%的被调查者不同意,75.28%的被调查者表示同意。这说明,内资粮油企业的产品质量需要进一步提升。题目 6"国内粮食种植结构调整,要以消费需求为导向"公众认可度比较高,说明公众期待粮食生产结构与粮食消费结构能够一致起来。

题目 7~12 属于粮食产业政策制定与转型发展因素。公众比较认可的影响因素包括粮食进口政策、公平竞争环境营造、内资企业兼并重组、打造自己的跨国粮商等因素。题目 7"大豆进口依存度高,容易引起国内价格波动,不利于粮食宏观调控"合计有 88.49%的被调查者表示同意。题目 8"内外资粮油企业在公平的环境下展开竞争是很重要的"合计有 95.85%的被调查者表示同意,可见公平的竞争环境对企业发展比较重要。题目 9"进口粮食对国内粮食市场有一定的负面作用"有 21.13%的被调查者表示反对,合计有 78.87%的被调查者表示同意。这说明,公众比较关注进口粮食对国内市场的负面影响。题目 11"打造中国自己的跨国粮商,有利于提升中国粮食产业竞争力"得分最高,平均得分为 4.12 分。这反映了被调查者对中国自己的跨国粮商的期待。

题目 13"尽管外资竞争力较强,但内资粮油企业发展的回旋余地比较大"是对回旋余地总体的评价。合计有 96.04%的被调查者表示同意。

第四节 贸易摩擦背景下中国大豆进口的回旋余地

2018 年以来,中美贸易摩擦短期内有升级趋势,从长期看,中美贸易摩擦也是调整、优化中美经贸关系的一次契机。在中美贸易摩擦背景下,从中、美两国大豆进出口市场结构看,中国大豆进口的回旋余地具有较大空间。

一、中美贸易摩擦的发生背景

商务部指出,互利共赢是中美经贸关系的本质,中美经贸合作是优势互补的结果。从表 17.4 可以看出,中美经贸合作具有广泛、深厚的利益基础。

表 17.4 中美双方经贸合作的利益

贸易双方	直接利益	间接利益
美方得益	货物贸易、服务贸易、双向投资、金融	促进经济增长、提高消费者福利、增加就业岗位、促进产业升级

续表

贸易双方	直接利益	间接利益
中方得益	货物贸易、服务贸易、双向投资、金融	推动经济转型升级、引进资金和先进管理经验、创造就业机会、增加关税和税收收入、繁荣国内市场

资料来源：根据商务部《关于中美经贸关系的研究报告》（2017年5月25日）整理

表 17.5 中，中美双方重点经贸关注反映了长期以来中美双方在经贸关系发展中的分歧，这些分歧是影响中美经贸关系稳定发展的重要因素。例如，美国多次借对华贸易逆差问题挑起贸易纠纷，向中国施加压力，对中国征收惩罚性关税，起因也是要缩减美对华贸易逆差。

表 17.5 中美双方重点经贸关注

美方关注（中国）	中方关注（美国）
美对华贸易逆差、人民币汇率、产能过剩、市场开放、知识产权保护	履行《中国加入世贸组织议定书》第 15 条义务、美对华出口管制、中国企业赴美投资公平待遇问题、美方滥用贸易救济问题

资料来源：根据商务部《关于中美经贸关系的研究报告》（2017年5月25日）整理

中美当前贸易摩擦发生的背景，除去上述中美经贸因素外，其他因素如下。

在经济方面，全球经济衰退，贸易保护主义广泛存在。自 2007 年美国次贷危机开始到现在，全球经济复苏与萧条交替出现，发展不稳定，美国开始奉行贸易保护政策。

在政治方面，特朗普政府奉行"美国优先"战略。在国际政治和经济活动中，不顾国际规则，首先维护美国国家利益。美国《国家安全战略报告》（2017 年）将中国、俄罗斯视作竞争者，并认为中国和俄罗斯给美国的霸权和利益带来挑战。改革开放以来，中国综合国力迅速上升，被美国视作威胁。

2018 年 4 月 4 日，美国政府公布商品清单，对中国出口美国的 500 亿美元的商品加征 25%的关税。同日，国务院关税税则委员会发布公告，宣布对原产于美国的大豆等农产品、汽车、化工品、飞机等进口商品对等采取加征关税措施，税率为 25%。[1] 2018 年 7 月 6 日，美国开始对第一批清单上价值 340 亿美元的中国商品加征 25%的进口关税。作为反击，中国也于同日对

---

[1] 财政部：《国务院关税税则委员会关于对原产于美国的部分进口商品加征关税的公告》，http://www.mof.gov.cn/zhengwuxinxi/caizhengxinwen/201804/t20180404_2862341.htm，2018 年 4 月 4 日。

同等规模的美国产品加征 25%的进口关税。[①]

二、贸易摩擦背景下中国大豆进口的现状

巴西、美国、阿根廷等国家是中国重要的大豆进口来源国。2017 年，来自这三个国家的大豆进口量占中国大豆进口总量的 95%。其中，美国大豆占中国大豆进口总量的 34%。表 17.6 给出了 2017 年中国大豆进口主要来源国家。

表 17.6　2017 年中国大豆进口来源

进口来源国	进口量/万吨	占比/%
巴西	5093	53.31
美国	3285	34.39
阿根廷	658	6.89
乌拉圭	257	2.69
加拿大	205	2.14
俄罗斯	51	0.53
乌克兰	2	0.02
埃塞俄比亚	1	0.02
哈萨克斯坦	1	0.01
合计	9553	100

资料来源：联合国商品贸易统计数据库

从表 17.6 可以看到，巴西、美国在中国大豆进口中占据主导地位。从美国出口结构看，美国大豆主要出口国家包括中国、日本、印度尼西亚、荷兰、德国、泰国等。中国进口美国大豆占美国出口大豆市场的一半以上，日本占美国出口大豆的 4%左右。图 17.2 给出了 2017 年美国大豆出口主要市场。

图 17.2　2017 年美国大豆出口主要市场

资料来源：根据联合国商品贸易统计数据库大豆贸易额数据整理

---

① 陈植：《美加征关税首日　人民币淡定以对　大宗商品阴云密布》，http://www.21jingji.com/2018/7-7/zNMDEzODBfMTQzODgzNw.html，2018 年 7 月 7 日。

从图 17.2 可以看到，中国是美国大豆最为重要的出口市场，市场份额占据绝对优势。图中给出的前 10 位国家/地区，2017 年累计进口大豆占美国大豆出口的 82%。除中国外，美国向其他国家出口大豆的市场是比较分散的，市场份额也不高，单个国家不超过 5%，从这里可以看出中国对美国大豆出口的重要性。

三、贸易摩擦背景下中国大豆进口回旋余地的主要表现

从上述分析可以看出，中国从美国进口的大豆约占中国大豆进口需求的 1/3，美国出口到中国的大豆占美国大豆出口的一半以上，中美双方互为重要的大豆贸易伙伴。中国是全球大豆进口最多、大豆消费量最大的国家。美国是全球大豆出口量最大的国家，中美两国大豆贸易具有较强的互补性。在大豆贸易上，美国对中国是绝对的贸易顺差，中国对美国是绝对的贸易赤字。美国在中美大豆贸易中的优势显而易见。由此可以得到一个基本判断，中美大豆贸易具有广阔的发展前景，双方相互依赖，中美贸易摩擦不利于中美大豆贸易的发展，也不符合双方的经济利益。

中美贸易摩擦背景下，中国大豆进口的回旋余地表现在以下几个方面。

第一，对进口美国大豆征收惩罚性关税，表明中国坚定的立场。在中美贸易摩擦背景下，中国对进口美国大豆征收 25%关税，因为中国进口大豆占据美国大豆出口一半以上的市场，从美国豆农抗议、美国大豆期货价格下跌等事实来看，这一举措是有效的。

美国大豆在中国进口大豆中占据 1/3 的份额，在贸易摩擦背景下，中国巨大的大豆进口需求，不是一种武器，要伤害对方，而更像是一个坚固的盾牌，对中国形成一种战略保护。

第二，市场替代，积极开拓大豆进口新市场，形成多元化进口格局。巴西、阿根廷等南美洲国家，是全球重要的大豆出口区域，中国可以多从这些国家进口大豆。

中国主要大豆进口来源国中，俄罗斯、乌克兰、哈萨克斯坦等"一带一路"沿线国家还有较大的大豆进口潜力，需要今后积极开拓。

海外租地种植大豆也是一种有效的国际合作方式，前景可观。从目前看，由于国内耕地面积有限，大豆完全实现自给是不现实的。积极到海外种粮，也可以扩大大豆进口。俄罗斯卫星通讯社有消息称俄罗斯有意出租西伯利亚土地，可以用来种植大豆[①]。

---

① 郑涵予：《中美贸易战进入关键期，大豆缺口谁来填补》，《农资导报》，2018 年 8 月 28 日。

第三，产品替代，降低对大豆蛋白的需求和依赖。进口大豆主要用于大豆加工，生产大豆油、豆粕、豆制品等。大豆油是中国植物油消费的主要品种，豆粕是动物饲料的重要来源。

近些年，随着中国居民生活水平的提高，食用植物油消费特别是大豆油消费快速增长，这是中国大豆进口持续增加的根本原因。在产品替代方面，花生油、玉米油、菜籽油等品种具有一定的替代能力。

在豆粕饲料替代方面，可以通过推广低蛋白饲料粮配方等途径，降低豆粕依赖。适当进口豆粕和其他杂粮，也是一种变通的方法。

第四，扩大自给，降低进口依赖，积极提高国内大豆保障水平。目前进口大豆与国产大豆相比，主要优势是成本低、产量高、出油率高。因此，国产大豆的发展方向是，通过科技攻关，提高国产大豆的单产和品质，缩小与国外大豆产量和品质的差距。在扩大大豆种植面积方面，主要通过粮食和豆类轮作、恢复种植面积等途径实现。《全国种植业结构调整规划（2016—2020年）》指出，通过多种措施，最终"实现国产大豆与国外高油大豆的错位竞争"。[①]

根据"以我为主、立足国内、确保产能、适度进口、科技支撑"的粮食安全新战略，中国大豆供应保障能力建设，需要积极提高国内大豆生产能力，积极建立稳定的大豆进口来源市场，依靠科技力量提高国产大豆的产量和市场竞争力。

四、贸易摩擦背景下扩大中国大豆进口回旋余地的政策建议

从长期看，由于中美经贸关系具有较强的互补性，中美大豆贸易也具有较强的互补性，因此，中美贸易摩擦是特定条件下出现的短期和局部现象。在中美贸易摩擦背景下，扩大中国大豆进口回旋余地的政策建议主要包括以下几个方面。

一是依靠科技手段，扩大国内大豆供给，提高国产大豆品质。虽然国内大豆产量不足，但仍有必要坚持"以我为主、立足国内"的战略方针，将国内大豆产量保持在尽可能高的水平。

国内大豆产量主要取决于大豆单产水平和种植面积。依靠科技创新，提高大豆单产水平，必须落到实处，才能改变国产大豆出油率低等品质问题。抓住当前农业供给侧结构调整的时机，积极优化农产品种植结构，适当扩大

---

① 《农业部关于印发〈全国种植业结构调整规划（2016—2020年）〉的通知》，http://www.gov.cn/xinwen/2016-04/28/content_5068722.htm，2016年4月28日。

大豆种植面积，提高大豆种植补贴，提高农民大豆种植的积极性。通过国有农场集中种植、土地流转等途径，提高大豆种植规模效益，降低种植成本。

进口大豆要控制好进口的规模、进度和时机，尽量避免对国产大豆产生严重冲击，抵消了扶持国产大豆的政策效果。

二是通过国际经贸和合作，建立稳定、持续的大豆进口保障体系。今后很长一段时间，进口大豆仍然是弥补中国大豆消费缺口的主要途径。中国要与世界主要大豆出口国建立稳定的政治经济关系，为中国大豆进口创造稳定的可持续的市场环境。

积极建立分散的、多元化的大豆进口来源市场，分散市场风险，避免市场进口过于集中。优先从与中国政治经济关系长期稳定的国家进口大豆。积极通过海外农业合作，种植大豆，扩大大豆进口来源。

三是积极宣传，科学引导大豆油和豆粕消费，实现大豆消费部分替代。通过宣传，倡导科学食用大豆油，反对浪费，反对过度食用大豆油，引导居民在不同品种的食用植物油之间经常变换。

豆粕作为饲料主要原料，关系畜牧业发展，在食品、花卉等行业也有广泛应用。在饲料消费方面，积极宣传引导，依靠科技创新降低饲料配方对豆粕的依赖，形成混合饲料组合格局。

总之，就中美贸易而言，积极发展大豆贸易符合中美双方的经济利益。中美双方在大豆贸易上互补性很强，具有广泛的发展前景。贸易摩擦作为贸易保护主义的一种表现形式，最终导致双方利益受损。在中美贸易摩擦背景下，中国大豆进口的回旋余地较大，表现在进口大豆关税惩罚、产品替代、市场替代、扩大自给等方面。

第十八章　新时代中国粮食产业外资控制的多维规避研究

党的十八大以来，中国利用外资的国内、国际环境发生了深刻变化，中国粮食产业利用外资进入了注重规模更注重质量、粮食安全与粮食产业发展并举的新时代。

定量分析方面，本章综合第十五、第十六和第十七章问卷调查结果，运用因子分析法综合分析中国粮食产业外资控制规避的影响因素。根据统计分析结果，提炼出具体的影响因素涉及产品质量、内部管理、市场、技术、成本、品牌、产业政策等方面。定性分析方面，结合统计结果和全书研究结论，依据"创新、协调、绿色、开放、共享"的发展新理念，从多维度提出了中国粮食产业外资控制规避的政策建议。

第一节　中国粮食产业外资控制规避的定量分析

本节综合运用前文调研数据，运用因子分析法提炼出影响中国粮食产业外资控制规避的关键因素。

一、统计描述

根据本研究专题调研的 530 份问卷数据，分析中国粮食产业外资控制规避的影响因素。本问卷共 67 个题目，由外资与中国粮食产业发展的韧性、潜力、回旋余地三部分组成。各部分调查结论在第十五、第十六、第十七章已经分别讨论。本节将这些问卷的调研结果作为整体进行因子分析，提炼出有利于中国粮食产业外资控制规避的影响因素。

题目 1、26、54、67 是对中国粮食产业发展韧性、潜力和回旋余地的总体判断，不列入因子分析的变量范围中。共计 63 个题目进入因子分析模型（表 18.1）。

表 18.1　主要题目调研问卷平均得分

序号	题目	平均得分
1	我平时经常关注国家粮食安全问题	3.75

续表

序号	题目	平均得分
2	粮油产品质量是内资粮油企业提升竞争力的关键	4.20
3	品牌是内资粮油企业提升竞争力的关键	3.79
4	资金不足是困扰内资粮油企业发展的关键	3.34
5	外资粮油企业发展客观上带动了内资粮油企业的发展	3.45
6	进口粮食降低了粮食企业生产成本	3.02
7	内部管理是内资粮油企业提升竞争力的关键	3.75
8	外资进入中国粮食领域,对中国粮食相关产业发展有积极作用	3.33
9	既要防止外资控制粮食领域,又要允许外资进入粮食领域	3.91
10	应该建立预警机制,采取具体政策,积极预防外资控制中国粮食领域	4.10
11	有必要制定完善的政策,预防外资控制粮食领域	4.03
12	虽然中国粮食产量较高,但仍有必要进口粮食	3.63
13	对于已经发生的外资控制案例,政府应该积极应对,及时采取补救措施	4.13
14	粮食行业组织在预防外资控制粮食领域方面发挥了重要作用	3.63
15	在食用油领域,外资品牌竞争力非常强	3.64
16	外资控制粮食领域的案例大量存在	3.28
17	外资控制中国粮食领域,会严重影响中国粮食安全	3.62
18	外资进入中国粮食领域,压制了内资粮油企业的发展	3.16
19	外资主导粮食加工、流通等环节,不利于中国粮食经济发展	3.42
20	国内粮食价格较高,抬高了粮油加工企业的成本	3.36
21	外资在中国粮食领域的并购活动比较常见	3.33
22	内资粮油企业有能力及时摆脱粮食价格波动对本企业的负面影响	3.25
23	外资粮油企业有能力及时摆脱粮食价格波动对本企业的负面影响	3.31
24	国内外粮食价格差异给本企业发展带来压力	3.62
25	内外资粮油企业之间的竞争促进了粮食行业的健康发展	3.63
26	总的来看,外资粮油企业在中国粮食领域的积极作用大于负面作用	3.36
27	国际油价波动、粮价波动、经济危机等因素对中国粮油行业发展的负面影响较小	2.87
28	内资粮油企业给外资粮油企业发展带来压力	3.07
29	外资粮油企业给内资粮油企业发展带来压力	3.53
30	近些年来,中国粮食行业从业人数持续增加,推动了行业发展	3.59

续表

序号	题目	平均得分
31	中国粮食行业内资企业规模整体比较小，竞争力弱	3.19
32	跨国粮商在中国竞争力比较强，市场占有率高	3.40
33	国有粮食企业应该积极改革，提高竞争力	4.24
34	中国粮食生产以家庭经营为主，比较分散	3.48
35	粮食生产、加工环节提高集中度，有利于提高经济效益	4.06
36	建设粮食产业园区，有利于实现规模经济	4.11
37	中国粮食产业整体技术创新能力比较高	3.33
38	外资粮油企业的技术创新能力高于内资企业	3.58
39	中国粮食行业技术和管理人才的培养满足了粮食产业发展的需求	3.26
40	中国粮食产量较高，但食品质量安全问题需要重点关注	4.22
41	金龙鱼等外资品牌开辟了中国小包装食用油市场	3.75
42	中国高度重视粮食安全问题，财政投入较大	3.56
43	吃到健康、安全、营养的粮食产品非常重要	4.45
44	外资企业生产的粮食产品，产品质量更有保障	3.15
45	进口食品的质量更有保障	3.02
46	中国大豆进口规模非常大，不利于国家粮食安全	3.24
47	中国制定了各类政策，支持粮食产业发展	3.81
48	与内资企业相比，当前的环境更有利于外资粮油企业发展	3.30
49	生物育种、大数据等技术有利于推动粮食产业发展	3.91
50	黑龙江、河南等粮食生产大省应该大力发展粮食加工业	4.18
51	广东、上海等粮食消费大省市应该积极进口粮食	3.02
52	粮食生产环节应该少用农药、化肥	4.24
53	应该大力发展绿色农业，生产绿色粮食产品	4.37
54	外资进入粮食领域，提升了中国粮食产业发展的潜力	3.45
55	中国食用植物油消费以大豆油为主	3.48
56	马铃薯今后会成为中国居民主粮之一	3.03
57	外资在面粉、大米等领域的市场占有率不高	3.19
58	外资粮油产品质量高于内资企业	3.17
59	桶装食用油比散装食用油更健康、安全	3.68
60	国内粮食种植结构调整，要以消费需求为导向	3.92

序号	题目	平均得分
61	大豆进口依存度高，容易引起国内价格波动，不利于粮食宏观调控	3.55
62	内外资粮油企业在公平的环境下展开竞争是很重要的	3.91
63	进口粮食对国内粮食市场有一定的负面作用	3.23
64	内资粮油企业通过跨区域兼并重组，可以提升竞争力	3.91
65	打造中国自己的跨国粮商，有利于提升中国粮食产业竞争力	4.12
66	国际跨国粮商的发展经验值得内资企业学习借鉴	4.10
67	尽管外资竞争力较强，但内资粮油企业发展的回旋余地比较大	3.78

二、分析过程

对530个样本的63个指标选项进行因子分析，KMO检验值为0.867，巴特利特球形检验值为10167.802。

设置提取特征根大于1的主成分，具体结果见表18.2。

表18.2 特征根大于1的主成分及解释贡献

成分	初始特征值 合计	方差的%	累积%	旋转平方和载入 合计	方差的%	累积%
1	8.986	14.264	14.264	7.686	12.200	12.200
2	4.925	7.818	22.082	3.678	5.838	18.039
3	4.105	6.516	28.598	3.397	5.393	23.431
4	2.954	4.689	33.287	2.813	4.465	27.896
5	1.620	2.571	35.858	2.197	3.488	31.383
6	1.498	2.378	38.236	1.817	2.884	34.267
7	1.461	2.319	40.555	1.695	2.691	36.958
8	1.301	2.066	42.621	1.573	2.497	39.455
9	1.225	1.944	44.565	1.429	2.268	41.723
10	1.190	1.889	46.453	1.412	2.241	43.964
11	1.143	1.815	48.268	1.387	2.202	46.166
12	1.136	1.803	50.071	1.371	2.176	48.342
13	1.077	1.709	51.781	1.355	2.151	50.493
14	1.061	1.685	53.466	1.332	2.114	52.606
15	1.037	1.645	55.111	1.314	2.086	54.693
16	1.004	1.593	56.704	1.267	2.012	56.704

从表 18.2 可以看到，有 16 个特征根大于 1，累计提取 16 个主成分，累计方差贡献率为 56.704%。

从图 18.1 可以看到，前 5 个特征根的方差贡献比较大，后面的方差贡献越来越小。

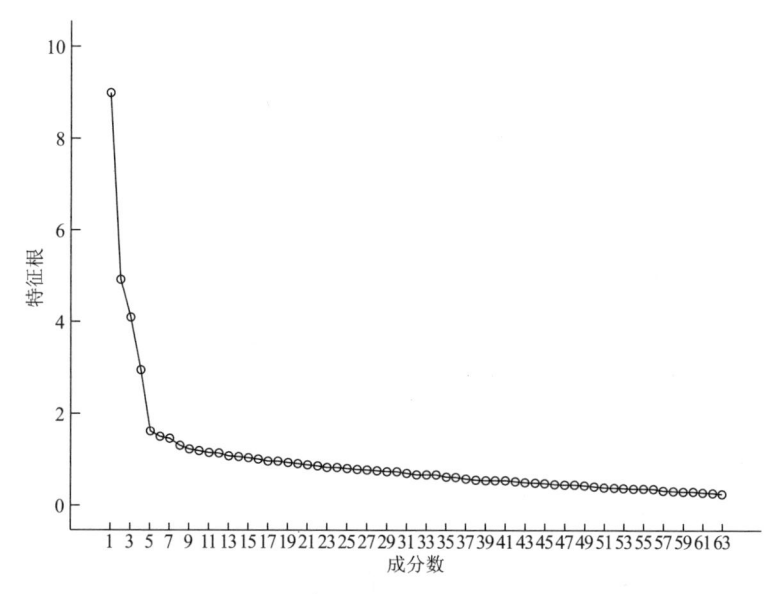

图 18.1 特征根和成分数碎石图

选择旋转后的因子载荷矩阵对提取的 16 个主成分进行命名。由于有 16 个主成分和 63 个指标，因子载荷矩阵表所占篇幅较大，此处省略。根据每个主成分涉及的相关指标载荷值从大到小，选择每个主成分的代表性指标进行命名。具体命名和相关指标见表 18.3。

表 18.3 16 个主成分命名及相关问卷题目序号

主成分	命名	题目序号						
1	产品因素	43	65	53	33	40	66	60
2	外资控制影响因素	19	18	46	63	61		
3	技术、组织因素	39	37	14	30			
4	外资产品质量	44	45	58				
5	行业发展态势	31	32	38	21			
6	外资带动因素	5	8	25				
7	内部管理因素	7	3					
8	粮价波动冲击	23	22					

续表

主成分	命名	题目序号			
9	对外开放市场因素	12	41		
10	内外资企业竞争对比因素	57	28		
11	企业投入成本因素	20	4		
12	产品结构调整因素	56	48		
13	外资品牌竞争力因素	16	15		
14	产业支持政策	47			
15	粮食产品消费模式	59			
16	粮食产品消费结构	55			

上述16个主成分构成影响中国粮食产业外资控制规避的主要因素。这些因素涉及产品、企业、行业发展、国内外市场、产业政策、消费、价格等各个方面。

三、研究结论

结合问卷调研结果和16个主成分的分析结果，可以归纳出影响中国粮食产业外资控制规避的主要影响因素，从而找到相应的规避对策。

（一）微观上重视产品质量和企业竞争力

结合前文分析结果，主成分1方差贡献最高，旋转后的方差贡献达到12.200%。这说明产品因素是影响中国粮食产业外资控制规避能否有效和成功的首要因素。

题目43"吃到健康、安全、营养的粮食产品非常重要"、题目53"应该大力发展绿色农业，生产绿色粮食产品"、题目40"中国粮食产量较高，但食品质量安全问题需要重点关注"与产品质量有关。

题目65"打造中国自己的跨国粮商，有利于提升中国粮食产业竞争力"、题目33"国有粮食企业应该积极改革，提高竞争力"、题目66"国际跨国粮商的发展经验值得内资企业学习借鉴"与内资企业竞争力有关。

从图18.2可以看到，针对题目33"国有粮食企业应该积极改革，提高竞争力"，表示同意的被访者累计达到97.36%。这反映了公众对国有粮食企业改革的高度期待和厚望。

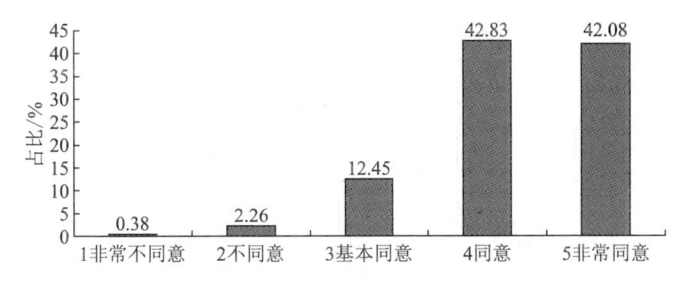

图 18.2 题目 33 问卷选择结果统计

资料来源：问卷星调研数据

主成分 7 反映了企业内部管理的重要性。题目 7"内部管理是内资粮油企业提升竞争力的关键"、题目 3"品牌是内资粮油企业提升竞争力的关键"得到公众的认可。品牌管理是企业内部管理的重要组成部门，品牌竞争力是企业竞争力的重要标志。

主成分 11 反映了企业投入成本的重要性。题目 20"国内粮食价格较高，抬高了粮油加工企业的成本"、题目 4"资金不足是困扰内资粮油企业发展的关键"涉及企业的原料成本和资金使用成本。企业投入成本高，不利于内资企业竞争力提升。

主成分 13 反映了外资品牌竞争力的影响。题目 16"外资控制粮食领域的案例大量存在"、题目 15"在食用油领域，外资品牌竞争力非常强"反映了外资品牌竞争力较强。公众对题目 16 认可度不高，选择"非常不同意""不同意"的比例累计为 18.11%。这说明外资控制粮食领域的案例的确存在，但不是大量存在。

（二）中观上重视行业组织发展和市场环境建设

主成分 3 反映了技术、组织因素的重要性。题目 39"中国粮食行业技术和管理人才的培养满足了粮食产业发展的需求"、题目 37"中国粮食产业整体技术创新能力比较高"、题目 30"近些年来，中国粮食行业从业人数持续增加，推动了行业发展"反映了技术创新和人才的重要性。

从图 18.3 可以看到，对题目 39"中国粮食行业技术和管理人才的培养满足了粮食产业发展的需求"公众认可度不高。选择"非常不同意""不同意"的受访者合计占到 25.29%。这在整个问卷中属于反对比例比较高的情况。这说明，中国粮食行业技术创新和人才培养尚未完全满足行业和企业发展需要。

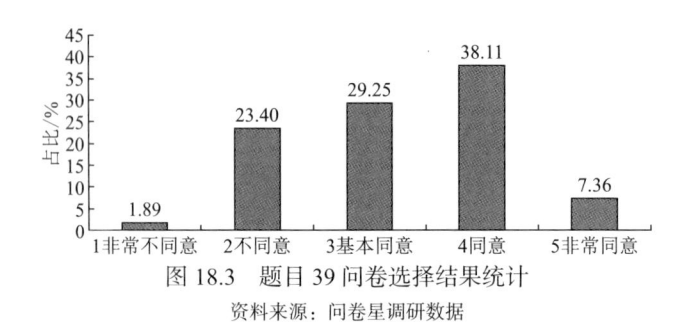

图 18.3　题目 39 问卷选择结果统计

资料来源：问卷星调研数据

题目 14 "粮食行业组织在预防外资控制粮食领域方面发挥了重要作用"反映了行业协会在预防外资控制方面的重要性。

主成分 5 反映了行业发展态势的重要性。题目 31 "中国粮食行业内资企业规模整体比较小，竞争力弱"、题目 32 "跨国粮商在中国竞争力比较强，市场占有率高"、题目 38 "外资粮油企业的技术创新能力高于内资企业"、题目 21 "外资在中国粮食领域的并购活动比较常见"反映了内资企业发展规模不足、外资竞争优势明显的行业发展态势。

主成分 10 反映了内外资企业竞争对比因素。题目 57 "外资在面粉、大米等领域的市场占有率不高"、题目 28 "内资粮油企业给外资粮油企业发展带来压力"反映了当前与外资企业相比，内资粮油企业仍有一定的竞争优势。

（三）宏观上重视产业支持政策

主成分 14 反映了粮食产业支持政策的重要性。题目 47 "中国制定了各类政策，支持粮食产业发展"得到公众的高度认可。

从图 18.4 可以看到，题目 47 "中国制定了各类政策，支持粮食产业发展"选择"基本同意""同意""非常同意"的受访者合计占到 95.29%。

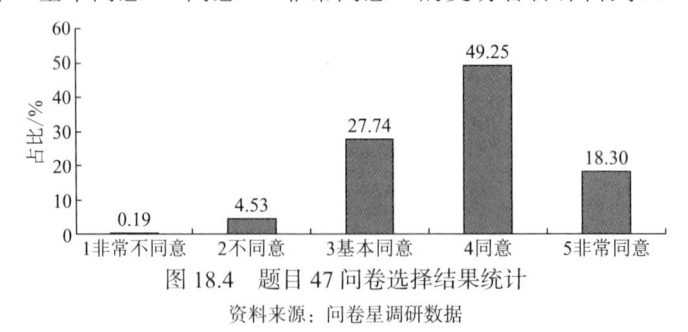

图 18.4　题目 47 问卷选择结果统计

资料来源：问卷星调研数据

（四）粮食供给方面注重产品结构调整

主成分 12 反映了产品结构调整因素的重要性。题目 56 "马铃薯今后会成为中国居民主粮之一"反映了公众对粮食产品结构调整的期待。

从图 18.5 可以看到，选择"基本同意""同意""非常同意"的受访者合计占到 67.36%，这说明公众对马铃薯成为主食给予希望。但选择"非常不同意""不同意"的受访者累计占到 32.65%，这说明有部分公众对马铃薯主食化的前景还不了解或存在担忧，也说明企业在产品结构调整方面存在较大的发展空间。

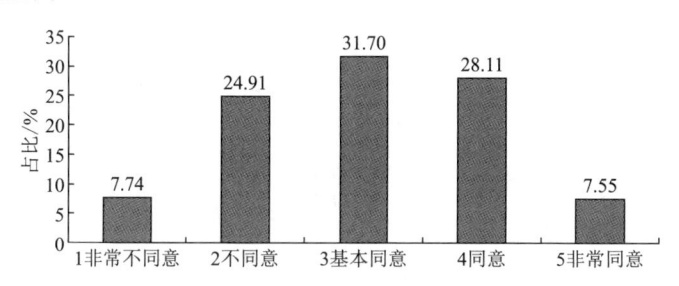

图 18.5　题目 56 问卷选择结果统计

资料来源：问卷星调研数据

（五）粮食需求方面注重消费需求引导

主成分 15 反映了粮食产品消费模式的重要性。题目 59 "桶装食用油比散装食用油更健康、安全"反映出消费者从散装食用油消费到桶装食用油消费习惯的演变。改革开放以来，中国城乡居民散装油消费逐渐减少，桶装油消费成为习惯，反映了人民生活水平的提高。外资粮油企业率先抓住这一市场机遇，并适应了这一需求特点，较早进入了小包装食用油市场。

主成分 16 反映了粮食产品消费结构的重要性。题目 55 "中国食用植物油消费以大豆油为主"反映中国居民食用油消费的习惯。改革开放前，中国农村居民以动物油消费为主。改革开放以来，大豆油消费在城乡居民食用油消费中逐渐占据主导地位，反映了中国居民消费的结构性升级。这也是中国大豆进口持续增加的重要原因。

从图 18.6 可以看到，选择"基本同意""同意""非常同意"的受访者合计占到 85.47%。

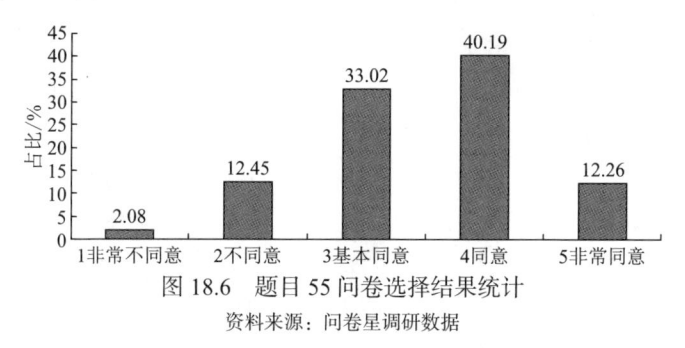

图 18.6　题目 55 问卷选择结果统计

资料来源：问卷星调研数据

（六）外资政策方面注重利用外资与规避控制并举

在积极利用外资方面，主成分4、主成分6反映了利用外资的积极作用。

主成分4反映了外资粮油产品质量的优势。题目44"外资企业生产的粮食产品，产品质量更有保障"、题目45"进口食品的质量更有保障"、题目58"外资粮油产品质量高于内资企业"均反映了公众对外资粮油产品较高的认可度。外资粮油产品在一定程度上满足了公众对优质粮油产品的需求，丰富了居民消费生活。

主成分6反映了外资对内资粮油企业的带动作用。题目5"外资粮油企业发展客观上带动了内资粮油企业的发展"、题目8"外资进入中国粮食领域，对中国粮食相关产业发展有积极作用"、题目25"内外资粮油企业之间的竞争促进了粮食行业的健康发展"均反映了受访者对外资劳动作用的认可。

从图18.7可以看到，公众对题目25"内外资粮油企业之间的竞争促进了粮食行业的健康发展"的判断中，选择"基本同意""同意""非常同意"的受访者合计占到92.07%。

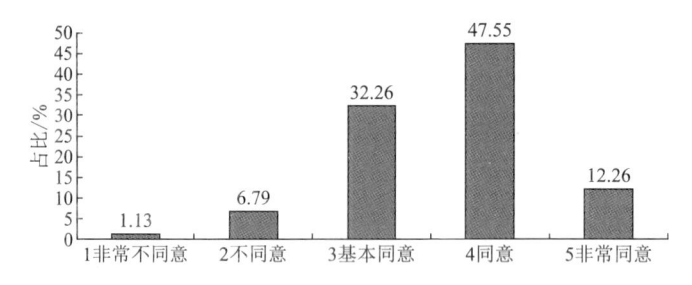

图18.7 题目25问卷选择结果统计
资料来源：问卷星调研数据

在外资控制规避方面，主成分2、主成分8反映了外资控制规避的必要性和重要性。

主成分2反映了外资控制影响因素，旋转后的方差贡献率达到5.838%。涉及的题目包括19、18、46、63、61。

题目19"外资主导粮食加工、流通等环节，不利于中国粮食经济发展"，平均得分为3.42分。商品输出与资本输出一样也是外资控制的一种方式。降低大豆进口依赖度，有利于中国粮食安全。题目18"外资进入中国粮食领域，压制了内资粮油企业的发展"反映了外资竞争力强对内资企业有抑制作用。题目46"中国大豆进口规模非常大，不利于国家粮食安全"、题目63"进口粮食对国内粮食市场有一定的负面作用"、题目61"大豆进口依存度高，容易引起国内价格波动，不利于粮食宏观调控"均反映了粮食进口对国内市场有负面作用。

主成分 8 反映了粮价波动冲击的影响。涉及的题目包括 23、22。题目 23 "外资粮油企业有能力及时摆脱粮食价格波动对本企业的负面影响"、题目 22 "内资粮油企业有能力及时摆脱粮食价格波动对本企业的负面影响"，主要比较内外资企业应对粮价波动的能力差异。

从图 18.8 可以看到，选择题目 22 "内资粮油企业有能力及时摆脱粮食价格波动对本企业的负面影响"同意的比例整体较低，选择"不同意"的比例较高。选择题目 23 "外资粮油企业有能力及时摆脱粮食价格波动对本企业的负面影响"同意的整体比例较高。这说明，公众认为外资企业在摆脱粮价波动负面影响方面更有优势。但在"非常同意"选项上，部分公众比较认可内资企业摆脱粮价波动的能力。

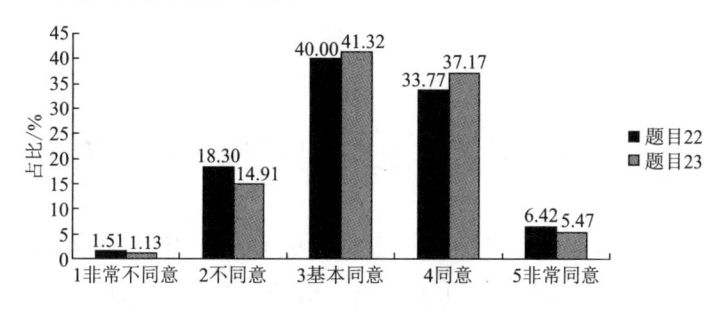

图 18.8 题目 22 和题目 23 问卷选择结果比较
资料来源：问卷星调研数据

（七）市场调控方面注重国内、国际粮食市场协调

主成分 9 反映了对外开放市场因素，涉及的题目包括 12、41。

题目 12 "虽然中国粮食产量较高，但仍有必要进口粮食"反映了粮食进口的必要性。

从图 18.9 可以看到，选择"基本同意""同意""非常同意"的受访者合计占到 90.94%。这说明"适度进口"的战略安排是受到公众认可的。

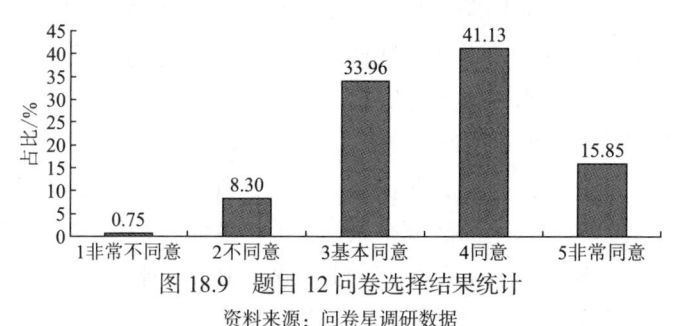

图 18.9 题目 12 问卷选择结果统计
资料来源：问卷星调研数据

题目 41"金龙鱼等外资品牌开辟了中国小包装食用油市场"反映了外资粮油对中国食用油市场的积极贡献。公众对此题目认可度较高，选择"基本同意""同意""非常同意"的受访者累计占 96.42%。这说明积极协调国内、国际粮食市场是必要的，要充分发挥外资粮油企业的积极作用。

从上面 2 个主成分的分析可以看出，在粮食市场调控方面，需要积极、主动协调国内粮食市场和国际粮食市场的关系。粮食进口可以弥补国内市场的缺口，但也要预防给国内粮食市场带来风险。

总之，中国粮食产业外资控制规避的影响因素涉及产品、管理、市场、品牌、政策等多方面。微观上要重视产品质量和企业竞争力，中观上要重视行业组织发展和市场环境建设，宏观上要重视产业支持政策，粮食供给侧方面要注重产品结构调整，粮食需求侧方面要注重消费需求引导，外资政策方面要注重利用外资与规避控制并举，市场调控方面要注重国内、国际粮食市场协调。

第二节　中国粮食产业外资控制规避的政策建议

党的十九大报告提出"坚持总体国家安全观"。至于如何规避中国粮食产业外资控制问题，是中国粮食产业对外开放、利用外资过程中必须认真面对、未雨绸缪、妥善解决的问题。这一问题涉及国家粮食安全，也涉及产业安全和经济安全。

在习近平新时代中国特色社会主义思想指导下，积极贯彻"创新、协调、绿色、开放、共享"的发展新理念，梳理中国粮食产业外资控制规避的思路，结合前文研究成果，本书提出如下政策建议。

一、坚持"创新"发展理念，以创新驱动规避粮食产业外资控制

坚持"创新"发展理念，以创新驱动规避粮食产业外资控制，在微观上要求粮油企业实现产品创新；中观上要求中国粮食产业改善市场环境，完善行业组织发展；宏观上要求创新粮食产业政策。

一是在微观上要求粮油企业实现产品创新。改革开放四十多年的实践和问卷调查均表明，粮油企业立足居民消费需求，积极实现粮油产品创新，提升粮油产品质量，是内外资企业实现竞争力提升的关键。

目前中国已经进入全面建成小康社会的决胜阶段，居民粮油消费逐渐升级，由温饱标准升级为小康标准。粮油企业必须牢牢抓住这一市场机遇，以创新驱动提升产品质量，增加绿色、优质粮油产品的供应。通过产品创新占

据粮油消费市场,提升企业竞争力,摆脱单一的价格竞争困境。从供给侧结构改革的角度看,增加优质粮油产品供给,削减低质产品产能,是粮油企业转变发展方式的前提条件。

二是中观上要求中国粮食产业改善市场环境,完善行业组织发展。

改善市场环境,本质上是要维护公平竞争、反对垄断的营商环境。完善《中华人民共和国反不正当竞争法》《中华人民共和国反垄断法》,积极、有效地维护国内公平的市场环境。降低粮油行业市场门槛,内资、外资、民营等不同市场主体在同一市场环境中平等竞争,对外资企业积极落实国民待遇原则。对中国粮食产业中存在的市场垄断行为,要积极予以纠正。

完善行业组织发展,重点是完善粮油类行业协会职能。理清粮油类行业协会的定位,明确粮油类行业协会的核心职能是为粮油企业提供服务。在国内外粮油市场相互影响的背景下,粮油类行业协会对外要代表国内粮油企业维护企业合法权益、推动企业发展;对内要提升专业服务能力,解决粮油企业面临的共性问题和发展短板。

三是在宏观上要求创新粮食产业政策。粮食产业政策涉及粮食生产、加工、流通、消费等各个产业链环节,应该具有整体一致性,不能出现政策脱节、分割的情况。

积极完善粮食补贴政策和粮食收购政策,协调粮食收储与粮食加工环节之间存在的矛盾。过度补贴不利于粮食加工行业的整体发展。积极完善粮食进口配额政策,安排好粮食进口的进度、规模和品种,尽量避免对国内粮食市场产生过多的负面冲击。积极推动粮食产业集聚化发展,大力支持粮油龙头企业发展,淘汰落后产能,提高粮食产业规模化效益,改变内资粮油企业规模小、布局分散的局面。

二、坚持"协调"发展理念,以区域协调规避粮食产业外资控制

坚持"协调"发展理念,以区域协调规避粮食产业外资控制,要求实现内外资企业协调发展,实现东、中、西部地区粮食产业利用外资协调发展,实现国内粮食市场与国际粮食市场协调发展。

党的十九大报告指出,"新时代我国社会主要矛盾是人民日益增长的美好生活需要和不平衡不充分的发展之间的矛盾"[①]。这一矛盾在粮食产业的具体表现就是,人民日益增长升级的粮油消费需求与优质粮油产品供给之间

---

① 习近平:《决胜全面建成小康社会 夺取新时代中国特色社会主义伟大胜利——在中国共产党第十九次全国代表大会上的报告》,http://www.gov.cn/zhuanti/2017-10/27/content_5234876.htm,2017年10月27日。

不平衡不充分发展之间的矛盾。具体来看，优质粮油供给不充分，内外资粮油企业在中国东、中、西部地区分布不均衡，在中、西部地区发展不充分；国内粮食市场与国际粮食市场之间发展不够协调；等等。

一是促进内资和外资企业协调发展。改革开放的实践证明，外资粮油企业整体创新能力和竞争力较强，带动了内资粮油企业的快速发展。努力实现内外资粮油企业协调发展，充分发挥外资粮油企业引发的"学习效应"，可以极大提高内资粮油企业的创新能力和市场竞争力。内外资粮油企业协调发展的关键在于：双方通过竞争和学习实现共同发展，分享市场份额。

二是实现东、中、西部地区粮食产业利用外资协调发展。从中国粮食产业利用外资的地区分布看，东部地区外资比重较大。东部地区外资粮油加工企业较多，明显高于中部和西部地区。中部地区外资粮油企业又多于西部地区。积极引导外资粮油企业布局中部和西部地区，对于促进中国粮食产业区域协调发展，具有重要意义。

三是实现国内粮食市场与国际粮食市场协调发展。统筹国内粮食市场与国际粮食市场，需要管理好粮食价格和粮食进出口规模。在国内外粮食价格差异较大的情况下，要积极进行市场干预，防止出现粮食走私等不法行为；要监控好粮食进口的规模和速度，防止出现冲击国内粮食市场的情况。

统筹国内粮食市场与国际粮食市场，需要处理好跨国粮商和内资企业的关系。既要充分发挥跨国粮商对中国粮食产业发展的积极作用，又不能忽视跨国粮商对国内粮食经济可能产生的消极作用。要注意防范、化解跨国粮商对中国粮食产业控制的潜在风险。

三、坚持"绿色"发展理念，以高质量发展规避粮食产业外资控制

坚持"绿色"发展理念，以高质量发展规避粮食产业外资控制，要求转变粮食产业发展方式，实现"绿色"生产、"绿色"加工、"绿色"仓储、"绿色"运输和"绿色"消费。

一是粮食生产实现"绿色"生产。"绿色"生产是提升粮油产品质量的物质前提。没有高质量的原粮，就没有高质量的粮食加工产品。粮食"绿色"生产，要求降低对化肥、农药等生产资料的过度依赖，要求保障土壤质量和农业用水质量。积极倡导有机农业，发展"绿色"生产。在当前农业供给侧结构性改革背景下，积极调整粮食种植结构。增加优质、绿色粮食产量，是当前居民消费结构升级的客观要求，是粮油企业竞争力提升的产品基础。

二是转变粮食产业发展方式，促进粮食产业"绿色"转型。实现粮食产业"绿色"转型，不仅要求粮食生产环节实现"绿色"生产，还要求加工环

节实现"绿色"加工,避免二次污染和浪费,要求流通环节做到"绿色"仓储、"绿色"运输、避免粮食品质降低。积极淘汰粮食加工落后产能和过剩产能,提高粮食加工企业的规模和行业集中度,也是实现粮食产业"绿色"转型的保障条件。

三是倡导"绿色"消费,引导居民消费结构升级。"绿色"消费是粮油企业"绿色"生产的动力。通过"世界粮食日"等社会宣传,积极倡导"绿色"消费,引导居民粮油消费结构升级,为粮油企业和粮食产业发展指明发展方向。建立粮油产品优质优价机制,完善"放心粮油"评价制度,增强居民"绿色"消费的信心。

四、坚持"开放"发展理念,以开放竞争规避粮食产业外资控制

坚持"开放"发展理念,以开放竞争规避粮食产业外资控制,要求积极利用外资促进粮食产业健康发展,全面落实国民待遇原则,积极完善并实施《中华人民共和国反垄断法》等法律法规,鼓励国内粮油企业"走出去"。

一是积极利用外资促进粮食产业健康发展。《中华人民共和国国民经济和社会发展第十三个五年规划纲要》和党的十九大报告均反复强调,对外开放的大门不会关闭,"坚持引进来和走出去并重"[①]。这表明,中国一贯以积极的态度利用外资。对外开放的重要意义在于,外资带来的先进的技术和管理经验引发了激烈的市场竞争,在优胜劣汰中促进了中国内资粮油企业的发展。积极利用外资促进粮食产业健康发展,是中国粮食领域利用外资的基本原则。当前,中国粮食产业仍需要积极引进外资,促进粮食产业区域协调发展,提升粮食产业整体发展水平。

党的十九大报告指出"实行高水平的贸易和投资自由化便利化政策,全面实行准入前国民待遇加负面清单管理制度,大幅度放宽市场准入"[①]。这显示了中国积极利用外资的决心和实际行动。

二是全面落实国民待遇原则,实现内外资粮油企业平等竞争。国民待遇原则是世界贸易组织的基本原则之一。严格落实国民待遇原则,内外资粮油企业平等竞争,对内外资企业一视同仁,是实现市场主体平等竞争的基本条件。全面落实国民待遇原则,也有利于更好地吸引外资。

三是积极完善并实施《中华人民共和国反垄断法》《中华人民共和国反倾销条例》等法律法规,依法保障内外资粮油企业公平竞争,化解外资控制

---

① 习近平:《决胜全面建成小康社会 夺取新时代中国特色社会主义伟大胜利——在中国共产党第十九次全国代表大会上的报告》,http://www.gov.cn/zhuanti/2017-10/27/content_5234876.htm,2017年10月27日。

风险。《中华人民共和国反垄断法》《中华人民共和国反倾销条例》《中华人民共和国反补贴条例》等法律法规，是维护市场竞争秩序的有效依据。对内外资粮油企业出现的垄断行为或不正当竞争行为，要积极治理，保障粮食产业健康、有序发展，同时也可以化解中国粮食产业被外资控制的风险。

四是鼓励国内粮油企业"走出去"，形成竞争新优势。当前，中国粮食产业外资"引进来"已经取得显著成绩，但国内粮油企业"走出去"还处于初级阶段。中国部分粮油产品在国际市场上有一定的优势，可以通过产品出口、粮食领域对外投资、国际粮食合作等方式走向国际市场。积极抓住"一带一路"机遇，鼓励国内粮油企业积极开拓国际市场，培养中国本土的跨国粮商。依托"互联网+粮食"，内资粮油企业要通过跨境电商等形式打造竞争新优势。

五、坚持"共享"发展理念，以合作共赢规避粮食产业外资控制

坚持"共享"发展理念，以合作共赢规避粮食产业外资控制，要求积极支持内外资粮油企业相互持股、共同发展；要求鼓励内外资粮油企业联合开发国内粮油消费市场，共享市场增长收益、共同应对市场波动风险；要求内外资粮油企业共担社会责任。

一是积极支持内外资粮油企业相互持股，共同发展。《国务院办公厅关于加快推进农业供给侧结构性改革大力发展粮食产业经济的意见》（国办发〔2017〕78号）指出，"深化国有粮食企业改革，发展混合所有制经济"[①]。

国有粮食企业是中国粮食产业发展的重要支柱。积极深化国有粮食企业改革，通过混合所有制等途径增强国有粮食企业活力，有利于提升国有粮食企业的市场竞争力和控制力。

混合所有制是外资、国有、民营企业合作发展、共赢发展的有效形式。积极支持内外资粮油企业相互持股，共同发展，激发各类市场主体的经营活力。

二是鼓励内外资粮油企业联合开发国内粮油消费市场，共享市场增长收益，共同应对市场波动风险。积极支持内外资粮油企业建立产业联盟，共同研发粮油产品关键技术，共同开发正在升级的粮油消费市场。鼓励内外资粮油企业协作，共同抵御国内国外粮油市场波动风险。

三是积极要求内外资粮油企业共担社会责任。要求内外资粮油企业共担

---

① 国务院办公厅：《国务院办公厅关于加快推进农业供给侧结构性改革大力发展粮食产业经济的意见》，http://www.gov.cn/zhengce/content/2017-09/08/content_5223640.htm，2017年9月8日。

社会责任，是实现企业与社会"共享"粮油市场发展成果的表现。粮油产品关系国家粮食安全和食品质量安全，关系居民消费和身体素质。积极落实企业社会责任，对于粮油企业具有更为重要的意义和严格的要求。树立社会责任意识，践行企业社会责任，是对内外资粮油企业的共同要求。

总之，中国粮食产业外资控制规避的影响因素涉及产品、管理、市场、品牌、政策等多个方面。深入理解并贯彻五大发展新理念，对于探索中国粮食产业外资控制规避的路径具有重要的指导意义和研究启示。

党的十八大以来，中国粮食产业发展的国内、国际形势发生了深刻的变化。国内粮食市场改革逐渐深化，国有粮食企业改革正在进行；国际粮食市场发展不平稳，外资持续进入中国粮食领域。在建设中国特色社会主义的新时代，既需要积极利用外资大力发展粮食产业经济，也需要有效引导外资，积极预防、化解中国粮食产业被外资控制的潜在风险。

参考文献

《党的十九大报告辅导读本》编写组：《党的十九大报告辅导读本》，北京，人民出版社，2017。

〔英〕拉吉·帕特尔：《粮食战争：市场、权力和世界食物体系的隐形战争》，郭国玺，程剑峰译，北京，东方出版社，2008。

卜伟，谢敏华，蔡慧芬：《基于产业控制力分析的我国装备制造业产业安全问题研究》，《中央财经大学学报》2011年第3期。

蔡之兵，周俭初：《FDI的挤出效应和溢出效应：来自长三角制造业的证据》，《发展研究》2012年第6期。

曹宝明：《江苏粮食产业发展报告：现状·目标·战略》，北京，经济管理出版社，2018。

曹伟，左杨：《人民币汇率水平变化、汇率波动幅度对进口贸易的影响——基于省际面板数据的研究》，《国际贸易问题》2014年第7期。

陈宏军，江若尘：《经营者的激励约束机制与企业效率关系的三维分析方法》，《数量经济技术经济研究》2003年第5期。

陈明星：《基于粮食供应链的外资进入与中国粮食产业安全研究》，《中国流通经济》2011年第8期。

陈涛涛：《中国FDI行业内溢出效应的内在机制研究》，《世界经济》2003年第9期。

程国强：《重塑边界：中国粮食安全新战略》，北京，经济科学出版社，2013。

春华：《旧中国面粉和纺织业的巨擘——记近代中国荣氏企业创始人荣宗敬、荣德生的创业之路》，《上海企业家》2005年第4期。

崔凯，潘亦藩：《中国食品产业地图》，北京，中国轻工业出版社，2006。

邓大才：《论政府在粮食经济中的基本定位》，《中国粮食经济》2003年第2期。

丁守海：《国际粮价波动对我国粮价的影响分析》，《经济科学》2009年第2期。

封思贤，王晓明：《人民币汇率变化影响进口价格的门限效应》，《当代经济研究》2014年第1期。

葛顺奇：《中国利用外资的业绩与潜力评析》，《世界经济》2003年第6期。

国家粮食局：《2017中国粮食发展报告》，北京，中国社会出版社，2017。

国家粮食局：《中国粮食年鉴2017》，北京，中国社会出版社，2017。

韩俊：《中国粮食安全与农业走出去战略研究》，北京，中国发展出版社，2014。

韩元钦：《粮食产品剪刀差的存在形式、成因和对策》，《农业经济问题》1993年第8期。

郝建国，刘风芝，梁杰，等：《试论我国古代饮食观和现代平衡膳食宝塔》，《山东食品科技》2001年第12期。

郝名玮，冯秀文，钱明德：《外国资本与拉丁美洲国家的发展》，北京，东方出版社，1998。

何传启：《中国现代化报告2012——农业现代化研究》，北京，北京大学出版社，2012。

何官燕：《整合粮食产业链确保我国粮食安全》，《经济体制改革》2008年第3期。
何维达，何昌：《当前中国三大产业安全的初步估算》，《中国工业经济》2002年第2期。
洪涛，傅宏：《中国粮食安全发展报告（2015～2016）》，北京，经济管理出版社，2017。
洪涛：《确立新的粮食安全观念》，《粮食科技与经济》2010年第1期。
洪涛：《中国的流通产业——不容忽视的基础产业》，《市场营销导刊》2003年第4期。
侯云先，林文，栾玲，等：《WTO下战略农产品适度保护博弈分析》，《农业系统科学与综合研究》2005年第3期。
胡华平，李崇光：《农产品垂直价格传递与纵向市场联结》，《农业经济问题月刊》2010年第1期。
黄祖辉，林坚，张冬平，等：《农业现代化：理论、进程与途径》，北京，中国农业出版社，2003。
姜启源，谢金星，叶俊：《数学模型》，北京，高等教育出版社，2011。
金芳：《产品内国际分工及其三维分析》，《世界经济研究》2006年第6期。
景玉琴：《产业安全的根本保障：提升民族资本产业控制力》，《福建论坛（人文社会科学版）》2006年第1期。
李国平，陈晓玲：《我国外商直接投资地区分布影响因素研究——基于空间面板数据模型》，《当代经济科学》2007年第3期。
李海舰：《外资进入与国家经济安全》，《中国工业经济》1997年第8期。
李经谋：《2017中国粮食市场发展报告》，北京，中国财政经济出版社，2017。
李经谋：《中国粮食市场发展报告》，北京，中国财政经济出版社，2011。
李利英，赵予新：《河南粮食发展报告2016》，北京，中国农业出版社，2017。
李孟刚，郑新立：《国家粮食安全保障体系研究》，北京，社会科学文献出版社，2015。
李孟刚：《产业安全理论研究》，北京，经济科学出版社，2006。
李孟刚：《树立新粮食安全观 维护中国粮食安全》，《中国国情国力》2009年第11期。
李孟刚：《中国产业安全报告（2010～2011）：产业外资控制研究》，北京，社会科学文献出版社，2011。
李晓钟，王玉奇：《FDI对中国食品工业技术溢出效应分析》，《国际经济合作》2011年第7期。
李晓钟：《中国利用外资溢出效应和挤出效应研究》，北京，经济科学出版社，2014。
李新祯：《我国粮食价格与CPI关系研究》，《经济理论与经济管理》2011年第1期。
李兴旺：《三维竞争战略模型》，《经济经纬》2001年第6期。
联合国粮食及农业组织：《发展中国家的农业外资：趋势及影响》，北京，中国农业出版社，2017。
林孝文：《跨国公司对华产业控制内因分析》，《国际经贸探索》2001年第4期。
刘思峰，党耀国，方志耕，等：《灰色系统理论及其应用》，北京，科学出版社，2010。
陆福兴：《粮食准公共产品属性与国家农业政策》，《粮食科技与经济》2011年第4期。
罗丹，陈洁，等：《新常态时期的粮食安全战略》，上海，上海远东出版社，2016。
马述忠，汪金剑，邵宪宝：《我国战略性农产品期货市场价格发现功能及效率研究——以大豆为例》，《农业经济问题》2011年第10期。
马文斌，陈中国，陈万智：《走私大米及低价进口大米对粮食产业的冲击——以湖北省沙洋县为例》，《中国粮食经济》2013年第9期。

农业部农业贸易促进中心：《粮食安全与农产品贸易》，北京，中国农业出版社，2014。

农业部种子管理局，全国农业技术推广服务中心，农业部科技发展中心：《2017年中国种业发展报告》，北京，中国农业出版社，2017。

农业农村部国际合作司，农业农村部对外经济合作中心：《中国对外农业投资合作分析报告（2017年度）：总篇》，北京，中国农业出版社，2018。

潘苏，熊启泉：《国际粮价对国内粮价传递效应研究——以大米、小麦和玉米为例》，《国际贸易问题》2011年第10期。

祁华清，宁宜希：《国际粮价波动下中国粮食安全实证研究》，北京，经济日报出版社，2015。

奇伦巴特，马军：《如何提升内蒙古羊绒业的产业控制力》，《内蒙古统计》2006年第5期。

邱立成，张兴：《FDI对国内投资挤入挤出效应再检验——以我国农产品加工业为例》，《中央财经大学学报》2010年第11期。

冉净斐，文启湘：《流通战略产业论》，《商业经济与管理》2005年第6期。

任若恩，王惠文：《多元统计数据分析——理论、方法、实例》，北京，国防工业出版社，1997。

沈体雁，冯等田，孙铁山：《空间计量经济学》，北京，北京大学出版社，2011。

史忠良：《经济全球化与中国经济安全》，北京，经济管理出版社，2003。

孙立坚，李安心，吴刚：《开放经济中的价格传递效应：中国的例证》，《经济学（季刊）》2003年第1期。

孙梦瑶，刘钟钦，聂凤英：《人民币汇率波动对中国玉米进口的影响》，《农业展望》2014年第6期。

孙瑞华，刘广生：《产业安全：概念评析、界定及模型解释》，《中国石油大学学报（社会科学版）》2006年第5期。

王佳菲：《外资控制之争》，北京，中国社会科学出版社，2013。

王金萍：《跨国资本进入背景下中国粮食安全问题研究》，辽宁大学博士学位论文，2011。

王巧樑，王钦：《企业集成创新的三维分析框架及实证研究》，《南京社会科学》2009年第3期。

王水平：《基于产业控制力视角的中国零售业安全评估》，《财贸研究》2010年第6期。

王苏生，黄建宏，李晓丹：《我国装备制造业产业安全分析——以产业控制理论为基础》，《西南交通大学学报（社会科学版）》2008年第1期。

王新华，周聪：《外资进入对我国粮食产业的影响及对策》，《农业经济》2014年第9期。

王新华：《我国粮食进出口、国内粮价与国际粮价的互动关系研究》，《统计与决策》2013年第14期。

王毅：《中国产业安全报告：预警与风险化解》，北京，红旗出版社，2009。

王允贵：《产业安全问题与政策建议》，《开放导报》1997年第1期。

王允贵：《跨国公司的垄断优势及其对东道国的产业控制——跨国公司对我国电子及通信设备制造业的投资与控制》，《管理世界》1998年第2期。

王振中：《资本难道真的没有旗帜吗》，《改革》1994年第5期。

王正新，党耀国，沈春光：《三维灰色关联模型及其应用》，《统计与决策》2011年第 15 期。

王志鹏，李子奈：《外商直接投资对国内投资挤入挤出效应的重新检验》，《统计研究》2004 年第 7 期。

武晓霞，孙治宇：《农业外商直接投资、空间溢出与粮食安全——基于 1999—2008 年 29 个省区的空间计量分析》，《财经论丛》2012 年第 2 期。

习近平：《决胜全面建成小康社会 夺取新时代中国特色社会主义伟大胜利——在中国共产党第十九次全国代表大会上的报告》，北京，人民出版社，2017。

辛国瑞：《五谷考略》，《语文新圃》2007 年第 12 期。

邢德江：《新形势下粮食的多元属性对我国粮食安全的影响》，《中国粮食经济》2009 年第 3 期。

徐志刚，傅龙波，钟甫宁：《中国主要粮食产品比较优势的差异及其变动》，《南京农业大学学报》2000 年第 4 期。

易丹辉：《数据分析与 Eviews 应用》，北京，中国人民大学出版社，2008。

尹义坤：《中国粮食产业政策研究》，东北农业大学博士学位论文，2010。

于新东：《产业保护和产业安全的理论分析》，《上海经济研究》1999 年第 11 期。

张碧琼：《国际资本扩张与经济安全》，《中国经贸导刊》2003 年第 6 期。

张家炎：《明清长江三角洲地区与两湖平原农村经济结构演变探异：从"苏湖熟，天下足"到"湖广熟，天下足"》，《中国农史》1996 年第 3 期。

张晶，周海川：《国际大米价格互动性与中国粮食安全研究》，《中国人口资源与环境》2014 年第 10 期。

张培刚，廖丹清：《二十世纪中国粮食经济》，武汉，华中科技大学出版社，2002。

张平：《技术优势与跨国公司的产业控制——北京吉普案例的分析》，《经济研究》1995 年第 11 期。

张永璟：《浅析外商直接投资的"成长压制效应"及对策》，《国际贸易问题》1997 年第 9 期。

赵世洪：《国民产业安全概念初探》，《经济改革与发展》1998 年第 3 期。

赵元铭，黄茜：《产业控制力：考察产业安全的一个新视角》，《徐州工程学院学报（社会科学版）》2009 年第 3 期。

赵元铭：《产业控制力的实现层次：基于后发国家产业安全边界的审视》，《世界经济与政治论坛》2008 年第 6 期。

中国产业地图编委会，中国经济景气监测中心：《中国产业地图（2008-2009）》，北京，社会科学文献出版社，2009。

中国产业地图编委会，中国经济景气监测中心：《中国产业地图（2010-2011）》，北京，社会科学文献出版社，2011。

中国营养学会：《中国居民膳食指南（2011）》，拉萨，西藏人民出版社，2010。

中央电视台《中国财经报道》栏目组：《粮食战争》，北京，机械工业出版社，2008。

周开洪，邓仁根，余艳锋：《基于科技创新视角下江西战略农产品定位研究》，《乡镇经济》2009 年第 9 期。

周开洪，邓仁根，余艳锋：《江西战略农产品科技创新关键技术选择及前景展望》，《农业展望》2009 年第 10 期。

周立，潘素梅，董小瑜：《从"谁来养活中国"到"怎样养活中国"——粮食属性、AB 模式与发展主义时代的食物主权》，《中国农业大学学报（社会科学版）》

2012 年第 2 期。

朱晶，陈建琼：《税费改革对我国主要粮食产品竞争力的影响分析》，《中国农村经济》2005 年第 10 期。

Abell, D. F., 1980: *Defining the Business: The Starting Point of Strategic Planning*, Prentice-Hall: University of Michigan.

Anselin, L., 1988: *Spatial Econometrics: Methods and Models*, Dordrecht: Kluwer Academic Publishers.

Anselin, L., 1995: "Local indicators of spatial association—LISA", *Geographical Analysis*, Vol. 27.

Anselin, L., Griffith, D. A., 1988: "Do spatial effects really matter in regression analysis?", *Papers of the Regional Science Association*, Vol. 65.

Anselin, L., Rey, S., 1991: "Properties of tests for spatial dependence in linear regression models", *Geographical Analysis*, Vol. 23.

Antle, J. M., 1995: *Choice and Efficiency in Food Safety Policy*, Washington, D. C.: The AEI Press.

Arellano, M., 2003: *Panel Data Econometrics*, Oxford: Oxford University Press.

Azadi, H., Ho, P., 2010: "Genetically modified and organic crops in developing countries: a review of options for food security", *Biotechnology Advances*, Vol. 28.

Baltagi, B. H., Egger, P., Pfaffermayr, M., 2007: "Estimating models of complex FDI: are there third-country effects?", *Journal of Econometrics*, Vol. 140.

Bingham, N., 2008: "Slowing things down: lessons from the GM controversy", *Geoforum*, Vol. 39.

Blomström, M., Kokko, A., 1998: "Multinational corporations and spillovers", *Journal of Economic Surveys*, Vol. 12.

Blomström, M., Persson, H., 1983: "Foreign investment and spillover efficiency in an underdeveloped economy: evidence from the Mexican manufacturing industry", *Word Development*, Vol. 11.

Borensztein, E., De Gregorio, J., Lee, J. W., 1998: "How does foreign direct investment affect economic growth?", *Journal of International Economics*, Vol. 45.

Brown, L. R., 2011: "The new geopolitics of food", *Foreign Policy*, Vol. 4.

Brun, J. F., Combes, J. L., Renard, M. F., 2002: "Are there spillover effects between coastal and noncoastal regions in China?", *China Economic Review*, Vol. 13.

Buckley, P. J., Casson, M., 2002: *The Future of the Multinational Enterprise*, Houndmills: Palgrave Macmillan.

Buckley, P. J., Wang C. Q., Clegg, J., 2007: "The impact of foreign ownership, local ownership and industry characteristics on spillover benefits from foreign direct investment in China", *International Business Review*, Vol. 16.

Caves, R. E., 1974: "Multinational firms, competition and productivity in host-country markets", *Economica*, Vol. 41.

Chaudhuri, S., Banerjee, D., 2010: "FDI in agricultural land, welfare and unemployment in a developing economy", *Research in Economics*, Vol. 64.

Cheung, K.-Y., Lin, P., 2004: "Spillover effects of FDI on innovation in China: evidence from

the provincial data", *China Economic Review*, Vol. 15.
Cole, M. T., 2009: "Strategic trade policy with foreign direct investment and heterogeneous firms", *Dissertations & Theses-Gradworks*.
Coleman-Jensen, A., Nord, M., Andrews, M., et al, 2012: "Household food security in the United States in 2010", *USDA-ERS Economic Research Report*, No. 125.
Day, G. S., 1975: "A strategic perspective on product planning", *Journal of Contemporary Business*, No. 4.
Dilley, M., Boudreau, T. E., 2001: "Coming to terms with vulnerability: a critique of the food security definition", *Food Policy*, Vol. 26.
Driffield, N., Hughes, D., 2003: "Foreign and domestic investment: regional development or crowding out?", *Regional Studies*, Vol. 37(3).
Du, J., Lu, Y., Tao, Z. G. 2008: "Economic institutions and FDI location choice: evidence from US multinationals in China", *Journal of Comparative Economics*, Vol. 36.
Du, L., Harrison, A., Jefferson, G. H., 2012: "Testing for horizontal and vertical foreign investment spillovers in China, 1998-2007", *Journal of Asian Economics*, Vol. 23.
Dunning, J. H., 1977: "Trade, location of economic activity and the MNE: a search for an eclectic approach", In Ohlin, B., Hesselnorn, P. O., Wijkman, P. M.: *The International Allocation of Economic Activity*, London: Palgrave Macmillan.
Elhorst, J. P., 2003: "Specification and estimation of spatial panel data models", *International Regional Science Review*, Vol. 26.
Fan, S., 2000: "Research investment and the economic returns to Chinese agricultural research", *Journal of Productivity Analysis*, Vol. 14.
Fan, S., Pardey, P. G., 1997: "Research, productivity, and output growth in Chinese agriculture", *Journal of Development Economics*, Vol. 53.
Fandel, G., Stammen, M., 2004: "A general model for extended strategic supply chain management with emphasis on product life cycles including development and recycling", *International Journal of Production Economics*, Vol. 89.
FAO, 2009: "Foreign direct investment—win-win or land grab?", World Summit on Food Security. Rome, Italy.
Firebaugh, G., 1992: "Growth effects of foreign and domestic investment", *American Journal of Sociology*, Vol. 98.
Fischer, M. M., Getis, A., 2010: *Handbook of Applied Spatial Analysis—Software Tools, Methods and Applications*, Berlin, Heidelberg: Springer.
Georgiadis, P., Vlachos, D., Iakovou, E., 2005: "A system dynamics modeling framework for the strategic supply chain management of food chains", *Journal of Food Engineering*, Vol. 70.
Goodwin, B. K., 1992: "Multivariate cointegration tests and the law of one price in international wheat markets", *Review of Agricultural Economics*, Vol. 14.
Haddad, L., Kennedy, E., Sullivan, J., 1994: "Choice of indicators for food security and nutrition monitoring", *Food Policy*, Vol. 19.
Helpman, E., Krugman, P. R., 1985: *Market Structure and Foreign Trade*, Cambridge: The MIT Press.

Henson, S., Caswell, J., 1999: "Food safety regulation: an overview of contemporary issues", *Food Policy*, Vol. 24.

Henson, S., Heasman, M., 1998: "Food safety regulation and the firm: understanding the compliance process", *Food Policy*, Vol. 23.

Henson, S., Loader, R., Traill, B., 1995: "Contemporary food policy issues and the food supply chain", *European Review of Agricultural Economics*, Vol. 22.

Hobbs, J. E., Young, L., 2000: "Closer vertical co-ordination in agri-food supply chains: a conceptual framework and some preliminary evidence", *Supply Chain Management: An International Journal*, Vol. 5.

Hsiao, F. S. T., Hsiao, M.-C. W., 2006: "FDI, exports, and GDP in East and Southeast Asia—panel data versus time-series causality analyses", *Journal of Asian Economics*, Vol. 17.

Hu, A. G. Z., Jefferson, G. H., 2002: "FDI impact and spillover: evidence from China's electronic and textile industries", *World Economy*, Vol. 25.

Hymer, S., 1976: *International Operations of National Firms: A Study of Direct Foreign Investment*, Cambridge: The MIT Press.

Im, K. S., Pesaran, M. H., Shin, Y., 2003: "Testing for unit roots in heterogeneous panels", *Journal of Econometrics*, Vol. 115.

Kitano, S., 2011: "Capital controls and welfare", *Journal of Macroeconomics*, Vol. 33.

Krishna, K., Thursby, M., 1991: "Optimal policies with strategic distortions", *Journal of International Economics*, Vol. 31.

Krugman, P. R., 1991: *Geography and Trade*, Cambridge: The MIT Press.

Lee, A. H. I., Chen, H. H., Kang, H.-Y., 2011: "A model to analyze strategic products for photovoltaic silicon thin-film solar cell power industry", *Renewable and Sustainable Energy Reviews*, Vol. 15.

Lee, J., 2009: "Trade, FDI, and productivity convergence: a dynamic panel data approach in 25 countries", *Japan and the World Economy*, Vol. 21.

Li, B., Wei, Y., 2009: "Optimized grey derivative of GM(1, 1)", *Systems Engineering-Theory & Practice*, Vol. 29.

Li, R. X., 1994: "Data structures and application issues in 3D geographic information systems", *Geomatic*, Vol. 48.

Lin, B., Zhao, L., Zhai, Z. J., 2003: "Optimum model of GM(1, 1) and its suitable range", *Journal of Nanjing University of Aeronautics & Astronautics*, Vol. 35.

List, F., 2012: *The National System of Political Economy*, New York: General Books.

Liu Y. C., 2006: "Anisochronous Grey Verhulst GM(1, 1) model for certain high building subsidence course", *Site Investigation Science and Technology*, Vol. 3.

Liu, S. F., Deng, J. L., 1999: "The range suitable for GM(1, 1)", *Journal of Grey System*, Vol. 11.

Liu, S. F., Lin, Y., 1998: *An Introduction to Grey Systems: Foundations, Methodology and Applications*, Slippery Rock: IIGSS Academic Publisher.

Macdougall, G. D. A., 1960: "The benefits and costs of private investment from abroad: a theoretical approach", *Bulletin of the Oxford University Institute of Economics & Statistics*, 22.

Maxwell, D. G., 1996: "Measuring food insecurity: the frequency and severity of 'coping strategies'", *Food Policy*, Vol. 21.

Mišun, J., Tomšik, V., 2002: "Does foreign direct investment crowd in or crowd out domestic investment?", *Eastern European Economics*, Vol. 40.

Nair-Reichert, U., Weinhold, D., 2001: "Causality tests for cross-country panels: new look at FDI and economic growth in developing countries", *Oxford Bulletin of Economics and Statistics*, Vol. 63.

Ouyang, P., Fu, S. H., 2012: "Economic growth, local industrial development and inter-regional spillovers from foreign direct investment: evidence from China", *China Economic Review*, Vol. 23.

Porter, M. E., 1985: *Competitive Advantage: Creating and Sustaining Superior Performance*, New York: Free Press, London: Collier Macmillan.

Porter, M. E., 1998: *Competitive Advantage of Nations*, New York: Free Press.

Prahalad, C. K., Hamel, G., 1990: "The core competence of the corporation", *Harvard Business Review*, Vol. 63.

Prebisch, R., 1962: "The economic development of Latin America and its principal problems", *Economic Bulletin for Latin America*, Vol. 7.

Resmini, L., Siedschlag, I., 2013: "Is foreign direct investment to China crowding out the foreign direct investment to other countries?", *China Economic Review*, Vol. 25.

Saleth, R. M., Dinar, A., 2009: "The impact of multiple policy interventions on food security", *Journal of Policy Modeling*, Vol. 31.

Sanchez, R., 1996: "Strategic product creation: managing new interactions of technology, markets, and organizations", *European Management Journal*, Vol. 14.

Stigler, G. J., 1971: "The theory of economic regulation". The *Bell Journal of Economics and Management Science*, Vol. 2.

United Nations Conference on Trade and Development, 2009: "World Investment Report 2009: Transnational Corporations, Agricultural Production and Development", https://unctad.org/en/pages/PublicationArchive.aspx?publicationid=743.

United Nations Conference on Trade and Development, 2011: "World Investment Report: Non-Equity Modes of International Production and Development", https://unctad.org/en/pages/PublicationWebflyer.aspx?publicationid=84.

Uzogara, S. G., 2000: "The impact of genetic modification of human foods in the 21st century: a review", *Biotechnology Advances*, Vol. 18.

van Longa, N., Soubeyran, A., 1997: "Cost heterogeneity, industry concentration and strategic trade policies", *Journal of International Economics*, Vol. 43.

Wang, Z.-X., Dang, Y.-G., Liu S.-F., 2009: "Unbiased grey verhulst model and its application", *Systems Engineering-Theory & Practice*, Vol. 29.

Wooldridge, J., 2002: *Econometric Analysis of cross Section and Panel Data*, Cambridge: The MIT Press.

Xie, N. M., Liu, S. F., 2005: "Discrete GM (1, 1) and mechanism of grey forecasting model", *Systems Engineering-Theory & Practice*, Vol. 25.

Yao, T. X., Liu, S. F., Xie, N. M., 2009: "On the properties of small sample of GM(1, 1) model", *Applied Mathematical Modelling*, Vol. 33.

Yin, M.-S., 2013: "Fifteen years of grey system theory research: a historical review and bibliometric analysis", *Expert Systems with Applications*, Vol. 40.

Zhu, J., 2004: "Public investment and China's long-term food security under WTO", *Food Policy*, Vol. 29.

附　　录

附录1　本研究专题调研问卷

附表1-1　外资控制与中国粮食产业发展韧性专题调研问卷

序号	题目	1非常不同意	2不同意	3基本同意	4同意	5非常同意
1	我平时经常关注国家粮食安全问题					
2	粮油产品质量是内资粮油企业提升竞争力的关键					
3	品牌是内资粮油企业提升竞争力的关键					
4	资金不足是困扰内资粮油企业发展的关键					
5	外资粮油企业发展客观上带动了内资粮油企业的发展					
6	进口粮食降低了粮油企业生产成本					
7	内部管理是内资粮油企业提升竞争力的关键					
8	外资进入中国粮食领域，对中国粮食相关产业发展有积极作用					
9	既要防止外资控制粮食领域，又要允许外资进入粮食领域					
10	应该建立预警机制，采取具体政策，积极预防外资控制中国粮食领域					
11	有必要制定完善的政策，预防外资控制粮食领域					
12	虽然中国粮食产量较高，但仍有必要进口粮食					
13	对于已经发生的外资控制案例，政府应该积极应对，及时采取补救措施					
14	粮食行业组织在预防外资控制粮食领域方面发挥了重要作用					

续表

序号	题目	1 非常不同意	2 不同意	3 基本同意	4 同意	5 非常同意
15	在食用油领域，外资品牌竞争力非常强					
16	外资控制粮食领域的案例大量存在					
17	外资控制中国粮食领域，会严重影响中国粮食安全					
18	外资进入中国粮食领域，压制了内资粮油企业的发展					
19	外资主导粮食加工、流通等环节，不利于中国粮食经济发展					
20	国内粮食价格较高，抬高了粮油加工企业的成本					
21	外资在中国粮食领域的并购活动比较常见					
22	内资粮油企业有能力及时摆脱粮食价格波动对本企业的负面影响					
23	外资粮油企业有能力及时摆脱粮食价格波动对本企业的负面影响					
24	国内外粮食价格差异给本企业发展带来压力					
25	内外资粮油企业之间的竞争促进了粮食行业的健康发展					
26	总的来看，外资粮油企业在中国粮食领域的积极作用大于负面作用					
27	国际油价波动、粮价波动、经济危机等因素对中国粮油行业发展的负面影响较小					
28	内资粮油企业给外资粮油企业发展带来压力					
29	外资粮油企业给内资粮油企业发展带来压力					

附表 1-2　外资控制与中国粮食产业发展潜力专题调研问卷

序号	题目	1 非常不同意	2 不同意	3 基本同意	4 同意	5 非常同意
1	近些年来，我国粮食行业从业人数持续增加，推动了行业发展					

续表

序号	题目	1 非常不同意	2 不同意	3 基本同意	4 同意	5 非常同意
2	我国粮食行业内资企业规模整体比较小，竞争力弱					
3	跨国粮商在我国竞争力比较强，市场占有率高					
4	国有粮食企业应该积极改革，提高竞争力					
5	我国粮食生产以家庭经营为主，比较分散					
6	粮食生产、加工环节提高集中度，有利于提高经济效益					
7	建设粮食产业园区，有利于实现规模经济					
8	我国粮食产业整体技术创新能力比较高					
9	外资粮油企业的技术创新能力高于内资企业					
10	我国粮食行业技术和管理人才的培养满足了粮食产业发展的需求					
11	我国粮食产量较高，但食品质量安全问题需要重点关注					
12	金龙鱼等外资品牌开辟了中国小包装食用油市场					
13	我国高度重视粮食安全问题，财政投入较大					
14	吃到健康、安全、营养的粮食产品非常重要					
15	外资企业生产的粮食产品，产品质量更有保障					
16	进口食品的质量更有保障					
17	我国大豆进口规模非常大，不利于国家粮食安全					
18	我国制定了各类政策，支持粮食产业发展					
19	与内资企业相比，当前的环境更有利于外资粮油企业发展					
20	生物育种、大数据等技术有利于推动粮食产业发展					
21	黑龙江、河南等粮食生产大省应该大力发展粮食加工业					

续表

序号	题目	1 非常不同意	2 不同意	3 基本同意	4 同意	5 非常同意
22	广东、上海等粮食消费大省市应该积极进口粮食					
23	粮食生产环节应该少用农药、化肥					
24	应该大力发展绿色农业,生产绿色粮食产品					
25	外资进入粮食领域,提升了我国粮食产业发展的潜力					

附表 1-3　外资控制与中国粮食产业发展回旋余地专题调研问卷

序号	题目	1 非常不同意	2 不同意	3 基本同意	4 同意	5 非常同意
1	我国食用植物油消费以大豆油为主					
2	马铃薯今后会成为我国居民主粮之一					
3	外资在面粉、大米等领域的市场占有率不高					
4	外资粮油产品质量高于内资企业					
5	桶装食用油比散装食用油更健康、安全					
6	国内粮食种植结构调整,要以消费需求为导向					
7	大豆进口依存度高,容易引起国内价格波动,不利于粮食宏观调控					
8	内外资粮油企业在公平的环境下展开竞争是很重要的					
9	进口粮食对国内粮食市场有一定的负面作用					
10	内资粮油企业通过跨区域兼并重组,可以提升竞争力					
11	打造我国自己的跨国粮商,有利于提升我国粮食产业竞争力					
12	国际跨国粮商的发展经验值得内资企业学习借鉴					
13	尽管外资竞争力较强,但内资粮油企业发展的回旋余地比较大					

附录 2　本研究专题调研问卷部分分析数据

附表 2-1　旋转成分矩阵（1）

编号	成分							
	1	2	3	4	5	6	7	8
Q43	0.73	−0.04	−0.01	−0.15	0.07	−0.05	0.08	−0.02
Q65	0.69	0.01	0.01	0.01	−0.01	0.07	0.02	0.09
Q53	0.68	−0.09	−0.04	−0.08	0.09	0.00	−0.05	−0.02
Q33	0.67	0.12	−0.04	0.04	0.03	0.00	0.17	−0.04
Q40	0.64	0.03	−0.08	−0.08	−0.01	0.27	−0.07	−0.07
Q66	0.64	0.03	−0.04	0.13	0.08	−0.09	0.24	−0.04
Q60	0.63	0.08	−0.03	0.08	0.09	0.03	−0.08	−0.04
Q13	0.63	0.25	0.11	−0.12	−0.08	0.04	0.09	−0.04
Q36	0.61	0.01	0.08	−0.05	0.04	0.05	−0.02	0.08
Q52	0.60	−0.04	0.03	−0.02	0.05	0.10	−0.05	0.01
Q50	0.59	0.11	−0.06	0.05	0.04	−0.09	0.04	0.03
Q35	0.58	0.09	0.04	0.03	0.10	0.13	0.01	−0.11
Q2	0.55	−0.05	0.01	−0.02	−0.01	−0.04	0.19	0.06
Q64	0.54	0.09	0.02	0.05	0.25	0.07	−0.02	0.08
Q11	0.53	0.19	0.09	−0.01	−0.13	−0.15	0.25	−0.12
Q49	0.51	0.06	0.10	0.09	0.03	0.06	−0.04	0.13
Q62	0.50	0.05	0.12	0.13	0.02	0.04	0.12	0.32
Q10	0.46	0.34	0.09	−0.11	−0.18	−0.05	0.15	−0.02
Q9	0.42	0.00	0.01	0.13	0.10	0.05	0.41	−0.13
Q19	0.04	0.69	−0.01	−0.03	0.03	−0.13	0.03	0.06
Q18	−0.01	0.62	0.12	0.03	0.10	−0.21	−0.12	−0.08
Q46	0.04	0.60	−0.19	0.06	0.17	−0.03	0.17	−0.04
Q63	−0.03	0.59	0.04	−0.12	0.16	0.01	−0.23	0.16
Q61	0.17	0.57	−0.09	−0.01	0.12	0.05	0.11	0.05
Q29	0.16	0.56	−0.12	0.08	0.15	0.27	0.01	0.21
Q17	0.32	0.55	−0.19	−0.06	−0.01	−0.12	0.21	0.05
Q24	0.26	0.40	−0.04	−0.01	0.19	0.14	−0.05	−0.06
Q39	−0.06	−0.03	0.77	0.05	−0.05	0.03	−0.06	−0.04
Q37	−0.05	−0.04	0.71	0.03	−0.11	−0.03	0.01	0.12
Q14	0.13	−0.03	0.65	0.07	−0.02	0.12	0.17	−0.01
Q30	0.16	−0.04	0.50	−0.11	0.10	0.31	0.00	−0.03

续表

编号	成分							
	1	2	3	4	5	6	7	8
Q51	−0.05	−0.19	0.48	0.32	0.09	0.00	−0.08	0.13
Q42	0.14	0.03	0.46	−0.08	−0.08	0.15	0.15	−0.11
Q27	−0.27	−0.14	0.44	0.13	0.03	−0.05	0.14	0.34
Q45	−0.09	−0.06	0.01	0.77	0.03	0.07	0.00	0.06
Q44	−0.03	−0.07	0.05	0.77	−0.02	0.12	0.04	0.10
Q58	0.01	0.03	0.07	0.76	0.13	0.01	0.01	−0.09
Q34	0.13	0.14	0.00	−0.05	0.65	0.05	0.11	−0.17

附表 2-2　旋转成分矩阵（1）

编号	成分							
	1	2	3	4	5	6	7	8
Q31	0.04	0.29	−0.18	0.03	0.61	−0.12	0.12	0.09
Q32	0.12	0.10	−0.02	0.20	0.55	−0.05	−0.02	0.20
Q38	0.19	0.11	−0.09	0.37	0.47	0.18	−0.07	0.05
Q21	0.05	0.23	0.25	0.21	0.34	0.11	0.19	0.12
Q5	−0.02	−0.08	0.18	0.17	−0.03	0.67	0.23	0.02
Q8	0.03	−0.35	0.21	0.19	0.05	0.45	0.17	0.12
Q25	0.30	−0.21	0.16	0.23	0.03	0.44	0.07	0.13
Q7	0.24	−0.02	0.05	−0.04	0.08	0.18	0.67	0.04
Q3	0.15	0.11	0.28	−0.01	0.09	0.13	0.45	0.10
Q23	0.07	0.15	−0.13	0.15	0.17	0.11	−0.02	0.62
Q22	−0.01	0.11	0.34	−0.11	−0.13	0.01	0.06	0.62
Q12	0.20	−0.14	0.05	0.07	0.15	0.17	0.10	0.21
Q41	0.16	0.10	0.07	0.30	0.16	−0.03	−0.14	0.03
Q57	−0.10	−0.04	0.23	0.15	0.10	−0.17	0.07	−0.01
Q28	−0.15	0.25	0.25	0.01	−0.18	0.28	−0.10	0.24
Q20	0.09	0.15	0.04	0.04	0.09	0.09	−0.02	0.05
Q4	−0.05	0.02	0.28	−0.03	0.01	0.13	0.15	−0.04
Q6	−0.06	−0.08	−0.01	0.18	0.11	0.10	0.33	0.19
Q56	−0.10	0.11	0.09	0.11	0.10	−0.03	0.07	0.03
Q48	0.00	0.07	0.14	0.26	0.33	0.07	−0.13	0.18
Q16	0.03	0.31	0.03	0.07	0.16	−0.04	0.06	0.13
Q15	0.19	0.07	−0.04	0.26	0.25	0.31	0.03	0.00

续表

编号	成分							
	1	2	3	4	5	6	7	8
Q47	0.32	0.07	0.32	−0.10	−0.06	0.28	−0.05	−0.03
Q59	0.19	−0.07	0.00	0.22	0.04	0.08	0.08	0.03
Q55	0.15	0.05	0.19	0.11	0.09	0.02	0.11	0.02

附表 2-3　旋转成分矩阵（2）

编号	成分							
	9	10	11	12	13	14	15	16
Q43	0.05	0.06	0.06	−0.02	0.03	−0.07	−0.07	0.12
Q65	−0.06	−0.12	0.02	0.11	−0.02	0.08	0.03	0.03
Q53	0.11	0.06	0.09	−0.15	−0.01	−0.11	0.02	0.04
Q33	0.03	−0.01	−0.03	−0.04	0.06	0.08	−0.04	−0.01
Q40	0.02	0.01	−0.06	0.07	0.07	−0.15	0.13	0.18
Q66	0.02	0.11	−0.16	−0.19	0.02	0.16	−0.07	0.07
Q60	−0.04	−0.09	−0.07	−0.04	−0.11	0.05	0.07	−0.01
Q13	0.10	−0.20	0.06	0.05	−0.09	−0.28	0.01	−0.17
Q36	0.03	−0.02	0.02	−0.03	−0.07	0.29	−0.09	0.11
Q52	0.11	0.11	−0.03	0.04	0.05	−0.27	0.14	0.06

附表 2-4　旋转成分矩阵（2）

编号	成分							
	9	10	11	12	13	14	15	16
Q50	0.14	−0.04	0.13	−0.02	0.11	−0.15	0.13	−0.15
Q35	−0.14	−0.09	0.00	−0.08	0.03	0.22	0.10	−0.21
Q2	0.19	0.02	0.05	0.11	0.07	0.13	−0.04	0.09
Q64	−0.20	0.01	−0.10	−0.05	−0.06	0.13	0.22	−0.13
Q11	0.09	−0.14	0.03	0.09	0.21	0.03	0.09	0.13
Q49	0.05	0.00	0.00	−0.07	0.04	0.44	0.07	0.04
Q62	−0.17	0.03	0.14	−0.12	−0.09	−0.05	−0.15	0.02
Q10	0.24	−0.07	0.11	0.08	0.11	−0.02	0.21	0.12
Q9	0.28	0.27	0.04	0.03	−0.05	−0.02	0.02	−0.09
Q19	0.03	−0.10	0.14	−0.07	0.11	−0.09	−0.03	−0.15
Q18	−0.18	0.00	0.07	−0.11	0.24	0.01	−0.09	0.09
Q46	−0.10	−0.10	−0.04	0.21	−0.13	0.12	0.17	0.00
Q63	0.02	0.09	0.03	0.07	0.09	0.08	0.00	0.09

续表

编号	成分							
	9	10	11	12	13	14	15	16
Q61	0.04	0.00	0.14	0.11	−0.33	−0.14	0.09	0.26
Q29	0.00	0.16	−0.23	−0.03	0.07	0.02	−0.16	0.02
Q17	−0.03	0.07	0.03	0.15	0.25	0.02	0.02	−0.11
Q24	0.30	0.25	0.05	−0.06	0.04	−0.06	−0.24	0.01
Q39	−0.04	0.11	0.03	0.10	−0.01	−0.02	0.04	0.01
Q37	0.03	0.09	−0.09	0.03	0.08	−0.01	−0.05	0.07
Q14	0.05	0.00	0.10	−0.18	−0.05	0.04	−0.13	0.07
Q30	−0.13	−0.07	0.08	0.00	−0.01	0.03	0.11	0.14
Q51	0.14	−0.06	0.16	0.29	0.07	−0.02	0.07	−0.01
Q42	0.18	0.20	0.05	0.13	0.05	0.43	0.16	−0.07
Q27	−0.11	0.17	−0.04	0.13	−0.12	0.00	0.20	−0.18
Q45	0.10	−0.02	−0.01	−0.07	0.04	0.04	0.14	0.12
Q44	−0.10	0.11	0.01	0.07	0.08	−0.08	0.07	0.02
Q58	0.07	0.02	0.04	0.13	−0.02	0.05	0.00	−0.05
Q34	0.09	0.13	0.12	0.03	0.13	−0.01	0.00	0.08
Q31	−0.05	0.05	0.00	0.10	0.00	0.02	0.04	−0.23
Q32	0.13	−0.21	0.06	0.04	0.08	0.00	0.10	0.22
Q38	0.10	−0.05	−0.07	0.01	0.02	0.01	−0.10	0.29
Q21	0.03	−0.30	0.07	0.07	0.08	−0.33	−0.07	−0.12
Q5	0.11	−0.12	0.11	−0.06	−0.06	0.08	0.04	0.12
Q8	0.33	0.06	0.12	0.06	0.04	−0.07	0.09	−0.07
Q25	−0.09	0.14	0.05	−0.02	0.10	0.01	0.04	−0.14
Q7	−0.03	0.00	0.06	0.09	0.02	0.00	0.03	0.07
Q3	0.04	−0.03	−0.12	−0.24	0.23	−0.01	0.30	0.11
Q23	0.14	0.02	−0.02	0.10	0.12	−0.08	0.06	−0.08
Q22	0.07	0.00	0.09	−0.02	0.05	0.14	−0.02	0.17
Q12	0.56	−0.07	0.01	0.04	0.03	0.17	0.06	−0.02
Q41	0.39	0.09	0.04	−0.28	0.02	−0.05	0.34	0.00
Q57	−0.07	0.64	0.22	−0.02	−0.12	0.00	0.08	−0.01
Q28	0.08	0.51	0.00	0.05	0.06	0.06	−0.04	0.06
Q20	0.07	0.10	0.77	0.02	−0.02	−0.01	0.01	0.04
Q4	−0.33	0.20	0.47	−0.06	0.20	0.09	0.15	0.12
Q6	0.20	−0.21	0.35	0.10	−0.12	0.33	−0.12	0.05

续表

编号	成分							
	9	10	11	12	13	14	15	16
Q56	0.02	−0.01	0.01	0.74	0.04	0.02	−0.07	0.11
Q48	−0.04	0.07	0.00	0.38	0.28	−0.16	0.13	0.13
Q16	0.01	−0.07	−0.03	0.07	0.65	−0.08	0.01	0.07
Q15	0.07	−0.06	0.17	0.11	0.42	0.15	0.00	−0.11
Q47	0.15	0.00	0.10	0.04	−0.19	0.33	0.26	−0.14
Q59	0.04	0.04	0.05	−0.03	0.01	0.04	0.67	0.08
Q55	−0.05	0.02	0.09	0.15	0.03	0.02	0.08	0.67

注：提取方法：主成分分析法。旋转法：具有 Kaiser 标准化的正交旋转法。旋转在 25 次迭代后收敛。

附录3 1992～2017 年我国粮食进口数据

附表 3-1 我国历年粮食进口数据 （单位：万吨）

年份	粮食	谷物	小麦	大米	玉米	大麦	大豆
1992	1182.1	1152	1058.1	10.4	0	0	0
1993	16.3	0.7	0.6	0	0	0	0
1994	925.1	913.4	729.9	51.4	0.1	0	0
1995	2082.5	2035.7	1158.6	164.2	518.1	0	0
1996	1105.6	1078.1	824.6	76.1	44.1	0	0
1997	738.4	410.4	186.1	32.6	0	187.4	287.6
1998	742	382.4	148.9	24.4	25.1	151.9	319.2
1999	808.8	333.8	44.8	16.8	7.0	226.9	431.9
2000	1390.7	312.4	91.0	23.9	0.3	196.1	1041.9
2001	1950.4	344.3	73.9	26.9	3.9	236.8	1393.9
2002	1605.1	284.9	62.4	23.6	0.8	190.7	1131.4
2003	2525.8	208.0	44.7	25.7	0.1	136.3	2074.1
2004	3351.5	974.5	725.8	75.6	0.2	170.7	2023
2005	3647.0	627.1	353.9	51.4	0.4	217.9	2659
2006	3713.8	358.2	61.3	71.9	6.5	213.1	2823.7
2007	3731.0	155.5	10.1	48.8	3.5	91.3	3081.7
2008	4130.6	154	4.3	33.0	5.0	107.6	3743.6
2009	5223.1	315	90.4	35.7	8.4	173.8	4255.1
2010	6695.4	570.7	123.1	38.8	157.3	236.7	5479.8
2011	6390.0	544.6	125.8	59.8	175.4	177.6	5263.7

续表

年份	粮食	谷物	小麦	大米	玉米	大麦	大豆
2012	8024.6	1398.2	370.1	236.9	520.8	252.8	5838.4
2013	8645.2	1458.1	553.5	227.1	326.6	233.5	6337.5
2014	10042.4	1951.0	300.4	257.9	259.9	541.3	7139.9
2015	12477.5	3270.4	300.6	337.7	473.0	1073.2	8169.2
2016	11468.0	2199.0	341.0	353.39	317.0	500.0	8391.0
2017	13062.0	2559.0	442.0	403.0	283.0	886.0	9553.0

资料来源：历年《中国粮食发展报告》和中国海关数据

后 记

《中国粮食产业外资控制规避研究》一书如期付梓，深感万幸。本书是笔者近些年在粮食经济领域辛勤耕耘、苦苦探索的结果。笔者从小在地里收小麦、掰玉米、浇地、拔草，有时烈日炎炎，有时寒风阵阵，这些装满了笔者童年的记忆。工作后扎根在粮食大省河南的沃土里，就一直思考着粮食问题。如今小有感悟，求教于大方之家。

在撰写本书的过程中，得到很多专家、学者的指导，深表感谢。感谢我的博士生导师王稼琼教授，他为本书的立意和撰写提供了宝贵的研究思路。感谢河南工业大学李铜山教授、孙中叶教授，他们为本书提纲和内容的改进提出了大量建议和意见。撰写本书过程中也得到了笔者的研究生潘晨等的积极协助。本书撰写历时多年，感谢我的父母和妻儿对我的一贯支持。

孔子说"四十而不惑"。四十年高歌奋进，四十年焕然一新。中国改革开放的四十多年，也是笔者个人成长的四十多年。习近平总书记在庆祝改革开放 40 周年大会上的讲话指出："40 年来，我们解放思想、实事求是，大胆地试、勇敢地改，干出了一片新天地。"国家如此，个人亦是如此。笔者个人的成长，不仅经历了改革开放的过程，也目睹了家乡从温饱到小康的巨大变迁。

本书在编辑出版过程中，得到了科学出版社张莉、刘巧巧、孙宇等编辑的大力支持，他们的建议使本书更加规范和完善。本书引用了大量数据和文献，在此一并表示感谢。

党的十九大报告指出"实践没有止境，理论创新也没有止境"，国内外形势一直在持续变化，中国粮食产业具有广阔的发展空间，在对外开放过程中仍然有一系列问题需要研究和解决。笔者将继续关注粮食经济领域，精耕细作，多出高层次成果。

笔 者

2020 年 2 月 10 日